PUBLICATIONS POSITIVISTES

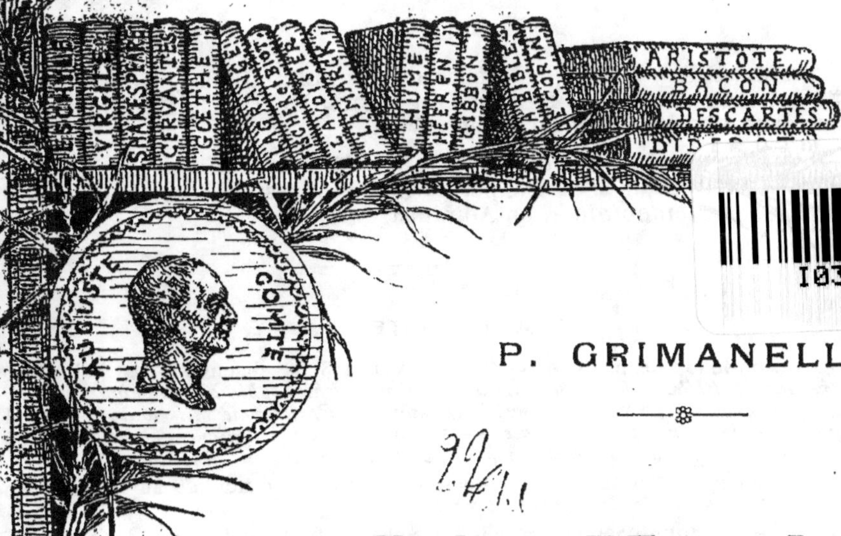

P. GRIMANELLI

La Crise Morale

et le Positivisme

PARIS
SOCIÉTÉ POSITIVISTE
D'ENSEIGNEMENT POPULAIRE SUPÉRIEUR
10, Rue Monsieur-le-Prince, 10

1904

PRINCIPALES PUBLICATIONS DE L'ÉCOLE POSITIVISTE

Sont marquées d'un astérisque * celles de ces publications qui se trouvent en vente aux bureaux de la Revue Occidentale et de la Société positiviste, 10, rue Monsieur-le-Prince, Paris (VIe).

S'adresser, pour les commandes de livres, à M. l'Administrateur du Fonds typographique, au Siège de la Société positiviste. — Adresser les commandes concernant la Revue Occidentale à son Administrateur.

AUGUSTE COMTE

* **Cours de philosophie positive** (5e édit.) : 6 vol. à 8 fr. chaque : — 1er vol. *Préliminaires généraux et Philosophie mathématique.* — 2e vol. *Philosophie astronomique et Philosophie de la physique.* — 3e vol. *Philosophie chimique et Philosophie biologique.* — 4e vol. *Partie dogmatique de la Philosophie sociale.* — 5e vol. *Partie historique de la Philosophie sociale.* — 6e vol. *Complément de la Philosophie sociale et Conclusions générales.*

Extrait du Cours de Philosophie positive, à l'usage des candidats au Baccalauréat 1re, 2e, 3e et 10e leçons. Paris (Delagrave), 1 vol., 2 fr. 50.

* **Système de politique positive** (3e édit.), 4 vol., 30 fr. 50. Chaque volume se vend séparément : = 1er vol. : Discours préliminaire sur l'Ensemble du Positivisme — (traduction allemande par E. Roschlaü, Leipzig. 1894, Reisland, 8 marks; traduction suédoise par Mme L. Nystrom et C. Billberg, Stockholm, 1895) — et Introduction fondamentale, 8 fr.; = 2^e vol. : Statique sociale, 6 fr.; = 3^e vol. : Dynamique sociale, 7 fr. 50 = 4^e vol. : Tableau de l'Avenir humain et Appendice général, 9 fr.

* **Opuscules de Philosophie sociale**, 1819-1828, 1 vol. in-12 de 310 pages, 3 fr. 50. Ce volume reproduit les premiers opuscules d'A. Comte, contenus dans l'*Appendice général du Système de Politique positive*, savoir : — Séparation générale entre les Opinions et les Désirs (1819). — Ebauche philosophique de l'ensemble du passé depuis le milieu du moyen-âge (1820). — Plan des Travaux scientifiques pour réorganiser la Société (1822). — Considérations philosophiques sur les sciences et les savants (1826). — Considérations sur le pouvoir spirituel (1826). — Examen du Traité de Broussais sur l'Irritation et la Folie (1828).

* **Catéchisme positiviste**. 3e édit., 1 vol. in-12, 3 fr.; — *translated* by R. Congreves London (Kegan Paul, Trubner), 2 s. 6 d.; — *übersetzt* von E. Roschlau, Leipzig 1892.

* **Calendrier positiviste** et *Bibliothèque positiviste au XIXe siècle*, 0 fr. 30 c.

Appel aux conservateurs, 1855, 1 vol. in-8° (*épuisé*).

Synthèse subjective ou Système universel des conceptions propres à l'état normal de l'Humanité : — 1er vol. : *Système de logique positive* ou *Traité de philosophie mathématique.*

* **Essais sur la Philosophie des mathématiques**, 2 broch. à 1 fr.

Traité élémentaire de Géométrie analytique, précédé de la *Géométrie de Descartes*, 2e édit., Paris (L. Bahl), 1 vol., 12 fr.

Traité philosophique d'Astronomie populaire, 1 vol.

* **Discours sur l'esprit positif**, 1 vol. in-12 (avec portrait de l'auteur), 2 fr.

* **Lettres d'Auguste Comte à Valat**, 1 vol. 6 fr. 50.

Testament et Correspondance, 1 vol.

* **Lettres à John Stuart Mill** (1841-1844), Paris, 1833, 1 vol. grand in-8°, 10 fr.

* **Culte abstrait de l'Humanité**, 1 tableau, 0 fr. 10 c.

* **Hiérarchie théorique des conceptions humaines**, ou Tableau systématique de l'Ordre universel, d'après une échelle encyclopédique à 3 ou 4 degrés, 1 tableau, 0 fr. 10 c.

* **Classification positive des 13 fonctions intérieures du cerveau**, 0 fr. 10 c.

* **La Correspondance inédite d'Auguste Comte** : — 1er vol. contenant lettres à Blainville, Cappellen, Williamson, Papot, Deullin, W. de Constant, se vend 7 fr. 50; — 2e vol. contenant lettres à Littré, P. Laffitte, Hadery, etc., est *sous presse*; — 3e vol. paraîtra avant la fin de l'année; — un 4e volume terminera probablement la publication.

Documents relatifs à Auguste Comte, publiés et commentés par Pierre Laffitte dans la REVUE OCCIDENTALE. = 1879 (sept.) : *Document biographique sur A. Comte*

La Crise Morale
et le Positivisme

PAR

P. GRIMANELLI

AU SIÈGE DE LA SOCIÉTÉ POSITIVISTE

PARIS, 10, RUE MONSIEUR-LE-PRINCE

1903

AVANT-PROPOS

Ceci n'est pas un traité. Ce n'est pas davantage une œuvre polémique. Qu'est-ce alors ? Un témoignage[1].

Notre effort a tendu à montrer l'opportunité du Positivisme.

Pénétré depuis longtemps de sa légitimité scientifique et de son intrinsèque beauté, nous sommes chaque jour plus convaincu qu'il répond à des nécessités majeures de notre temps, que notre état social, comme nos besoins d'esprit et de conscience, l'appelle et le réclame plus clairement que jamais. De cette conviction nous souhaiterions d'avoir, par ces pages, contribué à communiquer quelque chose à ceux qui leur auront fait l'honneur d'un peu d'attention, non pour elles-mêmes, certes, mais à cause du grand sujet dont elles sont pleines.

Tel air chanté sans art, telles paroles gauchement balbutiées se font quelquefois écouter quand ils ont par eux-mêmes la vertu de faire penser et d'émouvoir et qu'ils frappent l'oreille au moment précis où l'âme est mise au point pour leur faire

[1]. Toutes les parties de ce volume ont été publiées dans la *Revue occidentale* de novembre 1901 à novembre 1903.

écho. L'auteur de ces lignes n'ambitionne pas d'autre succès.

Le Positivisme est opportun de bien des manières. C'est de son opportunité morale qu'il s'agit ici particulièrement.

Ce n'est pas d'aujourd'hui qu'une enquête est ouverte sur l'issue possible de ce qu'après d'autres nous avons appelé la « crise morale » de notre époque. Notre but a été d'apporter en quelque sorte à cette enquête notre dire de témoin, de le joindre aux dépositions faites en faveur de la seule discipline qui nous apparaisse propre à mettre un terme à l'anarchie morale dont nous souffrons, comme à conjurer irrévocablement des tentatives de recul aussi perturbatrices que vaines.

Rappeler les bases réelles de cette discipline, en résumer les idées directrices, en illustrer le caractère et la valeur dans quelques applications, en esquisser les conditions d'organisation et d'efficacité, après avoir d'abord indiqué brièvement la nature même de la crise morale à traiter, tel est le plan que nous nous sommes tracé.

Mais, hélas ! du plan à l'exécution il y a souvent plus loin que de la coupe aux lèvres.

A la racine de notre mal nous trouvons la désorganisation des convictions morales, que ne corrigent assez ni la force des habitudes ni la générosité des aspirations. La dissolution irréparable des vieilles croyances, les déviations ou les désillusions engendrées par l'effort métaphysique qui tendait à les remplacer, la trop grande lenteur avec laquelle l'esprit positif poursuit la conquête nécessaire des consciences caractérisent un interrègne spirituel toujours plus dangereux à mesure qu'il se prolonge davantage.

Par là on voit que la crise morale est inséparable de la crise intellectuelle. Par là se justifie cette pensée maîtresse gravée par Auguste Comte dès sa jeunesse au frontispice de son œuvre : qu'il est vain de chercher à réformer la société si l'on ne commence par réformer les opinions et la mentalité des hommes.

C'est pourquoi nous avons donné place dans cette étude à quelques développements théoriques sur les bases mêmes et les principes directeurs de la morale positive. L'insuffisance de cet exposé ne nous échappe point. Nous ne pouvions d'ailleurs songer à épuiser un tel sujet, si magistralement traité par Comte dans l'ensemble de son œuvre, si compétemment enseigné avant nous en des travaux spéciaux de ses principaux disciples[1] et qui attend des positivistes actuels et futurs toute une moisson de contributions nouvelles.

Notre désir était de caractériser assez la doctrine morale du Positivisme pour communiquer l'impression qu'elle est à la fois plus réelle, plus haute et plus riche que toute autre et pour la défendre contre les légendes, les malentendus ou les jugements superficiels auxquels elle a donné lieu. Il fallait pour cela faire leur part aux généralités abstraites.

Il fallait ensuite en sortir pour justifier de l'aptitude du Positivisme à nous guider vers la solution

1. Notamment dans le *Cours de morale positive* de Pierre Laffitte.

des problèmes contemporains de la conduite et de la vie. Toute une encyclopédie eût été nécessaire pour faire œuvre complète à cet égard. Nous avons dû nous borner à choisir, pour les examiner du point de vue moral, un petit nombre de questions pressantes où se révèlent soit le trouble, soit les lacunes des consciences et des mœurs. Ce sont des exemples par lesquels il nous a paru possible d'éprouver la force et la fécondité de notre philosophie morale. Puissions-nous avoir réussi à montrer à ce propos comment la solidité des convictions positives se concilie avec l'esprit relatif qui doit les pénétrer toujours.

Mais cela ne suffisait pas. Pour nous, le Positivisme n'est pas seulement une *philosophie* morale. Il est aussi une *discipline* morale. L'expérience prouve que ce n'est pas assez de démontrer le bien pour rendre les hommes meilleurs. Il est sans doute important d'obtenir l'adhésion de l'esprit aux lois morales et aux préceptes ; mais rien n'est fait si l'on n'assure pas *la culture des sentiments* qui déterminent l'action conforme aux règles rationnelles, si l'on ne fait pas l'éducation des caractères et si on ne les soutient pas par le développement des *habitudes morales* et par l'organisation des *forces morales* dans la société.

Nous avons tenté de rappeler à notre tour que le Positivisme fonde sur des notions scientifiques et sur des sentiments réels, sans surnaturel et sans absolu d'aucune espèce, sans hypothèses métaphysiques comme sans fictions théologiques, sans enfer ni paradis, une libre discipline des cœurs et des volontés et une libre organisation spirituelle. C'est même cette discipline et cette organisation que les positivistes, fidèles à l'étymologie et au sens profond du mot, appellent *religion*.

Tout en considérant les besoins d'aujourd'hui et les nécessités de demain, nous ne nous sommes pas interdit de porter nos regards sur un moins immédiat avenir. Peut-être nous le pardonnera-t-on si l'on songe que bien voir le but où l'on va, fût-il éloigné, est utile à qui veut assurer sa marche et régler son allure.

P. G.

Novembre 1903.

LA CRISE MORALE

ET LE POSITIVISME

PREMIÈRE PARTIE

Qu'est-ce que la crise morale ?

I

Ni optimisme ni pessimisme.

La « crise morale », que l'on dénonce couramment, n'est pas seulement un mot que l'on répète parce qu'il est à la mode, c'est une réalité.

Ne voyez en cette constatation nul pessimisme. Dans l'ordre vital une crise n'est souvent qu'un trouble aigu, signe précurseur d'une réaction salutaire et victorieuse de l'organisme, qui amènera un état meilleur. Plus d'une fois ce trouble aigu n'est que le terme d'une maladie chronique. La sociologie et la morale peuvent s'approprier légitimement cette notion biologique.

L'on parle de la « crise morale » et d'une « crise de la morale ». Les deux choses ne sont pas identiques, mais elles ont quelque rapport entre elles. Elles peuvent coexister. En fait, elles semblent bien coexister de nos jours.

Comment faut-il l'entendre ?

Gardons-nous d'être injustes envers notre temps. Il ne sied pas plus de nous calomnier que de nous flatter. Au fond, nous ne sommes pas pires que nos ancêtres ; et même sous quelques rapports qui ne sont pas sans importance nous pouvons nous juger meilleurs.

Rien ne serait plus difficile, ni moins probant que d'établir une comparaison entre nos qualités ou nos défauts et les qualités ou les défauts de telle ou telle génération antérieure, mais rapprochée de nous. C'est par masses, de haut et d'un peu loin qu'il faut considérer les temps.

Il n'est pas si malaisé de relever dans les choses du cœur et du caractère plus d'un trait à l'avantage de nos contemporains ; et, sans fermer les yeux sur les défaillances et les désordres de notre époque, nous nous reconnaîtrons, en fin de compte, plus désorientés que dépravés, plus troublés que mauvais.

N'avons-nous point, par exemple, le sentiment plus vif qu'autrefois de l'injustice qui ne nous touche pas? Quelles que soient les distances matérielles ou morales qui nous séparent des opprimés, l'oppression ne nous trouble-t-elle pas davantage? N'avons-nous pas une plus grande capacité d'indignation contre l'iniquité dont la victime n'est ni de notre famille, ni de notre pays, ni même de notre continent?

Il est clair aussi que la pitié pour la souffrance humaine est plus prompte à s'émouvoir. La sympathie pour le malheur a gagné en acuité et en généralité. Elle s'est élargie au point de déborder toutes les frontières. Surexcitée et secondée à la fois par la rapidité des communications, elle s'émeut des deuils les plus lointains, fussent-ils anonymes, et, ingénieuse dans ses manifestations infiniment variées, elle sait trouver au besoin, pour consoler et secourir, le chemin des antipodes. Notre compassion s'étend même à ceux que la loi a justement frappés et tempère la rigueur des répressions nécessaires.

Nous avons également progressé dans le *respect* des faibles, du pauvre, de la femme, de l'enfant, du malade. Nul doute qu'il ne reste beaucoup à faire de ce côté ; mais nous pouvons cependant mesurer avec quelque satisfaction le chemin parcouru depuis le XVIIIe siècle seulement. Pour ne citer que la pratique de l'assistance publique ou privée, n'est-il pas vrai qu'elle est en réalité bien nouvelle cette préoccupation de ménager la dignité de celui qu'on assiste?

A notre actif nous devons compter encore, en dépit du honteux spectacle que nous ont offert certaines manifestations récentes de sens contraire (véritable phénomène de régression heureusement passager), une plus grande tolérance en matière religieuse et philosophique. Nous insisterions même davantage sur ce point, s'il ne fallait avouer la forte part qui revient à notre scepticisme dans cette tolérance-là.

C'est sans réserves que nous rappelons un des meilleurs aspects de l'évolution démocratique. Un fait considérable, dont on ne saurait trop se réjouir, c'est que certaines délicatesses, certaines susceptibilités morales, certains points d'honneur, qui furent longtemps le privilège et comme la parure exclusive de classes fermées ou d'une élite restreinte, apparaissent de moins en moins rares dans les couches sociales inférieures. Il y a là une extension du respect de soi-même qui est un précieux facteur de moralité. Plus simplement constatons que, si peut-être le sentiment de la dignité humaine a plus rapidement gagné en étendue qu'en profondeur, le bénéfice n'en est pas moins acquis.

Nous ne dissimulerons pas tout à l'heure, comme signes et effets entre autres de notre crise morale, ces deux phénomènes concomitants, également pathologiques : le cosmopolitisme révolutionnaire d'en haut et d'en bas et le nationalisme rétrograde. Mais nombreux sont encore ceux qui ne sont acquis ni à l'un ni à l'autre. Ceux-là ont le patriotisme à la fois plus exigeant que l'*ancien régime* et moins étroit que l'antiquité gréco-romaine. C'est l'éternel honneur de la Révolution française, d'où nous procédons, d'avoir exalté au plus haut degré en France, et par contre-coup quoique d'abord à un moindre degré chez les autres peuples de l'Europe, le sentiment de la personnalité nationale, tout en s'inspirant, autant que les événements le lui ont permis, de la tradition généreuse de notre xviiie siècle qui avait pressenti une morale internationale et une politique humaine.

Enfin, le sentiment de la fraternité s'appuie chaque jour davantage à la notion de solidarité. Il est vrai que cette notion n'est pas toujours bien comprise, que nous en voyons faire plus d'une fausse et abusive application ; séparée de la notion connexe de la continuité dans le temps et de quelques autres, elle peut engendrer et par le fait engendre des erreurs quelquefois graves. Mais elle n'en est pas moins une vérité capitale, qui n'avait jamais été répandue autant qu'aujourd'hui et dont la propagation a déterminé un progrès réel dans nos lois et dans nos mœurs.

Et malgré tout cela il est exact qu'il y a crise pour les mœurs et pour la morale. Pourquoi, et qu'est-ce que cela veut dire ?

II

Rupture d'équilibre.

Il y a crise et danger pour les mœurs et pour la morale en dépit de notre plus grande générosité de sentiments, de notre plus réelle douceur d'âme, de notre plus large altruisme et de toutes nos délicatesses, résultats, ne l'oublions pas, d'une longue évolution partiellement consolidée par l'hérédité. Pourquoi?

Parce que les sentiments et même les vues de l'esprit ne suffisent pas pour assurer la moralité et qu'il y faut une discipline. Or, ce qui nous manque le plus c'est une discipline morale, alors que jamais une telle discipline ne fut plus nécessaire. Car une discipline est une armure, et c'est dans les passages difficiles et périlleux que l'on risque le plus à s'avancer sans armes ou mal armé. C'est précisément dans un de ces passages que notre moralité se trouve engagée.

En effet dans la situation actuelle la moralité n'a pas à compter seulement, comme toujours, avec les passions et les faiblesses, l'intérêt et les calculs de l'individu, mais avec un état particulier du milieu social, qui est un état de déséquilibre.

Un des traits qui caractérisent notre milieu, c'est une rupture d'équilibre entre les forces matérielles et les forces morales. Celles-là se sont développées depuis la fin du moyen âge, depuis un peu plus d'un siècle surtout, avec une rapidité prodigieuse, tandis que celles-ci ont suivi une marche beaucoup plus lente, de plus hésitante, sinon parfois contradictoire. Non seulement les forces morales sont loin d'avoir grandi dans la même proportion que les forces matérielles, mais elles sont, qui ne le sait? divisées entre elles et paraissent trop souvent douter d'elles-mêmes.

Rien n'est devenu plus banal que de célébrer les progrès inouïs, invraisemblables des sciences physiques et de leurs applications. Chaque jour nous apporte quelque merveille nouvelle, quelque conquête inattendue sur les éléments de plus en plus asservis, domestiqués. En peu de temps la puissance de l'homme civilisé sur le monde s'est trouvée décuplée.

D'autre part la vie économique a pris une intensité et une extension sans précédent. La production a dépassé en quantité, en variété, en promptitude, tout ce qu'on avait pu concevoir. Les nouveaux moyens de circulation et de communication ont réduit à si peu de chose que c'est presque rien l'obstacle espace et l'obstacle temps. L'action économique ne connaît plus de limites et la planète tend à se transformer en un marché unique.

Ce n'est pas tout. Parallèlement aux moyens de production et d'échange, les moyens de destruction, les machines homicides, l'organisation de la guerre ont atteint en un petit nombre d'années une formidable perfection. C'est bien à l'apothéose de la force matérielle sous ses différents aspects que nous assistons; et ceux que ce triomphe suffit à faire délirer d'enthousiasme peuvent se rassurer : la force matérielle n'a pas dit son dernier mot. L'élan est tel que la course fournie sera longue. Nous n'en sommes qu'aux premières étapes, paraît-il. La course sera longue en effet et promet d'être vertigineuse. Mais, avant d'être pris par le vertige, donnons-nous encore le temps de réfléchir, de bien voir devant nous la route, les fondrières et les chutes possibles.

Il ne s'agit pas de marchander au progrès matériel l'admiration qui lui revient. Mais comment ne pas voir qu'entre autres effets il a eu celui de surexciter les appétits? Il a facilité la satisfaction de nos besoins, mais il en a créé de nouveaux singulièrement exigeants. Il a augmenté le bien-être, mais il a rendu très vif et obsédant le goût d'un plus grand bien-être. Les sciences physiques ont aplani tant d'obstacles, elles ont fait tant de miracles, qu'on en arrive à ne plus admettre *l'obstacle*, à attendre toujours quelque miracle nouveau, et la difficulté insurmontée irrite plus qu'autrefois. Le progrès matériel a été si foudroyant et si prestigieux que les intérêts matériels en ont reçu comme une consécration qui les constitue sacro-saints. La pratique — ou le spectacle — de la vie facile, les tentations d'un luxe raffiné servi par toutes les ressources d'une industrie puissante et d'un art ingénieux, l'extrême mobilité des rapports et des situations produite par l'intensité même du mouvement économique, ouvrent un champ plus vaste que jamais aux désirs et aux rêves — aux déceptions aussi et aux mauvais réveils.

Avec cela les inégalités fatalement demeurent. A côté d'un développement énorme de la richesse la pauvreté subsiste, et aussi cette extrême pauvreté qui s'appelle la misère. Nous croyons bien que la somme des privations et des souffrances est moindre aujourd'hui qu'autrefois. Mais jamais on n'a été autant qu'aujourd'hui impatient de la souffrance, révolté contre la privation. Et, si l'exaspération des passions et des appétits se traduit en haut par un désir effréné de la plus grande jouissance et par les jeux redoutables du caprice ennuyé, elle se manifeste trop souvent en bas par l'ambition d'imiter les licences d'en haut et par la poursuite haletante du gain rapide, plus bas encore, dans les milieux où sévit la précarité de la vie, par l'envie et la colère ou par le désespoir irrésigné, mauvais conseiller.

Mais ce n'est pas seulement entre les forces matérielles et les forces morales que l'équilibre est rompu au détriment de celles-ci et au profit des appétits et des passions que le triomphe de celles-là surexcite ; c'est aussi entre l'*intelligence* et la *moralité*.

On a mené chez nous à la fin du dernier siècle contre les « intellectuels » une campagne à la fois rétrograde et démagogique si odieuse et si sotte que nous nous ferions grand scrupule de ne pas donner à notre pensée toute la clarté possible.

L'intelligence et la culture de l'intelligence sont des conditions nécessaires de la moralité. Mais toute culture intellectuelle n'est pas morale par elle-même. Ce qui surtout n'est pas moral, c'est de ne donner à l'intelligence d'autre but que la contemplation d'elle-même ou sa propre domination.

Les étonnants progrès des sciences physiques, la popularité croissante des découvertes et des inventions, la vulgarisation des choses de la littérature et de l'art, les situations personnelles conquises par les savants, les littérateurs et les artistes, le grossissement de leurs renommées par la presse périodique, n'ont pas peu contribué à propager la déification de l'intelligence en soi.

L'intelligence est, après tout, une force, plus noble assurément que la force matérielle, mais qui a besoin d'être réglée pour être morale; sans quoi, elle peut être aussi oppressive et aussi corruptrice que la force matérielle, en même temps que plus anarchique. Elle est un instrument admirable, mais elle n'est qu'un instrument. Elle n'est une force morale que si elle accepte une discipline morale en vue d'une destination morale et si ses produits sont des facteurs de moralité.

C'est ce qu'on a oublié quand on lui a voué pour elle-même, en faisant abstraction de sa bienfaisance ou de sa malfaisance, une sorte de culte de latrie.

La supériorité intellectuelle a été réputée tenir lieu de vertu. De là à dispenser de certaines autres vertus ceux qui la possèdent il n'y a pas loin. Et, comme chacun a l'estime facile pour ses propres facultés, chacun est, par là même, enclin à s'attribuer quelques immunités morales.

Cependant, quoi qu'on fasse, l'intelligence est faite pour servir. Si elle ne sert pas la moralité, elle sert, souvent à son insu, l'égoïsme. Indépendante de toute fin morale, l'intelligence risque trop de n'être plus, une fois l'animalité satisfaite, qu'un moyen de dominer ou un moyen de briller. Le culte de l'intelligence pure n'ayant d'autre fin qu'elle-même cette superstition nouvelle, aboutit trop aisément à l'exaltation de l'orgueil et surtout de la vanité.

Plus que l'orgueil, plus que la cupidité, plus que la sexualité licencieuse, la vanité domine dans la pathologie morale de notre temps en Occident. On ne risque pas beaucoup de se tromper en attribuant à la vanité la plupart des aberrations et des défaillances courantes chez les caractères moyens. Cela est vrai de la vie publique dont la poursuite passionnée de la popularité, si ce n'est de la notoriété pure et du bruit, fausse plus d'un ressort. Cela n'est pas moins vrai de la vie privée, de l'existence domestique, par exemple, si souvent troublée par les différentes perversions de l'amour-propre chez les hommes et chez les femmes.

Si, dans la masse de la population, avec des formes différentes suivant les milieux et les éducations, l'exagération morbide du besoin de paraître, bien caractéristique de notre époque, explique une très grande variété de désordres, dans certains bas-fonds où s'accumule le déchet social de la dégénérescence l'appétit impulsif d'une gloriole malsaine a engendré une criminalité d'un genre nouveau.

Est-ce que, d'autre part, la vanité n'a pas un rôle prépondérant dans le peuplement de nos asiles d'aliénés?

Quand Auguste Comte a défini la vanité « le besoin d'approbation », il a considéré ce penchant à l'état relativement rectifié et, dans une certaine mesure, épuré par l'éducation; ou, si l'on préfère, il a envisagé un mode réel, mais non le seul mode, de ce penchant. En un sens plus général et plus primitif il est le besoin de *paraître*, d'occuper les regards, d'attirer l'attention, que l'on observe chez les tout jeunes enfants, chez les sauvages, chez les animaux. Il devient, dans l'Humanité, le besoin de se parer, de faire du bruit autour de soi, de faire parler de soi d'une manière ou d'une autre. Il est susceptible d'un très grand nombre de variétés ou de transpositions, depuis le simple désir de briller ou le goût de la notoriété jusqu'à l'amour de la gloire ou à la soif du scandale. Si l'on fait abstraction de ses manifestations les plus élevées et les plus perverses, la vanité reste cette tendance à être en scène et à jouir de l'effet que l'on produit, dont l'excès est l'un des agents corrupteurs les moins contestables des mœurs humaines.

Or tout, autour de nous, tend à provoquer, entretenir, irriter le prurit vaniteux : la facilité plus grande que jamais des relations, des communications verbales et écrites, la multiplication des lieux de réunion et leur fréquentation journalière, la vulgarisation rapide de l'image, une publicité débordante sous toutes les formes, la démocratisation du luxe. Il faut même reconnaître, sans aucune pensée de dénigrement, que ces influences ne sont précisément contrariées ni par l'éducation, ni par la littérature, ni par le théâtre, ni par l'usage intensif des examens et des concours, ni par la pratique même des institutions populaires.

III

Déclin des anciennes disciplines. — Anarchie des idées morales.

Dans cette société, où les forces matérielles sont montées d'un bond prodigieux bien au-dessus de tout ce qu'on avait pu concevoir auparavant, où les appétits, soit inégalement satisfaits, soit seulement surexcités par cet extraordinaire progrès matériel, ont pris une ampleur inédite, où l'intelligence a poussé très loin ses conquêtes, mais se comporte trop elle-même comme une force amorale et irresponsable, où la vanité humaine bénéficie de la plus intensive culture, que deviennent les forces morales? Ont-elles suivi une marche ascensionnelle équivalente?

Hélas! non. Parmi les forces morales, et par là nous entendons surtout les disciplines morales, les unes subissent un irrémédiable déclin et sont d'ailleurs profondément divisées entre elles; les autres, nées d'hier, grandissent lentement, péniblement, d'une allure incertaine et timide. Entre les unes et les autres, un champ trop vaste reste ouvert à l'action corrosive d'une critique sans frein.

Les disciplines théologiques suivent le mouvement de recul progressif auquel elles sont condamnées. Il faut reconnaître tout à la fois leur grandeur passée et leur actuelle décadence. Leur aptitude à rallier et à régler baisse un peu plus tous les jours. Non seulement le nombre de ceux qu'elles rallient va en diminuant, mais elles règlent de moins en moins ceux qu'elles rallient encore.

Voici, par exemple, un catholique qui a ou croit avoir conservé la foi catholique, accepte en principe l'autorité de l'Eglise et pratique; et c'est un brave homme qui se comporte en brave homme. Mesurez cependant la part exacte qui revient à la foi et à la discipline catholiques dans la direction réelle de sa conduite privée ou publique, dans l'explication de ses actes : quel déchet! Et combien sa vie est faite d'inconséquences, de contradictions inaperçues de lui-même entre ce qu'il professe et ce qu'il fait.

Si nos observations s'appliquent surtout à la société française, elles peuvent s'étendre, à des degrés divers, à tout l'Occident.

On a souvent, à ce propos, comparé les catholiques et les protestants, les sociétés catholiques et les sociétés protestantes. On a remarqué que la discipline protestante a conservé plus de vitalité et une plus grande influence pratique que la discipline catholique. C'est vrai en divers sens — et c'est vrai à un degré supérieur des pays où les protestants sont en minorité. C'est vrai en ce sens que les disciplines protestantes, moins vieillies, moins usées, de temps en temps rajeunies par l'évolution des anciennes Eglises ou la formation d'Eglises nouvelles, rafraîchies par la controverse même, sont moins étrangères à la vie réelle des peuples ou des groupes qui les acceptent. C'est vrai en ce sens aussi qu'elles sont plus éloignées de cette sorte d'automatisme moral par lequel finissent les religions mourantes. Enfin c'est vrai en cet autre sens que dans les pays protestants, alors que le protestantisme est un produit de l'esprit critique, ce même esprit critique a moins profondément entamé la mentalité théologique de la masse que chez certains pays catholiques tels que la France. Mais la contrepartie de cette constatation, c'est que les disciplines protestantes sont de moins en moins... des disciplines. La foi protestante se décompose et se subtilise à ce point qu'on ne perçoit plus clairement en quoi elle consiste, et qu'il y a presque autant de protestantismes que de protestants. Son objet même paraît s'évaporer. Quant à l'aptitude du théologisme protestant à régler la vie sociale, s'il ne nous coûte rien de nous incliner devant la haute moralité personnelle que nous avons maintes fois reconnue chez des protestants des deux sexes, elle nous paraît pécher par un excès incontestable et croissant d'individualisme. Est-ce que la constitution domestique elle-même n'est point par là compromise dans plus d'une société protestante ?

La faiblesse commune de toutes les disciplines morales reposant sur n'importe quelles croyances théologiques, catholiques, protestantes ou autres, est leur solidarité avec des dogmes qui ne sauraient désormais échapper soit aux coups d'une critique directe, soit plus sûrement à l'action d'une graduelle désuétude. Pour beaucoup, dès aujourd'hui, elles manquent de base ; pour d'autres, de plus en plus nombreux, elles en manqueront demain ou dans un avenir indéterminé, mais fatal. Et cette faiblesse est un danger grave, car trop d'esprits, insuffisamment avertis, sont exposés à confondre dans les mêmes doutes d'abord, dans les mêmes négations bientôt, et les dogmes et les préceptes.

Le danger apparaît plus aigu quand on considère spécialement la discipline catholique. Ici ce ne sont pas seulement les dogmes qui communiquent leur fragilité aux idées morales auxquelles ils ont servi d'appui. Celles-ci ont encore à souffrir de la politique pratiquée par l'Eglise catholique.

Pendant tout le cours des temps modernes, l'Eglise militante, à mesure qu'elle déclinait comme autorité spirituelle proprement dite, s'est manifestée de plus en plus comme force politique rétrograde. Et voici la conséquence. Aux yeux des hommes, — et leur masse est considérable, — que cette force politique lèse, menace ou inquiète dans leurs convictions, dans leur liberté, dans leurs intérêts, dans les institutions qui leur sont chères, toute thèse morale soutenue par l'Eglise est, par cela même, suspecte et réputée réactionnaire. Et il arrive que les choses les plus nécessaires socialement et moralement sont discréditées ou compromises du moment qu'elles sont défendues par la doctrine et la propagande catholiques. Telle est, par exemple, la stabilité du mariage. C'est là un des effets les plus graves de l'antagonisme radical entre la politique théocratique survivante et la société moderne et des efforts obstinés de la première pour reconquérir la seconde, qui se révolte à la seule idée d'une soumission à celui de tous les jougs qui lui répugne le plus.

Situation éminemment favorable à l'œuvre de négation progressive poursuivie par la critique.

L'esprit critique n'est pas nouveau. Il avait singulièrement miné les croyances polythéiques bien avant l'apparition du christianisme. Le moyen âge proprement dit — période dont l'histoire mieux connue nous conduit à réduire sensiblement la durée — n'a été pour lui qu'un demi-sommeil. Bien près du réveil dès le XIIIe siècle, réveillé tout à fait au XIVe, il a exercé depuis le XVIe une action systématique qui ne s'est plus arrêtée. Son audace est allée croissant.

Les bases de la construction religieuse du moyen âge étaient trop fragiles et la théologie chrétienne était trop redevable à la controverse qu'elle n'a jamais cessé d'entretenir pour que celle-ci ne déviât pas insensiblement de la dispute permise aux attaques illicites, d'abord timides et dissimulées, plus tard ouvertes et enhardies de la critique métaphysique. En réalité, nous ne sachons pas que l'hérésie ait jamais complètement chômé, tandis que l'Eglise la plus orthodoxe nourrissait dans son propre sein cet ennemi latent, la scolastique, et qu'elle abritait même des tâtonnements scientifiques dont elle ne prévoyait pas la portée.

Chaque succès, si modeste fût-il, de la critique fut un affranchissement partiel de la pensée, et, sans cette liberté relative et grandissante de l'esprit, la marche de la science positive elle-même aurait été entravée. Sans l'action du reste inévitable de la critique, le long et difficile travail préliminaire qu'impliquait une construction nouvelle eût été plus long et plus difficile encore. La critique métaphysique a déblayé la place.

Seulement l'œuvre de destruction fut rapide, et le travail préparatoire que nécessitaient les constructions positives fut lent. Aujourd'hui encore, la vitesse du mouvement négatif l'emporte de beaucoup sur celle des réédifications morales, couronnement attendu de toute l'évolution scientifique de l'âge moderne. Et cette inégalité persistante de vitesse entre les phénomènes de décomposition et les phénomènes de reconstitution n'est pas une des moindres causes de la crise contemporaine.

Puis on ne fait pas sa part à la critique. Il est chimérique de chercher à lui interdire tel ou tel domaine. Pour sauver les places qu'elle attaque, quand il importe qu'elles soient sauvées, ce n'est point à prohiber l'attaque qu'il faut songer, mais à rendre la défense invincible.

Après l'autorité de l'Eglise et la discipline catholique, après le dogme chrétien, après la philosophie spiritualiste, après toutes les tentatives de construction métaphysique, les principes et les fondements mêmes de la morale ne pouvaient pas être indéfiniment épargnés. Ils devaient avoir leur tour. Les voilà, depuis quelque temps déjà, aux prises avec l'inexorable démolisseur. Le lien longtemps nécessaire, aujourd'hui compromettant, que l'on voudrait maintenir entre la philosophie morale et les croyances théologiques ou une métaphysique épuisée, est devenu une cause de grande faiblesse devant l'audace croissante de l'agresseur.

Kant, ce métaphysicien de génie, qui a porté à la métaphysique les plus terribles coups qu'elle ait essuyés avant Auguste Comte, a vu le danger que courait la morale. Il a fait une tentative héroïque et désespérée, par laquelle il a cru sauver la morale... et les dogmes spiritualistes par-dessus le marché. Sa construction est une des œuvres les plus nobles qu'ait entreprises l'esprit humain. Il réédifiait tout ce qu'il avait démoli lui-même sur la *loi morale;* ..... et cette loi morale — « impératif catégorique », radicalement abstrait, indéterminé, inconditionnel, absolu — n'était édifiée que sur elle-même. L'édifice était sublime, mais reposait, énorme, sur une pointe d'aiguille. La ruine en était inévitable. La métaphysique dogmatique ne s'en est pas relevée, et la philosophie morale en a gardé une blessure qui n'est pas guérie.

Ne soyons pas plus ingrats envers la métaphysique dogmatique qu'envers les religions. Elle aussi a sa part, non négligeable, dans l'éducation morale de l'Humanité. Ne regrettons pas qu'elle se soit fait illusion sur son aptitude organique.

Cette illusion nous a valu quelques haltes glorieuses dans l'histoire des idées morales et la floraison d'élites humaines chez qui l'émancipation de l'esprit s'est trouvée réunie à une haute culture éthique. Dans le passé, cet hommage s'adresse surtout aux grandes écoles grecques, principalement à la péripatéticienne et à la stoïcienne, et au cartésianisme français du xviie siècle, d'autant plus que les belles inspirations nées sur ces sommets ont toujours pénétré plus ou moins les régions inférieures et ont même exercé une indubitable influence, généralement salutaire, sur le niveau moral des religions contemporaines. Mais les bases théoriques des doctrines qui y avaient été élaborées ne purent résister, à la longue, ni à la sape de l'impitoyable analyse, ni à la poussée des nations positives.

Bien plus près de nous, la philosophie morale issue du xviiie siècle et de la Révolution française, d'une tout autre portée sociale et d'un rayonnement autrement étendu dans la masse même des populations, n'a pas été plus ménagée, malgré sa grandeur et ses éminents services non encore épuisés, à cause du mélange inévitable de conceptions métaphysiques et d'anticipations positives qui caractérise ses origines dogmatiques.

Si maintenant nous considérons l'état actuel des controverses sur la morale, nous constatons qu'en dehors des théologiens, qui ont de moins en moins l'oreille du public, et des positivistes, qui ne l'ont pas encore assez, les écrivains sont partagés en deux camps : les analystes, les destructeurs à outrance, qui s'entraînent de plus en plus à porter sur les fondements et les principes directeurs de la morale l'action dissolvante d'une dialectique qui n'a nul souci de mettre quelque chose à la place des ruines qu'elle fait — et les philosophes, que ces ruines émeuvent et qui, cherchant soit dans une extension illusoire du darwinisme, soit dans un nouvel idéalisme transcendant à demi sceptique, de nouvelles bases morales, s'égarent dans leurs contradictions décourageantes.

Parmi ceux-ci, de très nobles esprits en sont venus à faire contre mauvaise fortune bon cœur ou, si vous préférez, à triompher de leur infortune, en soutenant que le mérite et la beauté des actions morales résultent justement de l'incertitude de leur principe. C'est le célèbre *pari* de Pascal appliqué, avec plus de désintéressement sans doute, non plus aux choses de la foi et au salut, mais à la morale même et au devoir.

C'est bien là, n'est-ce pas? la crise de la morale.

IV

Conséquences.

Dira-t-on que cette crise ne peut sévir que dans un milieu restreint, chez une élite de philosophes ou de dilettanti en philosophie que leur culture intellectuelle préserve des actions méchantes ou basses?

D'abord, si les élites sont préservées par une certaine culture des actions mauvaises ou viles, ce qu'on peut accorder, elles sont moins préservées des faiblesses et des inconséquences, parce que le flottement de la pensée quant aux choses de la morale chez nous et chez ceux qui forment notre entourage spirituel, a pour effet d'énerver plus ou moins notre volonté et d'affaiblir notre pouvoir de réaction. Ensuite l'élite a pour fonction de diriger la masse. Ne pensez-vous pas que « la crise » paralyse quelque peu ses facultés directrices? Enfin l'état d'esprit des élites finit toujours par se réfléchir dans les couches inférieures sous des formes différentes, imprévues et pénibles.

— La plupart des hommes, dira-t-on, ne se conduisent pas d'après des raisonnements philosophiques et ne s'interrogent généralement pas avant d'agir sur les fondements de la morale.

Soit : et, nous l'admettons volontiers, les *sentiments* moraux et les *habitudes* morales déterminent plus immédiatement le commun des actions humaines que les idées morales proprement dites. Ces sentiments héréditaires, ces habitudes transmises par la tradition et développées par l'éducation possèdent par bonheur une vitalité dans une certaine mesure indépendante des doctrines, mais dans une certaine mesure seulement. A vrai dire, la moralité n'est bien assurée que par l'accord de la doctrine, des sentiments et des habitudes. Si la doctrine et la discipline, qui ne peut s'appuyer que sur une doctrine commune, font défaut, les sentiments et les habitudes continuent durant quelque temps à maintenir les mœurs; mais, si l'interrègne doctrinal se prolonge à l'excès, il arrive un moment où ils ne suffisent plus pour soutenir la résistance aux assauts combinés des intérêts, des passions et des sophismes.

Ne faisons pas fi des sentiments, des habitudes, des *préjugés* moraux : s'il y a de mauvais préjugés, il en est d'excellents. Ceux-ci, suivant l'étymologie du mot, sont des opinions reçues, des *jugements* traditionnels par lesquels l'empirisme moral des peuples civilisés a heureusement *devancé* de beaucoup les démonstrations scientifiques nécessairement tardives.

C'est sur cette réserve, sur cette épargne de sentiments, d'habitudes, de bons préjugés, que nous vivons et, aussi, — hâtons-nous de le dire, — sur un certain nombre d'aspirations nouvelles parmi lesquelles une place d'honneur revient à ce vif besoin de justice généralisée et à cette foi au progrès que la Révolution française a si fortement enracinés dans l'âme populaire.

Mais la force de ces mobiles ne peut que décroître si les idées morales ne présentent pas, au moins dans l'élite, les caractères nécessaires de précision, de solidité, de cohérence et d'harmonie sans lesquels elles sont impropres à exercer une action bienfaisante, fût-elle indirecte, sur la masse, sous la forme d'éducation, de discipline acceptée, d'opinion publique dirigée.

Si ces conditions ne sont pas remplies et si, d'autre part, une critique sans contrepoids continue à saper systématiquement jusqu'aux premiers éléments de l'ordre social et de la moralité, experte d'ailleurs à parler tour à tour le langage qui séduit les esprits cultivés et celui qui flatte la foule, la conscience publique ne tarde pas à être troublée et désorientée.

Une société donnée ne se conçoit pas plus sans une discipline morale que sans un gouvernement.

Une discipline morale suppose d'abord une doctrine morale généralement acceptée ou du moins susceptible de généralisation progressive, — ensuite de mutuelles actions et réactions morales de chacun sur le milieu et du milieu sur chacun, c'est-à-dire une véritable coopération morale. — Celle-ci n'est, du reste, tout à fait effective sans être oppressive que si elle est coordonnée sans nulle contrainte par les plus compétents et plus dignes interprètes de la doctrine.

C'est une telle discipline qui nous manque. Et cette lacune ne pouvait pas ne pas avoir de sérieuses conséquences.

Elle en a quant aux devoirs anciens que le progrès véritable doit consolider et perfectionner, loin de tendre à les détruire. Elle en a aussi quant aux devoirs nouveaux qu'impliquent les nouvelles connaissances et qu'appelle le développement rapide de forces nouvelles. Les premiers sont pratiquement compromis et même théoriquement mis en question. Les seconds attendent, pour le plus grand dommage de notre société contemporaine, non seulement d'être sanctionnés, mais d'être assez reconnus et même définis.

Parmi les premiers, il n'en est pas qui puissent être mieux cités en exemples que ceux qui se rattachent aux liens fondamentaux, tels que le lien de famille et le lien de patrie. Et c'est moins, en général, la bonne volonté de remplir ces devoirs qui fait défaut, que la sûreté des convictions relatives à leur nature et à celle des institutions correspondantes.

Nous n'apprendrons rien à personne en disant que nous sommes en pleine anarchie d'idées et de sentiments sur l'union de l'homme et de la femme et l'ensemble des relations qui en découlent. Les adversaires du mariage ne sont pas les seuls à les considérer du point de vue exclusivement individualiste (ceux-là sont encore en petit nombre après tout). Mais, et cela est peut-être plus grave, un trop grand nombre de ceux qui, de très bonne foi, se défendent de vouloir le détruire ont de cette union et de ces relations une conception analogue ou approchante. Les uns et les autres, du reste, méconnaissent l'intérêt même individuel de la femme et d'abord sa nature. A plus forte raison méconnaissent-ils son rôle social et la destination sociale de la famille. Avec cela, contre les erreurs qui se répandent, contre une fausse sentimentalité qui gâte tout avec de bonnes intentions, contre les sophismes ou les fantaisies qui se donnent carrière, contre la générosité même qui s'égare, la conscience publique, même quand elle sent d'instinct et confusément le danger, se trouve désemparée. Elle n'est pas organisée pour se défendre. Les forces de réaction utile sont insuffisantes ou mal réglées, et d'autres sont condamnées à accroître le péril dès qu'elles interviennent pour le conjurer.

Rien n'est plus caractéristique que le grave conflit moral dont la notion de patrie fait les frais. D'un côté s'est produit un déplorable phénomène de régression. Nous entendons cette altération vicieuse du patriotisme moderne, ce retour équivoque à la conception antique, étroite, agressive du patriotisme, en dehors des conditions générales qui avaient fait la grandeur de la civilisation militaire dans l'antiquité. Sous des noms variés et avec des modalités diverses suivant les pays, cette déviation du patriotisme s'est montrée, en Europe et en Amérique, aussi perturbatrice que réactionnaire. D'un autre côté, la critique révolutionnaire n'a pas craint de comprendre la patrie dans le cercle indéfiniment élargi de ses négations systématiques, soit qu'elle n'ait pas d'autre souci que de poursuivre partout et jusqu'au bout les conséquences de sa logique dissolvante, soit qu'elle prétende substituer radicalement une toute-puissante solidarité de classe à la solidarité nationale, soit enfin qu'elle rêve simplement de faire l'individu souverain par la destruction des liens intermédiaires, sans autre tempérament qu'un vague humanitarisme affranchi des devoirs précis et des sanctions sérieuses.

Nous n'entendons pas dire que la masse même d'entre nous soit à la veille d'être acquise à l'une ou à l'autre de ces aberrations opposées. Mais entre ces cas extrêmes combien de consciences inquiètes, dans les milieux cultivés surtout, où s'agite le problème de l'apparente antinomie entre le patriotisme et les devoirs envers une collectivité plus étendue que la nation ! Sur un tel problème, les vieux préjugés et les sophismes récents concourent à accumuler les obscurités et les contradictions. Sur ce sujet vital le désordre des idées fait d'incontestables progrès, et, si les effets en sont encore limités heureusement par l'active persistance des bonnes traditions et des bons sentiments, il menace, si l'on n'y prend garde, d'envahir les régions restées saines pour le plus grand dommage de la Patrie et sans aucun profit pour l'Humanité.

Nous n'insisterons pas davantage sur les périls que l'interrègne spirituel dont nous souffrons fait courir aux vieilles institutions; mais comment n'être pas frappé d'autres dangers très graves? Ceux-ci nous apparaissent à la lumière de nos nouvelles connaissances scientifiques, qui nous ont révélé les redoutables répercussions d'une foule d'actes réputés autrefois moralement indifférents, ou bien résultent du non-règlement de forces nouvelles ou nouvellement développées dans des proportions auparavant inconnues.

Citons des exemples.

Voici tout un ensemble de notions biopathologiques sur la contagion et sur l'hérédité, sur les rapports étroits qui, d'une génération à l'autre, lient entre eux certains vices et certaines maladies, sur la filiation de la folie et de la criminalité..., etc. Il en résulte que ce qu'il y a de plus personnel en apparence dans l'hygiène et la conduite engendre nécessairement les plus terribles conséquences domestiques et sociales. Elles appellent impérieusement toute une nouvelle formulation de devoirs rigoureux et toute une discipline d'opinion appropriée. Voici un lot d'autres connaissances sur les suggestions de l'exemple et du milieu, sur les contagions et les hérédités morales, sur les conditions positives de l'éducation qui impliquent tant de responsabilités naguère encore insoupçonnées.

Et que dire de cette suractivité industrielle, de ces puissances économiques devenues énormes, de ce pouvoir grandissant exercé sur les choses et sur les hommes par l'action combinée des applications scientifiques et des capitaux accumulés, et encore de cet autre pouvoir auquel s'essaie le nombre organisé? Autant de forces nouvelles d'une intensité croissante, qui seront fécondes si elles sont modérées, réglées et moralisées, mais dont l'anarchie morale actuelle autorise tous les abus et déchaîne tous les conflits. C'est surtout dans ce domaine que *de tous les côtés* éclate, nous ne dirons pas seulement la méconnaissance, mais l'ignorance des devoirs nouveaux, et que se font sentir à la fois l'absence et le besoin de nouvelles disciplines.

Voyons maintenant comment le Positivisme entend hâter le terme de cette anarchie morale, quelle doctrine morale il apporte et quelle discipline morale il aspire à fonder.

DEUXIÈME PARTIE

Des bases et des principes directeurs d'une morale positive.

I

Le mal et le remède.

Tout l'exposé qui précède revient à montrer que notre situation morale est révolutionnaire ou, si l'on préfère, anarchique.

Comment en sortirons-nous? Par une *foi morale* qui fera cesser le trop long divorce entre l'esprit et le cœur, — par une organisation des *forces morales* qui fera contrepoids à l'immense développement des forces matérielles et par la formation d'une *autorité morale* capable de régler et de rallier sans contrainte les volontés librement disciplinées, deux conditions étroitement connexes de notre relèvement.

Une foi morale susceptible de devenir commune ne peut, désormais, reposer que sur la connaissance positive du monde, de l'homme et de la société, dont la morale positive est l'aboutissant et le couronnement.

II

Objet de la morale. — Le problème moral.

Auguste Comte a entendu la *morale* en un sens plus large que le public et même que le commun des philosophes. Il a distingué la morale théorique et la morale pratique.

Complétant heureusement dans sa *Politique positive* (1) l'immortelle classification des sciences construite par lui dans le *Cours de Philosophie positive*, il a fait de la morale théorique le septième et suprême degré de l'échelle encyclopédique du savoir abstrait. Elle a pour objet la connaissance de l'homme individuel donné non plus seulement par la biologie, mais par la sociologie. Elle reprend l'étude des fonctions du cerveau manifestées et modifiées par l'ensemble de l'évolution humaine, en tenant compte des actions et réactions réciproques entre elles et le milieu surtout social. Elle détermine les rapports établis ou impliqués entre l'homme ainsi considéré et *autrui*, — *autrui* devant s'entendre des autres individus et des êtres collectifs auxquels chaque individu est lié. Elle dégage sa destinée, ses fins et les conditions de son unité. D'où il ressort que la morale théorique d'Auguste Comte est tout à la fois une biologie supérieure, une psychologie positive et une morale proprement dite, et qu'elle présuppose la sociologie.

A côté de la morale théorique, suprême science, Comte a conçu la morale pratique comme l'art suprême, l'art de modifier l'homme, sans méconnaître sa nature, afin de l'adapter à sa destinée, ou encore l'art de l'*éducation* rationnellement étendue à tous les âges, à la vie entière.

Pour la commodité de notre exposition nous entendrons notre doctrine morale en un sens plus rapproché du sens ordinaire, en retenant surtout les principes directeurs de la conduite tels qu'ils se dégagent de la connaissance positive de l'homme, de la société, de leurs mutuels rapports et de leurs évolutions connexes.

Tout d'abord, trois faits généraux dominent la morale positive.

Le premier est la spontanéité des *penchants altruistes*.

La civilisation ne les a pas créés. Ils sont constatés chez les primitifs et chez les animaux, tout au moins chez les animaux supérieurs même non domestiqués. Sans qu'il soit nécessaire d'aborder en ce qui les concerne la question peu

---

(1) Tome Ier. *Discours préliminaire*, et tome IV, ch. III.

scientifique des origines premières, ces constatations suffisent pour qu'on soit autorisé à prendre leur existence et leur innéité, au moins dans l'espèce humaine, comme un point de départ.

Sur ce sujet comme sur beaucoup d'autres la doctrine développée par Auguste Comte dans la *Politique positive* était déjà fondée dans la *Philosophie positive*. La quarante-cinquième leçon du *Cours de Philosophie positive* (IIIe vol., Biologie) et la cinquantième (IVe vol., Sociologie) en font foi. Dans celle-ci notamment, Comte insiste sur la sociabilité fondamentale de l'homme et montre comment la formation et la persistance du groupe social le plus élémentaire suppose un minimum de sympathie naturelle. Après avoir rappelé qu'une saine biologie ne permet plus d'attribuer aux calculs de l'esprit une chimérique prépondérance dans la conduite des hommes, surtout chez les primitifs, ni d'admettre « une influence absolue des besoins sur la prétendue création des facultés », il relève l'irrationalité de la doctrine « qui fait uniquement dériver l'état social de l'utilité fonda- « mentale que l'homme en retire pour la satisfaction plus « parfaite de ses divers besoins individuels. Car cette in- « contestable utilité, dit-il, quelque influence qu'on lui sup- « pose, n'a pu réellement se manifester qu'après un long « développement de la société dont on lui attribue ainsi la « création ». En outre, si cette sociabilité spontanée, « indépendamment de tout calcul personnel », était nécessaire pour que les sociétés se formassent, elle ne l'était pas moins pour en assurer la durée contre l'action en sens contraire des instincts égoïstes, surtout quand l'aiguillon d'un péril imminent ou d'une urgente nécessité cessait de se faire sentir.

Auguste Comte a insisté à plusieurs reprises dans le *Discours préliminaire sur l'ensemble du Positivisme*, dans plusieurs parties de la *Politique positive* et dans le *Catéchisme positiviste*, sur l'importance capitale d'une irrévocable restitution à la *nature* humaine d'inspirations que la théologie chrétienne avait mises à l'actif d'une *grâce* arbitraire et que la métaphysique avait tantôt contestées et tantôt subalternisées au profit de la prétendue *raison pure*. Il n'en a pas exagéré la valeur quand il a écrit qu'elle avait accompli en morale une révolution analogue à celle qu'avait réalisée en cosmologie la découverte du double mouvement de la terre.

Révolution d'autant plus heureuse et décisive qu'il n'est plus possible aujourd'hui de méconnaître le rôle tout à fait prépondérant des mobiles affectifs dans la détermination de nos actes et même dans l'organisation du travail intellectuel. Car, dans ces conditions, le problème moral serait insoluble et les conceptions morales les mieux démontrées resteraient stériles, c'est-à-dire sans influence sur la conduite faute du moteur nécessaire, si parmi nos penchants il n'en existait pas de spontanément altruistes. Mais la réalité et l'innéité de tels penchants sont établies par l'observation directe, notamment par celle des enfants, des primitifs et des animaux, confirmées par l'analyse sociologique et vérifiées enfin par la pathologie cérébrale.

Dans son admirable théorie cérébrale (*Politique positive*, tome Ier. — *Introduction fondamentale*), qui, quel que soit le sort réservé aux hypothèses anatomiques relatives à la structure et à la localisation des *organes*, gardera toute sa valeur comme détermination et coordination des *fonctions* élémentaires du cerveau, Comte a distingué trois penchants altruistes classés dans l'ordre d'énergie décroissante et de dignité croissante : 1° l'attachement; 2° la vénération; 3° la sympathie, ou bienveillance, ou bonté.

Le second fait général est qu'en tout lieu et en tout temps la vie humaine apparaît dépendante et solidaire de la vie d'une *société*, aussi rudimentaire, aussi restreinte que l'on voudra, mais d'une société quelconque.

La vie purement individuelle n'a pas encore été observée, ni attestée, ni soupçonnée. L'individu indépendant de tout lien social, vivant en soi et pour soi, n'est qu'une entité. Partout et toujours l'homme a vécu par et pour un groupe déterminé, consciemment ou non d'ailleurs. Tout ce que nous connaissons de l'histoire et pouvons induire de la préhistoire, tout ce que nous savons des peuplades les plus sauvages, sans même qu'il soit nécessaire de remonter aux sociétés animales, dont l'étude est cependant du plus haut intérêt, nous permet de considérer comme un *fait premier* dans l'Humanité le fait même de la vie sociale, de la subordination nécessaire de l'individu à une existence collective, grande ou petite, forte ou faible, plus ou moins consistante. L'état de nature est un mythe. L'état social seul est une réalité. Il n'est pas le produit d'une convention arbitraire; il résulte de la nature humaine et de la force des choses.

Le troisième fait est que, tout considéré, l'évolution humaine s'est faite dans le sens d'une plus grande extension et d'une plus grande activité de l'altruisme, comme d'un plus grand développement et d'une plus grande complication des rapports sociaux.

Dans l'intérieur de chaque société le concours et l'interdépendance de ses éléments, la solidarité des générations sont allés croissant. Entre les divers groupements humains les rapports et les communications n'ont pas cessé de s'étendre et de se multiplier.

D'autre part, l'homme moderne est certainement plus sympathique et plus tendre que l'homme antique, et celui-ci l'emportait de beaucoup en sociabilité sur le primitif. Certes, l'égoïsme n'est pas près d'abdiquer; et il donne chaque jour des preuves trop convaincantes de son indestructible vitalité. Nul doute pourtant que de l'anthropoïde tertiaire ou de l'homme quaternaire à l'Européen du XXe siècle la marche ascendante de l'altruisme ne soit bien établie et de telle façon que des régressions accidentelles, temporaires ou locales ne suffisent pas à en faire méconnaître l'approximative continuité.

En regard de ces trois faits généraux il en est cependant un autre sur lequel il importe de ne pas fermer les yeux : c'est que les penchants altruistes restent communément moins énergiques que les différents instincts égoïstes dont la gamme va de l'instinct nutritif à la vanité, en passant notamment par l'instinct sexuel, l'instinct destructeur et l'orgueil.

Le problème moral consiste alors, du moins en grande partie, à adapter de mieux en mieux à la vie sociale, qui du reste s'impose à l'homme et lui est naturelle, un être doué d'altruisme spontané, mais chez qui l'altruisme est ordinairement plus faible que l'égoïsme dont les excès troublent et compromettent toute vie sociale. La morale, considérée de ce point de vue, a pour objet principal l'étude positive des éléments et des conditions de cette adaptation progressive.

Le problème qui vient d'être énoncé est difficile, mais non insoluble.

III

Conditions affectives de la moralité.

Rappelons d'abord ce principe général que, si tous les phénomènes sont soumis à des lois, ils sont cependant modifiables entre certaines limites dans leur intensité et dans leur vitesse. Cette modificabilité augmente à mesure que l'on s'élève de phénomènes plus généraux et plus simples à des phénomènes plus spéciaux et plus compliqués. Ce principe se dégage de l'ensemble de nos connaissances positives et la vérification expérimentale en est toujours possible. Il en résulte que les phénomènes de l'ordre vital sont plus modifiables que ceux du monde inorganique et que les phénomènes supérieurs de l'ordre social et de l'ordre moral le sont encore davantage.

Il serait ainsi invraisemblable que le rapport entre la force des intérêts égoïstes et celui des penchants altruistes dans l'Humanité demeurât immuable. Et il ne l'est pas en réalité.

Une première observation à faire à cet égard, c'est que la vie sociale, même à ne la considérer que comme un mécanisme fatal auquel l'intérêt bien entendu commande à l'individu de se plier, limite par elle-même dans une certaine mesure et atténue plus ou moins l'action des mobiles personnels. Tout en facilitant leur satisfaction modérée, elle contient leurs excès par le jeu même de ses réactions nécessaires. Elle constitue envers l'égoïsme un frein automatique d'une puissance variable, mais dont l'action est continue. Nous devons toutefois mettre en dehors de cette observation d'une part la vanité, dont le cas est spécial, et d'autre part les instincts maternel et constructeur qui sont, de tous les instincts personnels, les plus aptes à devenir les auxiliaires de la sociabilité.

La vie sociale est, au contraire, un aliment sans cesse renouvelé et une cause d'excitation croissante pour les affections sympathiques.

Ici les lois biologiques soit du développement des organes et des fonctions par l'exercice, soit de leur affaiblissement relatif par la compression et de la fixation par l'hérédité des modifications organiques, trouvent une heureuse application (1). Elles produisent même des conséquences d'autant plus importantes que leur effet est notablement amplifié par l'effet continu des réactions sociales accumulées. Donc la persistance même et le développement de la vie sociale devaient avoir pour résultat de fortifier l'altruisme originel et d'atténuer son infériorité relative. Et c'est ce que l'observation comparative des temps et des milieux confirme. Nous disons : et des milieux. Car, pour le sociologue, la connaissance d'une population contemporaine d'un état social très rudimentaire équivaut sous plus d'un rapport à celle d'une époque très reculée.

Ce n'est alors, dira-t-on, qu'une *atténuation progressive d'infériorité* que l'on constate en l'état au profit des penchants altruistes dans la masse humaine ? Eh ! n'est-ce donc pas déjà quelque chose ?

Mais, en outre, il ne faut point perdre de vue que, si, grâce à la vie en société, l'égoïsme de chacun est tant bien que mal borné par l'égoïsme des autres, — tout abus de la personnalité de A étant manifestement contradictoire avec l'intérêt de la personnalité de B, dont il détermine la résistance, — il en va tout autrement des mobiles altruistes dont la plus grande action chez les uns, loin d'être un obstacle à une action équivalente chez les autres, est de nature, au contraire, à la provoquer. Les altruismes sont susceptibles de s'additionner et même de se multiplier entre eux quasi

---

(1) Voir *Politique positive*. (T. Ier. *Discours préliminaire*. — 2e partie.)

indéfiniment. Les égoïsmes, non. Par bonheur ceux-ci ne jouissent pas de ce privilège exclusivement réservé aux affections bienveillantes qui — dit Auguste Comte — « sont à la fois les plus douces à éprouver et les seules dont l'expansion puisse être simultanée chez tous les individus ».

Une autre remarque importante, c'est que chez le même individu les différents mobiles personnels se contrarient entre eux. C'est ainsi que l'on voit l'instinct sexuel poursuivre ses satisfactions aux dépens de l'instinct de conservation, que les triomphes de l'orgueil peuvent coûter cher à l'intérêt et que ce qui flatte la vanité risque fort d'abaisser l'orgueil.

En revanche, s'il nous est donné d'assister à une sorte de guerre civile dans chaque cerveau entre les multiples appétits et les différentes passions de la personnalité, il apparaît que les divers modes de la sociabilité peuvent d'abord bénéficier des antinomies et des conflits intestins de l'égoïsme, et ensuite se prêtent généralement un mutuel appui. Ceci comporte sans doute des exceptions; mais une analyse un peu soutenue démontrera que les exceptions concernent des cas mixtes où tel sentiment altruiste est fortement lié à une passion personnelle parfois doublée de quelque grave erreur de l'esprit. Citons, par exemple, les cas où l'attachement est dominé par la sexualité, où la vénération est compliquée d'orgueil théologique.

Mais si les conditions de l'ordre affectif, qui viennent d'être trop sommairement rappelées, rendent possible la solution du problème moral, elles ne suffisent pas à elles seules à le résoudre, c'est-à-dire à assurer le *gouvernement* de l'âme et de la conduite humaines en vue de leur adaptation à la vie sociale. Pour que ce gouvernement passe de l'égoïsme, qu'on ne peut pas songer à abolir, à l'altruisme, dont l'énergie est naturellement plus faible, pour que ce gouvernement soit *éclairé*, comme tout gouvernement doit l'être, sur ses fins et sur les voies qui y mènent, et pour qu'il soit *organisé* au sens bio-psychologique du mot, il faut au cœur des secours qui lui viendront à la fois du dedans et du dehors.

Nous abordons ici le rôle de l'intelligence dans la constitution même de la moralité.

IV

Facteurs intellectuels de la moralité. — Le besoin d'ordre.

Si les affections sont le moteur indispensable que rien ne remplace, elles sont, les plus nobles comme les autres, aveugles, inégales, irrégulières. Elles sont par elles-mêmes inaptes à renseigner et à régler, à se renseigner et à se régler elles-mêmes. Aussi l'assistance des fonctions intellectuelles leur est-elle doublement nécessaire.

Les affections altruistes ont, plus encore que les autres, besoin du concours de l'intelligence.

Les instincts égoïstes, ceux-là surtout qui touchent le plus immédiatement à la vie végétative, sont susceptibles de concilier une grande intensité d'action avec un très pauvre bagage de représentations. Il n'en est pas de même des altruistes, car leur fonctionnement même ne peut prendre quelque consistance que par la connaissance de plus en plus précise des objets auxquels ils s'appliquent. L'égoïsme, même à un degré supérieur de développement, ne nécessite des opérations intellectuelles un peu étendues que pour la combinaison des moyens, tandis que la satisfaction de l'altruisme exige pour la détermination même de ses fins une association relativement compliquée d'images et de pensées.

Les notions doivent correspondre aux impulsions pour que le sentiment altruiste s'objective ; or son essentielle tendance est de s'objectiver. Dans les cas les plus simples il nous faut le concours de plusieurs fonctions intellectuelles, sinon de toutes, pour construire l'être auquel nous nous attachons, l'objet de notre vénération et de notre sympathie.

Plus que les autres penchants, ceux qui nous poussent à sortir de nous, autant qu'il est possible, veulent être renseignés sur l'extérieur. L'esprit seul renseigne.

Plus il nous renseigne, plus il nous ouvre de fenêtres sur

le dehors, plus il nous révèle *autrui*, et plus il sollicite l'exercice de l'altruisme. A mesure que nos connaissances se multiplient, que nous faisons une plus grande provision d'images et de pensées sur les êtres et les choses qui nous entourent, notre intelligence offre à notre sensibilité un plus grand nombre d'issues hors du cercle étroit des besoins personnels, et à notre activité un plus grand nombre de buts ou de motifs, distincts de la satisfaction de ces besoins, double facilité d'expansion pour les affections altruistes.

Aussi, même à ne considérer l'intelligence que comme source de renseignements concrets, ne devons-nous pas être étonnés que ses progrès, déterminés par la vie sociale, favorisent le développement des penchants dont est formée la sociabilité.

Mais c'est l'ensemble des fonctions intellectuelles et de leurs produits qui entre en jeu pour procurer à ces penchants un aliment, une destination, la source objective des émotions par lesquelles ils se manifestent, se différencient et se fortifient en s'exerçant. Comment concevoir sans la persistance atténuée ou le rappel par les différentes mémoires des images et des émotions elles-mêmes, sans leur association, sans le mécanisme de l'abstraction, sans les opérations au moins élémentaires de la méditation inductive et déductive, la représentation des êtres mais des propriétés et des relations requise pour que l'attachement et plus encore la vénération et la bonté soient effectivement provoqués à fournir leur action caractéristique? Pour la vénération, par exemple, elle n'apparaît, à proprement parler que comme un phénomène toujours mixte dans lequel se combinent une disposition affective *sui generis* et la reconnaissance d'une supériorité quelconque, opération intellectuelle éminemment composée. Et que dire alors, sans risquer de s'appesantir sur l'évidence même, de la nécessité de rattacher, même dans les cas les plus simples, l'exercice de la sociabilité à la notion telle quelle d'une existence collective à laquelle contribuent toutes les facultés de l'esprit?

Quant au langage et aux différents modes d'expression orale, mimique, ou écrite, en lesquels surtout s'affirme et s'entretient la coopération intime de l'intelligence et du sentiment, leur réaction a été, dès les débuts de l'Humanité, puissante et décisive sur l'exercice et l'accroissement de l'altruisme, ne serait-ce que par ce motif que la *sympathie* est en raison de la *communication*.

A vrai dire, l'intelligence et les affections altruistes, dont Auguste Comte, dans son hypothèse anatomique, rapprochait les organes dans le cerveau, se prêtent une étroite et mutuelle assistance. Car, si les fonctions intellectuelles sont sous la dépendance de tous les mobiles affectifs, c'est à l'impulsion de la vénération et de l'amour que l'esprit a dû de tout temps ses plus hautes, ses plus durables et ses plus fécondes inspirations. Malgré les cas anormaux, malgré des antinomies apparentes ou passagères, le progrès intellectuel et le progrès moral sont solidaires, l'un et l'autre rendus possibles et commandés par la vie sociale.

Pour être devenu un lieu commun, l'aphorisme de Vauvenargues n'en témoigne pas moins d'une vue profonde. Il nous paraîtrait même légitime d'en étendre la portée en montrant comment, même dans des domaines plus modestes que celui des « grandes pensées », la sécheresse du cœur engendre la stérilité de l'esprit.

Cependant le cœur a besoin de l'esprit non seulement pour être renseigné, alimenté, excité, mais encore pour être réglé, tandis qu'à son tour il doit régler l'esprit : réciprocité qui n'a rien de contradictoire.

Les affections, même supérieures, outre qu'elles sont aveugles sans le secours de l'intelligence, présentent, livrées à elles-mêmes, dans leur fonctionnement et dans leurs manifestations, des caractères bien connus d'irrégularité, d'inégalité, des alternatives de surexcitation et de défaillance. Elles sont sujettes à des variations considérables chez le même individu donné suivant les objets qui les sollicitent et, pour un même objet, suivant les circonstances extérieures ou intérieures, voire suivant l'état physiologique ou pathologique du moment. De là, chez les meilleures natures, le danger de la mobilité et de l'arbitraire, si le sentiment ne trouvait pas en dehors de lui un régulateur.

L'intelligence, considérée maintenant dans ses fonctions supérieures, le lui offre à la fois subjectif et objectif.

Nous appelons fonctions supérieures de l'intelligence celles qu'Auguste Comte a groupées sous le nom de *méditation* et qui consistent à associer, généraliser, systématiser, organiser, les résultats de la *contemplation* concrète ou *abstraite* dont les *sensations* ont fourni les matériaux.

La méditation est *inductive* ou *déductive*.

Elle est inductive quand du rapprochement des cas particuliers, concrets ou abstraits d'ailleurs, elle dégage des propriétés communes et des rapports, quand elle discerne les similitudes à travers les différences et, à un degré quelconque, la constance dans le changement. Par là elle s'élève peu à peu à des notions de plus en plus générales, aux idées d'espèces et de genres, à des vues d'ensemble plus ou moins étendues dans l'espace et dans le temps, à des principes enfin à des lois.

La méditation déductive ne consiste pas essentiellement à faire des syllogismes. Sa fonction est plus générale. Elle rattache des cas particuliers à une notion générale préalablement formée; elle aperçoit entre des conceptions données la relation de principe à conséquence ou de conséquence à principe; elle saisit les convenances et les contradictions logiques; elle discerne les liens de dépendance non seulement entre les faits et les êtres, mais entre les lois. Bref, elle organise et systématise les idées en utilisant *plus ou moins consciemment d'ailleurs*, et parfois sans que nous nous en rendions compte les résultats plus ou moins légitimes d'inductions ou analogies fondées ou vicieuses.

Un caractère commun de nos facultés d'induction et de déduction, c'est la tendance à voir ou à mettre dans les idées et dans les choses toujours un peu plus de généralité, de mesure, de régularité, d'ordre enfin. Et cette tendance est en même temps une aptitude et un besoin. Toute fonction a besoin de s'exercer suivant sa nature propre, et nous jouissons ou souffrons de son action favorisée ou contrariée. Les fonctions intellectuelles impliquent des besoins intellectuels, comme les fonctions affectives des besoins affectifs ; ceux-ci ne sont que supérieurs en énergie à ceux-là. Ce qui précède est d'autant plus facile à comprendre que nous ne séparons pas les fonctions élémentaires d'organes correspondants.

Il est permis de considérer ce besoin comme primitif, sauf, si l'on veut, à y voir un cas particulier de la *loi du moindre effort* appliquée à la nécessité de comprendre et même de représenter. Car rien ne serait plus difficile et plus pénible que d'embrasser par l'esprit une multiplicité d'objets sans une réduction quelconque, fût-elle vicieuse, à une certaine unité. Toute généralisation est une simplification.

Cette tendance de l'esprit, en laquelle nous trouvons à la fois un soutien et un régulateur subjectif des facteurs affectifs de la moralité, n'a fait que grandir à mesure que s'est dessiné le développement intellectuel de l'Humanité. Les premières manifestations en ont été bien humbles, bien naïves et fertiles en erreurs. Nous la pouvons suivre de plus en plus provoquée à s'exercer par les nécessités de la vie pratique, soit individuelle, soit collective, et par la curiosité, d'abord très intéressée, qu'éveillait chez nos lointains ancêtres le jeu des forces naturelles. Elle dut se contenter longtemps de satisfactions fragmentaires et modestes, qui suffisent encore aux populations restées fétichistes. Plus tard, grâce aux observations accumulées, aux progrès de l'abstraction et au développement de la vie sociale, trois conditions connexes, elle s'ouvrit un plus vaste champ dans les constructions théologiques, qu'elle achemina lentement vers le monothéisme, et dans les systèmes métaphysiques. Mais ces constructions et ces systèmes n'allaient pas sans les incohérences, les contradictions et la fragilité inséparables de leur mode de formation, tandis que dès une haute antiquité dans le domaine des faits les plus généraux et les plus simples, les notions positives les plus élémentaires offraient à notre appétit intellectuel d'ordre un aliment plus substantiel.

Dans les domaines supérieurs la pratique a de beaucoup devancé la théorie, et l'empirisme humain a plus d'une fois corrigé les dogmes et les systèmes sous le triple stimulant des nécessités sociales, de nos bons sentiments et de notre instinct de l'ordre. Appliqué à la conduite humaine, le besoin logique et pratique de généralité relative, de cohérence et de mesure a été de bonne heure un allié pour les meilleurs penchants du cœur. Dans le domaine moral, la généralisation même la plus rudimentaire et la plus empirique, telle que la comportaient soit l'état mental de l'homme inculte, soit l'étendue et le caractère des groupements primitifs, ne va pas sans aboutir à des ébauches de règles qui obligent chaque *moi* à tenir compte *d'autrui*.

Au fond, du moment qu'on pense en morale on sort de l'égoïsme pur. Le travail mental le plus simple sur la conduite implique la considération d'autrui et fait apparaître comme applicable, du moins en principe, à autrui les convenances essentielles de la personnalité.

Dans tous les cas, c'est bien par le besoin d'ordre et d'unité que l'intelligence s'associe à l'amour et à la vénération pour former *subjectivement* la conscience morale et pour les aider à disputer aux mobiles inférieurs le gouvernement de la vie.

On voudra bien observer qu'il n'y a là rien ni de *l'à-priorisme* de la vieille métaphysique, ni de *l'à-priorisme* rajeuni soit de Kant, soit de l'école néo-criticiste. Car ce que nous avons appelé tendance, besoin, aptitude intellectuels, n'implique, indépendamment des impulsions affectives et des données de l'observation, aucun principe d'action, aucune idée, aucune « loi morale ».

C'est assez dire que le secours intérieur dont il vient d'être parlé est insuffisant sans base objective et sans points d'appui au dehors.

V

La conception positive de l'ordre physique, vital et social.

L'aptitude à concevoir l'ordre n'est pas la conception de l'ordre. Celle-ci n'est jamais construite, bien ou mal, — qu'on le veuille ou non, qu'on s'en doute ou non, — qu'avec les données de l'expérience. Elle varie suivant le mode d'explication, c'est-à-dire de liaison des choses perçues. Elle ne serait certes pas *possible* si notre constitution cérébrale ne la comportait pas; telle en est la condition subjective. Mais elle ne *serait* pas, comme aucune conception ne serait, sans la mise en œuvre de représentations dont seules les sensations fournissent la matière; telle en est la condition objective. Et l'ordre ainsi conçu, même s'il est fictif, pourvu que la fiction soit sincèrement prise pour la réalité et qu'elle soit commune à un assez grand nombre d'esprits, est plus ou moins propre à régler le dedans par le dehors.

D'un autre côté les divers penchants altruistes veulent, avons-nous dit, un objet extérieur. Mais pour prendre toute la consistance voulue, qui suppose un exercice constant et commun, ils requièrent un ou plusieurs objets assez permanents et, de plus, susceptibles d'inspirer la même vénération et le même amour à tous les membres d'une collectivité donnée. Les affections de ce genre, si elles sont ressenties pour un même objet par plusieurs hommes groupés, se fortifient, et en quelque sorte se multiplient les unes par les autres.

Les notions positives que nous commençons à posséder sur la nature humaine sont, à ce sujet, corroborées par l'expérience historique. Celle-ci nous montre la moralité des peuples constamment dominée tant par les objets de leur croyance et de leur culte commun que par les manifestations les plus importantes suivant les temps de la vie collective, en lesquelles elle se synthétisait pour ainsi dire. De là le rôle considérable des religions et des institutions civiques dans l'histoire morale du genre humain.

Or la détermination de ces fins permanentes et communes de l'altruisme et le développement de la conception de l'ordre sont solidaires.

Toute la matière de cette conception, avons-nous dit, est fournie par l'ensemble des connaissances et explications qu'à chaque époque l'homme possède ou croit posséder sur les choses et sur lui-même. Ce sont précisément ces connaissances et ces explications coordonnées qui suscitent la notion des existences supérieures, réelles ou fictives, dont les hommes se reconnaissent dépendants et dont la vénération, l'amour... ou la crainte ont toujours servi à discipliner la vie privée et publique.

Mais les connaissances se développent et les explications varient suivant la loi célèbre par la découverte de laquelle Auguste Comte a fondé la sociologie et dont il est impossible de faire abstraction en morale.

Suivant la LOI DES TROIS ÉTATS : *Toutes les conceptions humaines passent successivement de l'état fictif* (d'abord fétichique, puis théologique), *par l'état métaphysique* (ou d'absolutisme abstrait), *à l'état positif; et la vitesse de l'évolution est en raison inverse de la généralité décroissante et de la complication croissante des phénomènes correspondants.*

Si l'on avait davantage pris garde à la seconde partie de l'énoncé, on se serait épargné bien des efforts inutiles pour opposer à la *loi des trois états* des contradictions mal fondées. Pour quiconque ne sépare pas les deux parties de l'énoncé, ou, si l'on préfère, pour quiconque ne sépare pas la loi des trois états de la classification de nos connaissances abstraites, il est naturel qu'à une époque et dans un milieu donnés les mêmes intelligences aient été à l'état positif dans le domaine mathématique et à l'état théologique ou métaphysique dans les différents autres domaines de la pensée. A cet égard, ce qui caractérise et différencie les grandes périodes de l'histoire c'est l'état des notions sociologiques et morales. Aujourd'hui même, dans notre Occident, une des principales causes de la *crise morale* est le conflit des trois mentalités relativement aux idées sociales et morales non seulement d'un esprit à un autre, mais trop souvent dans le même esprit. Seulement il est manifeste que la *positivité*, après avoir successivement triomphé dans toutes les autres branches du savoir, est en pleine ascendance dans l'ordre sociologique et moral, alors que la théologie et la métaphysique y sont en notoire décadence.

C'est pourquoi se pose le problème suivant, si l'on rapproche de la loi des trois états *intellectuels* la loi parallèle qu'Auguste Comte a énoncée pour caractériser l'évolution de l'*activité* sociale : quelle est la conception de l'ordre capable de discipliner les esprits et par les esprits, la conduite, quels sont les objets permanents et généraux d'amour et de vénération propres à servir d'aliment continu et commun autant que de soutien et de régulateur extérieur aux affections altruistes dans un milieu où les esprits tendent de plus en plus à passer à l'état positif même relativement aux notions supérieures et où l'activité collective n'a plus pour objet principal la guerre, mais l'industrie ?

Pour la conception de l'ordre la réponse est impliquée dans la question. Les esprits parvenus ou en voie de parvenir à l'état positif sur l'ensemble des connaissances humaines ne peuvent être disciplinés que par la conception positive de l'ordre, qui se trouve avoir par elle-même une heureuse efficacité morale.

La conception positive de l'ordre repose dans tous les domaines sur l'explication des phénomènes non plus par des volontés fictives ou par des entités, substances, causes premières ou finales, principes *a priori* indémontrables, mais par des lois stables toujours dégagées en dernière analyse des données de l'observation et toujours démontrables. Elle se caractérise aussi par la substitution du relatif à l'absolu.

La *loi*, suivant la définition d'Auguste Comte et de M. Pierre Laffitte, est une relation constante de succession ou de similitude. Même réduite au monde inorganique, la connaissance positive nous familiarise avec la constance et la généralité. Elle nous fait une mentalité qui répugne à l'arbitraire et au caprice. Elle nous induit à mettre dans nos sentiments et dans nos actes un peu de cette régularité et de cette impartialité que nous montrent les lois naturelles. Elle fait de l'accoutumance aux fatalités cosmiques, qui nous dominent tous également, tout à la fois un frein et un lien. Elle favorise la culture de la vénération en nous enseignant la soumission, qui, suivant la parole de Comte, « est la base du perfectionnement ».

Mais elle ne fait pas de nous des fatalistes. En nous pénétrant du sentiment du relatif et en conciliant d'après l'expérience la stabilité des lois naturelles avec une modificabilité secondaire des phénomènes qui croît en raison de leur complication et de leur dignité (1), elle suscite en nous, avec la croyance au progrès, une activité et une liberté qui, si la soumission est la base du perfectionnement, en est la condition.

Lorsque l'esprit positif s'élève des lois cosmiques aux lois de la vie, l'ordre, sans perdre ses caractères généraux, lui apparaît sous un nouvel aspect. Il se montre sous la forme supérieure de l'*organisation*. Dans un corps organisé, les parties de ce corps plus ou moins différenciées, plus ou moins spécialisées, conspirent et coopèrent pour la conservation et l'accroissement de l'ensemble. Elles sont plus ou moins solidaires les unes des autres et solidaires de l'ensemble qui, à son tour, dépend d'elles. Cette double solidarité devient plus étroite en même temps que la différenciation des *organes* et des *fonctions* est plus marquée à mesure qu'on s'élève dans l'échelle de la vie. L'une et l'autre sont à leur maximum chez les vertébrés supérieurs et surtout chez l'animal humain. La lésion, la défaillance ou l'action perturbatrice d'un organe ou d'une partie d'organe y déterminent sûrement à des degrés divers la souffrance de l'être et affectent sa santé.

L'idée d'organisation, s'ajoutant aux idées de généralité et de fixité relative, enrichit singulièrement la conception de l'ordre et lui donne, avec une plus haute valeur, une plus grande aptitude à éveiller la sympathie, à développer en nous le besoin de concours et d'unité, qui est un besoin altruiste.

Mais voici que l'esprit positif s'empare du domaine social et que, dès lors, la notion d'ordre s'enrichit et s'élève encore davantage. Il découvre que l'existence et l'évolution des sociétés sont, comme toutes choses, soumises à des lois générales et constantes. Il découvre que les sociétés sont, sans forcer les analogies et sans dissimuler les différences, des organismes. Mais dans ces organismes d'un genre particulier et supérieur l'unité se manifeste plus souple dans une variété plus complexe, et de plus se déroule, spectacle grandiose et nouveau, cet ordre en mouvement qui s'appelle la continuité à travers cette suite immense de changements et de péripéties qui

---

(1) Chacun peut faire ici la réserve nécessaire quant aux phénomènes astronomiques hors de notre portée.

s'appelle l'Histoire. Ainsi que chez l'être vivant les parties différentes du corps social concourent par actions distinctes à la vie de l'ensemble et sont solidaires avec cet ensemble comme entre elles. Mais deux traits spécifiques de l'ordre social sont à noter : Les parties ultimes d'une société quelconque sont elles-mêmes des êtres séparés, doués d'une organisation et d'une vie propres; d'où la nécessité de concilier le concours avec une relative indépendance. En outre, ce ne sont pas seulement les hommes d'un temps donné, ce sont les générations successives qui coopèrent et qui sont solidaires entre elles.

Il est manifeste qu'ici la conception de l'ordre positif, outre sa grandeur et sa beauté vivante qui nous inspirent amour et vénération, devient un principe direct d'enseignement moral.

Elle nous enseigne que, le voulant ou non, nous vivons par et pour autrui, non seulement par ou pour nos contemporains, mais par et pour nos devanciers et nos successeurs. Elle nous enseigne que nous jouissons et souffrons du fait des autres, vivants ou morts, et qu'en retour chacun de nos actes a des répercussions prochaines et lointaines, quasi indéfinies, en bien ou en mal, sur le sort de nos semblables présents et à venir. Elle nous enseigne notre subordination inévitable à une existence sociale et que cette subordination nous est indispensable. Elle nous enseigne à quel point la vie sociale implique que les hommes se respectent et s'aident entre eux à travers l'espace et à travers le temps. Elle nous enseigne donc comme vérités et nécessités sociologiques les choses mêmes que nos penchants altruistes nous incitent instinctivement à réaliser en ce qui concerne chacun de nous. L'accord est donc ici complet et immédiat entre nos pensées les plus élevées et nos plus nobles affections. Il en résulte pour celles-ci un inappréciable renfort en même temps qu'une détermination rationnelle de leur exercice et de la conduite qu'elles doivent inspirer.

Ajoutons qu'en abordant la vie, et surtout la vie sociale, l'esprit positif est amené à reconnaître que la *loi* s'y concilie encore plus que dans le monde inorganique avec la modificabilité entre certaines limites. Et cette reconnaissance est un stimulant précieux pour notre initiative. Elle est pour nous la justification du travail, de l'effort, et une source heureuse de dignité.

En un mot, les sciences positives inférieures nous fournissent en quelque sorte le support de la moralité ; la biologie et la sociologie permettent à l'intelligence d'en réunir les éléments et d'en construire le plan conforme aux aspirations du cœur qui, assisté et réglé par elle, peut seul le réaliser.

Ce qui précède indique déjà que c'est encore la sociologie qui nous renseigne sur les objets permanents propres à servir d'aliment continu et commun et de point d'appui solide, autant que de régulateur, à l'attachement, à la vénération, à la bonté, qui ont grandement besoin de ce secours pour lutter contre les impulsions égoïstes toujours si énergiques. Ce que nous venons d'énoncer contient implicitement ce que nous allons dire.

VI

Les êtres collectifs et l'individu. — L'homme et l'Humanité. — Le concours et l'indépendance.

Quels seront ces objets ?

Comme toujours une ou plusieurs existences supérieures desquelles nous nous reconnaîtrons dépendants. Seulement, comme c'est par l'intermédiaire de l'esprit que ces existences émeuvent le cœur et influent sur la volonté et que l'esprit est ou devient positif, cette existence ou ces existences seront *réelles* et leur réalité sera toujours démontrable.

Comme la conception actuelle de l'ordre ne peut être que positive et doit être homogène, qu'elle a pour matière une hiérarchie de lois, ces existences auront été trouvées soumises à des lois propres, distinctes, mais non indépendantes de ce que l'on connaît des lois cosmiques. Elles seront dans le *relatif* et dans le relatif le plus rapproché de nous qu'il soit possible tout en nous étant suffisamment *supérieures*. Devant, d'autre part, être pour nous des objets incontestables de sympathie et de vénération, il est nécessaire qu'elles vivent de notre vie, mais à un degré sensiblement plus élevé de grandeur et de durée.

Appelées non seulement à occuper nos pensées et à remplir notre cœur, mais à gouverner notre activité, il importera que, tout en nous donnant beaucoup, par où elles justifieront notre reconnaissance, elles puissent aussi recevoir de nous quelque chose, par où elles provoqueront nos efforts et nos services. Tout en étant dominées par un ordre naturel et nous dominant nous-mêmes, elles seront cependant, — entre certaines limites, comme il a été dit, — par nous modifiables et perfectibles. Ce qui convient à des populations plus industrielles que guerrières, habituées à modifier le milieu matériel en tirant parti des lois mêmes qui le régissent et dès lors ayant besoin dans l'ordre moral comme dans l'ordre matériel de concilier l'initiative avec la soumission.

Quelle existence remplit autant ces conditions que la société humaine elle-même ?

Quiconque n'est pas étranger à la sociologie, alors même qu'il n'accepte pas la direction de son fondateur, soit aujourd'hui que chaque vie individuelle est enveloppée et commandée par une existence sociale plus large, plus compliquée, plus élevée et plus durable. Chacun de nous est lié dans l'espace et dans le temps à une hiérarchie d'*êtres collectifs* qui sont, à n'envisager que les liens fondamentaux et permanents : *la Famille, la Patrie, l'Humanité*. Nous dépendons étroitement d'eux pour notre vie physique, pour notre vie intellectuelle et pour notre vie morale. Les membres de chaque génération leur sont unis en même temps qu'entre eux dans le présent par une foule de subordinations conscientes ou non, de coopérations volontaires ou involontaires. Mais c'est d'un poids bien plus lourd que sur chaque génération pèse l'ensemble des générations antérieures ; et, si riche que soit la contribution des collectivités contemporaines à l'existence et au développement de chacun de nous, elle n'est pas comparable au trésor matériel, affectif et mental amassé pour nous par toute l'Histoire connue ou inconnue. A notre tour nous venons ajouter notre obole à l'héritage sans cesse croissant du passé humain, dont la maîtrise s'exercera toujours plus puissante et dont les bienfaits se répandront grandissants et accumulés d'âge en âge sur les hommes de l'avenir. Plus encore que la solidarité actuelle la continuité (c'est-à-dire la solidarité et la collaboration successives et progressives) caractérise les êtres collectifs humains.

La famille et la patrie ont leur existence propre et nécessaire. La sociologie nous apprend que la solidité des liens particuliers qui les constituent est une condition essentielle de tout ordre social, une condition essentielle de la vie même de l'Humanité. Elles forment avec celle-ci, dont elles dépendent à leur tour, une véritable hiérarchie. L'Humanité n'en est pas seulement le terme suprême ; elle enveloppe et pénètre les deux autres. Mais la famille et la patrie gardent respectivement leur physionomie, leurs prérogatives et leur rôle distincts dans le sein de cette existence supérieure qui est unité et non confusion.

Il faut remarquer à ce propos que, seules, les populations dont la guerre n'est plus l'occupation principale, chez qui l'activité militaire tend chaque jour davantage à n'avoir plus d'autre objet que la défense éventuelle de l'intégrité nationale ou des opérations de police, sont capables de concilier le plus ferme patriotisme avec le culte de l'Humanité.

Nous sommes ainsi parvenus à une conception positive et pacifique de la destinée humaine en reconnaissant que l'homme est destiné à vivre par et pour autrui, par et pour la famille, la patrie et l'Humanité, — celle-ci étant considérée non seulement comme le terme le plus général de l'association des hommes, mais encore comme une société de patries dont chacune est une société de familles.

Du reste, en fait, bien avant qu'il fût possible de songer à une morale positive, les êtres collectifs ont spontanément été les éducateurs des hommes. C'est grâce à la constitution de la famille et de la cité que l'altruisme — sans l'impulsion duquel, si faible qu'on la suppose au début, elles ne se seraient pas fondées — a pu acquérir des forces que la nature ne lui avait pas données. Par elles l'altruisme a pris figure et corps et a fait sentir avec quelque suite et régularité son action, plus étroite mais plus énergique dans la famille, plus générale et de plus longue portée dans la cité. C'est par sa participation à ces existences collectives que l'âme humaine a été graduellement dégagée de l'animalité pure. Elles ont été le contrefort puissant auquel s'est appuyé l'édifice d'abord si fragile de la moralité. Aujourd'hui encore, — et à cet égard l'avenir ressemblera au présent, — l'homme dont le cœur aurait toujours été fermé à la religion du foyer ou qui n'aurait pas de patrie serait singulièrement mal préparé au service de l'Humanité.

C'est systématiquement désormais que la famille, la patrie et l'Humanité, réunies dans une même foi et dans un même culte, doivent servir de base objective à la moralité humaine. Leur réalité n'est plus à démontrer et notre dépendance à leur égard pas davantage. Elles nous sont antérieures et supérieures, mais vivent de notre vie comme nous vivons de la leur. Leurs bienfaits ne sont pas plus niables que leur grandeur et leur puissance, et notre vénération leur est due autant que notre amour et notre soumission. Elles subissent sans doute des lois et des nécessités d'organisation contre lesquelles aucun arbitraire ne saurait prévaloir; mais, d'autre part, elles sont modifiables, perfectibles et non parfaites. Donc notre activité intelligente et libre peut s'exercer utilement en leur faveur. Nous pouvons, en d'autres termes, travailler pour elles et les servir. Elles sont notre véritable providence — (au sens étymologique du mot), — mais une providence à laquelle nous avons le moyen de rendre une partie de ce qu'elle nous donne. C'est bien la providence qui convient aux hommes de raison, de labeur et de paix.

Et ne craignez pas que le culte des êtres collectifs puisse avoir pour effet de nous détourner de nos devoirs de justice et de fraternité envers les individus.

Une doctrine qui fait une si grande place au sentiment dans la morale et qui prétend faire cesser la révolte de l'esprit contre le cœur, dont, suivant l'heureuse formule d'Auguste Comte, « il doit être non l'esclave, mais le ministre éclairé », — ne peut pas produire un tel résultat. Le sentiment, livré à lui-même, s'attache de préférence aux individus où aux objets concrets. C'est par les lumières qui lui viennent de l'esprit, par la pratique héréditaire de la vie, surtout sociale, et par la leçon traditionnelle des choses qu'il est conduit à s'attacher aux *personnes morales* et aux objets abstraits. Cet altruisme acquis complète et pondère l'altruisme spontané, mais, loin de le détruire, il lui apporte au contraire des éléments précieux de force et de fixité.

Au demeurant, si la science a démontré la réalité vivante des êtres collectifs, elle ne saurait les concevoir en dehors du concours continu des vies individuelles dont ils ont été, sont et seront composés. Ils sont, à coup sûr, bien autre chose que la simple somme des individus ; mais c'est dans la conscience individuelle qu'ils prennent conscience d'eux-mêmes. C'est dans les individus passés, présents et futurs que l'Humanité jouit, souffre et pense. C'est par eux que, de génération en génération, elle travaille, lutte et se perpétue. C'est par eux qu'elle progresse ; et c'est souvent par l'opposition périlleuse d'un seul à tous qu'elle assure l'avenir. Donc la science sociale enseigne le respect de l'individu, et la religion de l'Humanité fortifie l'amour des hommes.

C'est le moment d'ajouter que la conduite altruiste réclame, non moins que des sentiments et des pensées altruistes, un *effort* altruiste, trop souvent un combat contre soi-même.

Nier l'effort sur soi, ce serait d'abord nier l'expérience ; ce serait ensuite nier la possibilité pour les organes cérébraux associés des penchants sociaux et des fonctions mentales supérieures d'agir soit directement, soit indirectement sur les centres encéphaliques de l'excitation, et, ce qui est important, de l'inhibition et de la coordination des mouvements. Ce serait surtout nier la modificabilité des phénomènes les plus complexes qui soient connus et refuser toute efficacité éducatrice, fût-elle à longue échéance, à l'application au tempérament et au caractère d'une hygiène soutenue, physique et morale, qui peut s'étendre depuis la surveillance de l'alimentation jusqu'à la culture directe des sentiments.

Or l'effort personnel, dont rien ne dispense, suppose une suffisante indépendance. Le gouvernement de soi-même ne s'établit, ni ne se maintient sans une énergie persévérante, exclusive de la passivité. La moralité est à la fois bonté, raison et force d'âme. Toute discipline qui n'en tient pas compte est vicieuse. Remarquons seulement qu'il faut souvent autant de force d'âme pour retenir notre action que pour nous y entraîner, et qu'il en faut encore plus pour persévérer dans nos résolutions. Mais, de quelque façon qu'elle se manifeste, la force d'âme est incompatible avec la servitude et l'humiliation.

La doctrine positive, qui subordonne l'homme à l'Humanité et, par elle, à l'ordre cosmique, est une grande école de soumission, de résignation même. Mais en déterminant comme elle le fait les caractères de la vie collective, la possibilité et les conditions du progrès social comme du perfectionnement individuel, elle établit la liberté sur des bases plus solides que jamais. C'est par des volontés raisonnables qu'elle institue le plus complet concours social. Elle fonde du même coup le devoir et la responsabilité en dehors des problèmes insolubles que la métaphysique pose à leur sujet.

VII

Les conditions de l'harmonie morale.

Envisageons un autre aspect de la moralité.

Notre doctrine ne prétend pas ouvrir le ciel. La terre est son domaine. Comme elle enseigne aux hommes qu'ils doivent vivre pour des êtres qui ont besoin de leurs services et qu'héritiers du passé, il leur incombe, tout en pourvoyant au présent, de travailler pour l'avenir, elle pousse à l'action. Elle est donc aussi éloignée du mysticisme et du quiétisme que d'un utilitarisme grossier. Elle subordonne l'ensemble de notre conduite à notre destination domestique et sociale. Et cependant elle favorise au plus haut degré la vie intérieure et son perfectionnement.

En effet, sans tomber dans les écarts d'un faux sentimentalisme à la Rousseau, Auguste Comte a rendu au cœur sa vraie place trop longtemps méconnue par les exagérations de l'intellectualisme moderne. L'étude positive de la nature humaine, concordant avec l'empirisme des peuples, lui a montré qu'en dépit des illusions de l'esprit les affections, comme nous l'avons déjà rappelé, sont les moteurs tout à fait prépondérants de notre activité, et que tout ce que les penchants sympathiques perdent sur nous d'empire est autant de gagné pour la tyrannie des instincts égoïstes. Il a été ainsi conduit à se convaincre de la nécessité d'une culture directe et systématique du cœur considéré comme l'ensemble des tendances et des émotions altruistes. Il a insisté sur la possibilité et les conditions d'une telle culture en se fondant sur cette loi que les fonctions du cerveau, comme les autres fonctions de la vie et plus que les autres, se développent par l'exercice, et sur cette autre loi que tout signe d'une émotion, ou toute image d'un objet susceptible de la provoquer, l'éveille ou la réveille effectivement même en l'absence de tout objet actuel. Il a de la sorte institué pour chaque homme le motif et le moyen de pousser très loin l'attention sur soi-même.

Mais cette culture directe du sentiment, indispensable, n'obtient sa pleine efficacité morale et n'est préservée de fâcheuses déviations, voire d'aberrations dangereuses, que si elle a une destination précise et commune. La vie intérieure manque d'unité et de stabilité quand elle n'est pas solidement rattachée aux réalités supérieures qui, du dehors, règlent le dedans.

Il s'agit, du reste, de régler notre nature, non de la mutiler. On ne prétend pas détruire les instincts égoïstes, la prétention serait vaine, mais seulement les contenir, les canaliser, les faire servir à des fins altruistes.

La devise positiviste : « *Vivre pour autrui* », implique pour chacun le *vivre*, la vie complète et normale du cœur, de l'esprit et du corps, ce qui ne l'empêche pas de comporter au besoin le sacrifice suprême. Les instincts personnels sont nécessaires à la conservation, à la reproduction et au développement de cette vie même que nous devons consacrer au service d'autrui. Aimer autrui et penser à autrui, c'est bien ; mais il faut encore agir pour autrui. Ne brisons pas en nous les ressorts de l'action liés à une dose suffisante de personnalité. Pas plus dans l'ordre moral que dans l'ordre économique, il n'est sage de nous priver de ces stimulants de l'activité et du progrès qui s'appellent l'intérêt et la passion. Ce qui importe, c'est de les empêcher d'être les maîtres alors qu'ils doivent être les serviteurs. La société a besoin d'hommes, non d'ascètes; et le mot de Pascal sur le danger que l'on court à vouloir « faire l'ange » reste juste et profond.

Il y a plus : par la théorie des fonctions composées du cerveau, dont Comte avait défini et classé les fonctions élémentaires, deux éminents disciples, M. Pierre Laffitte, en son *Cours de Morale*, et M. le Dr Audiffrent, en son traité des *Maladies du cerveau et de l'innervation*, ont fait voir, entre autres observations pleines d'intérêt, comment les affections se combinent avec les opérations intellectuelles et comment un penchant altruiste s'associe à une impulsion égoïste en faisant subir à celle-ci une sorte de transposition morale et en bénéficiant pour ses propres fins du secours d'un instinct moins noble, mais plus énergique.

Faut-il rappeler le rôle joué en combinaison avec la vénération et l'amour par la crainte et le besoin dans l'histoire religieuse de l'Humanité? Est-il nécessaire d'insister sur la part qui revient à l'appétit sexuel et à l'instinct maternel, à l'amour personnel des petits, dans la fondation de la famille et dans les plus tendres affections domestiques et comment, par cette participation, leur caractère se modifie? L'instinct constructeur a été de tout temps lié à la sociabilité sous les formes les plus variées. Mais il n'est pas sans intérêt, par exemple, d'indiquer que l'instinct destructeur, qui fut d'ailleurs un adjuvant puissant de la sociabilité essentiellement militaire des anciens, communique aux réactions de la conscience blessée cette véhémence salutaire que nous montre *l'indignation*. L'orgueil se transforme s'il est allié à des inclinations et à des pensées supérieures et entre pour quelque chose, souvent pour beaucoup, dans *le respect de soi-même* qui préserve des actions basses et dans *l'empire sur soi-même* qui facilite l'accomplissement des devoirs difficiles. Sous les mêmes influences et grâce à des combinaisons analogues la vanité, si corruptrice à tant d'égards, modérée et corrigée, s'atténue en *amour-propre* ou *émulation*, source d'amendement moral, et parfois aussi évolue au point de devenir un coefficient dans le sentiment complexe de *l'honneur*.

Enfin sans le jeu des instincts personnels, à commencer par l'instinct nutritif, comment nous rendrions-nous compte des souffrances que nous devons épargner aux autres?

On peut donc concevoir comment, en subordonnant, sans chercher à la détruire, la personnalité à la sociabilité assistée par la raison et servie par les fonctions excitatrices, inhibitrices ou coordinatrices des mouvements, il est possible d'assurer l'unité intérieure qui importe autant à la dignité et au bonheur vrai de l'individu qu'à l'union active des hommes entre eux pour le service social. On a vu que, réciproquement, la soumission aux êtres collectifs et à l'ordre qui les domine est nécessaire à la réalisation au moins approximative de cette unité intérieure.

Comme la santé, comme la beauté, comme la raison, comme le bonheur, la vertu est une harmonie. Et toutes ces harmonies sont sœurs.

VIII

Propositions fondamentales.

Nous sera-t-il permis de résumer ce que nous avons dit jusqu'ici dans les propositions suivantes?

1° La destinée positive de l'homme est de vivre par et pour autrui, par et pour la famille, la patrie et l'Humanité, dont il dépend étroitement et dont le service continu requiert le concours des individus et des générations solidaires.

2° La spontanéité des penchants altruistes chez l'homme et l'ensemble de sa constitution cérébrale, modifiable entre certaines limites et gouvernable grâce à l'action même de la société, lui permettent de s'adapter de mieux en mieux par de libres efforts à sa destinée.

3° La conduite altruiste conforme aux besoins du cœur, aux enseignements de la science et aux exigences de la raison est le devoir, puisqu'elle est nécessaire et qu'elle est possible. Faite à la fois de sympathie et de respect, éclairée et réglée par la raison, soutenue par le caractère, elle réalise l'ordre et motive une suffisante liberté qu'elle suppose et qu'elle assure.

4º Elle est la condition du bonheur autant que de la dignité, non seulement parce qu'elle procure les satisfactions les plus douces et les plus communicables, mais parce qu'elle fonde l'harmonie intérieure sur l'harmonie sociale.

Nous n'écrivons pas un traité de morale. Nous essayons seulement de donner un aperçu sommaire, trop imparfait et, sauf erreur personnelle, des bases et des principes directeurs de la morale positive qu'Auguste Comte (1) a fondée et dont ses disciples n'ont pas cessé de poursuivre le développement.

Comte la condensait dans cette fière devise : « Vivre pour autrui », et dans cette autre : « Vivre au grand jour », corollaire de la première ; car, s'il faut vivre pour autrui, on n'a aucune raison de lui cacher sa vie et on lui doit de la lui montrer.

C'est au nom de cette morale que peut désormais se former la discipline nouvelle réclamée par notre situation.

Il y faudra plus qu'une formule, fût-elle excellente.

« Aimez-vous les uns les autres » a été et demeure une parole sublime, dont, à vrai dire, il paraît malaisé d'attribuer à quelqu'un l'exclusive propriété. Mais elle ne suffit plus pour résoudre toutes les questions morales. Il s'agit, aujourd'hui plus que jamais, de déterminer et de faire accepter des devoirs dont la complexité grandit avec la complexité même de notre civilisation. Or, il est devenu indispensable que des notions complexes pour les philosophes se traduisent en règles claires pour la masse humaine. Ce qui double la difficulté.

C'est une erreur trop répandue de croire que les questions morales sont simples. Il faudrait pour cela que l'homme et la société le fussent et ils le sont de moins en moins.

Mais, avant d'aller plus loin, nous voudrions revenir sur

---

(1) Voir notamment *Politique positive*, Discours préliminaire (1re et 2e parties); tome II (ch. 1er et VI); et *Catéchisme positiviste* (1er, 4e, 9e et 10e entretiens).

certains points, insister sur le sens précis que les positivistes mettent sous des mots que nous avons été amenés à écrire et d'autres qui ont cours depuis longtemps dans le vocabulaire moral de l'Humanité, sans que pour cela les philosophes soient aujourd'hui même bien d'accord sur leur signification : le *devoir*, le *droit*, la *justice*, la *responsabilité*...

IX

Caractères distinctifs de la morale positiviste.

Il n'est pas inutile de revenir sur les caractères propres et distinctifs de la morale positiviste. Il importe à la pratique même que nous nous efforcions à les mettre le plus possible en lumière.

Reprenant nos définitions avec une plus grande simplicité, que permet l'exposé qui précède, nous dirons :

Science, la morale est la connaissance positive de la nature de l'homme, tel qu'il est donné non seulement par la biologie, mais aussi par la sociologie, et de sa destinée.

Art, elle détermine d'après cette double connaissance les règles et la culture qui permettent à l'homme de conformer sa conduite à sa destinée en perfectionnant sa nature.

Science et art sont, dans ce domaine plus que dans tout autre, intimement soudés l'un à l'autre.

Science et art, la morale positiviste est avant tout *positive;* et c'est ici au sens purement positif que se doivent entendre les mots « nature » et « destinée ».

Ses bases et ses fins sont *réelles*. Elle est dégagée de toute croyance au surnaturel, indépendante de tout dogme extra-scientifique, de tout inconnaissable. Les données sur lesquelles elle se fonde sont observées ou observables, démontrées ou démontrables, vérifiées ou vérifiables. Réelles sont les dispositions affectives et mentales qui lui fournissent ses indispensables principes subjectifs. Réelle est la conception de l'ordre objectif qui la domine. Réels sont les êtres qu'elle propose à notre sympathie et à notre respect, réelles les puissances extérieures et bienfaisantes qu'elle nous apprend à connaître, à aimer, à vénérer et à servir. Réels sont les régulateurs qu'elle donne à la vie, réels, terrestres et humains les buts qu'elle lui assigne, réels ou réalisables les moyens qu'elle met à notre portée pour les atteindre.

Positive, notre doctrine morale l'est d'autre part en ce qu'elle reste dans le *relatif*. Mais qu'on ne s'y trompe pas : son relativisme n'a nul rapport ni avec une casuistique trop célèbre, ni avec un scepticisme élégant trop en faveur parmi nous. Elle ne prétend ni réaliser, ni connaître l'absolu ; mais elle a des principes auxquels elle entend bien subordonner de mieux en mieux toute l'activité humaine. Seulement, comme les deux facteurs essentiels de la moralité, qui sont la constitution cérébrale de l'homme et l'ordre social, étant soumis à des lois d'évolution, subissent l'un et l'autre entre certaines limites diverses actions modificatrices et se modifient l'un l'autre, elle reconnaît la nécessité de tenir toujours compte des milieux et des temps.

Etant positive, *elle repousse l'arbitraire* autant que l'absolu. Elle soumet la moralité humaine à des *lois;* mais elle ne l'asservit à aucune *grâce*, à aucun *caprice*, pas plus au caprice des foules qu'à celui de volontés fictives.

Elle est encore positive en cet autre sens qui oppose le positif au négatif. Elle est en effet *organique*. A la différence de certains systèmes métaphysiques qui ne parviennent qu'à motiver des abstentions par la conception d'un équilibre neutre de forces ou de « droits », elle fonde sur les sympathies et synergies naturelles les concours voulus de sentiments, de pensées et d'actions. Comme ses données premières sont non des abstractions mortes, mais des réalités vivantes coopérant à de vivants ensembles, elle institue les devoirs non plus seulement négatifs mais encore positifs destinés à régler une vie toujours plus intense, plus large et plus harmonique.

En second lieu, la morale positiviste est nettement *altruiste*, par où elle se distingue de toutes les morales de l'intérêt personnel plus ou moins bien entendu. Comme science, elle montre la réalité des éléments biopsychologiques, d'abord et surtout affectifs puis intellectuels, de l'altruisme, et démontre comment la vie sociale, aussi inévitable qu'indispensable et bienfaisante, rend nécessaire, possible et légitime la subordination des instincts égoïstes, qu'on ne saurait abolir, à la sympathie assistée par la raison, qu'une culture appropriée est apte à développer et à régler.

Penser qu'il est possible dans chaque cas particulier de remplacer l'action de notre sociabilité naturelle, la notion et le sentiment directs du devoir envers les autres et envers les différents êtres collectifs par de savants calculs d'intérêt indirect à plus ou moins lointaine échéance est la plus vaine des chimères philosophiques. Outre que ces calculs ne seraient pas à la portée du plus grand nombre, il ne serait pas toujours facile d'en prouver à l'avance le bien fondé et il pourrait arriver que l'expérience les infirmât. Cela arriverait certainement. Et puis il y a tant de manières d'*entendre* son intérêt, même parmi les hommes avisés qui le croient entendre bien, et il est si malaisé d'établir aux yeux de A... que celle de B... est supérieure à la sienne, qu'il est fou soit de compter sur des constructions aussi fragiles et aussi incertaines pour opposer une digue sérieuse aux entraînements immédiats ou aux desseins précis d'une personnalité sans contrepoids, soit d'attendre de combinaisons aussi douteuses le moyen de transformer en une suite d'actions vraiment morales les impulsions d'un égoïsme sans mélange, même supposé intelligent.

Mais tout en étant résolument altruiste, la morale positiviste ne méconnaît aucune des conditions réelles de l'activité altruiste elle-même. Aussi ne rêve-t-elle pas d'une abolition, qui n'est pas plus désirable que possible, de la personnalité humaine, qu'elle entend seulement discipliner et dont elle a la prétention de faire dériver l'énergie native vers des fins sociales, sous le gouvernement combiné de la sympathie et de la raison.

Un troisième caractère essentiel de notre morale, c'est qu'*elle se réclame à la fois de l'esprit et du cœur*, qu'elle reconnaît pour la conduite humaine la double réalité et la double nécessité d'un moteur affectif et d'un guide intellectuel et en outre qu'*elle est assise à la fois sur une base subjective et sur une base objective*, aussi positives l'une que l'autre. En quoi elle se différencie des variétés de l'idéalisme métaphysique et du matérialisme pseudo-scientifique, lequel n'est, à y regarder de près, que la plus pauvre des métaphysiques.

Un ordre extérieur dont nous dépendons, notre constitution cérébrale toujours active, tels sont les deux facteurs dont la coopération et les réactions mutuelles expliquent tous les phénomènes moraux. Avec une grande profondeur de vue, Auguste Comte montre dans ces réactions mutuelles un cas particulier et supérieur des réactions entre l'organisme vivant et le milieu.

Il faut voir comment lui, qui a su appliquer dans toute sa plénitude la méthode objective au classement des phénomènes et des connaissances et faire ressortir avec une incomparable netteté la subordination du dedans au dehors et de l'homme au monde, n'a pas été moins net quand il a fallu mettre en lumière la part du subjectif (non moins réel, si on l'entend au sens positif, que les réalités extérieures) dans la vie, dans la connaissance, dans la moralité. Les critiques qui confondent encore le positivisme de Comte avec le matérialisme ou seulement avec le sensualisme à la Condillac ont-ils lu ces lignes? « Quoique la principale source du dogme positif » — écrit Comte en parlant de la conception d'un ordre soumis à des lois invariables — « soit entièrement indépendante de
« nous, notre intelligence exerce directement une influence
« successive sur sa construction effective. D'abord cette
« grande notion exige autant un esprit qui l'aperçoive qu'un
« monde qui la présente, comme Kant l'a dignement senti.
« ..... Mais, en outre, l'humanité ne demeure jamais passive
« dans une telle appréciation, toujours modifiée nécessai-
« rement par l'ensemble de notre constitution cérébrale.
« Cette inévitable subjectivité ne se rapporte pas seulement
« à la vie affective et à la vie active, qui, là comme partout,
« fournissent aux opérations habituelles, l'une le moteur,
« l'autre le but. Par une influence plus directe et plus
« intime, nos propres tendances mentales se mêlent sponta-

« nément aux indications extérieures, dont elles modifient
« toujours le résultat définitif. L'organe comparatif cherche
« partout des analogies pour former des hypothèses, d'après
« lesquelles la fonction coordinatrice aspire sans cesse à
« construire des systèmes. Or, ces inclinations cérébrales
« participent nécessairement à la notion finale, ainsi devenue
« en général plus régulière en nous qu'au dehors. » (*Politique positive*, tome II, chapitre 1er.) Ailleurs, Comte s'exprime
ainsi : « Cet ordre est à la fois *objectif* et *subjectif;* en
« d'autres termes, il concerne également l'*objet* contemplé
« et le *sujet* contemplateur. Des lois physiques supposent
« en effet des lois logiques, et réciproquement. Si notre
« entendement ne suivait spontanément aucune règle, il ne
« pourrait jamais apprécier l'harmonie extérieure. Le monde
« étant plus simple et plus puissant que l'homme, la régu-
« larité de celui-ci serait encore moins conciliable avec le
« désordre de celui-là. Toute foi positive repose donc sur
« cette double harmonie entre l'objet et le sujet. » (*Catéchisme
positiviste*. Introduction.)

Auguste Comte n'insiste pas moins sur le rôle capital que remplit le sentiment comme facteur subjectif de la moralité. Il n'est certes pas de moralité possible sans un ordre cosmique et un ordre social, indispensables régulateurs et matière nécessaire de cette moralité. Sans eux, sans ce double frein qui est aussi un double lien et un double stimulant d'action, il n'est pas de discipline possible de nos penchants, de nos pensées et de nos volontés, pas de conduite cohérente et régulière, pas d'unité intérieure non plus. Nul n'a démontré cette vérité avec plus de force que le fondateur du Positivisme. Mais nul n'a mieux que lui observé que l'ordre extérieur, même social, même reconnu aussi bienfaisant que nécessaire, s'il n'est que *connu* par l'intelligence, s'impose à nous comme une puissance qui nous domine et qui nous oblige par la force des choses et par la force de la logique et qu'il manque ainsi à la soumission, si elle est exclusivement déterminée de la sorte, un élément sans lequel elle n'a ni toute sa valeur morale ni toute son efficacité : l'inclination spontanée et douce de la volonté sous l'action de la sympathie et de la vénération. Il faut que le sentiment y ait sa grande part et qu'elle soit une affaire de cœur autant que de raison. La moralité réclame le concours intime d'une foi rationnelle et de l'amour.

« D'une part, dit Comte, il faut que l'intelligence nous fasse concevoir au dehors une puissance assez supérieure pour que notre existence doive s'y subordonner toujours. Mais, d'un autre côté, il est autant indispensable d'être intérieurement animé d'une affection capable de rallier habituellement toutes les autres. » (*Politique positive*, tome II, chap. 1er.) Un peu plus loin, après avoir rappelé « la nécessité générale d'une constante prépondérance extérieure pour permettre l'unité humaine, même purement individuelle » (*Id., ibid.*), il se hâte d'ajouter que le sentiment de cette dépendance extérieure ne suffit pas. « Quelque profonde que puisse être cette croyance, elle inspire tout au plus une résignation forcée... Mais cette triste situation morale diffère beaucoup d'une véritable discipline affective, qui doit toujours être libre pour devenir pleinement efficace... La plus dure condition de l'ancien esclavage devait consister, chez les belles âmes, à ne pouvoir jamais vivre réellement pour autrui, leur office étant toujours forcé, ou du moins supposé tel. On sent aussi combien la conviction habituelle de l'assujettissement extérieur est loin de suffire à l'unité humaine... Car, lorsque cette dépendance devient trop intense, elle empêche même la discipline affective, qui tend à résulter d'un essor spontané des instincts altruistes. Le bonheur et la dignité de tout être animé exigent donc le concours habituel d'une nécessité sentie et d'une libre sympathie. » (*Id., ibid.*)

C'est pourquoi, comme on le verra, il n'y a pas de discipline morale sans une culture directe des sentiments, même en dehors et au delà des besoins immédiats de la pratique sociale.

Et voilà pourtant la doctrine que ceux-ci qualifient de purement « intellectualiste », ceux-là de mystique et d'autres d'oppressive !

Enfin, à la différence de bien d'autres tentatives récentes, la construction morale édifiée par le Positivisme ne repose exclusivement ni sur la biologie, ni sur la sociologie, ni sur la psychologie, mais, comme il convenait, sur toutes les trois. Nous écrivons *sur toutes les trois*, parce que, quoi qu'on en ait dit, il se dégage réellement de l'œuvre d'Auguste Comte, de la seconde partie surtout, une véritable *psychologie positive*. Elle est inséparable, il est vrai, de la biologie et de la sociologie combinées, auxquelles, à la condition de les rapprocher toujours, elle doit son siège, ses éléments, sa consistance et la possibilité de son développement. Le mot n'y est pas (Auguste Comte le jugeait compromis par la métaphysique spiritualiste); mais la chose y est certainement. Seulement Comte l'a incorporée dans la morale théorique.

C'est pour avoir installé sa morale sur ces triples assises que notre Maître a envisagé le problème moral dans toute sa complexité, par conséquent dans sa réalité.

Il a par là évité un matérialisme manifestement trop court ou un idéalisme inconsistant, ou encore l'absorption de la morale dans la politique.

C'est par là que sa morale, si elle n'est certes pas individualiste, n'anéantit pas davantage l'individu dans nous ne savons quel *nirvâna* social et qu'elle aboutit aussi à autre chose qu'à une vague et facile philanthropie.

La conception maîtresse qui la domine est sans doute la conception de l'Humanité, que nous devons toujours mieux connaître, aimer et servir. Mais elle ne la sépare pas des notions précises sur les conditions essentielles de l'existence sociale à tous les degrés et c'est pourquoi elle fait ressortir la nécessité et la bienfaisance des formations naturelles intermédiaires, telles que la Famille et la Patrie, organes à vrai dire de cette Humanité. Et à ces notions précises elle fait correspondre des devoirs précis.

En un autre sens le Positivisme va plus loin. Il reconnaît, d'après une étude approfondie de la nature et de la destinée humaines, des conditions intérieures et extérieures de la vie morale, que l'altruisme peut et doit dépasser les limites de l'espèce humaine, que la sympathie est bonne en elle-même, qu'il ne faut négliger aucune occasion de l'exercer et que nous devons n'hésiter point à en étendre l'empire jusqu'où s'étend la capacité de sentir et de souffrir. En répondant ainsi aux plus tendres aspirations de notre cœur il élève toujours plus haut la dignité humaine et consacre le devoir réel non seulement de nous soumettre à l'ordre extérieur qui nous soutient, mais de l'améliorer autant qu'il dépend de nous.

X

Le Devoir et la Conscience.

Précisons maintenant la théorie positive du *devoir*.

Le devoir peut être considéré de deux côtés : du côté subjectif et du côté objectif, du dedans et du dehors.

Considérons-le d'abord dans le sujet, c'est-à-dire dans l'élaboration cérébrale dont il est le produit ou la synthèse. Une courte analyse nous fait voir que les éléments de cette élaboration ne sont pas exclusivement intellectuels. C'est avec raison que l'on dit tantôt la « notion » et tantôt le « sentiment » du devoir. Ce sont même plusieurs notions et souvent plus d'un sentiment qui entrent dans la conscience d'un devoir à remplir. Il faut y distinguer des impulsions affectives et un certain nombre d'opérations de l'esprit aboutissant à un jugement final.

Ces impulsions affectives et ce jugement coopèrent pour commander une action ou une abstention malgré les sollicitations contraires de tel ou tel instinct, généralement égoïste, plus ou moins servi par les combinaisons mentales qu'il suggère. C'est surtout quand l'antithèse s'établit avec force entre l'intérêt ou la passion et la conscience du devoir que celle-ci se caractérise avec une grande netteté.

Les éléments affectifs qui y sont contenus sont notre sociabilité naturelle, même si elle reste indéterminée dans son objet, et notre vénération pour les existences supérieures, réelles ou fictives, auxquelles nous accordons autorité sur notre conduite. Il arrive plus d'une fois que notre sympathie spéciale pour les individus ou pour les groupes qui doivent subir l'effet de notre acte ou de notre abstention vient en aide au devoir ; mais souvent aussi ces individus ou groupes nous sont au titre particulier indifférents et parfois ils sont l'objet de sentiments contraires. Dans tous les cas ces sentiments particuliers, même s'ils agissent comme alliés du sentiment du devoir, en sont distincts.

Il est un autre sentiment, de nature mixte, qui peut être regardé comme une composante réelle et utile de la conscience morale, c'est le « respect de soi-même », combinaison d'un penchant personnel modifié, l'orgueil, avec la vénération appliquée par réflexion aux parties supérieures de notre nature.

Les éléments intellectuels de la conscience morale considérée du côté subjectif se résument en un jugement par lequel nous reconnaissons que tel acte ou telle abstention est la conséquence logique de principes de conduite préalablement admis comme également supérieurs à nos intérêts et passions personnels et à ceux des autres.

De tels principes ont été admis de tout temps avec des caractères communs, mais aussi avec des variations et formes propres aux diverses phases de l'évolution intellectuelle et sociale. On y peut toujours discerner la part des croyances établies, par lesquelles à une époque et dans un milieu donnés les hommes expliquent les choses et s'expliquent eux-mêmes, et celle qui revient soit au besoin intellectuel d'un certain ordre à mettre dans notre conduite, soit aux habitudes empiriques que la pratique sociale engendre et transmet aux générations. Grande a été toujours la part de cet empirisme, de ces habitudes héréditaires dans la conscience morale, et leur poids n'a pas peu contribué à préserver les hommes, grâce à d'heureuses inconséquences, des effets extrêmes de la logique théologique ou métaphysique.

Donc le *sentiment-notion* du devoir, la conscience morale ou la *conscience* tout court n'est ni la voix d'un dieu, ni une mystérieuse entité, mais une fonction éminemment composée du cerveau. Si même on tenait compte des collaborations indirectes autant que des directes, on arriverait sans doute à se rendre compte que l'ensemble de notre activité cérébrale concourt à former la conscience morale.

Si, d'autre part, on considère que les croyances, les habitudes mentales et le développement même des émotions corrélatives supposent au plus haut degré une élaboration collective de plus en plus étendue et prolongée, on est autorisé à dire que la *conscience* est un grand fait social dont chaque cerveau individuel est le siège nécessaire.

Les éléments affectifs et les éléments intellectuels ne coexistent pas seulement dans la conscience morale. Ils agissent et réagissent les uns sur les autres.

Notons d'abord que les opérations de l'esprit par lesquelles nous nous imaginons les conséquences d'un acte ou d'une abstention ont pour effet de provoquer en nous par avance, quoique à un degré inférieur, les émotions que nous causerait le fait accompli et surtout les désirs ou les répulsions qui nous portent à réaliser pleinement ou à écarter ces émotions. Grâce à l'imagination et à un retour sur nous-mêmes, dans lequel nos propres penchants personnels entrent utilement en scène, nous nous préfigurons la joie ou la souffrance que notre conduite doit produire chez autrui. Dans le premier cas, la sympathie, mise en quelque sorte en appétit, aspire à une satisfaction plus effective et plus complète. Dans le second, elle se transforme en pitié anticipée et peut sous cette forme acquérir une grande force d'impulsion ou de rétention.

A leur tour nos sentiments altruistes, excités ou révoltés par la représentation de la conduite proposée et de ses suites, mettent notre intelligence en branle, nous font réfléchir, — les cas pathologiques et exceptionnels étant réservés. Ils aident ainsi au rappel ou au réveil plus ou moins net ou plus ou moins confus des notions ou des habitudes mentales desquelles se dégage l'idée du devoir.

Une analyse à peu près semblable permet d'expliquer le phénomène du remords. Une fois l'acte mauvais accompli par nous, nos penchants sympathiques sont blessés ; notre pitié est plus ou moins douloureusement émue par le mal causé ; ce que nous avons de vénération pour les êtres fictifs ou réels, individuels ou collectifs, qui règnent sur notre cœur et que nous acceptons comme régulateurs de notre conduite

— (fétiches, dieux ou Dieu, — famille, ancêtres, cité, Patrie, Humanité) — est froissé, foulé, meurtri. Notre raison est troublée par la contradiction entre notre acte et les principes qui la gouvernent, par le désordre que nous avons produit, et il en résulte une véritable souffrance de l'esprit ; celui-ci forme un jugement de blâme accompagné du sentiment de la mésestime de nous-mêmes, de la honte ; d'où l'humiliation de notre amour-propre et de notre orgueil. Autant de facteurs d'un état d'âme très pénible, qui peut devenir insupportable au point, dans les cas extrêmes, d'exciter contre nous-mêmes notre propre instinct destructeur. Remarquons d'ailleurs que toutes ces conséquences douloureuses de l'altruisme lésé et de la raison outragée se font d'autant plus vivement sentir que l'instinct personnel qui a déterminé le méfait est dans une certaine mesure amorti par la satisfaction même qu'il a reçue. « Lorsque la passion tombe, la honte, l'ennui, la douleur commencent. » (Diderot.) Nous ne parlons ni de la peur du châtiment terrestre ou extra-terrestre, ni de la crainte de la réprobation publique. Ce sont là des sentiments concomitants au remords et qui s'y mêlent, mais qui en sont distincts.

Envisageons maintenant le devoir du côté objectif. Les explications antérieures nous permettront d'en définir brièvement l'objet ou, comme disent parfois les philosophes, la matière, en écartant maintenant toute conception théologique ou métaphysique.

L'objet du devoir est non plus l'obéissance à un commandement divin ou la prétendue application d'un concept *a priori*, mais la conformité de la conduite à *l'ordre*. Nous entendons l'ordre réel ou réalisable, mais par-dessus tout l'ordre humain, c'est-à-dire l'ordre social auquel se lie l'ordre moral intérieur.

C'est, avons-nous vu, grâce à ses caractères de généralité et de fixité que l'ordre social, dépendant du reste de l'ordre vital et cosmique, est le régulateur de notre conduite et même de notre vie intérieure. Mais il n'a toute son efficacité morale que si, pénétrés de son incomparable bienfaisance envers nous autant que de notre subordination envers lui, loin de nous borner à le subir comme fatal, nous sommes portés par les facultés les plus hautes de notre entendement et par les plus douces aspirations de notre cœur à le connaître, à le comprendre, à l'aimer, à le *vouloir*, à nous soumettre à lui, à concourir à son maintien et, en outre, à l'améliorer dans ses parties modifiables. Par le sentiment et par la notion du devoir nous prenons conscience de notre rôle d'agents de l'ordre. Par eux la solidarité, le concours, la continuité voulus complètent, fortifient, rectifient en partie et perfectionnent la solidarité, la continuité, le concours spontanés. Grâce à eux, c'est consciemment et systématiquement que nous vivons pour autrui.

Quand l'ordre est reconnu par notre raison et que nos penchants altruistes nous portent à le réaliser toujours mieux, on peut dire qu'il nous *oblige*.

Mais il ne suffit pas de reconnaître et d'aimer l'ordre; il faut encore en connaître de mieux en mieux les conditions pour de mieux en mieux déterminer les devoirs qui en découlent.

Les devoirs se peuvent diviser en *négatifs* et *positifs*, suivant qu'ils nous commandent de nous abstenir ou d'agir.

Il est clair que nous devons avant tout nous abstenir des actes qui sont la négation même de toute vie sociale, tels que les actes de violence ou de dol contre les autres. Mais plus généralement nous devons nous abstenir, même si nous n'apercevons pas de dommage direct en résultant pour tel ou tel, des actes contraires à telle ou telle condition essentielle, matérielle ou morale, de l'ordre social, par exemple à la loyauté et à l'équité des transactions, à la sécurité des propriétés et du travail, à la constitution de la Famille, à la conservation ou à la prospérité de la Patrie, à l'autorité de ses lois et à sa liberté, à la concorde civique, à la dignité humaine, au respect spécialement dû à la femme et à l'enfant, aux garanties dont a besoin la vie intellectuelle et affective des sociétés..., etc., et plus généralement de tout acte contraire à la sûreté des relations sociales.

Tel de nos devoirs négatifs est déterminé par des motifs et des mobiles multiples. Pourquoi, par exemple, ne doit-on pas mentir? Ce n'est point seulement à cause du dommage matériel ou moral que la tromperie cause ou peut causer soit à des individus, soit à une collectivité ; c'est parce que le mensonge compromet la confiance que doit inspirer la parole et que cette confiance est une condition nécessaire entre toutes de toute vie sociale. A ces motifs s'associe un sentiment acquis que la civilisation développe et fortifie et que nous appellerons, en prenant ces mots dans leur meilleur sens, le respect fétichique de la parole, bien justifié par l'importance et la dignité croissantes du langage humain.

Ceci est, par parenthèse, un cas particulier d'un phénomène moral plus général : l'application, par l'effet d'une éducation séculaire, de nos affections altruistes non seulement à des êtres individuels ou collectifs, mais encore à des conceptions abstraites, surtout si elles sont morales. Ainsi l'on est arrivé à respecter la *parole*, à chérir la *règle*, à avoir le culte du *devoir*. C'est par là, c'est par cette transposition des sentiments que les conceptions mêmes de la morale métaphysique ont eu, quoique nécessairement restreinte, une influence pratique qu'elles ne paraissaient pas comporter. Le bien abstrait des stoïciens a pu inspirer à quelques-uns d'entre eux des actes héroïques, et l'impératif catégorique de Kant a gouverné plus d'une vie vertueuse. C'est que, sans que la raison s'en doutât, le cœur adoptait ses créations.

Même négatifs, les devoirs se multiplient à mesure que les relations sociales se compliquent et que la civilisation s'élève. L'ordre des nations civilisées a plus d'exigences que l'ordre des populations barbares ou sauvages. En outre, l'ordre humain est un ordre en mouvement ; la vie sociale évolue ; et la marche de cette évolution amène plus de devoirs, de nouveaux devoirs. Tel acte autrefois autorisé ou indifférent est ou doit être de nos jours et dans nos sociétés avancées condamné par notre morale.

Il en est à plus forte raison ainsi des devoirs positifs qui nous obligent non plus à nous abstenir, mais à agir de telle ou telle façon.

XI

Le Devoir, dette et fonction.

En ce qui concerne ces devoirs positifs, l'enseignement toujours précieux du langage nous permet de préciser autant que possible. En effet, les mots qui dans les langues des peuples civilisés expriment l'idée de devoir éveillent soit l'idée de *dette*, soit celle de *fonction* (par exemple, χρέος ou καθηκον en grec, *officium* en latin, *devoir* en français, *duty* en anglais, *dovere* en italien). Or il entre réellement dans la notion d'un devoir positif l'idée d'une dette à acquitter et d'une fonction à remplir.

Arrêtons-nous d'abord sur l'idée de *dette*. Quand nous sommes *débiteurs* en vertu d'un contrat, rien n'est plus clair. Nous devons faire ce que nous nous sommes engagés à faire. Tout manquement à cet engagement est un dol commis aux dépens de notre cocontractant, et ce dol constitue un vol véritable, puisqu'il est frustré d'une chose sur laquelle il comptait légitimement. Et c'est aussi un grave dommage causé à la société dont l'ordre suppose la fidèle exécution des conventions consenties et une générale confiance dans l'effet de ces conventions.

Nous faisons ici abstraction de ce qu'un tel manquement implique en nous d'incohérence morale et d'irrespect envers nous-mêmes.

Mais ce ne sont pas seulement les contrats qui nous constituent débiteurs.

Rappelons-nous les classiques chapitres de Rabelais sur les *débiteurs* et *créditeurs* ou *presteurs* où sur un enchaînement indéfini de dettes mutuelles et dans la forme qui lui est propre il édifie toute une conception de la société humaine et même du monde.

« Je me donne à saint Rabolin le bon sainct — s'écrie Panurge — en cas que toute ma vie je n'aye estimé debtes estre comme une connexion et colligance des cieux et terre, un entretènement unique de l'humain lignage, je di, sans lequel bien tost touts humains périroient... » (*Pantagruel*, livre III, ch. III); et plus loin : « Somme, en ce monde desrayé rien ne debvant, rien ne prestant, rien n'empruntant, vous voirrez une conspiration plus pernicieuse que n'a figuré Esope en son apologue... » (*Id., ibid.*) « Au contraire, — ajoute Panurge, — représentez-vous un monde aultre auquel un chacun preste, un chacun doibve ; touts soient debteurs, touts soient presteurs. O quelle harmonie..., etc. » (*Id.*, ch. IV.)

Il est clair que Rabelais n'entend pas la chose de la même manière que Panurge.

Quoi qu'il en soit, nous savons que nous sommes bien, sans contrat, débiteurs les uns des autres et tous ensemble débiteurs de nos devanciers, que nous sommes principalement débiteurs des êtres collectifs, Famille, Patrie, Humanité, et plus encore du passé que du présent. La vérité est que chacun reçoit de tous les côtés, reçoit avant de naître, reçoit durant toute sa vie et plus qu'il ne peut donner. Il naît débiteur sans le savoir. Il faut désormais qu'il se sache tel le plus tôt possible et qu'il se juge tenu de se conduire toujours en conséquence.

Cette vérité, que les meilleurs penseurs, même dans l'antiquité, avaient aperçue, a été pour la première fois précisée et développée dans toute son ampleur, avec la force et la netteté d'une vérité scientifique, par le fondateur de la sociologie et de la morale positives, Auguste Comte. Elle pénètre chaque jour davantage les esprits. Récemment encore un homme d'Etat éminent de notre République l'a éloquemment propagée par la plume et par la parole avec toute l'autorité qui s'attache à la fois à son talent élevé, à sa personne et à sa situation, sans qu'il fût nécessaire peut-être — que cette respectueuse réserve nous soit permise — de la renfermer dans la formule exclusivement juridique du *quasi-contrat*.

Mais comment notre dette sociale deviendra-t-elle la mesure de notre devoir social ?

Toutes les fois qu'il s'agit des services et bienfaits qu'un individu a reçus d'un autre individu ou d'un groupe restreint et bien défini d'individus, l'équivalence entre ce qui a été reçu et ce qui peut être rendu est susceptible d'une détermination relativement facile. Il faut noter toutefois que souvent, par la nature même des relations, les services et bienfaits équivalents doivent, au moins pour une grande part, être reportés sur d'autres que ceux dont on les a reçus, comme il arrive dans la famille entre les générations qui se succèdent. Peu importe qu'on fasse intervenir ici une sorte de mandat tacite ou plutôt la continuité même de la famille dans la durée. L'une et l'autre conceptions d'ailleurs trouvent dans les affections naturelles un précieux appui.

Mais quand il s'agit de notre dette envers les grands êtres collectifs tels que la Patrie et l'Humanité elle-même, la difficulté grandit. Car cette dette est immense, surtout si nous envisageons du même regard le concours des contemporains et celui des innombrables générations qui nous ont précédés.

Pour chacune des satisfactions matérielles, intellectuelles et morales obtenues par nous, comment comparer l'effort, même le plus méritoire, que nous aurons fait pour l'obtenir, si nous sommes toutefois parvenus à la période active de notre vie, avec l'ensemble des collaborations directes et plus encore indirectes, connues et plus encore inconnues, dont elle est la résultante? Qui fera l'histoire et la supputation de ce que chacune de ces satisfactions suppose de travaux du corps et de l'esprit, d'études, d'inventions, de découvertes, de manifestations infiniment variées de l'activité guerrière ou industrielle, intellectuelle ou politique des hommes à travers la suite immense des âges? Qui fera le compte des privations, des périls, des sacrifices affrontés ou soufferts pour que tel de ces avantages fût possible? Qui dira tout ce qu'il a fallu que l'Humanité ait dépensé, depuis ses lointaines origines, de patience et de génie, d'humbles efforts à jamais ignorés et d'éclatants chefs-d'œuvre, et aussi de larmes et de sang, pour que nous puissions aujourd'hui manger ce pain qui nous réconforte, habiter cette maison qui nous abrite, marcher ou être emporté avec une vertigineuse rapidité sur cette route sûre, recevoir cette lettre ou cette dépêche, lire ce livre ou ce journal, résoudre ce problème ou faire ce calcul, exercer ce métier, goûter ce poème ou ce tableau, compter sur la protection de lois équitables, ouvrir notre cœur à la douceur de la fraternité humaine, ou seulement parler notre langue ?

Sans doute, nous ne pouvons payer le passé qu'en respect et en reconnaissance, et c'est envers le présent et l'avenir que nous devons nous acquitter par nos actes. Mais comment nous acquitter ? Si notre dette est immense et doit toujours dépasser nos efforts, notre devoir est-il alors sans limites, excédant même les plus exceptionnels dévouements et les plus complets sacrifices ? Et par conséquent n'y a-t-il plus à distinguer, comme on l'a toujours fait, entre ce qui est d'obligation en morale et ce qui est facultatif ?

C'est ici que l'idée de *fonction* nous apporte un secours nécessaire.

« Le devoir — a dit M. Pierre Laffitte — est la fonction d'un organe libre. »

L'existence sociale repose essentiellement sur le concours de fonctions distinctes exercées par des organes séparés, intelligents et jouissant d'une liberté relative. Ce principe de sociologie statique, qui se dégageait déjà avec tant de force de la *Politique* d'Aristote, a été définitivement consacré par Auguste Comte. Il ne paraît pas à la veille d'être infirmé. Et il semble que M. Tarde, le très distingué sociologue qui fait tant d'honneur à la science française, trop préoccupé de réagir contre la conception *organique* de la société, qui, en dépit des évidentes exagérations et des assimilations forcées de certains de ses partisans, conserve *mutatis mutaudis* sa légitimité, n'avait pas besoin de contester l'importance, qui est capitale, de ce que nous appellerons, si l'on veut, le principe d'Aristote pour faire reconnaître la grande portée sociologique — et morale, dirons-nous, — du phénomène de l'*imitation*.

Un grand nombre d'hommes peuvent exercer la même fonction sociale ; et le même homme peut exercer, exerce effectivement plusieurs fonctions distinctes. Chacun de nous est fonctionnaire social pour la place qu'il occupe dans chacune des collectivités dont il est membre (et, si nous entendons surtout les collectivités naturelles dont il fait nécessairement partie, Famille, Cité, Humanité, nous pensons aussi aux organisations artificielles qu'il a formées volontairement avec d'autres hommes ou auxquelles il s'est librement agrégé, association, corporation, parti, église, etc.). Il l'est aussi pour la profession qu'il a adoptée, pour le capital qu'il possède, pour le travail qu'il exécute, pour son savoir, pour son talent.

Notre devoir est d'abord de nous reconnaître fonctionnaires sociaux à tous ces titres, et ensuite de nous acquitter exactement, complètement de nos fonctions diverses en réalisant dans la plus large mesure de nos moyens leurs fins sociales, en d'autres termes, et en donnant à l'expression usuelle toute sa valeur, de bien *remplir* toutes nos fonctions spéciales et générales.

Dans chaque conjoncture notre devoir positif consiste à faire ce qu'exige la fonction considérée; il se mesure d'après l'étendue de la fonction et d'après l'importance du cas particulier — en tenant compte d'autre part de l'étendue de nos moyens et de l'obligation de concilier le mieux possible nos multiples fonctions.

Il faut combiner l'idée de dette avec l'idée de fonction. L'idée que nous avons de notre dette sociale communique au sentiment du devoir une grande force et une grande solidité. Mais, justement parce que notre dette envers la société est *incommensurable* au sens scientifique du terme, elle n'est guère propre à nous fournir la mesure du devoir dans les cas particuliers. La fonction au contraire est déterminable, plus ou moins facilement d'ailleurs, et, par suite, peut servir à déterminer les devoirs, étant entendu qu'on ne songe pas ici, quand il s'agit non plus d'abstention mais d'action, à apporter dans ces déterminations une rigueur qu'il serait chimérique d'y rêver.

Chef d'une famille, la fonction, donc le devoir de l'homme, est de pourvoir à ses besoins, de la gouverner et de la protéger, d'y assurer l'office matériel et moral de la femme, l'éducation des enfants, de préparer ceux-ci à leurs fonctions futures.

Citoyen, la fonction, donc le devoir de l'homme, est, outre l'obéissance aux lois, de concourir à la conservation de son pays et à la défense, s'il y a lieu, de son indépendance, de ses institutions et des libertés publiques, d'aider ceux qui ont la charge de maintenir l'ordre, de contribuer, autant qu'il dépend de lui, à la prospérité générale pour le présent et pour l'avenir, de travailler à la paix civique, de ne pas se désintéresser des affaires publiques, d'exercer en conscience et avec le vif sentiment de sa responsabilité les droits politiques dont il n'est investi par la constitution de sa patrie que pour le bien de celle-ci.

Membre de l'Humanité, la fonction, donc le devoir de l'homme, est de contribuer, dans la mesure de sa propre action et de l'influence qu'il peut avoir sur les autres, à mettre toujours un peu plus de sympathie dans les relations sociales, à accroître les chances de paix générale entre les hommes et entre les peuples, à augmenter à la fois le concours des individus et des générations, à fortifier le respect de la dignité humaine, à répandre la semence d'un avenir meilleur.

Attaché à une profession, brillante ou humble, le devoir de l'homme est de la considérer comme un office social, comme une coopération au ménage social et non plus exclusivement comme un moyen de subsistance personnelle et domestique ou comme l'instrument de sa fortune, donc tout d'abord de s'interdire les productions ou opérations nuisibles à la communauté, ensuite de faire de la profession choisie un élément effectif et utile, en ce qui le concerne, de la fortune publique et du bien-être général.

Nous attribuons une importance de premier ordre au devoir professionnel. Bien faire sa tâche quotidienne est essentiel. L'homme qui, durant toute une vie, aura appliqué un sentiment social éclairé et une volonté soutenue à la pratique de tous les devoirs de sa profession et se sera montré toujours égal à ces devoirs, quelles que soient les circonstances, a plus de mérite que l'homme qui, ordinairement inutile ou incapable d'apporter dans ses occupations journalières autre chose que le souci d'intérêts privés, a exceptionnellement accompli quelques actions généreuses, même si elles ont été difficiles.

Le savant qui a découvert une importante vérité et qui, quel que soit son génie, a bénéficié, comme le disait naguère M. Berthelot dans un magnifique langage, d'une infinité de collaborations connues ou inconnues, contemporaines et surtout passées, a pour fonction, donc pour devoir, de propager cette vérité et, si besoin est, de la défendre.

Nous arrêterons ici la série de nos exemples pour ne pas anticiper sur la suite de ce travail, où nous insisterons davantage sur certaines applications de la morale positiviste qui répondent plus particulièrement aux exigences de la crise contemporaine.

Remarquez que nous nous plaçons, dans cette étude, au point de vue exclusivement moral et que nous ne nous occupons pas de la distinction, fort importante cependant, entre les devoirs susceptibles de sanction légale et ceux qui n'en sont pas susceptibles.

Mais plus on y pense et plus on se persuade que l'idée de fonction est singulièrement riche en conséquences morales ; à telle enseigne que le seul accomplissement complet d'une fonction sociale suffit, étant données certaines conjonctures, à motiver les plus beaux dévouements et jusqu'à la suprême immolation de la personnalité. Nous ne songeons pas seulement au soldat sur le champ de bataille, mais aussi au magistrat devant la sédition, au citoyen qui défend les institutions de son pays contre les factions armées, au pompier qui entre dans une maison prête à s'écrouler dans les flammes, au médecin et à l'infirmier (ou à l'infirmière) qui affrontent les plus meurtrières contagions, à l'ingénieur ou à l'ouvrier des mines qui opèrent un sauvetage sous la menace de l'éboulement ou du grisou, au capitaine qui reste le dernier sur son navire en train de sombrer.

Est-ce que dans tous ces cas et dans d'autres encore le sentiment d'une fonction civique ou professionnelle à remplir jusqu'au bout n'est pas assez fort pour exalter l'altruisme au point de faire accepter le sacrifice de la vie ?

Cette même idée de fonction nous permet de répondre à

ceux qui se demandent si la morale positive consacre des devoirs « envers nous-mêmes ». Certes, oui, elle consacre de tels devoirs. Car nous devons sans doute nous mettre et nous tenir en état de remplir toutes nos fonctions sociales et même perfectionner toujours davantage notre aptitude à les bien remplir. Cette considération suffit d'abord pour justifier l'incorporation de l'hygiène personnelle dans la morale, puis pour motiver la sobriété, la tempérance, la propreté, la condamnation du libertinage, la pudeur, le respect de nous-mêmes, la culture de notre intelligence, de notre cœur et de notre volonté, etc.; elle suffit aussi pour nous prescrire d'assurer notre subsistance et notre avenir afin de ne pas tomber à la charge des autres comme de les servir utilement.

Cette considération domine toute la « morale personnelle », mais elle n'y règne pas seule. D'autres motifs d'ordre non moins social ou altruiste interviennent pour la régler. Telle est la connaissance des graves désordres sociaux qu'entraînent l'intempérance et le libertinage. Quant à la sobriété, elle est commandée non seulement parce qu'elle nous maintient dispos pour l'action utile à autrui, mais encore parce que nous ne devons pas gaspiller une portion quelconque de la production humaine et que, « au delà de la mesure très modérée qu'exige notre service envers la Famille, la Patrie et l'Humanité, nous consommons — (en manquant à ce devoir) — des provisions que l'équité morale destinait à d'autres ». (Auguste Comte, *Catéchisme positiviste*, IIIe partie.)

Enfin le sentiment de la fonction à remplir est d'un puissant secours à la conscience morale quand le conflit s'élève entre le devoir et une affection altruiste.

Car si *généralement*, comme il a été dit, la lutte s'établit entre le devoir et telle ou telle forme de l'égoïsme, il arrive aussi que, dans un cas donné, il nous faut, pour accomplir notre devoir, faire violence à un attachement particulier, à nos affections de famille, à l'amitié, parfois à un sentiment altruiste dont l'objet, quoique collectif, reste spécial. C'est alors que nous avons besoin pour résister à notre cœur de trouver dans ce cœur même des forces supérieures empruntées aux formes les plus générales de la vénération et de l'amour.

Mais c'est alors aussi que l'idée précise de la fonction qui nous incombe comme agents d'un ordre déterminé procure à notre sociabilité la plus haute et à notre volonté un point d'appui d'une très grande solidité dans le douloureux combat qu'il nous faut soutenir.

Le cas que nous venons d'envisager — observons-le en passant — n'est pas en contradiction avec ce que nous avons dit précédemment de la mutuelle assistance que se prêtent ordinairement les différentes affections altruistes. Car, si dans telle ou telle circonstance l'antinomie peut se produire entre les suggestions d'un attachement particulier ou d'une crainte révérencielle spéciale et les exigences d'un altruisme plus général contenu dans le sentiment du devoir, l'antinomie résulte uniquement de la considération des êtres déterminés auxquels s'appliquent ces sentiments particuliers dans les circonstances dont il s'agit. Mais il n'en reste pas moins que, pris en eux-mêmes, les trois penchants altruistes, attachement, vénération, bonté, loin d'être antinomiques entre eux, se fortifient et se complètent l'un l'autre dans leur développement général, dans leur culture générale, tandis qu'il n'en est pas de même des divers instincts personnels ainsi considérés. Il y a par exemple contradiction générale et formelle, non seulement morale mais même physiologique, entre l'instinct nutritif et la culture intensive de l'instinct sexuel; de même on sait que l'avarice et l'ambition agissent habituellement en sens inverse.

Nous nous en tiendrons là en ce qui concerne le devoir.

Mais il va sans dire que la limite du devoir, si loin qu'on la recule, n'est pas la limite du domaine moral. Au delà s'étend la région sacrée des actions héroïques ou exquises, des sacrifices éclatants ou obscurs que l'éthique la plus sévère ne saurait tenir pour obligatoires et qui sont la fleur de la moralité humaine. C'est dans cette région que le cœur exerce sa plus haute maîtrise, sans que pour cela la raison en soit bannie. Non : nous ne disons pas avec M. Tarde que « toute sublimité est déraisonnable, » mais nous pensons comme lui que toute sublimité est faite avant tout d'amour et aussi « de la contagion des suggestions ambiantes ». (G. Tarde, *Criminalité et santé sociale, Appendice*.)

XII

Une objection.

Nous ne voulons pas différer davantage une réponse à l'objection qui se présente à l'esprit quand on parle de notre dette sociale.

— Cette dette est immense, dites-vous. Mais vous argumentez comme si l'action de la société sur l'individu était exclusivement bienfaisante, comme si le milieu social et les antécédents sociaux n'étaient jamais nocifs. Est-ce qu'il n'existe pas cependant une solidarité du mal comme du bien? Est-ce que les vivants ne reçoivent des morts que des bienfaits? Ne subissons-nous pas le contre-coup de fautes que d'autres ont commises? Ne souffrons-nous pas des mauvaises mœurs, des mauvaises institutions, des mauvaises organisations qui nous dominent? Ne pâtissons-nous pas de certaines survivances de choses et d'idées, legs d'un temps où elles furent utiles, obstacle aujourd'hui.

La parole, l'écriture, l'imprimerie ne répandent pas seulement la vérité; elles propagent aussi l'erreur et, qui pis est, le mensonge. Nous sommes, par le fait même de la vie sociale, exposés à toutes sortes de contaminations physiques et morales. La contagion de la maladie, du vice, de la folie et même du crime n'est-elle pas une douloureuse réalité? Vous parlez de la Famille; mais est-ce que la famille n'est pas quelquefois pour l'enfant un foyer de corruption où il trouve les plus pernicieux exemples et les plus détestables suggestions? Vous parlez de la Patrie; mais ne voyez-vous pas que la solidarité nationale implique plus d'une fois l'individu, malgré lui, dans de véritables méfaits collectifs comme ceux dont témoigne hélas! la plus moderne histoire? Vous parlez du passé. Mais vous oubliez les innocentes victimes d'hérédités redoutables; et vous oubliez aussi de quel poids souvent bien lourd pèsent sur la génération actuelle certaines fatalités historiques.

Nous ne nions pas ces faits. Mais ils ne prouvent rien contre l'Humanité, ni contre la Patrie, ni contre la Famille.

Ils ne prouvent rien contre le devoir. Bien au contraire, ils motivent toute une catégorie de graves et impérieux devoirs.

Qu'est-ce qu'ils prouvent alors ? Ils prouvent d'abord, ce dont nous nous doutions, que l'ordre humain n'est pas plus parfait que l'ordre du monde dont il fait partie, qu'il n'est pas plus parfait que l'homme lui-même. Vivant en société, les hommes rapprochent et transmettent leurs infirmités physiques, intellectuelles et morales et les produits de ces infirmités. De plus, les différentes populations, les différentes fractions d'une même population et les différents éléments intellectuels, moraux, économiques, politiques, religieux de l'existence sociale évoluent avec des vitesses très inégales, dont un absurde optimisme pourrait seul s'étonner ; et nous faisons ici abstraction de l'influence très variable du milieu matériel. De là les désordres sociaux, les déviations historiques, les régressions même, les hérédités morbides, les survivances trop prolongées dont chacun supporte plus ou moins les conséquences. De semblables solidarités affligent les différentes parties d'un même organisme vital. On n'en a jamais conclu que l'état organique ne fût pas supérieur à l'état inorganique et qu'il ne fût pas pour ses éléments une condition essentielle de vitalité et de développement normal.

Cependant une étude attentive des sociétés et de l'histoire enseigne que les convergences favorables ont dans l'espace et dans la durée une portée considérablement supérieure à l'action des solidarités de sens contraire. Ces dernières ou se neutralisent au bout d'un certain temps, ou dans certains cas trouvent à la longue le terme de leur action dans les destructions mêmes qu'elles opèrent.

La sociologie, qui nous montre des maladies sociales, nous montre aussi des morts sociales comme certaines dégénérescences ou régressions irrémédiables : mais elle nous les montre toujours fragmentaires ou exceptionnelles. Ce que nous en disons n'est point pour nous en consoler. Il faut même en retenir que les groupes sociaux doivent, comme les individus, faire grande attention à leur hygiène et à leur thérapeutique sociologiques : car leurs maladies ne sont jamais négligeables ; quelquefois ils en restent incurables et quelquefois même ils en meurent. Mais il n'en demeure pas moins établi qu'il n'y a pas de comparaison possible entre le total des mauvaises fatalités sociales et l'ensemble des trésors de savoir, de richesse, de sécurité, de moralité que nous trouvons dans notre héritage, sur lesquels nous vivons et dans lesquels nous puiserons, si nous le voulons, les moyens de réduire progressivement l'effet de ces fatalités mauvaises.

Songez d'ailleurs que, si nous apprécions celles-ci, si nous les jugeons, c'est à l'aide d'un langage et de pensées que nous n'avons pas inventés, mais qui sont la création lente et le don de l'Humanité.

Certes, il y a des familles qui sont des foyers de corruption. L'étude de la criminalité juvénile ne les accuse que trop. Mais sont-ce là des familles? Suffit-il qu'un homme, une femme et des enfants cohabitent quelque part, même avec la sanction légale, voire religieuse, pour qu'ils forment une *famille*. Disons plutôt que ces prétendues *familles* sont de véritables *monstres* sociologiques. Il y a une tératologie sociale, comme il y a une pathologie sociale. Ces monstres ne prouvent pas plus contre la société et ses institutions nécessaires, que les monstres biologiques ne prouvent contre la vie et ses indispensables organes.

On objecte les méfaits collectifs, nationaux. Que les nations puissent céder à des entraînements coupables ou à des coups de folie, ce n'est pas douteux. Mais cela n'infirme en rien ni la notion de la Patrie, ni nos devoirs envers elle.

Non : tout cela n'est pas fait pour diminuer notre reconnaissance envers les êtres collectifs. Il n'en faut conclure qu'à de plus rigoureux devoirs. Justement parce qu'il y a une solidarité du mal et que nos mauvaises actions, nos vices, nos maladies ont une répercussion plus ou moins lointaine et souvent funeste sur nos contemporains et sur la postérité, nous devons d'autant plus nous appliquer à nous interdire les unes, à nous préserver ou à nous corriger ou à nous guérir des autres, à prodiguer les bons exemples, à étendre autour de nous, dans toute la mesure de notre pouvoir, les bienfaits de la thérapeutique, de la prophylaxie morales et, autant qu'il dépend de nous, matérielles.

C'est justement aussi parce que l'ordre humain est imparfait et comporte les maux dénoncés qu'il réclame nos services, sollicite notre dévouement et que d'autant plus pressant est pour nous le devoir de travailler de tout notre cœur à l'améliorer. Et quand, en regard des malfaisances sociales sur lesquelles on insiste, nous mesurons l'immense chemin parcouru par l'Humanité depuis les temps préhistoriques jusqu'à ce jour vers une vie meilleure grâce à l'action accumulée de milliers de générations, nous nous sentons tenus de ne rien négliger pour faire avancer de quelques pas le progrès social au profit de nos descendants.

XIII

De la notion de droit.

A propos de ce que nous avons dit du devoir, il convient de ne pas laisser sans réponse le reproche qui a été formulé contre Auguste Comte d'avoir méconnu le *droit*.

Il est vrai qu'Auguste Comte a écarté la conception du *droit* ou des *droits naturels* de l'individu en tant que conception métaphysique, efficace pour affranchir la pensée, la conscience et l'activité humaines des dominations déchues, historiquement légitime pour son aptitude à dissoudre l'ancien régime, mais impropre à organiser l'ordre nouveau en raison de son caractère à la fois absolu et négatif. Il s'est expliqué à plus d'une reprise sur ce point dans les différentes parties de son œuvre et a donné, dans la *Politique positive*, cette formule de sa pensée sur ce sujet : « Il est temps de substituer à la discussion orageuse des droits la détermination pacifique des devoirs. »

Ailleurs il spécifie que « le positivisme ne reconnaît à personne d'autre droit que celui de toujours faire son devoir ».

(*Catéchisme positiviste*, Xme entretien.) Puis, après avoir rappelé que la religion de l'Humanité « impose à tous l'obligation d'aider chacun à remplir sa propre fonction », il ajoute : « La notion de *droit* doit disparaître du domaine politique, comme la notion de *cause* du domaine philosophique. Car toutes deux se rapportent à des volontés indiscutables. Ainsi, les droits quelconques supposent nécessairement une source surnaturelle, qui peut seule les soustraire à la discussion humaine. » (*Id., ibid.*) Et plus loin : « *Le positivisme n'admet jamais que des devoirs chez tous envers tous*..... Nous naissons chargés d'obligations de toute espèce envers nos prédécesseurs, nos successeurs et nos contemporains. Elles ne font ensuite que se développer ou s'accumuler avant que nous puissions rendre aucun service. Sur quel fondement humain pourrait donc s'asseoir l'idée de *droit*, qui supposerait raisonnablement une efficacité préalable?... Puisqu'il n'existe plus de droits divins, cette notion doit s'effacer complètement, comme purement relative au régime préliminaire et directement incompatible avec l'état final, qui n'admet que des devoirs d'après des fonctions. » (*Id., ibid.*)

Ces citations nous font comprendre pourquoi Auguste Comte ne pouvait pas faire une place dans sa doctrine à l'idée d'un droit individuel inné en tout homme qui vient au monde, inconditionnel, « antérieur et supérieur » à la vie sociale, n'ayant d'autre signification intelligible que celle d'une indépendance irréductible autrement (et encore....) que par le fantastique *Contrat social* de Rousseau, qui ne saurait cependant avoir lié, s'ils pouvaient s'être liés, que les lointains et mythiques souscripteurs du pacte. L'idée en elle-même visait un absolu ; elle était donc antiscientifique, et comme fondement d'une morale sociale elle était contradictoire. Auguste Comte ne pouvait pas ne pas lui reconnaître ces caractères, même quand elle se présentait dans la métaphysique kantienne sous des formes plus savantes.

Cette critique de la conception métaphysique, absolutiste, du droit individuel n'est pas pour amoindrir la haute valeur historique et morale des « déclarations des droits » énoncées par la Révolution française, ni pour méconnaître, à côté des formules en lesquelles il ne faut voir que des armes de combat nécessaires contre le « droit » monarchique et contre les prétentions théocratiques, celles qui n'ont besoin que d'être transposées du métaphysique au positif pour représenter quelques-unes des conditions fondamentales et permanentes de l'ordre moderne. Quant à s'étonner que nos grands devanciers de la Constituante et de la Convention, alors que la sociologie, la morale et même la biologie positives n'étaient pas fondées, n'aient pas été complètement dégagés de l'esprit métaphysique, c'est aussi raisonnable que de faire grief à Jeanne d'Arc d'avoir été bonne catholique.

Mais, si les citations ci-dessus nous donnent la clef de l'exclusion prononcée avec raison par Comte à l'égard de la conception *métaphysique* des droits individuels, elles ne ferment pas la porte, semble-t-il, à une notion *positive*, relative, donc légitime de ce que le sentiment public, abstraction faite de tout système, appelle *droit* dans le langage usuel.

Le mot a d'abord un sens *légal* qui ne souffre pas de difficulté. Dans ce sens, notre droit, c'est ce que les lois en vigueur nous permettent ou ne nous interdisent pas de faire et, en outre, ce qu'elles nous autorisent, sous leur sanction, à réclamer d'autrui.

N'a-t-il pas aussi un sens moral qu'un positiviste puisse admettre? Oui, pourvu qu'on l'entende bien. Il se dégage même des citations que nous venons de faire.

Quand Auguste Comte écrit « le Positivisme n'admet jamais que des devoirs chez tous envers tous », il nous ouvre la voie vers une acception rationnelle du droit de chacun. Si A... a des devoirs envers les autres, les autres, pour des raisons semblables, ont des devoirs envers A... Parmi ces devoirs, il en est dont A... peut et parfois même *doit* exiger l'observation. C'est à ces derniers que correspond le *droit* de A... Ici le règlement légal d'un droit et la conception morale que nous en avons sont distincts. Les lois en vigueur sanctionnent au profit de A... telle obligation que, d'après les idées régnantes dans une civilisation donnée, nous jugeons ne pas comporter de sanction légale; et, en revanche, elles refusent leur sanction à des obligations dont, d'après les mêmes idées dans cette même civilisation, nous jugeons l'accomplissement exigible.

C'est à cette distinction que se ramène, si l'on y regarde de près, l'opposition du droit dit *naturel* au droit civil ou politique. Vous voyez que le premier est, comme le second, essentiellement *social* et relatif.

Mais quels sont les devoirs des autres individus envers A... que nous regardons comme *exigibles* par A...? Ce sont avant tout ces devoirs que nous avons appelés négatifs et qui sont, par cela même, moins susceptibles que tous autres de contestation sérieuse. Au devoir qu'ont les autres individus de s'abstenir de toute violence, de tout dol, de toute oppression aux dépens de A..., de ne porter atteinte ni à sa vie, ni à sa sécurité, ni à sa santé, ni à sa liberté individuelle, intellectuelle, religieuse ou politique, ni à l'exercice de son métier, ni à sa propriété, ni à son honneur, etc., correspond pour chacune de ces obligations un droit corrélatif de A..., à charge de réciprocité. De même, bien entendu, l'exécution des engagements pris est à la fois due et exigible. Mais il en est également ainsi de certaines dettes positives résultant de certaines relations précises en dehors de tout contrat.

Cependant nous pouvons étendre et généraliser cette notion d'un droit de l'individu en le considérant non seulement comme corrélatif à quelques-uns des devoirs des autres envers lui, mais encore comme la conséquence de ses propres devoirs envers les autres, envers les êtres collectifs dont il fait partie, comme la conséquence de ses *fonctions* sociales.

Quand Auguste Comte écrit : « Le positivisme ne reconnaît à personne d'autre droit que celui de toujours faire son devoir », il faut comprendre sa pensée dans le sens le plus large.

En d'autres termes, A..., ayant des devoirs à accomplir, c'est-à-dire des fonctions domestiques, civiques, professionnelles, sociales à remplir, doit pouvoir les remplir effectivement. Il lui est donc permis et il a même le devoir d'exiger que les autres n'entravent pas chez lui l'exercice de ces fonctions et que les conditions de cet exercice soient entièrement respectées par eux. Et c'est en cela encore que consiste le droit de A... au sens scientifique.

Mais, ainsi compris, les droits de l'individu, en même temps qu'ils constituent une autre face des devoirs des autres envers lui, sont, envisagés d'un autre point de vue, une limite que la puissance publique et le législateur ont le devoir d'observer dans leur action sur les personnes. Nous voyons donc que toujours la considération d'un droit rentre dans la considération d'un devoir, dont elle est en quelque sorte l'envers.

En rédigeant dans le style métaphysique les *déclarations des droits* que l'on connaît, les hommes de la Révolution ont traduit dans la langue du temps cette importante vérité positive que ce qu'on appelle le droit n'est ni une chose conventionnelle, ni une création arbitraire du législateur, qui a lui-même l'obligation de garantir et de respecter la somme de liberté qu'exige et comporte une civilisation donnée. L'erreur est de concevoir les « droits de l'homme » en dehors de toute condition de milieu et d'époque, comme quelque chose d'*ante-social*. Les hommes ont des droits parce qu'ils vivent en société et qu'ils ont des devoirs. Ils ont d'autant plus de droits que la société à laquelle ils appartiennent est plus élevée en civilisation, qu'ils ont par cela même plus de devoirs et que leurs devoirs sont moins simples.

Pour accomplir leurs devoirs mutuels, leurs multiples fonctions dans la famille, dans la cité, dans l'humanité, pour se conduire en agents responsables, les individus ont besoin de sécurité personnelle et d'un minimum garanti d'indépendance et de respect. Ce minimum croît ou doit croître à mesure que se compliquent les rapports sociaux et que grandit en s'étendant le sentiment de la dignité humaine. Or c'est cette indispensable sécurité, c'est ce minimum progressif d'indépendance et de respect garantis qui constitue le droit individuel, s'il est conçu comme une limite à l'action coercitive ou inhibitive de la puissance publique. Ajoutons qu'à l'égard de l'accomplissement des fonctions sociales de l'individu le pouvoir, même législatif, outre l'obligation négative de n'y pas faire obstacle, a le devoir positif d'y apporter les garanties, répétons-le, et les facilités indispensables qui dépendent de lui.

Ainsi expliquée, cette notion des droits, étroitement dépendante de celle des devoirs humains, ne peut être tournée contre le lien social qu'elle suppose. Ainsi fondée, la liberté ne peut être retournée contre elle-même et, au lieu d'être opposée à l'ordre, en est un élément de plus en plus nécessaire. De tels droits et une telle liberté ne sauraient servir de base à l'anarchie, ni de masque à la rétrogradation. Ils rentrent enfin dans le domaine de la relativité et, loin d'être immuables, sont soumis aux lois de l'évolution humaine.

Il n'en allait pas de même avec le dogme métaphysique des droits vagues et absolus que les hommes apporteraient en naissant, sans acception de temps ni de lieu, et qui préexisteraient à la vie sociale, *chimæra bombinans in vacuo*. C'est évidemment contre ce dogme et contre l'individualisme anarchique — ou rétrograde — qui en découle qu'était dirigée la critique justifiée de Comte.

Nous avons à maintes reprises fait état de la notion de la *dignité humaine*. Le Positivisme s'approprie pleinement cette notion et prétend fortifier à un haut degré le sentiment correspondant. L'un et l'autre se rattachent à notre conception de l'Humanité. Il est clair que, comme membre de l'Humanité, participant à la plus noble des existences connues, chaque homme, élément conscient de cette existence, acquiert une dignité que nous avons le devoir de respecter en autrui et en nous-mêmes. Mais il ne faut pas oublier que le sentiment de la dignité humaine, qui entre pour une grande part dans le sentiment moderne du droit individuel, est lui-même en rapport avec l'ascension des hommes au-dessus de la pure animalité par la sociabilité et par les idées générales dont la société est le véhicule nécessaire.

XIV

La Justice.

Dans un livre très intéressant, dont les quelques réserves qu'il nous a suggérées ne nous ont pas empêché d'apprécier la haute valeur, la forme attrayante et l'originalité, M. A Baumann (1) déclare qu'il a fini par rayer le mot *justice* de son vocabulaire philosophique. Et, quand il explique sommairement sa pensée, il fait, entre autres griefs, au vocable qu'il condamne celui de servir surtout à couvrir les prétentions ou les récriminations de la personnalité.

Nous ne croyons pas devoir souscrire à ce jugement; et il nous semble qu'une aussi vieille idée, si respectable, ne fût-ce que par son âge, avait droit à un plus long délibéré.

M. Baumann peut-il dans tous les cas oublier que l'on revendique parfois la justice non pour soi mais pour les autres? Nous n'apercevons pas bien, par exemple, en quoi Voltaire s'est montré si égoïste quand il a poursuivi avec tant d'éloquence et de ténacité la revision du procès de Calas.

L'aimable et spirituel écrivain nous permettra donc d'en appeler de son opinion; et nous espérons qu'il ne récusera pas notre juge d'appel. C'est Auguste Comte.

A propos de la tentative phrénologique de Gall, dont il a toujours reconnu la haute valeur sans en dissimuler les défauts et les erreurs inévitables, il indique les modifications apportées par Spurzheim au tableau cérébral du premier et en fait la critique. « C'est ainsi, par exemple, écrit-il, que, après avoir justement admis la bienveillance et la sympathie comme dispositions élémentaires, Spurzheim a cru devoir ériger la justice en un nouveau sentiment fondamental, quoique ce ne soit évidemment que le résultat de l'usage de ces facultés, éclairé, en chaque cas, par une convenable appréciation intellectuelle des rapports sociaux. » (*Philosophie positive*, tome III, 45e leçon.)

On sait que Comte n'a arrêté que plus tard sa théorie des fonctions intérieures et élémentaires du cerveau; mais il n'a nulle part infirmé l'appréciation qui précède et de laquelle il résulte que, considérée dans le cerveau humain, la justice est, comme le devoir, une fonction composée, en laquelle se trouvent associés nos penchants sympathiques et nos facultés

---

(1) A. BAUMANN. *La Vie sociale de notre temps. Etudes et rêveries d'un positiviste.*

intellectuelles, donc une réalité altruiste et non pas un mot vide de sens à rayer de notre vocabulaire ou un succédané de l'égoïsme. Si la suite de son œuvre ne contient pas de théorie spéciale de la justice, elle en révèle en maint endroit un sentiment profond sous les formes qui sont propres à l'auteur.

Et c'est fort heureux. Car il serait grave que, sur ce point, le Positivisme, c'est-à-dire une philosophie scientifique, fût en opposition avec la tradition du genre humain, avec l'empirisme moral des peuples. Parmi les éléments qui composent le patrimoine spirituel dont l'Humanité nous fait héritiers, il n'en est pas de plus vénérable par son antiquité, ni de plus vivace dans la conscience publique que cette idée de justice. Michelet a eu raison de mettre en lumière la part prépondérante qui lui revient dans ce que la Révolution française a eu de vraiment populaire. Aujourd'hui encore, en nos temps sceptiques, c'est elle qui a le plus de chance de faire battre le cœur des masses. Elle est si bien installée dans la mentalité commune que tout effort pour l'en déloger serait vain. Nous nous demandons même s'il serait bien facile à M. Baumann, malgré toutes les ressources de son esprit, de soutenir une conversation tant soit peu prolongée sur une question morale, sociale ou politique sans se surprendre à dire que telle chose est « juste » ou « injuste ». Il serait donc grave, répétons-le, que les positivistes s'estimassent obligés de bannir de leur esprit et de leur langage la justice, la distinction du juste et de l'injuste.

Par bonheur il n'en est rien ; et il suffit de dégager le mot et la chose de tout alliage métaphysique. Il suffit de nous faire de la justice — idée et sentiment — une notion purement humaine, sociale, organique, expurgée de tout absolu, affranchie notamment de toute solidarité avec la conception du droit « *antérieur* » de l'individu dont on l'a mal à propos embarrassée et qui lui est étrangère. Il suffit que cette notion, comme toute notion morale, puisse se rattacher de proche en proche et en dernière analyse aux données de l'observation biopsychologique et sociologique.

Ce que nous avons dit du devoir nous permet d'être plus

bref sur la justice. Ici encore nous retrouvons l'association d'un ou plusieurs sentiments avec des vues de l'esprit, et, pour préciser, avec une conception telle quelle, suivant le degré d'avancement mental et social, d'un ordre supérieur à l'intérêt ou à la passion personnels.

A toute époque, comme on le sait, les idées religieuses ou philosophiques, les habitudes mentales et le pur empirisme social sont entrés en proportions variables dans cette conception.

La notion de justice n'est pas plus immuable qu'une autre. De tout temps certaines choses ont été réputées justes ou injustes; mais ce ne sont pas toujours les mêmes qui ont été qualifiées de l'une ou l'autre façon.

Le cannibale trouve juste qu'il puisse manger le corps d'un ennemi tué par lui.

Toute l'antiquité a regardé l'esclavage comme juste. Aristote, qui cependant était à tant d'égards si prodigieusement en avant de son époque, a cru pouvoir en donner une justification théorique. Il nous apparaît à nous comme la plus odieuse des iniquités. Mais il n'y a pas si longtemps qu'on a reconnu juste de laisser les travailleurs se concerter librement pour discuter les conditions de leur travail et au besoin le refuser collectivement. Demain employeurs et employés reconnaîtront juste d'agir réciproquement entre eux de manière à s'assister les uns les autres dans l'accomplissement de leurs fonctions respectives, pour éviter le plus possible des conflits non seulement en raison de ce qu'ils se doivent mutuellement mais de ce qu'ils doivent ensemble à la société.

Si la matière de la justice a varié, ses frontières aussi. La justice a commencé par ne pas dépasser la tribu. Puis elle s'est arrêtée aux limites de la cité; — l'étranger était, en principe, l'ennemi. Au moyen âge, elle ne franchissait guère les bornes de la *chrétienté* pour les chrétiens.

De notre temps, nous n'examinerons pas si les peuples européens ou de civilisation européenne observent toujours entre eux la justice. Mais il semble bien qu'ils se croient permis, à l'égard des peuples barbares ou jugés tels, des actes et des procédés que sans doute ils n'estimeraient pas justes s'ils leur étaient appliqués à eux-mêmes. En revanche, la conception qu'ont les musulmans de leurs rapports avec les « infidèles » n'est pas précisément celle d'une exacte justice.

Tout cela n'empêche pas que la justice ait pour nous une signification claire. Pour s'en rendre compte, il n'est rien de tel que de considérer son contraire, l'injustice.

Qu'un homme en dépouille un autre de son bien, qu'un puissant abuse de sa force pour faire souffrir, opprimer ou exploiter un faible, ou que nous distribuions arbitrairement les avantages ou les charges que nous avons la mission de dispenser, que nous rendions le mal pour le bien qu'on nous a fait, que nous violions la règle de la réciprocité qui est la loi des conventions sociales, expresses ou tacites, qu'un malheureux subisse une peine pour un crime qu'il n'a pas commis, etc., voilà autant d'injustices. Voilà autant d'actes qui font souffrir ceux qui les connaissent dans leur cœur et leur esprit, à cause de la souffrance qu'ils infligent à autrui et de l'évidente perturbation qu'ils apportent dans l'existence sociale, sans compter le retour fait sur soi-même et la menace éventuelle qu'on peut voir dans de tels exemples. Cette dernière considération est d'ordre personnel, sans doute, mais elle ne fait qu'apporter un appoint aux sentiments altruistes blessés et à la raison troublée qui font réprouver l'injustice.

Ce qui est manifestement injuste nous éclaire assez sur ce qui est juste. Mais nous n'admettons pas que la notion de justice ne soit que négative. Comme celle du devoir, elle a pour objet la conformité passive ou active de la conduite à l'ordre, mais à cette partie de l'ordre qui nous apparaît fondamentale et nécessaire. Il est toujours entendu que cette partie de l'ordre, regardée comme nécessaire et fondamentale, grandit et s'étend avec le progrès général des sociétés.

Cependant, si nous poussons plus avant notre analyse, nous trouvons que l'idée de justice, toujours associée aux sentiments sociaux, correspond surtout à certains aspects spéciaux de l'ordre dans les relations humaines.

Elle contient d'abord l'exclusion de l'arbitraire, du caprice et du privilège, les idées d'impartialité, d'égalité proportionnelle. A cet égard, elle doit beaucoup aux habitudes mentales qu'engendre la considération des lois naturelles, faites de généralité, de similitude, de constance.

N'oublions pas, à ce propos, que les premières connaissances positives ont été les connaissances mathématiques élémentaires et que celles-ci remontent à une haute antiquité. Aussi, pénétré de bonne heure et par degrés grâce à elles des notions d'exactitude et de régularité, d'égale et commune mesure, de proportion, l'esprit a-t-il tendu implicitement à en transporter ce qui lui en paraissait transportable dans l'ordre moral et à y mettre chaque jour plus d'*isonomie*, malgré ce qu'il y avait souvent de contraire dans les données de la croyance et de la politique. N'est-il pas courant, par exemple, de dire que la justice distributive ne doit pas avoir « deux poids et deux mesures »?

Il y a sur ce sujet, dans la *Morale à Nicomaque* d'Aristote, des pages bien remarquables qui n'ont presque pas vieilli.

La justice signifie, d'autre part, *réciprocité* et *équivalence* des services, du respect, des égards, des procédés. Cette idée de réciprocité et d'équivalence a pris d'autant plus d'importance que l'activité industrielle et commerciale qui en vit s'est développée davantage avec les échanges qu'elle suppose.

Dans l'idée de justice est encore comprise l'idée d'un *classement* des hommes d'après leur participation volontaire à la coopération sociale, de leur classement par ordre de mérite et, autant que possible, de leur traitement en conséquence. Au-dessous de la limite inférieure du classement positif commence le classement négatif et, plus bas, s'ouvre le domaine de la justice pénale qui proportionne la répression à la gravité sociale des méfaits d'après la règle de l'équivalence entre la réaction et l'action perturbatrice.

Mais, conçue dans un sens plus large et plus élevé, la justice aura enfin pour objet de réaliser cette partie de l'ordre social qui consiste dans la *conciliation du concours avec l'indépendance*, de la solidarité croissante avec la liberté mieux respectée en vue du progrès. Par là s'étendra son empire parallèlement à ce progrès lui-même.

Conçue de la sorte, la justice positive dépassera toujours la limite des obligations sanctionnées par la loi, limite qu'il n'entre pas dans notre sujet de déterminer, qui a beaucoup varié et qui variera encore. En revanche, la limite de la justice, telle que nous l'avons comprise, restera en deçà de celle du devoir qui, lui-même, n'absorbe pas le domaine indéfini de la bonté et de l'amour.

Mais il va sans dire que c'est à une justice vraiment universelle que nous aspirons, à une justice s'étendant à tous les hommes et même, toute proportion gardée, à nos collaborateurs animaux.

Nous dirons maintenant quelques mots de la *responsabilité*.

XV

La Responsabilité.

Nous n'entendons traiter ici ni de la responsabilité pénale ou civile, ni de la responsabilité politique; c'est de la responsabilité morale que nous voulons parler. Les rapports qui existent entre ces diverses responsabilités ne sont pas niables. Mais il importe cependant qu'elles ne soient pas confondues. C'est la question de la responsabilité morale qui entre naturellement dans le plan de notre étude.

L'éluder est impossible. En méconnaître l'importance et la difficulté serait puéril et vain.

La responsabilité morale implique trois données :

1° Le fait que les actes ou abstentions, la *conduite* considérée, n'intéressent pas seulement l'agent;

2° Des êtres, individuels ou collectifs, à qui l'agent doit compte de sa conduite;

3° Chez l'agent même des conditions morales, des conditions biopsychiques suffisantes de responsabilité.

Que la conduite d'un homme n'intéresse que cet homme même, c'est ce qu'il est difficile d'admettre, si l'on est assez pénétré des enseignements de la sociologie et même de la biologie positives. Tout ce que nous venons d'exposer tend à prouver le contraire.

Jamais nous ne sommes en mesure d'affirmer que nos actes, gestes, paroles ou abstentions ne *regardent* que nous. Notre conduite regarde moralement autrui pour deux raisons péremptoires. La première est qu'elle suppose toujours l'usage, le non-usage ou l'abus de ressources matérielles et intellectuelles, d'une éducation, d'aptitudes héréditaires qui nous viennent d'autrui et surtout du passé. La seconde est que, même dans le domaine de ce qu'on appelle la morale personnelle, elle a toujours une répercussion sur autrui, sur le présent et sur l'avenir, par l'incapacité d'agir socialement qu'engendrent nos vices, par l'exemple, par la contagion sous toutes ses formes, par la suggestion à tous les degrés, par l'hérédité. Le seul gaspillage de nos facultés, de notre santé et de notre temps ne saurait être indifférent à autrui ; car il ne va pas sans rendre partiellement stériles par notre fait des concours antérieurs et sans faire obstacle à de nouvelles coopérations ; en quoi nous infligeons une double perte à la société. Que serait-ce alors si nous passions de la morale dite « personnelle » à ce que tout le monde s'accorde à appeler la morale sociale ?

En second lieu, la responsabilité suppose l'intervention d'êtres, de personnes physiques ou morales, à qui nous *devons compte* de notre conduite. Il faut qu'à une interpellation effective ou seulement possible de ces êtres ou pouvant être faite en leur nom nous soyons réputés tenus de *répondre* sous une forme quelconque, soit en nous justifiant, soit en offrant notre personne aux réactions diverses que notre action comporte.

Nous sommes réputés devoir compte et tenus de répondre de notre conduite aux personnes et aux collectivités qui en subissent les effets, à celles à qui nous sommes liés par des obligations générales, en outre et plus spécialement à celles envers qui nous avons des obligations particulières pour tout ce qui se rattache à ces obligations, et à celles envers qui nous sommes dans un rapport déterminé de subordination en tout ce qui concerne l'objet de cette subordination.

Les responsabilités spéciales varient à l'infini. Les liens et devoirs domestiques, les liens et devoirs professionnels, les conventions de toutes sortes, les promesses, les groupements volontaires, les organisations dans lesquelles nous sommes engagés, les missions que nous acceptons ou que nous nous donnons sont autant de sources de responsabilité spéciale.

Quant aux responsabilités générales, nous aurions bien manqué notre but si tout ce que nous avons écrit jusqu'ici d'après la doctrine de Comte n'avait pas établi qu'elles sont effectivement et doublement réelles. Obligés de l'ensemble des hommes et surtout des êtres collectifs, héritiers de la grande famille des morts, débiteurs donc envers le présent et l'avenir, nous devons compte à l'ensemble des hommes, à la cité d'aujourd'hui et de demain, à l'Humanité actuelle et future, de l'ensemble d'une conduite dont les suites ne leur sont jamais indifférentes.

On se rappelle comment nous avons généralisé l'idée de fonction dans la société et comment nous avons fait ressortir que tous les hommes, organes séparés et intelligents en même temps que solidaires de la vie collective, sont des fonctionnaires sociaux. Nous avons du même coup généralisé l'idée de responsabilité considérée du côté social. Toute fonction entraîne des comptes à demander et à rendre. La démarcation nécessaire entre le domaine général de la responsabilité morale et le domaine limité des sanctions matérielles reste réservée.

En un autre sens voisin, quiconque a autorité pour juger notre conduite a qualité pour nous en demander compte. Une telle autorité appartient aux puissances supérieures qui s'imposent à notre respect et à notre soumission. Nous savons que ces puissances supérieures, dont nous reconnaissons que toute notre existence dépend, peuvent être réelles ou fictives. Réelles ou fictives, elles ont une juridiction au moins morale sur nos actions. Elles l'exercent ou directement ou par l'intermédiaire des individus ou groupes réputés avoir mission pour être leurs interprètes.

C'est ainsi que l'homme théologique se croit responsable

envers ses dieux ou son Dieu et se soumet à l'appréciation de leurs ministres. L'homme parvenu à l'état pleinement positif se sent responsable envers les êtres collectifs auxquels il rattache toutes ses affections, toutes ses pensées et tous ses actes, en un mot toute sa vie. Il est justiciable de la conscience publique et de la postérité, qui, elles aussi, peuvent avoir des interprètes plus particulièrement qualifiés, spontanés ou systématiques d'ailleurs.

Il y a plus. Grâce à une sorte de dédoublement de nous-mêmes dû à la réflexion et consolidé par l'habitude, nos penchants d'amour et de vénération, qui nous portent à vivre socialement, et nos fonctions mentales les plus élevées, par lesquelles nous concevons l'ordre, se groupent en une personnalité supérieure. C'est la conscience individuelle, cette fonction composée du cerveau, qui est en nous le témoin d'autrui et le juge intérieur de notre conduite dont nous ne pouvons lui rien cacher. Correspondant à la conscience publique, cette fonction composée de l'organisme collectif, elle exerce dans le for intime de l'individu un ministère doublement social, puisqu'elle l'exerce pour le compte de l'Humanité et que l'Humanité est la source constamment renouvelée d'émotions, de notions et de précieux préjugés où elle puise les principes de sa jurisprudence.

Dire que nous répondons de notre conduite envers notre conscience, c'est encore dire que nous en répondons envers l'Humanité. Voilà comment, à s'en tenir aux deux premiers éléments de la responsabilité morale, celle-ci est conditionnée par notre subordination à un ordre extérieur, à des lois et à une organisation sociales, par notre étroite liaison avec les êtres collectifs, par la solidarité et la continuité humaines. On voit par là comment elle suppose la dépendance; on verra par la suite ce qu'elle exige de liberté.

L'action de l'individu, favorable ou préjudiciable, jamais indifférente à la société, provoque une réaction de celle-ci sur l'individu. Cette réaction est, suivant les cas, les milieux et les temps, ou purement morale ou en outre matérielle. Qu'elle soit matérielle ou morale, les modalités en ont été et demeurent nombreuses. On la peut considérer comme un cas particulier de la loi d'équivalence entre l'action et la réaction transportée par Comte de la mécanique à la philosophie première. Elle est donc une des parties fondamentales de l'ordre naturel que nous ne pouvons que perfectionner sans le détruire. Elle est aussi une des parties composantes de la notion de responsabilité. Mais elle ne suffit point à la constituer, si du moins on envisage celle-ci du point de vue moral.

Nous touchons ici au point le plus délicat de la question ; mais ce point est capital.

Sans rappeler toutes les variétés qu'a présentées la réaction sociale, matérielle ou morale d'ailleurs, déterminée par la conduite de l'individu, il est certain que, si cette réaction répond à une action perturbatrice, elle s'exerce très différemment suivant que l'action dont il s'agit est attribuée à l'aliénation mentale ou à la malhonnêteté de l'agent. Est-ce en vertu d'un *préjugé?* Soit. La philosophie positive infirme-t-elle ce préjugé ou le confirme-t-elle et le transforme-t-elle en vérité scientifique? Telle est la question qu'il faut aborder.

Mais en quoi consiste cette différence de réaction suivant que l'agent malfaisant est réputé aliéné ou malhonnête?

Dans le premier cas la société est déterminée dans sa réaction par le souci de se protéger, sans doute, mais aussi par la pitié que lui inspire l'agent et par le désir de le secourir. Elle le juge *irresponsable* et malheureux.

Dans le second cas, à la volonté de se défendre elle joint un sentiment de réprobation pour l'agent qu'elle juge *responsable* et coupable. Si les faits le comportent, sa réaction morale se double d'une réaction pénale. La peine n'est pas seulement préservatrice : elle est *répressive* à l'égard du coupable et, de plus, *intimidante* soit à son égard, soit à l'égard de ceux qui sont capables de l'imiter et qui sont, comme lui, jugés *responsables.*

Il existe donc, — du moins d'après le sentiment public, — en dehors des éléments extérieurs de la responsabilité fournis par les conséquences de nos actes et par le fait même de notre dépendance envers la société, des conditions intérieures sans lesquelles l'individu n'est pas jugé responsable. Le sentiment public subordonne la responsabilité morale à certaines conditions de notre activité cérébrale, de notre vie psychique. Mais il admet l'existence de ces conditions comme la règle et leur absence comme l'exception.

Le sentiment public a-t-il tort?

XVI

Des conditions psychiques de la responsabilité morale.

Pour que l'individu soit moralement responsable d'un acte, il faut avant tout que cet acte lui soit réellement *imputable*. Il faut qu'il l'ait *voulu*.

Si votre bras, armé malgré vous et poussé par une force extérieure irrésistible, frappe quelqu'un, vous n'avez pas voulu frapper. Ce n'est à proprement parler pas vous qui avez frappé. Vous n'êtes pas responsable.

Si, en état de sommeil somnambulique bien établi, vous commettez un vol sous l'empire d'une suggestion impérative, alors que tout dort dans votre cerveau à l'exception de la partie que le suggestionneur tient à la fois éveillée et passive au service de sa propre volonté, votre volonté à vous est absente de votre acte. Vous n'êtes pas responsable.

L'épileptique qui perpètre un méfait sous le coup d'une crise, cédant à une impulsion exclusive et aveugle, n'est pas responsable, parce qu'on ne peut pas dire que son action est volontaire.

Le fou halluciné qui tue parce qu'il se *voit* en état de légitime défense, veut tuer sans doute ; mais sa volonté est radicalement viciée par son délire, qui le prive de la perception saine du monde extérieur, régulateur indispensable de l'activité cérébrale.

Voilà des cas extrêmes où l'irresponsabilité n'est pas contestée. Nous n'abordons pas ici d'autres cas moins caractéristiques pour le public, mais encore pathologiques ou exceptionnels cependant, tels que celui des monomanes sans délire.

Nous n'admettons pas, disons-nous, de responsabilité pour

un acte qui n'est pas réellement imputable à la volonté de l'agent.

Les psychologues spiritualistes font de la *volonté* une faculté simple, irréductible, difficile à définir, encore plus difficile à régler. Ils ne lui assignent, bien entendu, ni organe ni siège. Il faut même remarquer que la conception qu'ils en ont est contradictoire. Si elle n'a rien de commun avec les affections, elle paraît devoir être indifférente, et cependant c'est elle qui dirige l'action vers des fins déterminées. Séparée de l'intelligence, il semble bien qu'elle doive être aveugle ; et cependant c'est à elle qu'il appartient de *choisir* entre les motifs et de décider lequel l'emportera. Si elle est aveugle (et de plus indifférente), comment peut-elle choisir ? Et, si elle est intelligente, comment se distingue-t-elle des fonctions intellectuelles ?

Pour nous, la volonté est une fonction composée du cerveau, tellement composée qu'elle suppose le concours des trois ordres de fonctions élémentaires : affections, intelligence, fonctions régulatrices des mouvements.

Si l'un de nos *penchants* est intéressé à un degré suffisant par l'image d'un objet ou d'un événement, actuels ou réalisables, de tendance indéterminée il devient *désir* précis. Quand l'image, au lieu d'offrir ou de promettre une satisfaction de ce penchant, apparaît comme un obstacle ou une menace, sinon comme liée à une souffrance immédiate, c'est un mouvement de *répulsion* non moins précis qui se produit et qui n'est, en somme, que le désir inversé. Deux ou plusieurs penchants, s'ils sont intéressés dans le même sens, peuvent être associés dans le même désir. Il est rare d'ailleurs que le désir, de quelque penchant qu'il émane, n'éveille pas l'instinct constructeur pris en son sens le plus général ; et toujours la répulsion met en branle l'action plus ou moins aiguë de l'instinct destructeur qui la fait évoluer en *aversion* ou *haine*. Dans tous les cas le désir ou la répulsion supposent l'intervention des sens et de l'esprit sans lesquels ne se formerait pas l'image qui les provoque. C'est ensuite par l'esprit et les centres sensitifs que revivent les images antérieures semblables aux perceptions actuelles et que s'effectue le réveil des émotions passées correspondantes, grâce auquel les penchants intéressés prennent la forme déterminée et l'acuité du désir. C'est encore l'esprit qui, par le jeu de toutes les fonctions intellectuelles associées, travaillant sous l'impulsion même et dans la direction de ce désir, ébauche une première combinaison des moyens propres à atteindre ou écarter l'objet, à réaliser ou conjurer l'événement. Mais cette coopération des centres affectifs et intellectuels est accompagnée d'un commencement d'action des centres moteurs proprement dits, du moins du centre excitateur. Voilà donc déjà toutes les fonctions de l'encéphale collaborant au désir ou liées à lui.

Cependant nos fonctions affectives sont multiples et souvent en antagonisme mutuel. Le conflit peut se produire non seulement entre l'égoïsme et l'altruisme, mais entre différents instincts égoïstes. La première élaboration intellectuelle liée à un désir déterminé, bien que conditionnée par ce désir, ne va pas sans éveiller ou réveiller un certain nombre d'images, d'idées et d'émotions *à côté*. Ces images, ces idées, ces émotions intéressant d'autres penchants, ceux-ci entreront en jeu et influeront à leur tour sur le travail mental commencé. Leur action pourra s'exercer en sens contraire. Un désir opposé au premier naîtra. La seule vision de l'acte à accomplir ou la prévision de ses effets immédiats et le sentiment anticipé, quoique atténué, des émotions consécutives, suffiront normalement, par leur réaction sur l'ensemble de nos penchants et sur la fonction inhibitrice des mouvements, pour suspendre notre action. La *délibération* proprement dite commencera. Notre constitution cérébrale à l'état sain comporte cette faculté de délibérer. Celle-ci est, d'autre part, développée par l'hérédité, par l'éducation, par l'expérience et les habitudes personnelles. Cette aptitude devient en quelque sorte un besoin, besoin acquis si vous voulez, mais besoin réel de penser, ne fût-ce que quelques moments, avant d'agir et, par conséquent, de ne pas agir en général par impulsion instantanée.

La délibération s'établit non pas seulement sur les moyens, mais sur les buts. La concurrence des mobiles entraîne la comparaison des motifs. Tout le cerveau est alors en action.

La conscience morale, dont nous avons donné le sens positif, intervient dans sa complexité avec ce qu'elle contient de sociabilité, de sympathie pour les autres à des degrés variables, de crainte révérentielle ou d'affectueuse vénération pour les grandes existences, fictives ou réelles, auxquelles nous nous sentons subordonnés, de tendances et d'habitudes mentales, de bons préjugés, de notions familières sur l'ordre social, de respect acquis pour nous-mêmes. Elle intervient plus ou moins soutenue — ou contrariée — par les suggestions ambiantes. Mais en général elle a pour adjuvant la considération plus ou moins nette de la réaction sociale que peut déterminer notre conduite. Remarquez que cette succession et cette coexistence de phénomènes se produiront le plus souvent avec plus de promptitude, plus de simplicité apparente et d'une façon plus indistincte que ne paraît l'indiquer cette analyse. Il ne faut pas non plus prendre trop à la lettre le terme de délibération, ni s'imaginer que, dans les cas communs, les choses se passent comme dans une assemblée délibérante. C'est le propre des analyses abstraites de donner aux parties composantes d'un phénomène plus de relief qu'elles n'en ont dans la réalité concrète.

Quoi qu'il en soit, c'est dans le phénomène composé dont nous avons essayé d'esquisser les traits que consiste, avec le complément apporté par l'action commençante des fonctions motrices ou inhibitrices de l'encéphale, ce qu'il faut appeler *volonté*. C'est grâce à ce complément, qui est distinct du mouvement proprement dit, que la concurrence des mobiles et la comparaison des motifs aboutissent non pas seulement à une conclusion, mais à une *volition* qui est déjà une action intérieure, même si elle a pour effet une action extérieure empêchée. Un mobile ou un groupe de mobiles, un motif ou un groupe de motifs ont prévalu après contrôle de l'esprit et, par l'impulsion du cœur renseigné, ont aiguillé nos fonctions motrices dans une direction donnée. L'acte qui est déterminé par ce phénomène composé, dans lequel toute l'activité cérébrale est engagée, est un acte *volontaire*.

Il n'est pas douteux que la volonté, ainsi définie, ne soit susceptible de nombreux degrés. Il en est de très faibles et d'éminents. Mais, quel que soit le degré, il faut que les éléments *essentiels* de la fonction composée que nous considérons soient réunis pour qu'il y ait volonté et pour que l'acte soit réellement volontaire.

« La volonté proprement dite — dit Auguste Comte — ne constitue que le dernier état du désir quand la délibération mentale a reconnu la convenance d'une impulsion dominante. » (*Politique positive. Introduction fondamentale*, ch. III.) C'est à rendre plus explicite ce qui est implicitement contenu dans cette définition, que nous nous sommes efforcé dans la trop rapide analyse qui précède. Mais de cette définition même il résulte deux choses : si, par le fait de conditions vraiment pathologiques, un penchant agit avec une véhémence exceptionnelle au milieu de l'atonie générale des autres et d'une mentalité quasi inerte, et détermine, par suite, une impulsion irrésistible, assez prompte pour rendre impossible la concurrence d'autres désirs et toute délibération, il est clair qu'il n'y a ni volonté, ni imputabilité morale, ni responsabilité ; et, si l'esprit, loin d'être inerte, est la proie d'un délire qui l'égare complètement sur le milieu et le peuple de fantômes qu'il prend pour des réalités, la volonté est radicalement viciée dans l'un de ses éléments essentiels, qui est la représentation et l'appréciation des objets et des buts de l'action. Dans ce second cas, comme dans le premier, il n'y a pas de responsabilité ; car nous avons, en somme, voulu le contraire de ce que nous avons fait, ou du moins tout autre chose, agissant sur un monde qui n'existait pas, mais qui s'imposait à nous avec toute la force de l'hallucination.

Il est donc nécessaire que les conditions primordiales d'une volonté véritable existent pour qu'il y ait responsabilité. Le sentiment public veut que cela suffise. A-t-il raison ?

— Nous entendons bien, dira-t-on, ce qu'est la volonté pour vous et ce qu'est l'acte volontaire. Mais votre fonction composée, phénomène complexe, n'échappe pas plus que les autres phénomènes à l'universel déterminisme. Elle dépend de ses composantes, qui, à leur tour, dépendent chacune d'une chaîne et d'une trame serrées de conditions successives sans commencement et dont l'inextricable enchevêtrement ne doit pas nous dissimuler la fatalité rigoureuse. Vous avez beau compliquer la cérémonie et le protocole, c'est toujours le motif le plus fort qui l'emporte et détermine l'acte, et il doit lui-même sa plus grande force à une série indéfinie dans tous les sens et nécessaire en toutes ses connexions d'antécédents psychiques, sociologiques, biologiques et cosmiques. Toutes les délibérations n'y changent rien. Chacun de nos actes est *l'effet inévitable et le seul effet possible* de l'ordre universel tout entier, actuel et antérieur. Et alors de quoi notre pauvre volonté peut-elle être responsable au sens moral ou psychologique ? Il n'y a pas de responsabilité morale, s'il n'y a pas de liberté morale ; et la liberté morale n'est pas compatible avec le principe des lois invariables.

La difficulté est grave. Elle ne nous semble pas insoluble, si l'on évite de s'engager dans le débat métaphysique sans issue entre la conception spiritualiste du *libre-arbitre* et le déterminisme *absolu* des matérialistes ou des monistes. La première est fertile en contradictions ; elle est antiscientifique et n'a même jamais abouti à une formule clairement intelligible. Le second, malgré les illusions de beaucoup de savants, n'est, en réalité, pas plus scientifique : il est, lui aussi, une conception métaphysique, et c'est seulement grâce à une manifeste inconséquence que ses partisans n'en tirent pas toutes les absurdités pratiques du fatalisme paresseux.

Cette volonté indépendante du désir, superposée à lui et toujours maîtresse de le dompter ou de le suppléer sans rien désirer elle-même et même, théoriquement du moins, de vouloir contrairement à tous les penchants réunis, — cette volonté indépendante de l'intelligence, qu'on dit bien ne pas se résoudre sans motif, mais qui choisirait souverainement entre les motifs sans avoir de motif de choisir, puisqu'elle ne pense ni ne désire, — ce libre arbitre qu'on définit quelquefois le pouvoir de vouloir ou de ne vouloir pas, ce libre arbitre qui n'est pas un arbitre, puisqu'un arbitre est un juge dont les jugements sont motivés, est une véritable cause première, inconditionnée, absolue, qui n'est ni cœur, ni esprit, quelque chose d'aussi compréhensible que la « volonté » transcendante de Schopenhauer.

D'autre part le fatalisme pur n'est pas plus que le libre arbitre une notion scientifique. La science nous montre des *relations constantes* de succession et de similitude. Voilà le principe scientifique fondé sur l'observation. Quant à l'idée de *nécessité universelle, éternelle et irrésistible*, elle est l'universalisation vicieuse et la transposition du relatif à l'absolu de faits biopsychiques (la contrainte que nous exerçons ou que nous subissons), à quoi l'on reconnaît une idée métaphysique. Ce déterminisme absolu, qu'il ne faut pas confondre avec le déterminisme scientifique, résulte tout aussi bien que la théorie du libre arbitre, quoique en sens inverse, d'un abus de la notion de *cause*. Il conduirait, en bonne logique, à supprimer l'action, à détruire non seulement la vie morale, mais toute vie. Ne rend-il pas même difficile à comprendre le changement dans le monde? Ne tend-il pas, si l'on y regarde de près, à universaliser la notion d'*inertie* qui, même en mécanique, n'est qu'un artifice logique? Or l'observation nous montre l'action, la spontanéité et, d'une manière générale, la modificabilité secondaire des phénomènes compatibles avec le principe des lois naturelles et de l'invariabilité de l'ordre fondamental.

Elle nous montre même cette modificabilité d'autant plus prononcée entre certaines limites que les phénomènes sont plus compliqués et plus élevés. Or les phénomènes moraux sont les plus compliqués et les plus élevés de tous.

Nous appuyons sur cette notion générale de modificabilité croissante des phénomènes suivant leur degré de complication une notion positive et relative de la liberté morale suffisante, à notre sens, pour fonder la responsabilité morale.

En ce faisant nous nous inspirons d'Auguste Comte lui-même :

« Une profonde ignorance du véritable esprit de la philosophie naturelle pourrait seule faire confondre, en principe, la subordination d'événements quelconques à des lois invariables avec leur irrésistible accomplissement nécessaire. Dans l'ensemble du monde réel, organique ou inorganique, il est évident, comme je l'ai déjà établi, que les phénomènes des divers ordres sont d'autant moins modifiables et déterminent des tendances d'autant plus irrésistibles qu'ils sont à la fois plus simples et plus généraux... Mais, à mesure que les phénomènes se compliquent, leur production exigeant le concours indispensable d'un nombre toujours croissant d'influences distinctes et indépendantes, ils deviennent, par cela seul, de plus en plus modifiables, ou, en d'autres termes, leur accomplissement devient de moins en moins irrésistible, par les combinaisons de plus en plus variées que comportent les diverses conditions nécessaires, dont chacune continue néanmoins à être isolément assujettie à des lois fondamentales... C'est ainsi que les phénomènes physiques, et surtout les phénomènes chimiques, comportent des modifications continuellement plus profondes, et présentent, par conséquent, une irrésistibilité toujours moindre, ainsi que j'ai eu soin de l'expliquer. Nous avons également remarqué que, en vertu de leur complication et de leur spécialité supérieures, les phénomènes physiologiques sont les plus modifiables et les moins irrésistibles de tous, quoique toujours soumis, dans leur accomplissement, à des lois naturelles invariables... Enfin, les phénomènes intellectuels et moraux qui, par leur nature, sont à la fois plus compliqués et plus spéciaux que tous les autres phénomènes précédents, doivent évidemment comporter de plus importantes modifications et manifester, par suite, une irrésistibilité beaucoup moindre, sans que chacune des nombreuses influences élémentaires qui y concourent cesse pour cela d'obéir dans son exercice spontané à des lois rigoureusement invariables... Il leur a suffi (à Gall et à Spurzheim), après avoir rappelé que les actes réels dépendent presque toujours de l'action combinée de plusieurs facultés fondamentales, de remarquer, en premier lieu, que l'exercice peut développer beaucoup chaque faculté quelconque, comme l'inactivité tend à l'atrophier et, en second lieu, que les facultés intellectuelles, directement destinées, par leur nature, à modifier la conduite générale de l'animal, d'après les exigences variables de sa situation, peuvent altérer beaucoup l'influence pratique de toutes les autres facultés. D'après ce double principe, il ne saurait y avoir de véritable irrésistibilité, et par suite d'irresponsabilité nécessaire, conformément aux indications générales de la raison publique, que dans les cas de manie proprement dite où la prépondérance exagérée d'une faculté déterminée, tenant à l'inflammation ou à l'hypertrophie de l'organe correspondant, réduit en quelque sorte l'organisme à l'état de simplicité et de fatalité de la nature inerte... » (*Philosophie positive*, tome III, 45e leçon.)

Par la suite, Comte a insisté avec raison sur la nécessité que les fonctions intellectuelles fussent soutenues et même excitées par les affections altruistes pour modifier effectivement la conduite générale de l'animal humain. Et depuis Comte on a poussé plus avant l'étude des cas pathologiques d'irresponsabilité totale ou partielle. Aujourd'hui la tendance serait plutôt à étendre ceux-ci plus que de raison. Quoi qu'il en soit, l'extrait qui précède est d'autant plus intéressant qu'il est emprunté à la *Philosophie positive*, c'est-à-dire à l'œuvre de Comte que les savants contestent le moins. A diverses reprises, dans ses œuvres postérieures, par exemple dans la première partie du *Discours préliminaire sur l'ensemble du Positivisme* (*Pol. pos.*, tome Ier), notre philosophe a repoussé, tout en restant fidèle au principe des lois invariables, le reproche de fatalisme surtout dans l'ordre moral.

Il est certain que, si les phénomènes moraux n'étaient pas soumis à des lois, il n'y aurait pas de morale positive possible. On ne conçoit pas la connaissance scientifique de faits qui ne présenteraient pas des liaisons déterminées et un ordre naturel. On ne conçoit pas davantage des principes généraux de conduite qui obligent les volontés individuelles s'ils ne sont fondés ni sur un commandement divin ni sur des relations constantes de similitude, de succession, de dépendance. La responsabilité même, considérée du côté objectif, serait inintelligible, si l'acte et l'agent n'étaient pas subordonnés à de telles relations constantes de similitude, de succession, de dépendance, puisque l'idée de responsabilité est liée à celle de fonction quand l'organe est doué de volonté intelligente.

Mais, d'autre part, ce n'est pas seulement la responsabilité, c'est toute morale qui n'aurait pas de sens, si la nature et l'activité humaines n'étaient pas modifiables entre certaines limites. Nous entendons ici les principes de conduite que la morale théorique dégage et qui servent de point de départ à l'art moral, les prescriptions et les préceptes qui en découlent et jusqu'aux simples conseils. Nous entendons l'art moral tout entier.

A quoi donc servirait de formuler prescriptions, préceptes ou conseils à l'adresse d'un agent qui serait incapable de modifier ses actes suivant une situation donnée? Quand vous dites à Paul : il faut faire ceci ou ne pas faire cela, — vous parlez pour ne rien dire, si Paul est contraint, par la force irrésistible des causes enchaînées de toute éternité, de faire une chose à un moment et dans une circonstance déterminés de son existence *et de ne faire qu'une seule chose*.

Que signifie l'éducation dans la doctrine de la fatalité absolue? Elever, comme l'a si justement observé Cabanis entre autres philosophes, c'est surtout donner des habitudes, habitudes d'action, habitudes d'affection, habitudes d'esprit. Or depuis longtemps on a dit que l'habitude est une seconde nature. Qu'est-ce à dire, si la première nature ne peut pas être modifiée? Ou l'éducation n'est qu'un mot vide de sens et n'est rien, ou elle est l'adaptation raisonnée de la nature humaine aux conditions et au but de la vie. Mais adapter, c'est modifier.

Du reste, l'art moral n'est à cet égard qu'un cas particulier de l'art en général. Tout art, toute industrie, toute action supposent la modificabilité. Cette modificabilité secondaire, qui n'est nullement en contradiction avec les fatalités fondamentales qu'elle implique et utilise, est commune aux phénomènes physiques et aux phénomènes moraux. Remarquez que la science elle-même la fait servir à des fins théoriques. Est-ce que l'expérimentation n'est pas une modification des phénomènes par l'addition ou la soustraction artificielles de certaines conditions? Mais ne nous attardons pas sur un lieu commun. Il est évident que rien de ce qui a été fait depuis l'origine jusqu'à nos jours pour l'adaptation, encore très imparfaite, de la planète à nos besoins n'aurait été possible sans la modificabilité des phénomènes. Et cependant nul aujourd'hui ne songe à contester pour cela l'empire des lois naturelles dans l'ordre des phénomènes physiques.

Les positivistes ne le contestent pas davantage dans l'ordre des phénomènes moraux. Aux uns et aux autres ils appliquent, d'après Auguste Comte, ce principe dégagé de l'universelle et séculaire expérience : que *les modifications quelconques sont bornées à l'intensité et à la vitesse des phénomènes*, dont l'arrangement fondamental demeure inaltérable. Ainsi limitée, la modificabilité croît à mesure que croissent la spécialité des phénomènes et la complexité des êtres. Elle est donc à son maximum en morale, puisque les phénomènes moraux sont de tous les phénomènes les plus spéciaux et ceux qui dépendent du plus grand nombre de conditions et que l'homme est le plus complexe des êtres connus. Elle va en décroissant jusqu'aux phénomènes physiques proprement dits, où elle joue encore un rôle important. Quant aux phénomènes astronomiques, tout ce que la science permet d'affirmer, c'est qu'ils ne sont pas modifiables par nous parce que nous n'avons pas de prise sur eux.

Mais on conçoit que, même ainsi comprise et restreinte, la modificabilité ait une portée considérable dans l'ordre moral. Dans un système aussi compliqué, aussi riche et aussi souple, d'un équilibre aussi mobile et aussi délicat qu'est l'âme humaine, c'est-à-dire l'ensemble de notre activité cérébrale, on comprendra combien peuvent être grosses de conséquences la simple augmentation ou la simple diminution d'intensité ou de vitesse de telles ou telles fonctions composantes, surtout si l'on songe à leur aptitude à s'associer de multiples façons.

La seule possibilité de diminuer à un moment donné la vitesse de l'impulsion résultant d'un instinct quelconque sous l'influence d'un ou de plusieurs autres penchants et d'un commencement d'intervention mentale ne peut-elle pas, en suspendant l'action, permettre de changer le cours de la conduite? Que sera-ce si nous mettons en ligne de compte les effets de l'exercice développé ou atténué fixés en habitudes? Que sera-ce si nous faisons état de l'éducation?

Du moment que c'est bien notre volonté qui a agi et que cette volonté a été modifiable, il nous est permis, même en bornant, comme la science nous y oblige, cette modificabilité à l'intensité et à la vitesse des phénomènes, d'imputer l'acte à un agent moralement responsable.

Le principe des lois invariables, auquel nous restons fermement attachés, n'est donc pas incompatible avec la responsabilité morale dégagée de toute conception métaphysique. Il se concilie bien mieux avec cette responsabilité, avec une liberté relative et avec l'effort sur soi-même, auquel nous tenons, que la prescience et la toute-puissance divines et la doctrine même de la *grâce*. La théologie chrétienne ne s'est jamais dépêtrée des inextricables contradictions de son dogme en cette matière. Il est vrai que Bossuet se contentait de « tenir fortement les deux bouts de la chaîne »... rompue par le milieu. Il était bien avancé.

XVII

L'effort sur soi, la liberté et le déterminisme.

Duclos a défini la vertu « l'effort sur soi-même en faveur des autres ». C'est la possibilité de l'effort motivé sur nous-mêmes pour mieux adapter notre conduite et notre nature aux lois sociales et morales qui constitue, en psychologie positive, la relative et conditionnelle liberté que nous admettons, qu'il ne faut point confondre avec le libre arbitre des métaphysiciens. Cette liberté modeste, si elle est réalisée, suffit pour la responsabilité morale.

N'ayant rien de commun avec l'arbitraire transcendant du spiritualisme classique, ni avec ce « commencement absolu » dont quelques néo-criticistes ont rêvé, elle est un phénomène complexe et d'une grande importance sans doute, mais qui ne prétend pas être extérieur à l'ordre naturel. Elle est subordonnée à des conditions positives; elle est liée à une succession d'antécédents et détermine à son tour une suite de conséquents; elle entre comme élément dans l'ordre général. Loin d'être anarchique elle tend à la fois à une plus exacte soumission volontaire à cet ordre général et à son perfectionnement en ses parties modifiables.

Cependant, si modeste et sage qu'elle se montre, notre liberté morale ne trouve pas grâce devant le fatalisme pseudo-scientifique. On nous accorde que nous sommes modifiables ; mais on soutient que nous ne pouvons pas nous modifier nous-mêmes, et qu'il n'y a pas de place pour l'effort sur soi dans l'universel déterminisme. On reconnaît, en la réduisant au minimum, une certaine efficacité de l'éducation ; c'est l'auto-éducation que l'on n'admet pas.

Il ne serait peut-être pas très difficile de découvrir quelque illogisme dans la concession faite. Mais, en tout cas, nous attendons encore que l'on nous prouve que l'effort sur soi n'est ni efficace ni possible, alors que l'effort sur autrui et sur le milieu est l'un et l'autre.

Ce n'est pas tout. Car, en réalité, outre le pouvoir modificateur sur les choses et sur les autres êtres, y compris nos semblables, on ne peut pas ne pas nous en concéder un sur certaines parties de notre propre existence, de notre vie de relation, sur ses fonctions et sur ses organes. Nous pourrions parler du développement par l'exercice de notre activité musculaire et des organes eux-mêmes de cette activité. Mais est-ce que l'on contestera que nous puissions exercer nos sens, les régler, les affiner ? N'en est-il pas ainsi, par exemple, de la vue et de l'ouïe ? Voilà donc que nous sommes capables de soumettre nos muscles, nos nerfs moteurs, nos nerfs et nos centres sensitifs à un *entraînement* et à une *discipline* appropriée au point d'y déterminer des variations limitées, non seulement physiologiques, mais même anatomiques, et nous serions privés de tout pouvoir semblable sur les fonctions intérieures de notre cerveau et sur leurs organes ? Pourquoi ?

La négation de la possibilité de tout effort efficace sur nous-mêmes pour modifier notre conduite se heurte à l'empirisme moral du genre humain et même à l'observation sociologique, ce qui paraîtra plus grave à ceux de nos contradicteurs qui se réclament de la science.

Les *conventions*, les *engagements* et les *promesses* de toute sorte à plus ou moins longue échéance ont-ils un sens intelligible si l'être qui les a souscrits ou qui les a formulés est *a priori* impuissant à faire au terme stipulé l'effort nécessaire et suffisant pour réaliser ce à quoi il s'est engagé malgré toutes les impulsions qui pourront au moment de l'exécution le porter à n'en rien faire ou à faire le contraire. Nous ne faisons jamais mieux acte d'hommes libres que lorsque nous *lions* ainsi notre volonté pour une époque déterminée; car nous ne pouvons la lier effectivement que si à l'échéance nous sommes à même de faire prévaloir les résolutions annoncées sur toutes les sollicitations contraires de l'instant, — les cas de force majeure étant toujours réservés. — Illusion, direz-vous. — Mais comment se fait-il alors que, de plus en plus, les cas d'exécution des engagements et promesses l'emportent en nombre sur les cas d'inexécution ? N'est-ce pas que l'effort sur soi-même, impliqué dans ces engagements et promesses, est accompli le plus souvent et réussit ?

On ne manque pas de faire remarquer que la crainte des sanctions légales ou seulement morales attachées à l'inexécution des engagements ou promesses peut exercer une influence très sérieuse sur leur effective exécution. Nous n'avons aucun intérêt à le nier, puisque nous n'argumentons pas en faveur d'un libre arbitre absolu et inconditionnel. Cet élément s'ajoute à plusieurs autres et tous ensemble agissent pour empêcher et empêchent en effet, par un effort supérieur, les impulsions en sens inverse du moment d'être irrésistibles. Or il suffit, au point de vue positif, que cette irrésistibilité n'existe pas pour qu'il y ait liberté et responsabilité. L'effort sur soi n'est pas moins réel parce qu'il reçoit des secours du dehors. Cela dit, nous observons que, parmi les mille et mille promesses qui s'échangent dans la vie sociale, il en est beaucoup qui sont dépourvues de toute sanction matérielle, beaucoup encore qui n'ont de sanction sérieuse d'aucune sorte, et que cependant même parmi ces dernières celles qui sont tenues sont très nombreuses. Or il arrive souvent qu'à l'heure de l'exécution nous n'avons plus d'autre raison de les tenir que celle de les avoir faites.

L'*épargne* est sans doute un fait social dont la formation et le développement ne seraient pas possibles en dehors de la vie sociale et du concours social. Mais il contient un élément moral indispensable : la privation volontaire, c'est-à-dire un effort de l'individu sur lui-même. Pareil effort se retrouve dans tous les exemples de *discipline volontaire* dont foisonne l'histoire privée et publique des hommes. D'une manière générale la vie est pleine de faits où s'affirme l'effort sur soi pour surmonter l'impulsion actuelle en considération du passé et en prévision de l'avenir. On en peut relever les manifestations les plus variées dans nos rapports avec les autres et dans notre régime purement personnel, comme il arrive, par exemple, quand nous parvenons à nous défaire de certaines habitudes, même dans l'ordre des habitudes nutritives.

La possibilité et la réalité de l'effort sur soi importent seules à ceux dont la doctrine ne prétend pas dépasser les limites d'une liberté relative qui suffit à la conception positive de la responsabilité morale. Il n'est nullement nécessaire d'attribuer à cet effort sur soi les caractères contradictoires d'une cause non déterminée, ni d'admettre qu'il n'est jamais déterminé que par des fins morales.

C'est plutôt de l'*âme* simple et indivisible des spiritualistes qu'il n'est pas facile de comprendre comment elle peut agir sur elle-même et se modifier elle-même. Il nous semble au contraire qu'un système de fonctions cérébrales distinctes, susceptibles de degrés variables et d'associations diverses dans leur activité, dont les organes sont localisés mais ont entre eux des communications compliquées et délicates, explique bien mieux les actions et réactions d'une partie de notre organisation morale sur une autre.

Comment pouvons-nous concevoir ces actions et réactions ?

Ce qui donne souvent une très grande force à l'impulsion actuelle, c'est qu'elle résulte du concours d'un penchant très énergique, tel que l'instinct nutritif ou l'instinct sexuel, avec la surexcitation d'un ou plusieurs centres sensitifs en lesquels se fait, sous l'influence d'une image déterminée, le rappel de sensations antérieures, agréables ou désagréables, que nous sommes vivement portés à renouveler ou à écarter. Nous avons essayé plus haut d'esquisser le premier travail intellectuel très rapide et le premier ébranlement intérieur des fonctions motrices qui s'opèrent sous cette double action de l'instinct et des sens.

Supposons que l'impulsion ainsi caractérisée tende à un acte contraire aux principes de conduite admis, au devoir. Nous savons déjà comment s'organisera la résistance.

Nous en avons, au § XVI, indiqué presque tous les éléments et le mécanisme général en faisant l'analyse de la fonction composée *volonté*. Conçue comme effort sur soi-même, comme opposition à l'impulsion actuelle, elle comprendra bien, en dehors des éléments de cette dernière, les mobiles concurrents, surtout mais non exclusivement les altruistes, mis en éveil par l'imagination de l'acte imminent et de ses suites, la délibération intellectuelle dans laquelle interviendront les habitudes mentales, les bons préjugés et les notions morales acquises, le besoin d'approbation, le respect de nous-mêmes, le souci des réactions sociales. Elle prendra, comme il a été dit, un caractère plus décidément actif par l'entrée en jeu de la fonction inhibitrice des mouvements qu'Auguste Comte a appelée la *prudence*.

Il se formera particulièrement en nous une association, que l'éducation, l'habitude et l'hérédité peuvent consolider, de nos affections les plus nobles et de nos facultés mentales les plus élevées, de celles où réside l'aptitude à discerner et à construire l'ordre dans la connaissance et dans la vie. Cette association constituera comme une personnalité supérieure faite d'amour, de respect et de raison, capable, avec l'aide du double besoin d'être estimés par les autres et de nous estimer nous-mêmes, d'agir sur notre personnalité inférieure et aussi sur nos fonctions pratiques, sur celles qui excitent, retiennent ou maintiennent les mouvements et que Comte a nommées *courage, prudence, fermeté*.

Mais nous tenons à spécifier ici le rôle important que nous attribuons à l'*orgueil* transposé.

L'orgueil, que Comte a rangé avec la vanité, dont il diffère par des traits essentiels, dans le couple supérieur des penchants personnels, est cette inclination à concentrer et à tendre notre personnalité soit pour dominer, soit pour nous affranchir et nous isoler. Il se manifeste, suivant nos forces et suivant les conditions ambiantes, comme besoin de domination ou comme besoin d'indépendance. De là sa double aptitude à se montrer dans les rapports sociaux, s'il n'est point modéré et réglé, oppressif ou anarchique. Cependant nous avons reconnu qu'il entre comme élément dans le sentiment composé qu'est le respect de soi-même. Mais il y a plus : il peut devenir le besoin de nous *dominer* nous-mêmes, de nous *affranchir* du joug de nos instincts les plus énergiques et les plus grossiers.

Je suis maître de moi comme de l'univers,

dit Auguste. L'un et l'autre *empires* flattent également son orgueil, mais c'est celui qu'il exerce sur lui-même qui l'aide à être magnanime.

Avec cette modalité, que la réflexion et l'éducation peuvent déterminer, l'orgueil devient apte à servir les fins de l'altruisme et de la raison. Mais cette modalité de l'orgueil ne saurait, à son tour, prendre assez de développement et de consistance que si elle est liée à un suffisant exercice de l'altruisme et de la raison. Ainsi modifié il entre comme partie composante ou adjuvante dans la probité, dans la droiture, dans la pureté, dans la générosité.

Transposé en besoin d'empire sur soi-même, il communique toute sa force à l'effort moral destiné à exercer cet empire. Transposé en besoin d'affirmer notre liberté, il contribue à nous rendre libres en effet, c'est-à-dire à assurer, autant que possible, le gouvernement de l'âme par ses facultés supérieures.

M. Fouillée, appliquant sa très intéressante théorie des *idées-forces* à la question de la liberté, insiste sur l'aptitude de *l'idée* de la liberté à la fonder effectivement. Cela est vrai à deux conditions, que, du reste, cet éminent philosophe n'a pas méconnues. La première est qu'on ne sépare jamais l'idée des affections qui l'inspirent ou qu'elle éveille, ni de l'exercice consécutif des centres moteurs du cerveau, affections et exercice dont le double concours permet seul à l'idée de coopérer avec une efficacité suffisante à un commencement intérieur de mouvement. La seconde condition, c'est qu'on ne considère qu'une liberté relative, progressive et susceptible de degrés.

Quoi qu'il en soit, dès que la résistance et l'effort sur soi sont possibles, dès qu'une volonté vraiment digne de ce nom et renseignée intervient, la liberté et la responsabilité morale envisagée dans ses conditions psychiques commencent. L'une et l'autre peuvent être plus ou moins affaiblies suivant l'organisation, l'intelligence, l'éducation et la situation du sujet. Elles ne sont pas nulles s'il n'est pas idiot ou fou, s'il n'a pas agi sous l'empire d'un délire permanent ou passager ou d'une impulsion irrésistible d'un caractère pathologique.

Quant à la liberté, il ressort assez de tout cet exposé qu'elle est progressive et que son développement est lié à celui des affections altruistes et de la raison. Nous avons marqué le service que peut lui rendre l'orgueil, mais c'est à la condition qu'il soit contenu, réglé, discipliné; et il ne peut l'être que par l'altruisme et la raison combinés. Plus nous serons aimants, vénérants, raisonnables et instruits, et plus nous serons libres; car notre pouvoir de résistance et d'effort sur nous-mêmes sera d'autant plus fortifié dans ses éléments essentiels et d'autant mieux éclairé quant aux buts et aux moyens. Notre liberté est proportionnelle à la puissance de nos mobiles les plus nobles et à l'abondance des motifs dont l'intelligence les peut alimenter et soutenir. Elle est en raison, comme l'expérience le prouve, de la richesse du cœur et de l'ouverture de l'esprit.

On touche ici du doigt la différence entre notre conception positive de la liberté et le libre arbitre des métaphysiciens; car à la limite idéale notre liberté positive serait la suprématie incontestée et constante de l'altruisme et de la raison, au point où le sujet devient réellement impuissant à mal faire et surtout à mal vouloir. Le libre arbitre métaphysique consiste, au contraire, dans un égal et constant pouvoir de vouloir ou de ne vouloir point soit le bien, soit le mal.

Pour nous la suprême liberté coïnciderait avec le suprême désintéressement, la suprême sagesse et la suprême bonté; mais elle serait la négation même de l'arbitraire inséparable de la conception que les métaphysiciens et les théologiens conséquents doivent se faire du libre arbitre humain ou divin. Elle serait le triomphe d'un ordre et d'un déterminisme supérieurs, ce dernier terme étant pris dans le sens scientifique qui convient.

La liberté inégale et modeste que nous offre la bien imparfaite réalité est déjà une manifestation de cet ordre et de ce déterminisme supérieurs servis par une volonté intelligente.

Si nous admettons la réalité de l'effort sur soi et son efficacité modificatrice, d'une part nous nous abstenons de disserter sur sa nature intime que la science positive ignore, comme elle ignore la nature intime de toute activité dans un monde où tout est action, et d'autre part nous le mettons à sa place dans une chaîne d'antécédents et de conséquents. Il est conditionné par des mobiles et des motifs qui eux-mêmes le sont, et il conditionne, s'il prévaut, des résolutions et des actes qui se trouvent ainsi déterminés et qui déterminent à leur tour toute une série de phénomènes. Il n'est pas un miracle. Il est le fait d'organes qui ont, comme tout ce qui vit, leur spontanéité propre, mais dont la spontanéité ne s'exerce que sous l'empire des lois naturelles, exclusives de l'arbitraire, qui régissent les actions et réactions quelconques.

Il faut considérer ici le passage de l'abstrait au concret avec toutes les difficultés qu'il comporte et qu'un certain absolutisme pseudo-scientifique méconnaît presque autant que la métaphysique elle-même. Chaque catégorie de phénomènes obéit à des lois abstraites, à un déterminisme spécial. Dans un cas concret, par exemple dans un être et dans sa conduite, un certain nombre de ces déterminismes se rejoignent, se croisent, s'enchevêtrent en une complexité touffue. Il est clair que ces déterminismes spéciaux entreront en des proportions variables dans la détermination d'un résultat donné, qui ne sera jamais indépendant de l'ordre général. Mais quelles seront ces proportions? c'est ce qu'il est malaisé de préétablir, alors que l'être concret est un être vivant, doué d'une organisation cérébrale très compliquée et d'une volonté intelligente constamment modifiée par une foule de conditions externes et internes. Quand les matérialistes ou les monistes affirment que du jeu de toutes ces activités déterminées qui se rencontrent dans un pareil cas en coopération ou en conflit il a été nécessaire de toute éternité qu'*un seul* conséquent sortirait et serait *seul possible*, nous croyons que cette affirmation dépasse les limites de ce que l'esprit positif permet d'affirmer. Nous nous bornons, nous, à dire que le conséquent, quel qu'il soit, sera toujours lié à une série d'antécédents et ne sera jamais en contradiction avec l'ordre général. Voilà ce qu'implique le déterminisme vraiment scientifique. Au delà ce n'est pas seulement notre liberté morale qui deviendrait contradictoire, mais aussi, d'une manière générale, la modificabilité secondaire des phénomènes.

Sans doute l'ordre fondamental du monde, tel que nous le connaissons, est que les phénomènes supérieurs dépendent des inférieurs. Mais il n'est pas moins vrai que secondairement les phénomènes supérieurs réagissent sur les inférieurs et les modifient entre certaines limites dans leur intensité et leur vitesse. A certains égards la liberté, telle que nous la comprenons, est la réaction dans le domaine moral du supérieur et de ses lois sur l'inférieur et par là tend non pas à détruire, mais à perfectionner l'ordre naturel.

Notez enfin que cette liberté-là, susceptible de bien des atténuations et dégradations avant de tomber à zéro, n'est pas nécessairement le privilège exclusif de l'espèce humaine.

XVIII

L'altruisme, le bonheur et l'idéal moral.

Ainsi la sympathie, étroitement unie au respect et aux plus hautes facultés de l'esprit, est à la fois le principe de l'harmonie collective et la vraie source de la liberté morale. Si l'altruisme rationnel nous lie toujours davantage à l'Humanité en complétant par le lien voulu le lien subi des lois sociologiques, c'est encore lui qui nous assure, autant qu'il est possible, la possession de nous-mêmes. Mais, s'il nous affranchit, c'est parce qu'il nous règle; et il nous règle parce qu'il nous lie. Car les inclinations du cœur et les jugements de l'esprit par lesquels il dispute aux différentes formes de l'égoïsme le pouvoir de motiver notre conduite sont les anneaux d'un déterminisme supérieur qui nous soumet, par l'ordre moral et par l'ordre social nécessaires et perfectibles, à un ordre général mieux compris et plus vrai dont les lois désormais nous dominent sans nous écraser.

L'altruisme — et une fois pour toutes il faut toujours entendre celui que la raison éclaire — est lui-même une partie de cet ordre général. Il s'y incorpore comme un élément naturel, non pas étranger mais supérieur, qui dépend des forces inférieures sans doute, mais réagit aussi sur elles suivant des lois déterminées. Et il nous fait des sujets résignés envers les fatalités inéludables sur lesquelles cet ordre repose, des serviteurs volontaires et respectueux envers les salutaires disciplines qu'il comporte, des agents dévoués du progrès qu'il permet.

L'altruisme appuie l'une à l'autre et fortifie l'une par l'autre l'union sociale et l'unité intérieure. Seul il peut assurer le gouvernement de l'âme humaine et la préserver de l'anarchie, qui est le commencement de la mort. L'unité par l'égoïsme n'est pas possible, parce que l'égoïsme sans frein de chacun, étant contradictoire avec l'égoïsme des autres, ne saurait faire un milieu harmonique qui par le dehors aide à régler le dedans et parce que l'égoïsme de chacun est hétérogène et divisé contre lui-même, ainsi qu'il a été déjà dit. Au contraire, l'unité est possible par l'altruisme. L'altruisme, assisté par les hautes fonctions de l'esprit qu'il excite et soutient, est apte non certes à supprimer, mais à discipliner les penchants personnels sans les comprimer outre mesure et sans leur refuser les satisfactions nécessaires, en bénéficiant de leurs oppositions mutuelles, en les modifiant, en se combinant même avec eux et en utilisant ainsi leur plus grande énergie pour des fins sociales. Et, comme il assure l'harmonie collective, il règle d'autant mieux qu'il rallie davantage. Sa force morale au dedans se double de toute la force sociale qu'il produit et maintient au dehors.

A l'unité intérieure il donne ce complément nécessaire : la continuité morale. La continuité est chez l'être vivant l'harmonie organique dans la durée, le concours dans la succession. La continuité morale est la cohérence et la convergence dans la filiation de nos sentiments, de nos pensées et de nos actions. L'altruisme peut seul la fonder en rattachant la suite de ces sentiments, pensées et actions, chez nous et chez les autres, à des êtres collectifs plus grands et plus durables que nous. Le plus grand et le plus durable de ces êtres qui préexistent à nous et qui nous survivent est l'Humanité. L'altruisme, en nous appuyant de mieux en mieux comme à des points fixes, si on les compare à l'instabilité individuelle, à ces réalités sociales, solidaires et hiérarchisées, donne à la vie le lien, les buts permanents qui font qu'elle vaut d'être vécue.

Nous lui devons ainsi, tout considéré, le plus de vrai bonheur possible. Nous savons ce qu'on peut dire et que le cœur de l'altruiste saigne trop souvent de blessures que l'égoïste paraît ignorer. Mais le bonheur humain ne saurait consister à ne jamais souffrir. Il ne peut consister qu'à pouvoir goûter les joies les moins fragiles et les moins troublées, les plus communicables et les plus profondes, celles dont la durée ne lasse pas et dont l'accroissement pourrait être indéfini sans être contradictoire, celles enfin qu'on préfère dès qu'on a pu les comparer assez longtemps aux autres. Ces joies sont celles de la sympathie.

Mais c'est dans cette question du bonheur, plus que dans toute autre, qu'il faut bannir la vaine recherche de l'absolu.

N'est-ce pas déjà beaucoup de reconnaître avec Cabanis « que le seul côté par lequel les jouissances de l'homme puissent être indéfiniment étendues est celui de ses rapports avec ses semblables, que son existence grandit à mesure qu'il s'associe à leurs affections et leur fait partager celles dont il est animé ». (Cabanis, *Rapports du physique et du moral*.) Rien n'est borné, étroit, précaire et triste comme les jouissances de l'égoïste ; « tandis que, dit encore Cabanis, en liant toutes ses affections aux destinées présentes et futures de ses semblables, le sage n'agrandit pas seulement sans limites son étroite et passagère existence, il la soustrait encore en quelque sorte à l'empire de la fortune ». *(Id., ibid.)*

Cependant le Positivisme ne pouvait pas faire du bonheur

personnel le but d'une conduite morale. Et comment faire d'une chose tellement subjective, soumise à tant d'aléas, le principe de la moralité? Exempte d'un décevant et dangereux optimisme, notre philosophie ne promet pas davantage le bonheur toujours et quand'même comme conséquence de la vertu. Elle sait trop pour cela que la vertu ne supprime pas la douleur, que la douleur, quoi qu'en aient dit les stoïciens, est un mal, et que la bonté, si elle procure les satisfactions les plus douces et les plus solides, est aussi une source spéciale de souffrance. Mais elle enseigne que la vertu, c'est-à-dire la pratique constante et ordonnée de l'altruisme, est la condition *de la plus grande somme possible de vrai bonheur.* Ce qui n'est pas la même chose, mais n'est point sans importance.

Ce qui est certain, c'est que la *santé morale* exige la discipline altruiste. Or la santé morale, comme la santé physique, est un élément indispensable du bonheur individuel. La santé morale, comme la santé physique, résulte de l'activité normale et réglée, du concours harmonieux de toutes les fonctions. Mais nous pensons avoir montré qu'une telle activité et une telle harmonie ne peuvent pas exister en dehors de la discipline altruiste. Rappelons seulement une fois de plus que celle-ci n'exclut jamais, mais consacre au contraire l'action utile et modérée des instincts personnels, tandis que la domination sans frein de ceux-ci étouffe l'action des penchants altruistes et rend impossibles toute unité, toute continuité, tout équilibre moral, par où elle engendre tous les désordres fonctionnels et même organiques.

Il est également vrai que la discipline altruiste de l'âme est nécessaire spécialement à la santé intellectuelle. L'influence de l'ordre ou du désordre affectifs sur le travail mental est considérable. Du reste, les praticiens de la médecine mentale savent et enseignent qu'un très grand nombre de variétés de l'aliénation sont dues à la quasi-inertie ou à la compression violente des affections altruistes comme à l'hypertrophie morbide ou à la perversion des instincts égoïstes.

Il ne serait pas hors de notre sujet, mais il n'entre pas dans notre plan de faire ressortir l'incontestable connexité de la santé physique elle-même avec la discipline altruiste. Est-ce que les constantes réactions mutuelles entre la vie cérébrale et l'ensemble de la vie animale, y compris la nutrition elle-même, sont encore à prouver?

Il nous reste à dire que le même altruisme positif qui nous est apparu comme générateur d'ordre et de liberté dans la vie sociale et dans la vie intérieure est encore la source du plus haut idéal qui ait été proposé à la conscience humaine.

En un premier sens il y a toujours dans notre conscience morale, quelque réels qu'en soient les éléments subjectifs et objectifs, une part d'idéal relatif; car l'ordre moral que nous concevons et qui nous oblige est supérieur à l'ensemble des réalités concrètes qui nous intéressent. Bien que formé avec les données de l'ordre naturel observé, il nous éclaire sur les défauts de celui-ci. Il se distingue de lui sans être hors de lui, étant, pour ainsi dire, la sélection de ses parties supérieures séparées et systématisées par le cerveau. Il nous permet de le juger et nous induit à le corriger sans songer à le renverser. Car il est lui-même un des facteurs réels de cet ordre naturel, régi par des lois spéciales sans être soustrait à l'empire des lois communes.

La philosophie positive n'a pas été à l'école de Pangloss. Elle veut que nous respections la nature; elle ne veut pas que nous en ayons la superstition. Elle ne nous défend pas de souffrir de ses défaillances et de ses duretés. Elle ne nous ferme pas les yeux sur ses méfaits. Si elle nous enseigne une sage résignation à l'inévitable, elle nous montre le progrès possible et nous fait un devoir de le faire autant qu'il dépend de nous. Elle nous commande l'action contre le mal dont notre cœur souffre, pour le mieux qu'il réclame, afin de pousser toujours un peu plus avant l'extension graduelle du domaine des réalités supérieures dans l'ensemble du réel.

« Ne vous promettez point un bonheur sans mélange, écrivait Diderot, mais faites-vous un plan de bienfaisance que vous opposiez à celui de la Nature, qui nous opprime quelquefois. C'est ainsi que vous vous élèverez, pour ainsi dire, au-dessus d'elle par l'excellence d'un système qui répare les désordres du sien. Vous serez heureux le soir si vous avez fait plus de bien qu'elle ne vous aura fait de mal. Voilà l'unique moyen de vous réconcilier avec la vie. » (Diderot, *Lettre dédicatoire du Père de famille*.)

En un autre sens, qui est, à vrai dire, le prolongement du premier, l'idéal moral est la formation d'un type ou modèle pour le perfectionnement de la nature, de la vie et de la destinée humaines.

Il n'est pas de plus grande erreur que de croire l'esprit positif incompatible avec l'idéal. Auguste Comte a construit, qu'on ne s'y trompe point, un idéalisme à la fois très hardi et très sensé ; mais il l'a construit sur le réel et sans manquer, quoi qu'on ait allégué, à la méthode positive. Les métaphysiciens ont émis, on le sait, la prétention d'interdire au Positivisme le passage de *ce qui est* à *ce qui doit être*. Il nous semble qu'elle apparaîtra tout à fait mal fondée à quiconque, ayant connu la genèse et les conclusions de la morale positiviste, aura compris comment, si tout ce qui est, certes, ne doit pas être, ce qui doit être a sa racine dans ce qui est et comment on s'y prend pour l'en faire sortir. Tout aussi vaine est la prétention de nous interdire le passage du réel à l'idéal.

L'art moral, l'art social, comme les beaux-arts, ont besoin d'un idéal ; et cet idéal se peut concevoir sans infidélité aux méthodes positives.

Nous idéalisons souvent sans nous en douter dans la vie. Il suffit pour cela que nous pensions à un être aimé ou vénéré, à quelque chose qui nous intéresse assez, ou que nous désirions sérieusement quelque chose. Toutes les fois que, sous l'action d'un sentiment assez vif ou d'une passion, notre esprit s'applique à un objet, il se fait sur cet objet même un travail mental à la fois représentatif et modificateur.

Parmi les multiples images dont est composée la représentation d'un être ou d'un objet, celles qui sont dans le sens du sentiment prépondérant ou de la passion agissante deviennent plus vives et s'amplifient. Celles qui sont en sens contraire ou indifférentes s'obscurcissent et s'atténuent, ne serait-ce que par comparaison. L'abstraction fait son œuvre ; elle écarte du champ de la contemplation certains caractères pour retenir ceux qui nous intéressent et les exagère par cela même qu'elle les isole. Puis interviennent nos facultés d'association et de combinaison. Travaillant sous l'aiguillon de l'impulsion affective et dans sa direction, elles cherchent entre les parties de la chose considérée et dans ses rapports avec nous le plus de cohérence et d'unité possible et en mettent un peu plus qu'il n'y en a. Elles accentuent les analogies favorables et négligent les autres. Elles lient et même confondent, sans bien s'en rendre compte, avec des images propres à leur objectif passionnel des images, des souvenirs, des conceptions subjectivement voisins et sélectionnés de façon à renforcer les traits qui répondent le plus à la tendance affective en jeu.

Et l'on peut idéaliser en deux sens opposés. Car le travail mental que nous venons d'indiquer se fait aussi bien sous le stimulant de l'aversion que sous l'empire de l'amour, de la vénération ou du désir. Dans l'un et l'autre cas, qu'elle agisse par sympathie ou par antipathie, l'imagination transforme et, pour une part, invente ce qu'elle croit seulement représenter. Dans le premier cas elle embellit; dans le second elle déforme. Une caricature est, elle aussi, une idéalisation.

Toutes proportions gardées, l'artiste procède, volontairement ou non, comme nous procédons tous spontanément dans la vie quand nous sommes passionnés. Il idéalise toujours, même s'il se croit *réaliste*.

L'éloignement dans l'espace ou dans le temps facilite beaucoup l'idéalisation, celle-ci étant moins gênée par le contrôle actuel ou trop prochain de la présence directe des objets. Il se fait pour les choses lointaines, passées ou futures, quand elles intéressent le cœur, une sorte d'idéalisation automatique. Cela est aussi vrai d'un paysage que d'une manifestation humaine quelconque. Si à l'éloignement s'ajoute, dans l'ordre humain, l'impossibilité de tout conflit, l'idéalisation sympathique est grandement favorisée, ce qui est précieux pour l'art moral. Tel est le cas pour les morts et pour la postérité.

En morale, on idéalise soit une personne, soit la vie humaine en général, soit les existences supérieures, réelles ou fictives, dont nous dépendons ou croyons dépendre, soit les rapports des hommes entre eux et avec ces existences supérieures. Appliquée inconsidérément aux réalités actuelles, l'idéalisation aboutit à l'optimisme paresseux, fertile en mécomptes et en dangers. Appliquée à la conduite à tenir, à l'éducation, à la conception de l'avenir possible pour l'individu et pour l'espèce, elle peut être un puissant instrument de perfectionnement et de progrès.

En morale, comme en politique, le travail mental de l'idéalisation s'enrichit d'une opération importante. Pénétré de plus en plus de la notion d'évolution, l'esprit ne se contente pas de discerner le sens de l'évolution accomplie, de sérier les degrés par lesquels a passé ou passe devant lui la marche ascendante de certains faits moraux ou de certaines idées morales — qui sont, elles aussi, des faits. Il continue la série et en construit subjectivement dans la même direction les degrés subséquents ; il monte la partie supérieure de l'échelle dans le futur ou dans le possible. Il conçoit enfin une *limite* vers laquelle doit tendre l'ascension de l'ordre moral d'après la notion dynamique qu'il s'en est faite et dans le sens des aspirations du cœur.

C'est à cette limite qu'est transporté l'idéal moral.

Mais pour que cet idéal soit légitime aux yeux d'un positiviste il doit remplir certaines conditions.

Il doit sortir des entrailles mêmes de la réalité, tout en la dépassant. Il faut qu'avant tout il soit positif, comme toutes nos conceptions. C'est-à-dire qu'il ne prétendra ni nous venir de l'absolu, ni nous y conduire, ni nous le révéler. Il sera pur de tout arbitraire, conforme aux lois connues, statiques et dynamiques, des phénomènes biopsychiques et sociaux. Il ne différera que par le degré des déductions rigoureuses que la Biopsychologie et la Sociologie positives combinées lèguent à la morale proprement dite et qui sont à leur tour fondées sur des comparaisons, généralisations, inductions formées scientifiquement avec les données observées d'une réalité organisée et évoluante.

Il sera réglé par la loi même de la modificabilité positive dont l'imagination est autant justiciable que l'activité pratique. C'est-à-dire qu'il résultera d'une modification d'intensité ou de vitesse, de degré en un mot, imaginée dans les sentiments, les pensées et les volontés, dans les solidarités, les concours et les libres efforts, dans les continuités et les initiatives, dans les disciplines régulatrices et dans le développement de leur harmonie totale, en respectant les caractères et l'arrangement fondamentaux de l'ordre établi par la science morale en ce qui les concerne.

L'idéal moral doit être assez haut pour commander des efforts énergiques et soutenus, pour remplir assez l'office d'*entraîneur* moral qu'un modèle trop facilement accessible ne remplirait pas longtemps et pour motiver même parfois chez les natures d'élite ces actions héroïques, ces sacrifices sublimes qui sont la plus pure gloire de l'Humanité. Mais il ne doit pas être chimérique, impossible. Il faut qu'il paraisse réalisable ou, plus exactement, qu'il soit susceptible pour l'ensemble des hommes d'une approximation progressive plus ou moins rapide ou plus ou moins lente. Il faut que la *limite* qu'il pose, si éloignée soit-elle, soit placée dans le sens, sur la ligne normalement prolongée de l'ascension réelle de la moralité. Et, comme il est relatif, la position de cette limite pourra être rectifiée, reculée même suivant les progrès accomplis par la science et par la conscience publique.

Enfin notre idéal moral exercera autant d'attraction sur le cœur que sur la raison. Sans quoi il ne serait pas positif, puisqu'il méconnaîtrait la réalité humaine. Pour être efficace, il faut qu'il soit un objet de vénération et d'amour. Toute idéalisation a sa source dans ces deux sentiments et doit finalement aboutir à leur exaltation, sans laquelle d'ailleurs il ne faudrait pas compter sur les sublimités morales dont nous parlions tout à l'heure. L'enthousiasme ne saurait être le mobile journalier des actions humaines ; mais une société d'où il est absent est une société inférieure, incapable de tout perfectionnement véritable et de toute grandeur morale.

Concluons sur ce point.

Les deux pôles de la morale positiviste sont la conception de l'Humanité et la discipline de l'âme individuelle par la subordination dans l'activité cérébrale des instincts égoïstes, malgré leur plus grande énergie, aux penchants altruistes assistés par la raison.

L'idéalisation portera tout à la fois sur la conception de

l'Humanité, sur la discipline individuelle, sur leurs réactions mutuelles, sur l'harmonie croissante entre l'Humanité toujours plus solidaire et plus synergique dans le temps comme dans l'espace et l'homme grandissant en sympathie, en raison et en volonté, par suite en liberté aussi.

L'Humanité est déjà en elle-même pour nous un être à la fois très réel et idéal. Elle est, d'après la définition d'Auguste Comte, *l'ensemble continu des êtres convergents*. Cette définition entraîne, en ce qui concerne les morts, les seuls dont le compte est définitif, l'élimination de ceux dont la malfaisance a excédé le concours. Voilà une première idéalisation par abstraction, sans amoindrissement de la réalité. Au contraire : car la réalité de l'être collectif comme tel ne saurait résider à un degré quelconque dans des éléments qui constituent au regard de la coopération nécessaire à toute vie sociale des quantités *négatives* ou de sens inverse, véritables corps étrangers et dissolvants dans l'organisme. En outre, ce grand être étant composé d'un nombre considérablement plus élevé de morts et de non-nés que de vivants, se prête par cela même, en son passé et plus encore en son avenir, à la formation en partie subjective de types, qui sont légitimes s'ils sont conformes aux traits essentiels de l'histoire et en harmonie avec les conditions positives de la prévision sociologique.

Mais c'est surtout pour l'avenir que nous pouvons et devons idéaliser, dussent les réalités futures ne jamais atteindre, mais approximer toujours un peu plus la limite conçue par l'esprit sous l'inspiration du cœur.

Notre humanité idéalisée ne sera pas une entité parfaite et vague. Elle sera l'être vivant qu'elle est déjà, imparfaite, mais agrandie, améliorée, épurée. Elle restera munie de ses organes et parties nécessaires, patries, cités, familles, qui, sans rien perdre de leur consistance, seront à la fois fortifiés et mieux liés entre eux, plus humanisés. Elle ne sera pas une création, mais le développement supérieurement harmonieux des forces économiques, politiques, intellectuelles, morales dont est faite sa vie et des institutions fondamentales de la civilisation, plus moralisées et mieux réglées, non détruites, sans exclusion des institutions nouvelles qui répondraient à des besoins nouveaux. Elle régnera par la paix assurée et le concours organisé entre les nations et les familles, qui seront ses membres libres et solidaires. Son empire moral sera définitivement reconnu par les individus, sans préjudice pour leurs obligations domestiques et civiques, ni pour la part d'indépendance, l'initiative et la dignité requises par leur office social. C'est à ces conditions que la conception idéale d'une Humanité prenant pleine conscience de sa bienfaisante grandeur et de son unité et les faisant prévaloir sera légitime et agira comme une « idée-force » féconde.

A leur tour les êtres collectifs partiels, cités, patries, fédérations, etc., peuvent être idéalisés sous la réserve que, pour eux aussi, les conditions scientifiquement connues de leur existence et de leur fonction soient toujours respectées.

Quant à l'idéalisation de l'individu, elle consistera à le concevoir comme ayant parachevé son unité intérieure et, par suite, la possession de lui-même, sa liberté morale. Cela suppose que le gouvernement du cerveau et, par le cerveau, de la vie aura définitivement passé aux affections altruistes et à la raison associées, servies par le caractère.

On peut se représenter l'intensité de l'altruisme tellement accrue, si bien ordonnée par les hautes fonctions de l'esprit, si constamment secondée par l'exercice du courage, de la prudence et de la fermeté, que l'empire sur soi-même en faveur des autres serait à son maximum. A la limite, qui ne sera peut-être jamais atteinte, l'*animalité*, nullement détruite ni mutilée, mais sagement entretenue et maintenue dans les bornes et directions voulues, serait disciplinée au point que son énergie serait entièrement appliquée à la conservation et au développement nécessaires des éléments organiques et des stimulants fonctionnels de la *moralité* chez les individus non seulement nés, mais à naître.

Un tel homme aurait acquis la plénitude de sa valeur individuelle en même temps que de sa valeur sociale pour le plus grand profit de l'ordre et du progrès collectifs. Il serait mieux qu'un *ange*, parce qu'il serait excellemment un *homme;* et la *bête* elle-même, enfin domestiquée en lui, ferait utilement le service de son humanité.

Les êtres collectifs et l'individu étant idéalisés de la sorte, leurs rapports le seront par voie de conséquence.

Dans cet ordre idéal, la dépendance et la dette de gratitude de l'individu envers les différents êtres collectifs apparaîtront avec une force de détermination incomparable sur la conduite. L'intégrale conscience de la solidarité et de la continuité élèvera la destinée humaine à la dignité d'une fin voulue.

L'habitude de vivre pour autrui engendrera la capacité de vivre en autrui et par conséquent, pour chacun, la faculté d'agrandir sa vie bien au delà des bornes de l'individualité et, pour ainsi dire, de multiplier son être. Le lien qui unit l'homme à la Famille, à la Patrie, à l'Humanité, sera assez fortement senti pour que l'individu participe subjectivement par la pensée et par l'amour à leur survivance comme à leur histoire. Sa piété agissante envers de tels êtres, ses véritables providences, fortifiera chez lui l'aptitude aux suprêmes dévouements et lui suggérera l'espoir, après avoir donné sa vie à ces grandes existences, de se prolonger en elles par son souvenir et par ses œuvres.

D'un autre côté la vie physique, économique, affective, intellectuelle des individus, leur dignité, leur initiative et leur responsabilité seront réputées d'autant plus précieuses qu'on y verra surtout des fonctions nécessaires à la santé et au progrès d'un organisme plus élevé. Cette destination les consacre en les réglant. C'est ainsi que seront portées à la limite la réciprocité du respect, des services et des égards, la proportionnalité des devoirs aux moyens, la conciliation du concours et de la liberté : idéal de fraternelle justice pour tous.

On peut enfin concevoir une bonté idéale qui non seulement unisse tous les hommes et devienne comme l'âme de l'Humanité, mais qui de l'Humanité déborde, conformément à ce qu'il y eut de raisonnable dans le beau rêve bouddhique, sur les animaux, que Comte appelait « nos frères inférieurs », et descende sur le monde pour le rendre meilleur.

Tels sont les éléments possibles d'un idéal moral positif. Les misères et les vices de la réalité ne doivent pas nous empêcher de le regarder en face et de nous mettre en marche vers lui, quelque longue que nous paraisse la route à parcourir. Et, dût-il n'être jamais l'objet que d'une incomplète approximation, il sera le charme de la vie, la consolation des tristesses, comme un merveilleux moyen d'éducation et de perfectionnement.

Nous voudrions avoir donné l'impression que la doctrine morale du Positivisme est bien, depuis ses points de départ, fournis par l'observation, jusqu'à l'idéal qui la couronne, le développement de cette formule d'Auguste Comte : *L'Amour pour principe et l'Ordre pour base; le Progrès pour but.*

Nous allons maintenant aborder l'application de cette doctrine à quelques points où se caractérise particulièrement la crise morale de notre temps.

TROISIÈME PARTIE

De quelques applications.

I

Anciens et nouveaux devoirs.

Il faut nous borner, dans ce travail, à montrer l'application de la morale positive à un petit nombre de questions pressantes et pour ainsi dire aiguës, choisies parmi celles que la crise contemporaine a posées ou remet en cause.

Notre vœu serait de prouver, par des exemples assez caractéristiques, l'aptitude de la doctrine fondée par Comte à fournir ou préparer les réponses aux multiples et anxieuses interrogations qui se peuvent résumer ainsi :

Comment raffermir les anciens devoirs ébranlés ?

Comment déterminer les nouveaux devoirs nécessaires ?

En essayant de définir la crise morale de notre époque, nous avons constaté au sein de notre civilisation si brillante, en même temps qu'un trop réel *trouble moral*, de graves *lacunes morales*.

Trouble moral et lacunes morales, telle est bien la double maladie qui appelle un traitement et un régime appropriés. Ce trouble et ces lacunes nous ont paru se rattacher à deux grands phénomènes qui frappent également l'observateur attentif. C'est d'abord l'action dissolvante exercée par la critique sur les institutions sociales et sur les principes moraux, d'ailleurs compromis par le déclin accéléré des croyances théologiques et des systèmes métaphysiques auxquels ils avaient semblé théoriquement liés. C'est ensuite la notable inégalité de vitesse entre le progrès matériel sous toutes ses formes et le progrès moral.

Le premier phénomène nous montre les fondements mêmes de toute morale mis en question. Sous cet aspect il semblerait n'intéresser que l'ordre spéculatif. Mais il se traduit aussi dans le domaine de l'application, dans la conduite humaine, par un désordre tangible. Si les règles les mieux établies jusqu'ici et les plus indispensables ne paraissent plus assez motivées, si le sens des maximes les plus élémentaires est obscurci, si les liens les plus fondamentaux et les obligations qu'ils comportent ne se maintiennent médiocrement que par la force de l'habitude, quand ils n'apparaissent pas déjà comme des conventions arbitraires ou comme des survivances destinées à disparaître, si les conditions permanentes de toute cohérence sociale et de toute dignité humaine ne sont plus que l'objet d'un minimum de soumission automatique, quand elles ne provoquent pas la révolte à l'égal de superstitions discréditées et de servitudes intolérables, — l'anarchie franchit bien vite la limite qui sépare la théorie de la pratique. Elle la franchit d'autant plus vite qu'elle trouve des complicités toujours prêtes dans les suggestions de l'intérêt, de la passion, de la vanité, qui sont de tous les temps, et des conditions favorables dans les facilités nouvelles que le progrès matériel lui-même met au service des égoïsmes individuels ou collectifs. Quand la force matérielle décuplée procure aux appétits et aux ambitions une puissance d'action et une variété de ressources sans précédent et que le désarroi des idées est en voie de désorganiser la conscience, il en résulte nécessairement dans les faits un état révolutionnaire de la moralité.

Faut-il redire que ces constatations n'ont rien d'un dénigrement systématique de notre époque? Loin de donner dans ce travers, nous sommes prêts à reconnaître une fois de plus que nulle ne fut aussi généreuse, aussi compatissante au malheur, aussi tourmentée par la soif de justice et de fraternité, et, en dépit des courants contraires, aussi portée vers les manifestations de solidarité humaine qui dépassent toutes les frontières. Les faits symptomatiques de pareilles tendances sont trop présents à l'esprit de chacun pour qu'il y ait lieu d'y insister. Mais les tendances, les aspirations ne suffisent pas pour maintenir et améliorer la moralité. De graves erreurs s'accréditent, fertiles en défaillances et en désordres, de plus graves peut-être sont à craindre en conséquence de la déviation subie par les sentiments les plus généreux sous l'influence d'une mentalité morale déséquilibrée et d'un milieu anarchique.

La première fonction de la morale positive, devant cette situation troublée, est par là tout indiquée. Elle doit réorganiser. Il lui appartient d'abord, cela va sans dire, de consacrer et de toujours mieux cultiver les bons sentiments en eux-mêmes. Mais dans ce domaine affectif, si elle est d'avance secondée par le développement spontané de la sympathie, elle a fort à faire pour surmonter les conditions défavorables à la vénération, au respect. Or, la vénération, le respect sont en baisse. Cependant le respect n'est pas moins nécessaire que la sympathie. Il est irremplaçable pour faire des liens durables, pour assurer la soumission, qui est « la base du perfectionnement », pour affermir ensemble la continuité sociale et la dignité personnelle.

C'est affaire à la morale positive de restaurer là où il est en souffrance et de fortifier partout le sentiment du respect dans les relations humaines. Cultivé comme il doit l'être, combiné avec l'évolution des idées et des institutions, éclairé par la conception de l'Humanité, il est susceptible d'une foule de modalités délicates. Il peut et devra, dans l'avenir mieux que dans le présent, pénétrer toute notre conduite envers les individus comme envers les collectivités, envers les égaux et les inférieurs comme envers les supérieurs, envers les faibles comme envers les forts. Le Positivisme assigne comme objets au respect non seulement des êtres, mais, en quelque sorte à un second degré que l'éducation, l'habitude et la tradition rendent accessible, les relations mêmes de dépendance et de concours qui les unissent dans l'espace et dans le temps, les règles qui les gouvernent, les fins vers lesquelles ils convergent.

Et c'est ici qu'éclate l'insuffisance déjà dénoncée des aspirations. Car le respect des règles, des liens, des hiérarchies, des destinations sociales ne peut être assuré en un temps de libre examen et de discussion toujours ouverte, s'il ne s'appuie à des convictions motivées, à des principes démontrables, à une conception positive de l'ordre et du progrès humains. La tâche du Positivisme est d'apporter aux consciences désorientées cette conception, ces principes, ces convictions. Et il faut qu'il ne se cantonne pas dans les généralités et la théorie pure, qu'il descende à la pratique, aux cas particuliers et que, dans chaque cas, *il motive* les devoirs contestés, les institutions battues en brèche ou dont le sens a cessé d'être compris, leurs conditions permanentes de survivance, leurs perfectionnements possibles et nécessaires.

Il importe donc que, tout en cultivant les sentiments altruistes, en restituant au respect sa place et sa force, il réorganise les idées morales, puisque c'est de l'association des idées morales avec les sentiments moraux qu'est faite la conscience morale.

La seconde fonction de la morale positive est de tendre à combler nos *lacunes* morales.

Ces lacunes, avons-nous dit, résultent de la trop grande inégalité de vitesse entre le progrès matériel et le progrès moral. Pour que ceci soit bien compris, il faut élargir le sens du progrès matériel jusqu'à y faire entrer le progrès scientifique, si on ne le considère que comme une accumulation de découvertes spéciales en cosmologie et en biologie.

Il faut, en outre, spécifier que les lacunes morales doivent s'entendre de deux manières.

D'une part le pouvoir de l'homme sur le monde, les instruments de la production et de l'échange, les communications de toute espèce, les organismes industriels, commerciaux et financiers de toute forme et de tout calibre, la puissance de l'argent accumulé et celle du nombre associé, les dominations politiques et territoriales avec les moyens d'action et de destruction mis à leur service, la publicité devenue presque instantanée et omniprésente, ont subi en très peu de temps des transformations et des extensions extraordinaires; d'où des forces nouvelles, énormes, qui attendent d'être réglées et restent à l'état *amoral*.

D'autre part les nouvelles connaissances acquises dans

l'ordre cosmique, et plus encore dans l'ordre biopathologique, nous ont révélé des conséquences de notre conduite auparavant insoupçonnées ou trop vaguement entrevues, parfois incalculables; d'où de nouvelles et redoutables responsabilités qui appellent un important *acte additionnel* à notre constitution morale.

Une morale scientifique, exclusivement mais pleinement humaine, est seule capable de rajeunir les anciennes règles en les motivant suivant les exigences d'une mentalité positive et de les sauver du naufrage où elles risqueraient de suivre les dogmes épuisés et les autorités déchues. C'est encore une telle morale qui pourra discipliner les forces nouvelles, techniques, économiques, politiques, apprivoiser ces monstres et les transformer en bons géants. Et c'est la même morale qui saura introduire dans la conduite personnelle autant que dans la vie sociale, dans l'hygiène individuelle, familiale et publique, les prescriptions de première importance qu'impliquent les récentes acquisitions de la science.

Un champ presque indéfini s'ouvre ainsi devant les moralistes qui s'inspireront de la doctrine de Comte. Toutes les ressources de son altruisme rationnel, si riche, si souple, si adaptable, ne seront pas de trop pour faire correspondre des devoirs certains et des responsabilités précises à toutes les formes d'incidence, de solidarité, de contagion, d'hérédité, de suggestion que nous découvrons tous les jours.

Au demeurant, il n'est pas de domaine où ne se présentent à la fois des devoirs anciens à rétablir perfectionnés dans toute leur autorité et des devoirs nouveaux à faire accepter. Il n'en est pas où la morale positive n'ait à remplir ce double office.

Ce n'est pas encore tout. Entre certains devoirs anciens corrélatifs à un lien permanent et des devoirs nouveaux corrélatifs à des liens plus étendus, des conflits se produisent, qu'il faut résoudre par une conciliation nécessaire et possible. Cette conciliation aussi incombe à la morale positive.

De tout ce qui précède, examinons l'application à des exemples.

II

La question féminine.

Prenons d'abord la question féminine :

« L'amélioration du sort des femmes, écrit Auguste Comte, et l'extension graduelle de leur influence fournissent la meilleure mesure de notre progression à la foi négative et positive vers la vraie perfection morale. » (*Politique positive*, tome III, chap. 1er.)

Nulle vérité n'est mieux établie par l'observation et par l'histoire. La condition et la valeur de la femme, le degré de sécurité, de protection et de dignité dont elle jouit, le respect et les égards dont elle est entourée, le caractère plus ou moins *sérieux* des affections qu'elle inspire, l'étendue et la *qualité* de l'influence qu'elle exerce sont le plus sûr *critérium* d'une civilisation donnée. Car il n'est pas de signe plus probant de la moralité des hommes, de la moralité des femmes et de la moralité des institutions. Il n'en est pas auquel on reconnaisse mieux le point d'avancement où est parvenue l'ascension de l'animalité à l'humanité. Si cette vérité était contestée, ce que nous ne croyons pas, il serait facile de la confirmer par de nombreuses comparaisons portant sur les civilisations successives du passé et sur les sociétés coexistantes du présent.

Dès qu'elle est admise, on se rend compte de quelle importance sont les opinions et les sentiments relatifs aux devoirs de l'homme envers la femme, aux devoirs de la femme, à sa condition et à son rôle dans la société, à son avenir.

D'un sujet aussi vaste nous ne pouvons ici qu'effleurer quelques points et non sans quelque inquiétude; car il n'en est pas de plus périlleux pour une plume masculine.

Comment être sûr, en effet, que de très bonne foi nous ne mettons pas dans des théories que nous croyons très élevées un égoïsme masculin qui s'ignore, égoïsme aussi délicat, aussi épuré que vous voudrez, mais égoïsme tout de même ? Est-ce que toutes les qualités, toutes les vertus que nous voulons chez la femme ne sont point pour l'homme une sécurité, une aide matérielle, une précieuse assistance morale, une parure ? Est-ce que l'influence que nous souhaitons à celle-là ne s'exercera pas au profit de celui-ci pour l'améliorer ? C'est vrai. Mais n'est-il pas aussi vrai que les vertus masculines, le perfectionnement moral de l'homme, son ascension au-dessus de la bestialité, la plus grande délicatesse de ses sentiments, ses progrès en bonté, en courage, en sagesse et en empire sur soi-même assurent à la femme les garanties, la défense et le respectueux concours qui lui sont indispensables ? Autant dire que chacun des deux sexes devient meilleur pour le plus grand avantage de l'autre. Ce qui est une des modalités les plus intéressantes de la solidarité humaine.

Cependant nous devons faire effort pour parler de la femme d'une manière aussi objective, aussi désintéressée que possible. Le moyen est peut-être d'interroger d'abord la nature féminine, puis la destination sociale de la femme. On entend que la société ne se compose ni d'hommes seulement, ni de femmes seulement, mais d'hommes, de femmes, d'enfants et de générations successives. Nous devons enfin essayer de discerner le propre bonheur de la femme.

Au surplus, si nous ne lui faisons pas l'injure de la vouloir allégée des grands devoirs qui lui sont propres, — puisque la personne humaine vaut en raison de l'importance de ses devoirs, — nous appuierons avec force sur les devoirs de l'homme envers la femme ; car ceux-ci nous paraissent singulièrement en souffrance.

III

Ni inférieure, ni supérieure. Semblable et différente.

Ne nous sommes-nous pas servi d'un terme bien hasardé, *la nature féminine ?* Distinguer entre le primitif et l'acquis est toujours fort difficile pour le moraliste. La difficulté s'accroît beaucoup pour qui étudie la femme. La femme a été plus modifiée que l'homme par l'évolution sociale. Si l'on en doute, que l'on compare entre eux les deux sexes d'abord chez les espèces animales les plus voisines de la nôtre, puis chez les sauvages les plus attardés et enfin chez les peuples parvenus à divers degrés de civilisation. La marche de la civilisation a agi sur la femme de deux manières : elle a accentué ses caractères différentiels et elle a modifié à son avantage le rapport entre sa valeur totale et celle de l'homme. Plus encore que l'homme civilisé, la femme civilisée est un produit de l'Humanité.

Voilà sans doute ce qu'il ne faut jamais oublier quand on parle de la nature féminine. Mais n'exagérons rien. La civilisation n'a pas créé d'organes nouveaux, ni de nouvelles fonctions *élémentaires* du cerveau. Elle n'a pas pu davantage abolir les traits fondamentaux de la psychologie féminine. Elle a seulement développé certaines fonctions; elle en a atténué d'autres.

Elle a agi sur l'organisation propre de la femme, sur son système nerveux, par les changements apportés dans son existence physique et dans son existence morale, par la modification de son milieu naturel et par l'institution, en ce qui la concerne, de véritables milieux artificiels. Elle a favorisé dans son cerveau la formation et le jeu des fonctions *composées* suivant des combinaisons et proportions un peu différentes de celles que présente l'activité du cerveau masculin. La constitution de la famille, les religions, la politique et l'art ont coopéré pour façonner l'âme de la femme et déterminer sa condition. Non moins grande est la part qui revient à l'empirisme de la vie chez les masses obscures dans l'évolution féminine à considérer.

Autant de sources des différences acquises que l'hérédité, la tradition et l'éducation ont consolidées et accrues d'âge en âge. Autant d'explications des diversités morales qui frappent lorsque l'on passe de l'abstrait au concret, et que l'on compare, par exemple, l'Asiatique à l'Européenne, l'Espagnole à l'Américaine du Nord, la rurale à la citadine, etc.

Cependant les variations acquises sont sous la dépendance de certaines différences primordiales contre lesquelles rien ne saurait prévaloir.

Pour nous, la femme réelle, celle du moins qui nous occupe en cette étude, nous est donnée à la fois par la biologie et par la longue histoire qui aboutit à la civilisation *occidentale* du xxe siècle. Elle a grandement évolué, mais en restant femme et, qui plus est, en devenant plus femme. Elle évoluera encore, mais sans cesser d'être femme. Nous pensons même que le progrès consistera pour elle à réaliser un type toujours plus humainement féminin.

Cette femme n'est ni inférieure ni supérieure à l'homme. Elle est semblable et autre. Elle est semblable à l'homme par les caractères communs de l'humanité. Elle est autre par les traits distinctifs de sa vie organique et de sa vie psychique, que la civilisation accuse bien plutôt qu'elle ne les efface.

Il nous semble inutile d'insister ici sur l'organisation et les fonctions propres au sexe de la femme. Ce sont l'organisation et les fonctions de la maternité. Elles tiennent sous leur étroite dépendance un certain nombre de phénomènes de la nutrition, de la circulation, de l'innervation. Or, si l'on veut bien considérer les rapports du physique avec le moral, ou plus exactement la solidarité qui lie la vie de relation même la plus élevée à la vie végétative, le cerveau et le système nerveux à l'ensemble de l'économie, on accordera que ces particularités de la physiologie féminine doivent exercer, qu'elles exercent en effet une influence considérable sur toute l'existence de la femme, y compris le cours de ses émotions et même de ses idées.

On admet généralement que la femme est inférieure à l'homme en force musculaire. Elle a aussi une nervosité plus instable, plus impressionnable à certains égards — ceci est en grande partie acquis — et plus délicate.

Sa disponibilité physique pour l'action subit des intermittences et même des interruptions que l'homme ne connaît pas. Ce point n'est pas sans importance.

La femme n'a ni un sens de plus ni un sens de moins que l'homme. Mais l'ensemble de la vie organique et les conditions habituelles de l'existence peuvent modifier secondairement chez elle l'exercice des différents sens.

Arrivons à la vie cérébrale ou psychique de la femme. Aucune, certes, des dix-huit fonctions élémentaires du cerveau classées par Auguste Comte ne lui manque. Nous ne lui en connaissons pas dont l'homme soit dépourvu. Mais telles ou telles fonctions élémentaires peuvent être chez la femme plus actives ou moins que chez l'homme, et il en est effectivement ainsi. De là des différences qui, à leur tour, en influant sur le mode de formation des fonctions composées, engendrent d'autres différences.

Les fonctions affectives étant prépondérantes dans l'ensemble de la vie cérébrale, ce sont celles-là qu'il faut avant tout examiner si l'on veut dégager les traits distinctifs de la psychologie féminine. Et si, parmi les plus énergiques d'entre elles, parmi les instincts les plus forts de la personnalité, on reconnaît qu'il en est dont le degré d'action diffère sensiblement de l'homme à la femme, on aura trouvé la clef de plusieurs autres diversités.

Or parmi les instincts les plus forts de la personnalité il en est trois qui figurent en bon rang. Ce sont l'instinct sexuel, l'amour de la progéniture et l'instinct destructeur.

Eh bien, l'amour de la progéniture est tellement plus marqué chez la femme qu'on le nomme presque toujours l'*instinct maternel*, tandis qu'en sens inverse l'instinct sexuel et l'instinct destructeur sont habituellement plus faibles chez la femme que chez l'homme.

L'instinct maternel joue un rôle capital dans toute l'existence de la femme. Soit par l'office essentiel qu'il remplit, soit par les transpositions dont il est susceptible, on peut dire qu'il domine sa vie. Nous entendons sa vie organique et sa vie psychique. Sa santé physique et sa santé morale sont constamment dans la dépendance de cet instinct. Il est pour partie dans l'exaltation morale des héroïnes et des saintes; et les perversions qu'il subit expliquent un grand nombre de crimes féminins. En dehors de ces cas extrêmes, il pénètre de mille manières toute la sentimentalité, toute la mentalité, toute la conduite des femmes. Il entre dans les combinaisons morales les plus variées et dans plus d'une auxquelles une observation superficielle le juge étranger. Cette maîtrise de l'instinct maternel sur l'âme féminine a été bien souvent mise en lumière en dehors et surtout au sein de l'école positiviste. A cet égard il n'est que juste de rappeler les remarquables travaux de M. le docteur Audiffrent (1).

Auguste Comte n'a pas rangé l'amour de la progéniture parmi les affections altruistes. Il a eu raison. Pris en lui-même comme fonction élémentaire, à l'état *nature*, isolé des modifications qu'il subit par l'adjonction de penchants supérieurs et de ce qu'il doit à la culture sociale, qu'est-il? Il est le besoin organique de se prolonger, de se dédoubler dans le produit. Il est l'instinct qui attache la personnalité à une partie démembrée d'elle-même. C'est même ce qui explique que, sans faire défaut à l'homme, chez qui il se manifeste souvent avec beaucoup de force, il est d'ordinaire sensiblement plus énergique chez la femme et surtout d'une énergie beaucoup plus constante et plus directement liée aux parties les plus intimes de la vie purement physiologique. C'est en ce sens qu'il est bien un instinct personnel. Mais il a, ce qui est fort important, une aptitude marquée à se combiner avec les affections sympathiques. Par là il est à certains égards une transition de l'égoïsme à l'altruisme, puisqu'il tend à extérioriser la personnalité en quelque chose de soi hors de soi.

Son incontestable supériorité chez la femme a donc une influence très réelle, quoique indirecte, sur la capacité altruiste de celle-ci. En se combinant avec l'attachement, par exemple, et avec la bonté, l'instinct maternel communique à ces sentiments une force, une vivacité, une nuance de tendresse particulières. Il met son empreinte sur toutes les formes de l'attachement, quels que soient l'âge ou le sexe de la personne aimée. Dans l'amour de la femme, quel que soit son objet, amant ou époux, frère ou amie, enfant ou vieillard, il entre toujours de la maternité. Jusque dans sa piété filiale, la jeune femme ou la jeune fille tend souvent à renverser les rôles et à

---

(1) *Du cerveau et de l'innervation.* — *Des maladies du cerveau et de l'innervation.*

mettre dans son affection pour un père ou une mère quelque chose de la sollicitude protectrice et même de l'enveloppante autorité avec lesquelles sont couvés les petits enfants. La bonté féminine, à son tour, se double de l'instinct maternel qui lui apporte, avec un puissant renfort, de précieuses modalités. Elle tient de cette liaison une prédilection marquée pour les petits, pour les faibles, pour les souffrants. La pitié de la femme lui doit d'atteindre une intensité spontanée, une promptitude d'action et une force communicative hors de pair.

En revanche l'instinct maternel introduit dans les sentiments altruistes auxquels il s'allie des tendances indéniables à la particularité qui risquent toujours de dégénérer en partialité, en exclusivisme. Il leur communique aussi cet esprit de possession difficilement séparable de l'amour du produit.

Cependant l'inversion du phénomène n'est pas rare. L'être est alors possédé par son produit organique auquel il se subordonne tout entier. Parfois cette subordination va jusqu'à l'absorption de l'être dans ce double sorti de lui-même. Ainsi la maternité peut tantôt imprimer à l'amour l'énergie, mais aussi l'âpreté jalouse d'un instinct personnel, et tantôt fortifier l'aptitude à l'oubli, à l'immolation sublime de soi-même.

L'instinct sexuel de l'homme, en le poussant à l'union charnelle avec la femme, a dès l'origine déterminé la première ébauche d'une famille. Mais il n'a pas tardé à donner issue aux premières et d'abord bien faibles manifestations d'un sentiment d'une autre nature, de l'attachement, sans lequel les liens formés n'auraient jamais acquis un peu de consistance et qui seul peut les rendre durables en survivant à de violentes mais passagères impulsions. Il a été le puissant propulseur de l'altruisme masculin appliqué à l'ordre spécial de relations considéré. Il a conservé à travers tous les affinements de la civilisation une part considérable dans l'amour de l'homme pour la femme. Cet amour, dans lequel entrent aujourd'hui tant de sentiments divers, emprunte à l'instinct sexuel une grande force d'impulsion et d'action courageuse, mais aussi des éléments de brutalité et de fragilité trop manifestes.

L'infériorité de cet instinct chez la femme a favorisé l'évolution qui, plus ou moins marquée suivant les temps et les milieux, l'a dégagée plus que l'homme de la grossièreté primitive. Ajoutez que l'action des freins sociaux, religions, coutumes, lois, opinion, s'est depuis longtemps exercée dans les plus considérables agglomérations humaines pour comprimer ou discipliner la sexualité féminine beaucoup plus que les appétits masculins. Or le fait qu'un tel penchant, sans jamais être aboli, a trouvé dans l'organisation de la femme et dans les conditions de sa vie des causes spéciales de modération a évidemment contribué à mettre dans ses affections toujours un peu plus de douceur et de pureté. C'était tout profit pour l'altruisme.

Ces causes et d'autres éléments, tels qu'un instinct de défense, une heureuse modalité de l'orgueil, le respect même des choses de l'amour et de la maternité, sans parler d'une sorte de diplomatie à demi consciente du sentiment que nous ne confondons pas avec les artifices de la coquetterie, entrent dans la genèse de la pudeur et de l'honneur féminin.

L'instinct destructeur est à son tour plus faible chez la femme que chez l'homme. Si nous invoquions seulement la comparaison entre les enfants des deux sexes dont le naturel se montre si bien dans leurs jeux, on nous objecterait peut-être que nous ne tenons pas compte des variations fixées par une longue série d'hérédités. Mais l'observation dans la vie ordinaire des incultes, des attardés, des primitifs et celle des animaux supérieurs confirme l'innéité de cette différence. Du reste l'étroite connexion entre l'instinct destructeur et l'instinct sexuel a été maintes fois signalée. C'est un point acquis d'histoire et très probablement de géographie cérébrales.

Mais si la moindre combativité de la femme est naturelle, il n'est pas douteux que ce trait distinctif s'est accusé de plus en plus sous l'influence de ses conditions d'existence si différentes, dès les premières civilisations, des conditions de la vie masculine. La guerre et les carnages et, jusqu'à la dernière phase de notre crise révolutionnaire, les âpres luttes pour la vie, les conflits professionnels et économiques ont été le lot spécial de l'homme, tandis que la femme en subissait les effets sans y coopérer en général. Les lois de l'exercice et de l'habitude ont produit à cet égard leurs habituelles conséquences. Or ce fut là une condition, non sans valeur, qui a contribué, avec plusieurs autres, à faciliter chez la femme l'épanouissement des tendres affections.

Sa sexualité atténuée et sa moindre combativité jointes au sentiment de sa faiblesse et à l'habitude de la soumission ont favorisé son penchant à la vénération, que la constitution de la famille et les religions ont développé. Il n'y a pas jusqu'à l'*amour* proprement dit qui, ayant chez la femme pour objet un être plus fort qu'elle, n'ait été de bonne heure doublé dans le cœur féminin de crainte révérentielle.

La vénération est trop souvent contrariée par l'orgueil. Or, bien que nous ayons relevé la part de ce dernier penchant dans le sentiment de l'honneur féminin, nous devons noter que *la plupart* des femmes ont moins d'orgueil que de vanité. C'est là un trait qui modifie l'ensemble de la physionomie féminine. Le besoin de domination ou seulement d'indépendance est certainement moins fort, *sauf exceptions*, dans le cœur de la femme que le besoin de briller ou le besoin de plaire, si voisin parfois du besoin d'être aimée. L'orgueil est, avons-nous dit, une concentration et une tension de la personnalité. La femme préfère en général le rayonnement de la sienne. Il est cependant une forme de la tendance à dominer qui, combinée du reste avec la vanité et, chez certaines femmes, avec la sécheresse du cœur, se corrompt en coquetterie malfaisante. Plus souvent le besoin de plaire est un adjuvant pour la provocation et l'échange des sympathies.

Il n'est pas nécessaire d'examiner, question en l'état insoluble, si, dans le cerveau de la femme, les penchants altruistes, attachement, vénération, bonté, considérés isolément en dehors de leurs rapports avec les autres fonctions cérébrales, par exemple avec l'instinct maternel qui en est distinct, en dehors aussi de toute évolution sociale, ont été *de tout temps* et tous les trois plus développés que dans le cerveau masculin.

Ce qui précède nous suffit pour reconnaître et expliquer

que la femme, telle qu'elle nous est donnée, est, en moyenne, supérieure à l'homme en tendresse et en pureté, inférieure en combativité. Mais tout cela explique aussi que sa tendresse plus vive, plus délicate, plus pitoyable à la souffrance, plus apte à la soumission, au renoncement sans gloire, au dévouement continu et obscur, à plus de peine (jusqu'ici du moins, et les exceptions étant réservées) que la sociabilité masculine à s'élever au-dessus de l'individuel ou du particulier. Elle évite plus difficilement l'écueil de la partialité. Merveilleusement efficace dans les limites de la vie domestique, elle ne semble guère avoir exercé jusqu'à présent qu'une action inégale et irrégulière dans les domaines sociaux plus étendus.

Mais comme ce dernier point est en grande partie imputable aux conditions extérieures de l'évolution féminine et à l'éducation, il peut et doit être modifié par des conditions sociales et une éducation meilleures.

Nul n'a proclamé avec plus de décision qu'Auguste Comte la primauté de la femme dans l'amour, le mot étant pris en sa plus large signification. On ne relira jamais assez sur ce sujet l'admirable *quatrième partie* du *Discours préliminaire sur l'ensemble du Positivisme*. Seule une critique superficielle pourrait voir dans ce juste et très éloquent hommage à la supériorité du cœur féminin, qui est presque une apothéose, une contradiction avec ce qui est dit de la femme dans la cinquantième leçon du *Cours de Philosophie positive*. Sans doute entre ces deux manifestations de la pensée du Maître un fait s'est produit dont nous n'entendons pas amoindrir la valeur : l'heureuse influence d'un noble amour. Mais, si l'on relit avec attention les deux textes, on aperçoit bien de l'un à l'autre un progrès dû à l'épanouissement d'un grand cœur. De contradiction, il n'en est point.

Au demeurant, en cette même quatrième partie du *Discours préliminaire* Auguste Comte ne méconnaît point l'envers de la réalité observée, quand il écrit : « Pour tous les genres de
« force, non seulement de corps, mais aussi d'esprit et de
« caractère, l'homme surpasse évidemment la femme sui-
« vant la loi ordinaire du règne animal. »

Cette infériorité de la femme ne doit pas être imputée seulement à son anatomie, ni aux fatalités physiologiques qui lui sont propres.

D'abord la faiblesse relative de l'instinct sexuel et de l'instinct destructeur expliquerait à elle seule une moindre aptitude de l'organisme féminin « pour tous les genres de force ». Du reste les rapports de ces instincts avec la fonction centrale de l'excitation motrice qu'Auguste Comte a appelée « courage », en donnant au terme un sens un peu différent du sens usuel, et qu'il a rangée parmi les fonctions du « caractère », ne sont pas niables.

Mais, si la capacité d'effort est inférieure chez le plus grand nombre de femmes, leur capacité d'*effort prolongé* l'est encore plus. Au sommet des fonctions du caractère Comte a placé la fonction des « mouvements maintenus ». Il la nomme « persévérance » ou « fermeté ». Il s'agit de la persévérance active ou militante et non pas de l'endurance passive ou de l'inertie résistante. Si celles-ci apparaissent souvent comme traits caractéristiques de la personnalité féminine, celles-là, au contraire, s'y présentent généralement à un degré plus faible que dans la psychologie masculine. Cela tient tout ensemble à la constitution cérébrale de la femme et en outre aux intermittences, aux interruptions même auxquelles sa disponibilité physique est soumise.

Il en résulte plus d'une conséquence, aussi bien dans l'ordre mental que dans l'ordre pratique.

Mais, avant de les signaler, il convient d'observer comme contre-partie que la « prudence », qui retient les mouvements ou hésite devant l'action, est une tendance prononcée du caractère féminin. Le sentiment que la femme a de sa faiblesse, de la faiblesse des petits qu'elle couve de sa sollicitude quand elle est mère, n'a pu que développer cette tendance. Les conditions de vie qui lui ont été faites, surtout dans le passé, ont agi dans le même sens.

La prudence s'accorde bien avec la vénération, qui est sous un de ses aspects une *retenue* et détermine certaines abstentions. Nous verrons qu'elle favorise la sagesse pratique. D'un autre côté au service de l'égoïsme elle engendre, avec le secours de l'intelligence, les différents degrés de la ruse, qui est l'arme des faibles.

Il est oiseux de se demander si la femme est plus ou moins intelligente que l'homme. Ce qu'il importe de savoir c'est qu'elle l'est autrement.

Expliquons-nous. La femme ne possède ni une faculté intellectuelle de plus, ni une de moins que l'homme. En outre les lois de l'activité mentale, les lois logiques, sont les mêmes pour les deux sexes. D'où une similitude fondamentale. Mais le degré comparatif de force et d'importance pris par chacune des facultés de l'esprit, leur mode d'exercice et de composition, leur application habituelle varient d'un sexe à l'autre. D'où, greffées sur les similitudes essentielles, des différences, secondaires au sens scientifique du mot, mais non sans conséquences.

Les différences observées seront d'autant mieux comprises qu'on ne perdra de vue ni la dépendance continue des fonctions intellectuelles envers les fonctions affectives, ni la participation nécessaire de l'activité proprement dite aux opérations de l'esprit. L'esprit ne va pas loin s'il n'est poussé par le cœur et soutenu par le caractère. Il s'ensuit que les diversités de l'ordre affectif et les inégalités de l'ordre actif éclairent et suffisent peut-être à expliquer les différences mentales.

Disons, une fois pour toutes, que nous considérons les cas moyens et les plus nombreux dans nos sociétés. Les exceptions d'en haut et d'en bas sont toujours réservées.

Les dispositions affectives de la femme la rendent très apte à l'observation concrète, dont son existence domestique et la nature de ses relations comme de ses occupations provoquent l'exercice continu. Justement parce que la vie du cœur est très prononcée chez elle, les êtres l'intéressent plus que les propriétés. Placée entre des forts dont elle dépend et des faibles qui ont besoin de toute sa sollicitude, portée à voir dans ceux et celles qui l'entourent des artisans ou des ennemis de son bonheur, elle a intérêt à bien connaître les uns et les autres. De là, dans l'ordre du concret et surtout du concret humain, cette finesse et cette sagacité qui distinguent les observations et les jugements d'une femme intelligente.

L'analyse abstraite est moins son fait, surtout l'analyse abstraite appliquée à un autre domaine que celui des sentiments. C'est que d'abord toute analyse abstraite est une destruction. C'est qu'ensuite elle nécessite, pour peu qu'elle se prolonge, une tension du cerveau plus pénible pour la femme que pour l'homme, à moins qu'elle ne soit suffisamment commandée par un vif intérêt passionnel. Comme nous avons pris la précaution de réserver les exceptions, il est inutile de nous opposer Hypatie, Sophie Germain et quelques autres.

Cela ne serait pas plus rationnel que de citer Elisabeth d'Angleterre pour prouver que le gouvernement d'un grand empire est dans les attributions normales de la femme. Quant aux succès scolaires obtenus par certaines jeunes filles en mathématiques, ce n'est pas précisément par un travail personnel d'analyse abstraite qu'ils s'expliquent, du moins dans la plupart des cas.

Nous avons spécifié que c'est surtout en aptitude à l'énergie soutenue dans l'action que la femme est inégale à l'homme. L'expérience confirme qu'elle est moins propre que lui aux œuvres, soit théoriques, soit pratiques, qui exigent suivant les expressions de Comte « la continuité aussi bien que la haute intensité du travail mental ». (*Philosophie positive*, tome IV, 50e leçon.)

Une sensibilité délicate, un plus vif altruisme, le goût de tout ce qui pare et de tout ce qui charme, joints à des dons d'observation concrète et à des qualités d'imagination dans lesquelles entre quelque chose du besoin de plaire et de cette forme de l'instinct constructeur qui voisine avec l'instinct maternel, composent pour la femme une incontestable capacité esthétique. Nous n'entendons pas seulement la capacité de sentir et d'apprécier les choses de l'art, mais encore celle de produire des œuvres de petite ou moyenne dimension qui peuvent être d'exquis chefs-d'œuvre en leur genre. De celle-ci on peut dès maintenant donner des exemples; mais une éducation meilleure la développera sans aucun doute dans l'avenir. Quant aux œuvres de grande dimension et de longue haleine, quant aux puissantes créations, nous constatons que la « continuité » et la « haute intensité du travail mental » qu'elles supposent en ont fait jusqu'ici le privilège du génie masculin. L'art féminin nous donnera-t-il jamais l'équivalent de l'*Orestie*, de *la Divine Comédie*, ou des *neuf symphonies?* et apparaîtra-t-il des femmes comparables à un Shakespeare ou à un Molière, à un Léonard de Vinci ou à un Rembrandt? Nous ne voulons décourager personne. C'est à dessein que nous ne faisons allusion ni à la sculpture, bien que nous comptions des femmes sculpteurs, comme des femmes peintres de beaucoup de talent, ni à l'architecture, en raison des conditions matérielles de ces deux arts qui fausseraient la portée de nos comparaisons.

A l'actif de la femme nous observons que l'instinct maternel et les arrangements qu'il suscite, le désir de plaire et les combinaisons qu'il suggère, l'amour et son ingéniosité inventive lui permettent de réussir spécialement dans les constructions concrètes, dans les coordinations de choses ou d'images appliquées aussi bien au domaine intellectuel qu'au domaine pratique et à l'administration du ménage ou à la parure de la maison, du moment qu'elle se meut sans trop de fatigue cérébrale ou corporelle dans une sphère d'action ou de pensée convenablement circonscrite.

Mais elle a de moindres dispositions naturelles pour les coordinations abstraites, pour les systématisations destinées soit à apprécier, soit à régler avec suite et précision des rapports étendus dans l'espace et dans la durée. Cela tient bien moins à l'infériorité, non prouvée, de son esprit qu'à sa moindre aptitude à l'effort mental prolongé, à sa moindre « force de tête », pour emprunter l'expression favorite de M. Pierre Laffitte. Il en résulte même certaines lacunes morales au regard des devoirs généraux et indirects et de la notion de justice. C'est à réparer celles-ci que peuvent être efficacement employées une éducation rationnelle et une sage direction spirituelle de la femme.

En revanche le sentiment des réalités concrètes environnantes, le rappel journalier des exigences de la vie domestique et une naturelle prudence appliquée aux choses de l'esprit favorisent chez la femme la réaction du *bon sens*, de la raison pratique contre les partis pris théoriques ou contre les entraînements soit de l'imagination, soit de la lutte.

En outre, longtemps affranchie des spécialisations professionnelles auxquelles, malgré les déviations contemporaines, elle est encore aujourd'hui moins soumise que l'homme, elle est moins portée que lui à en subir l'influence intellectuelle et affective qui, tant qu'elle ne sera pas réglée par une discipline supérieure, présentera de réels inconvénients moraux.

IV

Dualisme général des tâches masculines et des tâches féminines dans l'humanité.

Il importe que ceux qui liront ces choses le fassent avec l'esprit relatif que nous entendons y mettre.

Dans ce domaine, où nous avons la témérité grande de nous aventurer, plus peut-être que dans tout autre, les mots restent inadéquats à la pensée et celle-ci à toutes les nuances de la réalité. Et quoi de plus rebelle au système que ces choses qui vivent d'une vie si délicate et si subtile, et qui s'appellent le cœur, l'esprit, le caractère de la femme ? C'est bien en un tel sujet que les faiseurs de généralisations outrées, de constructions rigides, ou seulement d'analyses trop précises, courent les plus grands risques et s'exposent aux pires mésaventures.

De toute nécessité les théories biologiques et sociologiques, si positives qu'on les suppose, si solidement établies qu'elles apparaissent sur un ensemble lié d'observations antérieures, doivent, pour l'objet qui nous occupe plus que pour tout autre, subir le contrôle incessant d'observations toujours renouvelées.

Cependant la prudence ne saurait aller jusqu'à l'abstention de toute doctrine. Qu'essayons-nous de faire ? D'en esquisser une, d'après les cas moyens et les plus nombreux qui se peuvent observer. Ces observations portent, si elles sont directes comme il faut qu'elles le soient pour préparer des conclusions utiles, sur les femmes de notre temps et de notre civilisation. Mais il faut, pour qu'elles aient un caractère philosophique, qu'elles soient éclairées par l'histoire, par les données acquises de la sociologie, par celles de la biologie, telles que la théorie cérébrale d'Auguste Comte, trésor où nous avons puisé à pleines mains. Il n'importe pas moins que ces observations actuelles, concrètes et particulières, servent de contre-épreuve aux résultats d'observations passées, abstraites et généralisées.

En tout ce que nous avons dit et dirons de la femme, il faut le répéter sans cesse, nous avons fait d'avance la part de l'exception, et nous la faisons aussi large qu'il est nécessaire, surtout en un temps où les cas individuels ont plus d'importance que jamais.

D'autre part, ne l'oublions pas, les différences qui distinguent la psychologie féminine de la masculine ne sont jamais que des différences de degré; et ce degré varie, pour un même attribut, suivant que l'on considère telle ou telle des populations rattachées à la civilisation occidentale et au sein de chacune de ces populations telle ou telle classe, tel ou tel milieu.

Sous ces réserves il faut bien faire état des différences signalées si l'on veut aborder avec un esprit un peu scientifique, et d'abord dans sa plus grande généralité, la question bien actuelle des fonctions normales de la femme dans notre société.

Les devoirs communs aux hommes et aux femmes ne sont pas en cause, devoirs de justice, de sincérité, d'humanité... Nous n'avons garde d'oublier que, si l'ordre social est une harmonie de différences, cette harmonie de différences s'appuie à des similitudes fondamentales. Mais cette harmonie vivante et progressive ferait place à une sorte de masse chaotique et stérile si l'on pouvait substituer l'identité ou la confusion au concours des diversités. Or la coopération d'offices différenciés dans la société humaine nous apparaît tout d'abord sous l'aspect très général d'un dualisme consistant à distinguer entre les tâches masculines et les tâches féminines. Ce dualisme résulte de la nature des choses, et la civilisation le dégage de mieux en mieux.

Les deux moitiés du genre humain sont appelées à collaborer à une œuvre composée, d'autant plus utile, féconde, belle et vraiment sociale, qu'elles ne feront pas les mêmes choses. L'erreur contre laquelle le progrès se fait et se fera fut de considérer les tâches féminines comme subalternes. Cette erreur est en grande partie d'origine théologique et militaire. Il s'agit maintenant de définir l'office matériel et moral de la femme, de le bien caractériser, de l'élargir, de l'élever et de convaincre les hommes et les femmes elles-mêmes que s'il diffère de l'office viril, il ne lui est inférieur ni en efficacité sociale, ni en dignité.

La distinction des deux offices n'implique pas, dans des cas nombreux, l'inaptitude absolue ou la capacité exclusive de l'un des deux sexes pour telle ou telle tâche. Mais le bon sens, le bien social et le bonheur vrai de chacun des deux sexes veulent qu'il soit, autant que possible, affecté aux fonctions auxquelles il est plus propre et affranchi de celles pour lesquelles il est moins fait.

On peut dire d'abord que l'homme, plus énergique, est fait pour la vie active, la femme, plus tendre, pour la vie affective. Ceci s'entendra en un sens relatif; car aucun être humain ne se peut passer ni d'affection, ni d'action. L'homme ne peut agir que mû par ses affections, et c'est à accroître chez lui la force des affections altruistes qu'avec l'aide de la femme tendra le progrès moral. En revanche l'action est, avec des modalités diverses, une nécessité commune. Mais à l'homme incombent les formes d'action qui exigent l'énergie proprement dite, surtout l'énergie soutenue et la combativité. A la femme appartient cette application du caractère qui est, elle aussi, une forme de volonté et qui est faite de soins continus et de prudence.

Placée entre l'affection et le caractère, l'intelligence aura, chez l'homme, pour principale et ordinaire fonction de guider et coordonner ses *luttes* et ses *travaux;* chez la femme, elle sera plus particulièrement adaptée aux besoins du cœur et à la *providence*, soit matérielle, soit morale, dont elle a la noble charge.

Dans l'ordre économique, c'est à l'homme essentiellement de produire et d'entreprendre. C'est à la femme de *ménager*, ce qui est la forme élémentaire de la capitalisation et une source précieuse quoique indirecte de prospérité publique. A l'homme la force qui peine, l'initiative qui fonde, l'ambition qui développe, l'audace qui pousse en avant. A la femme la prudence qui avertit et retient, la sollicitude attentive qui conserve.

Dans l'ordre domestique, l'homme gouverne la famille. La femme modifie l'action virile par ses affectueux avis qu'inspire souvent le souci des jeunes, et exerce sur le gouvernement de la communauté son indispensable influence d'autant plus efficace qu'elle sera moins impérative. L'homme pourvoit aux relations extérieures de la petite société familiale pour assurer sa subsistance, sa sécurité et son avenir. La femme a la tâche d'administrer la maison, d'arranger la vie intérieure, d'y maintenir la santé, la paix et l'union. Le père est le chef qui protège et commande, car il faut à toute société une autorité qui commande pour le bien commun. La mère s'acquitte des offices matériels et moraux de la maternité; elle est l'éducatrice par excellence des petits et la collaboratrice nécessaire à l'éducation des grands. Le père exerce la discipline de raison et de justice. A la mère de la compléter, de la contrôler même avec tact par la tendresse éclairée, de la tempérer par l'indulgence opportune.

Entendons toujours que ce dualisme doit aboutir au vrai concours, qui suppose dans les choses importantes la mutuelle consultation et la consciente convergence des volontés.

Dans la généralité des relations humaines, les traits essentiels de notre dualisme se dessinent avec clarté.

Les résolutions réclamées par la conduite des œuvres privées, par le gouvernement des cités, par les grandes actions collectives de tout ordre, les efforts suivis que leur exécution exige, la ténacité qui les fait aboutir, sont le lot de l'homme. Le lot de la femme est de tirer de son cœur, de sa sagesse pratique aussi, les inspirations qui stimulent la volonté masculine, les encouragements qui la soutiennent, les conseils qui l'avertissent, la douce persuasion ou les reproches sensibles qui la peuvent rectifier ou arrêter, sans exclure en certains cas une plus active coopération.

La lutte est une loi de la vie privée et publique. Il est normal que l'homme en supporte le fardeau. C'est lui qui est fait pour la lutte et aussi pour les rudes labeurs, pour les corvées, pour les périls, pour les brutalités mêmes qui en sont inséparables. Qu'elle soit autant que possible épargnée à la femme, qui ne devrait la connaître que pour en tempérer les ardeurs, en empêcher les excès, en adoucir les chocs, en panser les blessures. Que la femme intervienne dans les conflits sociaux, mais que ce soit, après s'être efforcée à les prévenir, pour les modérer et les pacifier!

Tandis que l'homme y apporte l'âpreté de ses intérêts, la véhémence de ses passions, l'intransigeance de ses doctrines ou l'inflexibilité de sa justice, il appartient à la femme d'y faire entendre le rappel au cœur et le rappel au bon sens.

Dans l'ordre intellectuel, les longs travaux théoriques, les inventions et combinaisons techniques compliquées, les grandes systématisations comme celles que comporte le gouvernement politique ou spirituel des sociétés, paraissent bien devoir rester le département de l'homme à cause de la continuité de méditation et de la « force de tête » qu'ils exigent. Toutefois dans ce domaine même la femme peut appliquer aux œuvres masculines la finesse de ses observations et la sagacité de sa critique pour la plus grande utilité commune. Quant aux opérations plus concrètes et plus particulières de l'esprit, surtout si elles ont pour objets l'arrangement de la vie, les choses du sentiment ou les actions de bonté, la fertilité, la souplesse de son intelligence et son ingéniosité la mettent à même de remplir plus d'un précieux office.

Nous reviendrons par la suite sur la part importante qui lui revient dans le domaine de la poésie et de l'art.

Terminons ces généralités en rappelant que l'homme et la femme subissent respectivement l'influence de deux particularismes différents. Sur l'homme, c'est le particularisme de la spécialisation professionnelle qui agit; sur la femme, c'est celui de la vie familiale. Le second fait en somme courir moins de risques que le premier à l'intégrité morale de l'être humain.

V

La femme dans la famille.

Nous connaissons des femmes très intelligentes, qui sont de fort honnêtes femmes et même des femmes de beaucoup de cœur, qu'irrite la formule « *la femme à la maison* ». On dirait qu'elle reporte leur pensée vers les subalternités du gynécée, si ce n'est vers les humiliations du harem. Elle blesse leurs oreilles comme une formule de servitude.

Il n'est pas de plus grave méprise. La « maison » n'est pas pour la femme la prison qui la tient captive. Elle est l'asile où s'abrite sa faiblesse et s'assure son pouvoir. Elle est le siège nécessaire de son office matériel et de son ministère moral. Elle est le sanctuaire défendu, non fermé, d'où son action organisée, définie, protégée, mais non bornée, après avoir vivifié le dedans, rayonne au dehors.

« La femme à la maison », cela signifie que la vie de famille et la vie dans la famille, la possession et la jouissance continue d'un intérieur sont pour la femme les conditions non seulement de sa fonction domestique, mais de son rôle social conçu avec raison comme ne devant point s'arrêter aux limites de la famille. Combien de femmes nous démentiront dans leur for intime si nous ajoutons que là est leur plus sûr bonheur?

« La femme à la maison », cela veut dire que tout notre effort, individuel et collectif, doit tendre à la soustraire aux nécessités qui la contraignent à en sortir par le fait de notre insuffisance morale et de notre vicieuse économie. Loin donc d'y voir une formule de servitude et d'humiliation, les femmes doivent y voir la formule de leur affranchissement véritable et de notre devoir envers elles.

Nous ne faisons pas notre devoir envers elles, si nous ne leur permettons pas, autant qu'il dépend de nous, d'abord de se préparer à leurs devoirs propres, puis de les remplir comme il convient.

Envisageons en premier lieu les devoirs purement domestiques.

Dans la jeune fille ou la jeune femme célibataire il faut toujours considérer l'épouse éventuelle et en conséquence la maternité future, plus ou moins lointaine. Si cette destinée ne s'accomplit pas pour toutes, il la faut toujours supposer susceptible de s'accomplir. Elle commande une éducation, une hygiène physique et morale, des conditions matérielles et sociales d'existence qui se conçoivent mal et se réalisent plus mal encore en dehors de la vie de famille dans un intérieur, bien que peu de familles, même dans les classes réputées éclairées, en aient de nos jours une suffisante notion.

La femme mariée, épouse, mère à échéance certaine ou seulement mère possible, a besoin à son tour, pour remplir toutes ses tâches comme pour sauvegarder par avance les êtres qui pourront sortir d'elle, d'assurer sa santé physique et morale par un régime peu compatible avec les fatigues, les heurts, les risques, les brutalités ou la dissipation d'une vie habituellement extérieure à la maison.

Les devoirs de la maternité commencent bien avant la naissance de l'enfant. Ils sont multiples et varient suivant les périodes; mais la manière de vivre qu'ils requièrent est à toute époque malaisément conciliable, quand elle n'est pas radicalement contradictoire, soit avec la lutte pour l'existence, nécessité douloureuse hélas! pour un trop grand nombre de femmes dans notre état social, soit avec les sports mondains que d'autres poursuivent avec passion ou se laissent complaisamment imposer, soit avec les succès d'ambition que quelques-unes convoitent ou que l'on rêve pour elles.

L'enfant venu, la maternité n'est physiologiquement complète que par l'allaitement, de même que l'éducation première en est l'indispensable complément moral. M. Brieux, avec son vigoureux et courageux talent, a montré en un saisissant relief les désordres auxquels donnent lieu l'industrie et l'usage des « remplaçantes », plus encore peut-être du côté de l'*offre* que du côté de la *demande*, pour parler la langue des économistes. Sans doute l'absolu n'est pas plus de mise ici qu'ailleurs. Il est des cas où de sérieuses exigences de santé autorisent et même commandent la dispense du service personnel. Parfois même il est matériellement impossible. Sur le meilleur moyen d'y suppléer suivant les situations, quand il le faut, les médecins sont les meilleurs juges. Restons modestes et rappelons-nous que dans la pratique humaine le bien n'est trop souvent que le moindre mal.

L'éducation du tout premier âge est une tâche exclusivement maternelle. Elle comprend tous ces soins matériels que l'amour ennoblit et que la science doit éclairer. Elle consiste en outre à exercer les sens et les mouvements, à communiquer le langage, à commencer la culture des sentiments, qui ne doit finir qu'avec la vie. Cet office exige une attention de tous les instants, une patience inlassable, une infinie tendresse, une aptitude à s'identifier avec l'enfant que la mère seule peut offrir au degré suffisant.

Auguste Comte confie à la mère encore toute l'éducation de la seconde enfance, y compris l'enseignement primaire qu'il veut principalement esthétique. C'est un vœu que, nous l'espérons, l'avenir réalisera. Dans les conditions actuelles les mères qui peuvent y satisfaire avec plénitude ne sont pas assez nombreuses. Il nous faut donc résigner encore à distinguer entre l'instruction élémentaire, à laquelle l'école doit pourvoir pour la majorité des enfants, et la culture affective qui est par essence la grande affaire des mères. Pour cette période l'éducation du caractère leur est attribuable autant que celle des sentiments. Elles sont à cet égard plus près de l'enfant que les pères; leur discipline sera non seulement plus douce, mais en général plus appropriée, mieux nuancée, plus compréhensive.

Educatrice, la mère l'est ou doit l'être pour tous les âges, en tant que l'éducation agit par le cœur sur le cœur et aussi par le bon sens et par le bon goût sur l'esprit. A d'autres d'enseigner les théories et de dogmatiser. Mais nul ne vaut la mère pour surveiller et purifier les désirs, pour faire vibrer les émotions salutaires, pour produire par l'image ou le geste les bonnes suggestions, pour redresser à l'occasion des faits de la vie journalière par l'évocation concrète des conséquences les erreurs de notre jugement en morale pratique, pour assouplir d'une main légère les ressorts de notre volonté.

Mère, éducatrice, la femme dans la famille est en troisième lieu *ménagère*. Voilà encore un terme que, sous l'influence des sophismes ambiants, l'amour-propre de quelques femmes repousse ou tolère à peine : « C'est cela — disent-elles — le *pot-au-feu*, voilà notre lot ! »

D'abord le ménage n'est pas exclusivement le pot-au-feu. Ensuite nous en appelons à beaucoup de femmes qui n'ont pas besoin de nos dissertations pour sentir la moralité et même la poésie du pot-au-feu. Le pot-au-feu renouvelle chaque jour la vie des êtres aimés. Chaque jour il les assemble pour les repas de famille, symboles et instruments d'union, en de trop rapides moments de commun loisir et de mutuel abandon. Chaque jour il répare les forces de celui qui travaille et lutte pour la communauté. Chaque jour il prépare les forces de ceux qui travailleront et lutteront plus tard, de celles qui, à leur tour, enfanteront et formeront des vies humaines. Il est encore un élément de ce que nous appellerons l'outillage de l'hospitalité. Il est douloureux de penser que le pot-au-feu manque à trop de femmes.

Mais le pot-au-feu n'est pas tout le ménage. Le ménage, c'est l'exécution ou la direction des travaux intimes propres à rendre le logis sain, habitable, décent, et, autant qu'il se peut, plaisant. Les plus vulgaires de ces soins, dans le logis le plus humble, empruntent à leurs effets moraux une indéniable dignité. Parmi les conditions matérielles de la moralité il n'en est pas de plus essentielle que la tenue de l'habitation. La plus modeste des femmes peut sans prétention artistique y manifester beaucoup d'art en y mettant ce goût de l'arrangement qui est une qualité bien féminine et ce grain de poésie que sa tendresse introduit inconsciemment dans les moindres choses.

C'est comme ménagère que la femme remplit sa fonction

économique, qui est avant tout de conservation. Les petites économies de la ménagère sont ici la seule défense contre la détresse du lendemain : là elles sont les premières assises sur lesquelles s'édifieront les capitalisations fécondes de celui qui produit et administre. La prudence féminine, à laquelle s'associe fortement la sollicitude maternelle pour l'avenir des enfants, est ainsi pour la famille une source inremplaçable de sécurité matérielle et d'intégrité morale, — car le déficit est la porte ouverte sur les défaillances possibles. Elle est en outre un facteur de prospérité et de stabilité économique dans la société.

Cependant, quelque important que soit le rôle de la ménagère, quelque auguste que soit la maternité, dont il ne faut pas séparer la fonction éducatrice de la femme, Auguste Comte, tout en les plaçant très haut, a placé plus haut encore le ministère moral que la femme est appelée à remplir comme épouse. Le mariage, d'ailleurs, peut être stérile et la famille se réduire à l'union de l'homme et de la femme. Elle n'est, certes, complète que par l'adjonction des enfants, et la femme n'est tout à fait femme que si elle s'achève dans la mère. Cela est si vrai qu'à défaut de maternité naturelle il faut à la femme, sous une forme ou sous une autre, quelque chose qui soit une maternité artificielle. Mais, qu'il y ait ou qu'il n'y ait pas d'enfant dans la famille, la fonction d'épouse est distincte de la fonction maternelle, et Comte en a marqué toute la grandeur.

C'est en effet comme épouse que la femme manifeste au plus haut point sa capacité altruiste et qu'elle exerce dans la famille et par la famille sur la société l'action morale à la fois la plus haute et la plus décisive.

Et ceci, remarquez bien, ne concerne pas seulement une élite, ni les milieux où règne une culture affinée, ni les privilégiées de la fortune. La femme du prolétaire, comme celle du chef d'entreprise ou du commerçant, comme celle du savant ou de l'artiste, remplit en qualité d'épouse une mission très noble, très nécessaire et très pratique socialement.

L'épouse n'est pas seulement l'indispensable assistante matérielle, l'artisan de ces mille soins personnels par lesquels elle supplée à la maladresse et à l'insouciance masculines et grâce auxquels l'homme acquiert son maximum d'aptitude physique et de disponibilité pour l'action extérieure. Elle est celle qui encourage avant, qui soutient pendant et qui réconforte après la tâche. Elle conseille, elle modère, elle console. Elle double l'énergie du mari de toute la force de son amour pour l'action à faire. Elle la tempère par toute l'autorité qui est en sa douceur pour l'action à ne pas faire.

L'épouse est, comme telle, une éducatrice encore. Elle est — ou doit être — pour l'homme l'agent principal de son perfectionnement, le propulseur sympathique de ses bons instincts, le frein des mauvais. Par cela seul qu'elle se fera aimer et respecter comme il faut que l'épouse soit aimée et respectée elle accomplira une notable partie de son ministère éducateur sur la personne de l'époux. Mais, en outre, nulle mieux qu'elle ne saura dire les mots qu'il convient, esquisser le geste opportun pour faire aimer et respecter ce qui doit être aimé et respecté, pour réveiller la voix du cœur endormie, pour rappeler le devoir. Femme du peuple ou grande dame, peu importe. Chacune, à sa manière, en son langage, saura trouver sans pédantisme et sans déclamation devant l'événement petit ou grand qui pose un cas de conscience la parole simple, tendre et sensée qui décide ou retient. Seulement, cette parole n'aura d'efficacité dans les circonstances exceptionnelles que si la femme possède déjà une suffisante autorité due à une action constante de tous les jours sur le cœur de l'homme. Et ne nous le dissimulons pas; cette action constante ne sera tout à fait ce qu'il faut qu'elle soit que si, chez la femme de haut rang aussi bien que chez l'ouvrière ou la paysanne, elle a été préparée par une éducation rationnelle et se rattache à une direction morale librement consentie.

Plus généralement l'épouse doit, à côté [du mari à qui est dévolu le gouvernement temporel de la famille, exercer une sorte de pouvoir spirituel au foyer. Ce pouvoir, fait surtout de sentiment et de bon sens, devra être de mieux en mieux en harmonie avec une doctrine morale supérieure dont la juridiction sera acceptée par la raison du mari comme par celle de la femme.

Pour chacun des membres de la famille, mais avant tout pour son mari, l'épouse sera comme une seconde conscience, sympathique et persuasive, en laquelle se marieront la gravité du devoir et le charme de l'amour.

Si nous soulignons le rôle de la femme comme mère et comme épouse c'est parce que ce sont là ses deux fonctions maîtresses, celles qui lui assurent son maximum d'action morale. Mais comment oublier la fille, la sœur, l'aïeule, la part de chacune dans la vie de famille et tout ce qu'à ces titres divers la femme apporte de fraîches et pures inspirations, d'affectueux encouragements, de tendre et fine critique, d'apaisante indulgence comme contribution à l'âme du foyer?

Oh! nous ne prétendons pas que toute maison de famille soit un paradis, ni que toute existence domestique soit une idylle. Nous savons quelles laideurs morales déshonorent plus d'un foyer, quelles trahisons et quelles amertumes habitent plus d'un logis où s'est installée une misérable parodie de la famille. Mais si nous disons que la vraie tâche de la femme est de travailler de toute sa force et de tout son cœur à faire du foyer un vrai foyer, de la famille une vraie famille et que là est non pas seulement son devoir par excellence, mais aussi son bonheur essentiel, nous ne croyons pas que beaucoup de femmes nous démentent, pourvu qu'elles soient sincères avec elles-mêmes.

A elle seule cette tâche, à laquelle la femme ne peut, jeune fille, se préparer que si elle est protégée, gardée, soutenue constamment par le respect inaltérable, quasi fétichique de de son corps et de son âme, qu'elle ne peut, épouse et mère, accomplir avec efficacité que sous l'égide de ce même respect, lui fait de la pureté, avec la bonté qui fonde son ministère moral et la sincérité qui lui assure la confiance, une vertu nécessaire. La pureté n'est pas seulement sa parure; elle est son armure indispensable contre sa propre faiblesse aussi bien que contre la brutalité et l'inconstance masculines. Elle est le bouclier de sa liberté personnelle et de sa dignité sociale, comme elle est une partie essentielle de sa force morale et même de sa séduction. Nous n'entendons pas la pureté négative et facile des cœurs secs. Nous entendons celle où se manifeste spontanément la bonne trempe d'une âme féminine comme il en est du courage pour l'âme virile. Nous entendons celle où s'affirme le sentiment clair ou obscur, mais profond et fort qu'a la femme de tout ce qu'elle doit garder intangible matériellement et moralement pour sa fonction future ou de tout ce qu'elle doit préserver de l'avilissement et de la profanation dans l'intérêt de sa fonction actuelle. Nous entendons celle où entre chez la femme le respect même de l'amour, de la maternité et du bonheur qui en découle pour elle et pour les autres.

Tendre et pure, dévouée et fidèle, telle est la femme en harmonie morale avec son office domestique, qui est la condition de son office social.

Qu'on ne s'y trompe pas. Ce qui s'appelle vice chez la femme nous ne le réputons pas prouesse chez l'homme; et l'on verra par la suite que nous considérons sans atténuation ni complaisance les devoirs, tous les devoirs des hommes envers les femmes. Il n'est pas douteux cependant que la pureté a pour la femme une spéciale et capitale importance.

Ce qui n'est pas plus douteux d'ores et déjà c'est que des conditions d'existence doivent être faites à la femme en harmonie avec la fonction physiologique et la fonction morale qui sont les siennes dans la famille et, d'une manière générale, avec sa constitution.

Il n'y a pas bien longtemps qu'on juge intolérable, nous dirions volontiers criminel, de laisser celles qui sont dans l'attente d'une maternité prochaine subir la nécessité de travaux de force ou d'un surmenage quelconque. Mais croit-on que de tels travaux et un tel surmenage ne sont pas dangereux ou nuisibles pour la jeune fille et pour la femme par cela même que l'une pourra être épouse et l'autre mère? Ne voudra-t-on pas reconnaître que, plus généralement, ils sont contre-indiqués par l'organisation féminine elle-même et par le rôle de la femme dans la vie sociale?

Et que dire de l'industrialisation de la femme, cette plaie honteuse de notre époque? Que dire de la vie d'atelier avec tous les désordres physiques et moraux qu'elle entraîne pour la jeune fille et pour la femme mariée? Que dire du foyer laissé désert, des petits abandonnés ou négligés, ou remis à la maternité banale de l'Assistance publique, de l'homme démoralisé par la privation d'un intérieur ? Trop souvent encore il en faut accuser de lamentables nécessités que nous jugeons transitoires et modifiables, mais souvent aussi l'erreur ou l'insuffisante moralité des hommes.

Dans d'autres milieux sociaux d'autres nécessités douloureuses ou d'autres erreurs ou d'autres défaillances morales poussent peu à peu les femmes vers la spécialisation professionnelle qui risque de déformer leur cœur et leur esprit et vers la servitude de la « carrière » que quelques-unes prennent pour une émancipation.

Mais, nous clame-t-on, ne pensez-vous donc pas à celles qui n'ont pas de famille ou dont la famille ne peut les faire vivre, à celles dont la maison est inhabitable, à celles qui ne se marieront pas et sont sans fortune, à celles qui se marieront peut-être, mais qui sont fières et veulent pouvoir attendre pour pouvoir choisir, aux veuves sans ressources et sans aide, aux femmes dont le mari reçoit un salaire misérable, à celles qui sont seules pour supporter des charges sacrées... ? Oh ! si, nous pensons à elles et nous savons que leur sort est devenu le plus difficile et le plus angoissant des problèmes ; et nous comptons aborder à sa place ce bien triste sujet. Nous le ferons alors non seulement avec les sentiments de sympathie et de pitié profonde qu'il nous inspire, mais aussi avec l'esprit relatif qui convient et avec les yeux bien ouverts sur des exigences pratiques dont on n'a raison ni par la déclamation, ni par le silence.

Mais nous avons auparavant à traiter d'autres points, et, avant tout, il nous paraît opportun de préciser la pensée positiviste sur ce qu'il faut bien appeler la crise actuelle du mariage.

VI

La crise du mariage.

Il n'en faut pas douter : plusieurs faits graves conspirent contre la constitution et l'office social de la famille.

Nous avons dénoncé l'industrialisation de la femme incorporée à l'outillage des grandes puissances économiques. Sans parler ici de l'influence qu'elle exerce sur les salaires et de la part qui lui revient dans les chômages, nous rappelons que l'extension de ce fléau tend à faire de la vie de famille le privilège de la richesse. Conséquence odieuse et grosse des pires désordres.

Dans le même sens toutes les nécessités et toutes les suggestions qui, hors du prolétariat, privent ou éloignent la femme d'un *intérieur* ne peuvent qu'affliger et troubler quiconque considère l'intégrité du foyer comme la pierre angulaire de l'ordre social et du bonheur.

D'autre part une évidente cause de désorganisation est le divorce mental et trop souvent moral qui divise l'homme et la femme dans un grand nombre de ménages en apparence très unis. Ils ont reçu des éducations contradictoires. L'homme est émancipé ou croit l'être ; il a des convictions philosophiques ou se contente d'un doux scepticisme. La femme élevée par l'Eglise reste, même avec une orthodoxie douteuse, pénétrée de son esprit et fidèle à sa direction. Dissonance irrésoluble si, comme c'est le cas le plus fréquent, la philosophie de l'homme, purement négative ou seulement insuffisante, ne peut pas plus répondre aux besoins du cœur que la religion de la femme ne peut satisfaire aux exigences de la raison. Source de constant malaise, de souffrance même si les époux ne se résignent pas à la privation de toute vie spirituelle commune, de dégradation pour le lien conjugal s'ils en prennent leur parti. Germe corrupteur qui gâte et vicie à la racine même toute l'éducation des enfants. Le pis est que maintes fois les parents transmettent et perpétuent au grand dam de l'avenir le mal présent dont ils sont victimes par des transactions comme celle-ci : *Monsieur* fera du fils un libre penseur et l'enverra soit à l'école laïque, soit au lycée; *Madame* élèvera la fille dans la religion catholique, apostolique et romaine et la mettra soit à l'école congréganiste, soit au Sacré-Cœur. Il va sans dire que *Madame* ne se fera pas faute de gémir tout haut devant sa fille sur l'irréligion de son mari et de son fils, cause de damnation, tandis que *Monsieur* ne se gênera pas pour railler devant son fils avec plus ou moins de délicatesse la dévotion de sa femme et de sa fille.

Mais ces divers dissolvants et d'autres encore que nous pourrions signaler agissent sur la famille par le dehors. Elle est en outre entamée, compromise ou menacée par le dedans, c'est-à-dire dans ce qui est sa base même, son nœud vital : l'institution du mariage. C'est sur ce point que nous voulons insister. Nous voulons dire les périls que font courir à la famille aussi bien les erreurs et les sophismes qui altèrent ou détruisent le principe du mariage que les abus ou l'inconscience observés couramment dans la manière dont il est pratiqué. A cet égard il est des usages consacrés tout aussi vicieux que certaines idées nouvelles.

Est-ce que vraiment l'ouvrage de tant de siècles aurait été vain? Est-ce que l'évolution plusieurs fois millénaire qui a conduit péniblement l'union des sexes de la primitive animalité au point où la civilisation occidentale a porté le mariage humain serait comme non avenue? Ne va-t-elle pas au contraire, en dépit de déviations passagères, de velléités révolutionnaires qui tendent à une véritable régression, reprendre sa marche ascensionnelle dans le même sens?

Les origines du mariage furent peu glorieuses. Nous n'avons pas à en rougir si nous mesurons le chemin parcouru. On l'a déjà remarqué : il est plus honorable d'être un animal très perfectionné qu'un ange déchu.

Sans doute, à vrai dire, ni un peu d'altruisme ni une certaine durée de fait n'ont jamais totalement manqué aux relations sexuelles dans l'espèce humaine. N'observons-nous pas l'un et l'autre dans ces mêmes relations chez plusieurs espèces animales ? Mais nous ne devons pas nous dissimuler le rôle prépondérant de l'appétit, de la violence et de la ruse dans les primitives unions, ni la précarité de ces unions trop longtemps soumises aux jeux de la force et du hasard.

Le mariage proprement dit n'apparut d'abord, apportant quelque régularité dans les rapports des sexes et procurant un minimum de protection à la femme, que comme l'attribution *exclusive* d'une ou plusieurs femmes à un ou plusieurs hommes. Ce fut une primitive notion de *propriété* appliquée à la possession des femmes. Les femmes y gagnèrent d'être tant bien que mal défendues par leurs propriétaires contre la faim et contre les agressions, elles et les enfants nés d'elles. Mac-Lennan résume ainsi les informations recueillies sur une peuplade océanienne : « Les indigènes guerroient pour se procurer des captifs et des captives. *Ils mangent les uns et épousent les autres.* » La possession exclusive de la femme, *prix d'un combat singulier* ou part attribuée à chaque membre mâle de la tribu victorieuse dans le *butin de guerre*, a été un fait suffisamment généralisé même parmi des populations moins sauvages que les anthropophages cités par Mac-Lennan. Ce fait de la propriété d'une ou plusieurs femmes reconnue au profit de tel ou tel homme se développe, se transforme et produit des conséquences variées. Le père propriétaire de sa fille peut la vendre. Elle peut être épousée par voie d'*achat* ou recueillie dans un *héritage*. Le mariage a commencé, convenons-en, par procéder d'un principe analogue à celui de l'esclavage qui fut, lui aussi, à l'origine, un progrès relatif. Mais cette servitude de la femme fut plus tôt qu'on ne pourrait le penser adoucie par un peu de cette tendresse que l'union sexuelle assez prolongée fait naître spontanément même chez les hommes les plus voisins de l'animal.

Cependant on peut constater à travers les siècles et les progrès de la civilisation dans les usages populaires, dans les cérémonies, dans les lois mêmes, les vestiges vivaces des premières mœurs. Il est facile d'observer le long des âges et chez les peuples cultivés la persistance de symboles, de rites, de coutumes où survit la trace du rapt, de la conquête ou de l'achat considérés comme générateurs du mariage. On a souvent cité à ce propos certaines formes de mariage à Sparte, à Rome et ailleurs. Mais est-il bien sûr que nos propres mœurs et nos propres lois ne présentent aucune application inconsciente de l'ancienne idée du mariage conçu comme l'exercice d'un droit de propriété de l'homme sur la femme ?

Par cela seul que les relations sexuelles furent réglées, quelque léonin qu'ait été ce règlement au profit de l'homme, le sort de la femme et des enfants en fut amélioré ; car tout valait mieux pour eux que l'extrême précarité des rapports primitifs. Mais le mariage polygamique, nous entendons celui qu'il faut appeler *polygynique* pour l'opposer aux différentes formes de la *polyandrie*, le seul qui compte réellement dans l'histoire de l'Humanité, en fondant la constitution de la famille sur la paternité, réalisa un progrès sérieux en procurant plus de sécurité matérielle à la femme, plus de chances de survie et plus de protection aux enfants. Peu importe qu'il eût été à l'origine *endogamique* ou *exogamique*. Il eut dans tous les cas sur la polyandrie et sur ce qu'on a nommé assez improprement le *matriarcat* l'avantage de mettre plus de stabilité relative dans le lien conjugal et de faire de la famille tout entière un groupe plus consistant et plus fort. De bonne heure et dès les âges fétichiques il tempéra plus ou moins la servitude de la femme et des enfants eux-mêmes par le minimum de sympathie que l'exercice de la fonction maritale et de la fonction paternelle ne pouvait pas manquer d'éveiller.

De bonne heure aussi et dès les mêmes âges un élément religieux est entré généralement dans la formation des mariages. Il tient à la religion de la tombe et du foyer, au culte des ancêtres, des pénates. L'épouse entrant dans la famille de son mari, accédait au culte de ses ancêtres et, si elle lui donnait des fils, elle lui donnait les futurs continuateurs de son sacerdoce domestique. De là pour le mariage et pour la femme un germe de dignité que les temps développeront lentement mais sûrement.

Qu'on ne s'y trompe pas. Dans les sociétés polygamiques le fait même de la polygamie ne fut jamais universel. Outre que la chose eût été matériellement impossible, même en tenant compte de la mortalité plus grande des mâles par le fait de la guerre, on n'épousait plusieurs femmes que si on pouvait les nourrir. La polygamie fut le privilège de la richesse, et la possession d'un grand nombre de femmes fut la marque de la puissance et du commandement, le luxe des castes supérieures dans les pays à castes. Les monogames de fait furent toujours nombreux, peut-être les plus nombreux. Mais il suffisait que dans une société la polygamie fût consacrée par les lois et par la religion, qu'elle fût la prérogative du rang et de la fortune, que le mariage monogamique fût le mariage du pauvre pour que cette société fût caractérisée comme polygamique.

L'institution et la consécration de la monogamie, telles que nous la présente l'antiquité gréco-romaine, constituent un pas décisif dans l'histoire du mariage et dans l'histoire de la civilisation elle-même. Parmi les éléments de supériorité qui élevèrent la civilisation helléno-italique au-dessus non seulement des sociétés fétichiques et astrolatiques, mais encore des théocraties et des grandes monarchies de l'Orient, il n'en fut pas qui touchât plus au fond des choses que la constitution monogamique de la famille.

C'est que, malgré tous les tempéraments et correctifs, malgré l'adoucissement des mœurs, malgré la discipline religieuse, les vices inhérents à la polygamie demeurent : condition quasi servile de la femme, les épouses en général réduites à n'inspirer qu'un amour inférieur et partagé et vouées à des rivalités sans noblesse dans la vie humiliée du harem, les enfants trop nombreux, divisés entre eux, mal liés au père et mal induits à respecter leur mère, la famille enfin pas assez cohérente et trop étendue, avec un chef dont le pouvoir est trop grand et les devoirs trop dispersés. Une telle constitution apporte de sérieux obstacles à cette réciprocité de réaction morale entre la famille et la société qui est une condition essentielle de civilisation supérieure.

C'est en grande partie à la monogamie, combinée avec la survivance en toute sa force de la religion du foyer à travers l'évolution polythéique, que les sociétés helléniques et latines doivent d'être devenues des *cités*, de vraies *patries*.

La monogamie n'exerça pas non plus une faible influence sur l'essor intellectuel de la Grèce et sur l'élaboration juridique de Rome. Mais ce que nous devons avant tout retenir c'est le progrès considérable des conceptions relatives au caractère du lien conjugal, à celui de l'épouse, au rôle de la mère, et l'amélioration graduelle du traitement appliqué aux femmes par les lois et par les mœurs.

Voyez les chefs-d'œuvre de la poésie hellénique. On y trouve d'admirables types, dont les littératures de l'Orient polygamique, y compris la Bible, ne nous offrent aucun équivalent : telles l'Andromaque, la Pénélope et l'Arété d'Homère, l'Alceste d'Euripide et d'autres encore. Cependant il semble bien que dans les pays grecs les réalités pratiques retardèrent assez longtemps sur les idéalisations des poètes. Le gynécée, certes, fut toujours supérieur au harem; mais il ne paraît pas avoir en fait permis à la femme mariée d'étendre son action au delà de ce que nous appelons aujourd'hui le ménage. On connaît l'anomalie suivant laquelle dans la brillante et noble Athènes il se fit entre la femme légitime et l'*hétaïre* un partage d'influence trop souvent à l'avantage de celle-ci, à qui, suivant l'expression de Démosthène, on demandait « les voluptés de l'âme ».

Rome, moins intellectuelle mais plus sociale, nous montre, malgré les incapacités légales atténuées par la suite, la femme légitime, la *mater familias*, la *matrona*, investie presque d'une magistrature domestique et, dans bien des cas, exerçant une sérieuse action sociale au moins par l'éducation des enfants. Il est superflu de rappeler l'exemple classique de Cornélie. « Nous n'avons pas honte, dit Cornélius Nepos, de conduire nos femmes dans les repas auxquels nous assistons. Nos mères de famille voient le monde. La femme tient le premier rang dans sa maison à côté de son mari. » Le point important à noter, c'est que, malgré la répudiation et le divorce, les jurisconsultes romains en arrivèrent à pressentir l'idéal de l'union indissoluble, quand ils définirent le mariage : *consortium omnis vitæ*, la communauté de toute l'existence.

Le moyen âge chrétien trouva cette formule dans l'héritage

romain. Il en dégagea la règle impérative du mariage indissoluble expurgé en droit, sinon toujours en fait, de la répudiation et du divorce.

Il ne faut méconnaître ni exagérer la part du Christianisme, et plus spécialement de l'Eglise catholique, dans le progrès moral que le moyen âge marque sur l'antiquité même gréco-romaine pour tout ce qui touche au mariage et à la femme. En exaltant non seulement chez la femme, mais aussi chez l'homme, la pureté dont la civilisation polythéique ne faisait pas grand cas, bien qu'Athènes eût voué son principal culte à la vierge Pallas Athéné et que les licteurs des consuls romains abaissassent les faisceaux devant les vestales, le Christianisme et l'Eglise ont fait beaucoup pour élever la femme à ses propres yeux et pour la défendre un peu plus contre le libertinage masculin. En faisant du mariage un sacrement institué par Dieu même, ils lui ont conféré une dignité nouvelle et ont étayé l'indissolubilité du lien conjugal d'un argument hors de pair aux époques de foi profonde. Mais il faut voir la contre-partie. L'esprit et le texte des enseignements chrétiens, en réaction violente contre les mœurs dissolues de la décadence gréco-romaine, condamnent la « chair » et l'amour, sans distinctions ni nuances, comme des instruments de perdition aux mains de Satan. Dominés par le souci du salut individuel et de l'éternité, et aussi pendant longtemps par l'attente de la fin du monde, ils ne peuvent que juger au moins secondaire l'intérêt de perpétuer l'espèce, de fortifier par la vie de famille une vie sociale tellement provisoire et tellement vaine. L'Eglise ne considéra donc le mariage que comme une concession à la faiblesse humaine, une sorte de part du feu malheureusement inévitable, et proclama la supériorité, la plus grande efficacité pour le salut de l'état de célibat, de la virginité (1). De là à voir dans la femme le danger moral par excellence, un foyer de corruption, « le vase d'impureté » dont parlent les pères, il n'y avait qu'un pas.

Par bonheur, à côté du catholicisme d'autres éléments so-

---

(1) Par d'autres voies une variété de féminisme, à la fois révolutionnaire et mystique, conduit à une conception analogue.

ciaux vinrent soit fortifier et compléter son action bienfaisante, soit neutraliser les vices de sa doctrine et de son enseignement.

Dans les classes dirigeantes, le régime féodal fut en Occident favorable à la femme. Il développa la vie intérieure plus que ne l'avait fait aucun régime antérieur. Il permit à la personnalité de la femme de s'accuser davantage, lui attribuant en tout ce qui tient à la propriété et même dans l'ordre politique, si intimement lié à la propriété, des prérogatives qui accrurent beaucoup son influence. Les mœurs chevaleresques, corrigeant heureusement la logique chrétienne, cultivèrent au profit de la femme la tendresse et le respect. Et, si l'histoire regardée de plus près aujourd'hui nous montre dans les châteaux même de la meilleure époque plus d'un abus et plus d'une licence, l'appréciation qu'a faite Auguste Comte du régime féodal comme facteur du progrès quant au caractère et à la condition de la femme reste vraie pour qui s'en tient aux faits les plus généraux, à ceux qui importent le plus en sociologie.

En ce qui concerne la masse, un grand fait domine tout le moyen âge : l'affranchissement relatif et graduel des travailleurs d'abord des villes, puis des champs. L'esclavage antique eut pour effet de priver un nombre considérable d'hommes d'une vie domestique digne de ce nom. Ce fut là un de ses traits les plus haïssables. La libération personnelle des artisans urbains, le remplacement dans les campagnes de l'esclavage par le servage qui liait au sol l'individu avec sa famille, ensuite la transformation progressive du serf en vilain, donnèrent aux gens de travail un foyer trop souvent misérable, pas toujours respecté, mais un foyer tout de même. L'activité industrielle prit une importance que la civilisation essentiellement militaire de l'antiquité n'avait pas connue; mais elle se développa sous la forme d'arts, métiers et « marchandises » exercés suivant le mode dispersif dans de petits ateliers ou boutiques, où le maître-ouvrier ou marchand mettait lui-même « la main à la pâte », travaillant seul ou secondé par un, deux ou trois compagnons, apprentis ou aides. La plupart du temps l'atelier ou la boutique se confondait, avec le logis, et l'homme y opérait sous l'œil et avec l'assistance morale, voire matérielle, de sa femme. Le mariage devint ainsi, même pour les humbles, une société morale de l'homme et de la femme. Celle-ci se rapprocha d'autant plus de l'homme en valeur et en dignité, fut d'autant plus appréciée par lui et exerça d'autant mieux sur lui son action affective qu'à la différence de la vie militaire la vie industrielle, telle qu'elle fonctionna longtemps sous des formes presque familiales après l'affranchissement personnel des travailleurs et avant la naissance des grandes entreprises, établissait entre les deux conjoints une plus réelle communauté d'existence et une plus grande similitude de destinée.

Il faut donc en toute justice distinguer ce qui revient au catholicisme, au régime féodal et aux mœurs industrielles dans l'évolution qui, au moyen âge, éleva le mariage humain à un degré de fixité et d'efficacité morale qu'il n'avait jamais atteint auparavant.

Il n'en est pas moins vrai que le premier déclin du catholicisme apporta le germe de la crise dont le mariage souffre aujourd'hui. L'institution paraissait trop solidaire des dogmes et de l'autorité spirituelle au nom desquels on la consacrait non sans quelque inconséquence. Le protestantisme fut la première forme systématique de l'œuvre négative qui devait peu à peu saper toutes les anciennes disciplines. Et cependant il a sa part dans le perfectionnement du mariage. En donnant à la femme un plus vif sentiment de sa personnalité intellectuelle et de sa responsabilité religieuse il a mis à la racine du mariage une plus sérieuse et moins inégale liberté du choix et dans la vie conjugale une plus active réciprocité de contrôle moral raisonné. Double progrès auquel il convient d'ajouter la suppression du confesseur comme tiers en permanence dans l'intimité des époux. En revanche il prive l'action morale de la femme du point d'appui d'une discipline spirituelle extérieure et supérieure à la famille. En outre ses tendances individualistes devaient porter atteinte à la stabilité du mariage si laborieusement acquise en fondant le principe du divorce moderne et en le rendant de plus en plus facile.

La Révolution française consacra, elle aussi, le divorce au nom du droit individuel. Mais, d'autre part, elle a apporté au monde la conception nouvelle et singulièrement féconde de la destination sociale du mariage considéré comme une institution purement humaine. Grâce au mariage civil la légitimité des unions, la dignité, les devoirs et les droits de la femme épouse et mère, la condition des enfants ne dépendent plus aux yeux de la société d'une consécration théologique quelconque et deviennent, par suite, le patrimoine commun de tous les hommes et de toutes les femmes, pourvu qu'ils se soumettent à l'intervention sociale, de quelque église qu'ils soient ou quelque incrédulité qu'ils professent et pratiquent. Ce résultat est de première importance.

Cependant la métaphysique individualiste ne pouvait pas s'arrêter dans son œuvre négative. Elle devait la pousser dans tous les domaines jusqu'au bout de sa logique. Il fallait s'attendre à ce que le mariage ne fût point épargné par elle. Elle l'a trouvé mal défendu et, qui plus est, compromis comme d'autres institutions et règles morales par des croyances et des disciplines dont le patronage devient de jour en jour davantage une cause de faiblesse et de discrédit. Sans préméditation, car ceux même qui la professent avec le plus d'outrance sont le plus souvent aussi purs dans leurs intentions que dans leur vie, elle bénéficie de concours qui n'ont rien de philosophique, étant puissamment aidée par la coalition des passions et des intérêts inférieurs.

Sur la pente tracée par elle il y a des degrés, sans doute, et beaucoup, de très bonne foi, pensent pouvoir s'arrêter à telle étape supérieure à qui la seule vision du point extrême de la descente est insupportable.

Il y a d'abord ceux qui s'en tiennent à de fausses assimilations juridiques, à la théorie du mariage-*contrat*. Donc le mariage ne serait qu'un contrat entre un homme et une femme. Dès le début la théorie se heurte à ce principe : *Il n'y a que les choses qui sont dans le commerce qui peuvent être l'objet des conventions.* (Code civil, art. 1128.) Car il semble malaisé de soutenir que les obligations et les fins du mariage sont des choses *dans le commerce*. Mais passons. Si le mariage n'est qu'un contrat, il est résiliable soit pour inexécution des conditions, soit *par consentement mutuel*, sauf à réparer comme on pourra le préjudice causé *aux tiers*. Et voilà déjà le divorce pour causes déterminées au sens le plus large et le divorce par consentement mutuel pleinement justifiés.

D'ordinaire les individualistes juristes ne vont pas plus loin. Mais ils manquent de logique. C'est un autre principe qui se dégage de l'ensemble de notre droit contractuel que l'engagement à perpétuité de la liberté personnelle est contraire à l'ordre public, donc non valable. Si le mariage n'est qu'un contrat, il faut, pour que ce contrat sans terme avec les obligations spéciales qui en forment l'objet, ne soit pas contraire aux principes de l'ordre public en matière de conventions, que chacun des contractants puisse le dénoncer en tout état de cause. C'est le divorce à volonté ou, pour le moins, le divorce *pour incompatibilité d'humeur* qui se trouve ainsi motivé. De ce divorce-là à l'*union libre* la distance est assez faible. Nous ne voyons guère le moyen de résister longtemps à ces déductions, si l'union conjugale n'est qu'une convention entre deux personnes et ne regarde qu'elles.

La nécessité même de régulariser, d'authentiquer la filiation humaine ne suffirait pas pour les infirmer *toutes*. Car, sans parler de l'union libre, il ne serait pas impossible à la rigueur de concilier la détermination de la situation juridique des enfants et de leur condition *matérielle* avec un mariage facilement résiliable.

Mais voici une autre théorie. L'union des sexes ne doit être fondée que sur l'*amour*, qui seul la justifie. Du jour où l'amour cesse d'un côté ou de l'autre, l'union doit cesser, sans quoi elle est pour celui, pour celle surtout qui n'aime plus une intolérable servitude, une cause d'avilissement. Du jour où naît un autre amour, un nouveau lien doit pouvoir se former. Chez plus d'un défenseur de cette doctrine elle est, disons-le bien vite, autre chose que la philosophie du libertinage ou encore la thèse romantique et passablement défraîchie de la passion souveraine. Elle se rattache souvent à un idéalisme transcendant et très antisocial, semblable à celui qui a défrayé en grande partie la littérature scandinave de notre temps. Il y a plus : chez quelques femmes elle est une forme de l'intime répugnance qu'éprouve la délicatesse féminine pour des rapprochements sexuels, même autorisés par la loi et par l'Eglise, que n'accompagne plus aucune sympathie. Mais il est possible de donner une satisfaction légitime à ce sentiment profondément respectable autrement que par l'union libre ou le divorce à volonté, remèdes pires que le mal. Souhaitons à ce propos qu'une meilleure éducation des deux sexes permette de corriger ce que nous appellerons le code intime du mariage.

Nous ne nous arrêterons pas à des conceptions inférieures, à des formes plus basses de l'individualisme à outrance appliqué aux choses de l'amour, du mariage et de la famille. La révolte contre toute limitation de l'arbitraire personnel, la destruction, au moins théorique, de tout frein social et de toute règle se sont naturellement donné carrière dans ce domaine. Elles vont jusqu'à l'anarchisme pur, c'est-à-dire pratiquement, en dépit de certaines illusions, jusqu'à l'omnipotence de l'appétit, de l'intérêt et en fin de compte de la force. Descendez jusqu'au fond du désordre, vous y trouverez la tyrannie.

L'un et l'autre sont en germe dans la notion purement individualiste du mariage. Nous devons lui opposer la notion positiviste, à la fois la plus sociale et la plus favorable à la femme qui fut jamais enseignée aux hommes.

Il est temps qu'elle soit répandue au moment où, sur ce grave sujet, le désarroi des idées a déjà entamé les mœurs. Car il ne faudrait pas compter pour l'enrayer sur « les croyances déchues qui depuis longtemps compromettent tout ce qu'elles garantissaient jadis ». (Auguste Comte.) Leur insuffisance ne date pas d'hier.

« Les chants licencieux des troubadours, écrit encore Auguste Comte, nous attestent que, dès la fin du moyen âge, les vaines protestations du sacerdoce étaient impuissantes contre les graves atteintes qu'une critique superficielle apportait déjà à la sainteté du lien conjugal... Rien n'est donc plus choquant que l'aveugle prétention de la théologie à conserver la tutelle des dogmes domestiques qu'elle n'a pu préserver d'une discussion anarchique. » (*Politique positive; Discours préliminaire*, chap. IV.)

Il est temps qu'une doctrine scientifique rétablisse l'intégrité du mariage sur des motifs purement humains. Il est temps que, le prenant au point de son évolution organique où l'a trouvé la crise révolutionnaire, elle justifie et dirige son évolution ultérieure dans le sens, conforme à son histoire et à sa destination, d'une plus parfaite unité et d'une fixité mieux assurée, mais aussi vers une égale liberté pour l'homme et la femme dans le choix mutuel avant l'union, comme vers une égale dignité et une plus juste réciprocité de devoirs dans l'union même.

Plus que tout contrat la formation du lien conjugal exige un consentement également libre et également réfléchi des deux côtés. Mais le mariage est bien autre chose qu'un simple contrat. Il est normal qu'un mutuel amour et en outre d'autres harmonies de sentiments et de pensées dont on parle moins unissent les époux. Mais il n'est pas vrai que le mariage ait pour fin exclusive la satisfaction de l'*amour*, et l'on ne peut songer à en subordonner la durée à la fragilité et à la mobilité des passions, même si elles sont d'un ordre élevé.

Le mariage n'est pas une affaire purement privée. Il est la plus fondamentale des institutions.

Il a une destination sociale et une destination morale.

Le Positivisme consacre tout d'abord les fins biologiques du mariage : la procréation et la conservation des enfants. Mais, à ses yeux, ces fins biologiques sont des fins sociales. Car il s'agit de fonder et de perpétuer l'être collectif famille à l'existence et au développement duquel est intimement liée la vie même de la cité. Or cet être collectif, comme tout vivant, a autant besoin de continuité que d'unité. Voilà déjà motivées l'intervention sociale dans le mariage, la monogamie et la stabilité de l'union conjugale.

Celles-ci sont de toute nécessité pour assurer l'éducation et la protection *communes* des enfants par le père et la mère unis. L'éducation véritable, la formation et le maintien d'une âme exigent la coopération totale, continue, indéfinie d'un homme et d'une femme. L'influence morale exercée par l'union des parents sur les enfants doit, pour rester efficace, se prolonger bien au delà de la majorité. Sans quoi ce n'est pas seulement l'autorité des conseils présents qui est compromise, mais, par voie rétroactive, celle des directions antérieures. Rien ne vaut d'autre part l'action liée des parents pour consolider l'entente fraternelle entre les enfants devenus hommes. Ce qui importe fort à la cohésion des familles et, par suite, à la cohésion sociale.

En dehors de toute considération des enfants, le mariage un et stable garantit seul la sécurité de la femme. Car la femme a besoin de compter sur un lien viager pour être rassurée sur son sort matériel, sur son lendemain, sur sa vieillesse. Elle a besoin d'y compter pour sa sauvegarde personnelle contre les autres et quelquefois contre elle-même. Elle a besoin d'y compter pour l'exercice de sa fonction économique qui est, avant tout, de conservation et de prévoyance. Elle a enfin besoin d'y compter pour son action sociale qui, même entendue au sens le plus large, veut, pour être accomplie avec le minimum de risques et le maximum de fruit, un foyer fixe et bien défendu comme siège et comme moyen.

L'unité et la fixité du lieu ne sont pas moins requises pour assurer la dignité de la femme dans l'amour : et ici nous touchons à la destination proprement morale du mariage. Dans les rapports sexuels, la vraie femme, si éprise qu'on la suppose, doit toujours faire violence à sa pudeur. Seul le mariage, avec sa consécration et ses fins supérieures, avec son cortège de mutuelles obligations permanentes et définitives sanctionnées par la société, lui permet de le faire sans se diminuer à ses yeux, sans se sentir une chose conquise, livrée ou exposée par sa faiblesse à l'irrespect et à l'inconstance de l'homme suivant la loi purement animale. La femme plus que l'homme se donne dans l'amour et de telle façon que, pour n'être pas l'aliénation de sa personne morale, ce don doit, ennobli par son irrévocabilité même sous la réserve de graves et étroites exceptions et compensé par l'irrévocabilité corrélative des engagements de l'homme, rester en quelque sorte dans le patrimoine indivisible du couple conjugal et ne point risquer d'être colporté comme un bagage banal dans nous ne savons quel vagabondage ultérieur.

C'est dans la conception morale du mariage conçu en soi, indépendamment même du grand intérêt de la génération humaine et de l'éducation des enfants, que Comte a dépassé les religions et les philosophies connues.

Il y voit la plus intime et la plus complète association qui puisse unir entre eux deux êtres humains de façon à réaliser le type le plus achevé de vie altruiste que comporte l'imperfection de notre nature. Par elle deux moitiés d'humanité, pour ainsi dire, se complètent pour former l'élément social par excellence. Et une telle union ne peut exister qu'entre un homme et une femme en raison même de leurs différences physiologiques et psychiques.

Fondée sur l'amour, le respect et l'entière confiance, fortifiée par la plus heureuse diversité des aptitudes au service de fins exactement communes, elle est pour eux la forme la plus parfaite du concours volontaire. Ainsi caractérisée elle doit assurer leur culture morale réciproque, leur éducation mutuelle prolongée autant que la vie, leur perfectionnement lié. L'idéal du mariage est de faire la combinaison de deux cœurs, de deux esprits, de deux caractères, la synthèse de deux consciences en une conscience supérieure. Mais laissons la parole à notre Maître :

« Les différences naturelles des deux sexes, heureusement complétées par leurs diversités sociales, rendent chacun d'eux indispensable au perfectionnement de l'autre. Chez l'homme dominent évidemment les qualités propres à la vie active avec l'aptitude spéculative qui en est inséparable. Au contraire, la femme est surtout vouée à la vie affective. L'une est supérieure en tendresse comme l'autre pour tous les genres de force. Nulle intimité ne peut se comparer à celle de deux êtres aussi disposés à se servir et à s'améliorer mutuellement à l'abri de toute rivalité habituelle.....

« Sans doute, le sentiment conjugal émane d'abord, surtout chez l'homme, d'un instinct sexuel qui est purement égoïste et sans lequel pourtant l'affection mutuelle aurait d'ordinaire trop peu d'énergie. Mais le cœur plus aimant de la femme a beaucoup moins besoin en général de cette grossière excitation. Dès lors, sa pureté supérieure réagit heureusement pour ennoblir l'attachement masculin. La tendresse est en elle-même si douce à éprouver que, quand elle a commencé sous une impulsion quelconque, elle tend à persister par son propre charme après la cessation de la stimulation initiale. Alors l'union conjugale devient le meilleur type de la véritable amitié qu'embellit une incomparable possession mutuelle. Car l'amitié ne peut être complète que d'un sexe à l'autre, parce que là seulement elle se trouve exempte de toute concurrence actuelle ou possible. Aucune autre liaison volontaire ne comporte une pareille plénitude de confiance et d'abandon. Elle est donc la seule source où nous puissions goûter entièrement le vrai bonheur humain consistant surtout à vivre pour autrui. » (Auguste Comte, *Politique positive; Discours préliminaire*, chap. IV.)

Si nous avons choisi ce passage, ce n'est pas, certes, qu'il épuise toute la doctrine d'Auguste Comte sur ce sujet. Mais il montre en quelques lignes à la fois très simples et très nobles les réalités élémentaires sur lesquelles il a édifié son admirable théorie positive de l'éducation viagère et du perfectionnement moral continu de la femme par l'homme et plus encore de l'homme par la femme dans le mariage.

De tout ce que nous venons de dire de la nature et des fins du mariage les conséquences sont faciles à tirer. Elles impliquent, dans la formation même du mariage, l'intervention publique et, autant que possible, solennelle de la société. Avec raison, Auguste Comte la veut double. Il démontre avec force la nécessité d'une consécration légale, obligatoire, au nom de la cité, de la Patrie, sans acception de croyances, de cultes, ni d'opinions. Mais il tient en outre à une consécration *religieuse* (au sens positiviste, c'est-à-dire purement humain du mot), celle-ci toujours facultative, au nom de l'Humanité même.

Une seconde conséquence c'est, dans la grande généralité des cas, la durée viagère du mariage, d'ailleurs monogamique.

« Cette union fondamentale, dit Auguste Comte, ne peut atteindre son but essentiel qu'en étant à la fois exclusive et indissoluble. Ces deux caractères lui sont tellement propres, que les liaisons illégales tendent elles-mêmes à les manifester.
. . . .
Aucune intimité ne peut être profonde sans concentration et sans perpétuité; car la seule idée du changement y provoque. Entre deux êtres aussi divers que l'homme et la femme, est-ce trop de notre courte vie pour se bien connaître et s'aimer dignement?..... » Toutefois — « l'esprit sagement relatif du Positivisme lui permet d'accorder sans aucune conséquence énervante des concessions exceptionnelles qu'interdisait le caractère nécessairement absolu de toute doctrine théologique. Une telle philosophie peut seule concilier l'indispensable généralité des diverses règles morales avec les exceptions motivées qu'exigent toutes les prescriptions pratiques ». (*Politique positive; Discours préliminaire*, chap. IV.)

C'est la question du *divorce* résolue avec fermeté mais sans intransigeance. Ce qui caractérise le divorce, rappelons-le, ce n'est pas la cessation nécessaire d'une cohabitation qui est devenue intolérable et trop souvent une cause de scandale aux yeux des enfants mêmes; c'est la dissolution du mariage qui permet à l'un comme à l'autre des époux de contracter une nouvelle union légitime du vivant de son premier conjoint. Il constitue à vrai dire une polygamie successive.

Pour apprécier du point de vue social et moral une institution, une pratique, il ne suffit point d'en considérer les effets directs et particuliers. Il en faut nécessairement envisager les conséquences indirectes et générales. Il en faut mesurer les répercussions.

On a trop beau jeu contre le divorce quand on invoque l'argument des enfants. Ses partisans les plus déterminés n'en contestent pas la force; ils passent outre, voilà tout, cherchant à se persuader que la situation des enfants de parents séparés n'est pas préférable à celle des enfants de parents divorcés. C'est cependant une erreur. Il n'est pas niable que la séparation de corps qui est, elle, en bien des cas inévitable, fait aux enfants une condition fort malheureuse.

Mais combien plus grande encore est la détresse morale des enfants qui, grâce au divorce et aux remariages qu'il autorisé, voient la place de leur père qui n'est pas mort prise par un autre homme ou une étrangère assise au foyer qu'a dû quitter leur mère vivante ! Se rend-on assez compte des mille conflits qu'aucune solution judiciaire ne peut assez prévenir et dont ces innocents sont la matière consciente et souffrante? Quel désastre souvent pour leurs intérêts et toujours pour leur éducation ! Quels perpétuels déchirements d'âme pour ces pauvres petits ! Il est rare que toute leur vie n'en subisse pas les effets douloureux et démoralisateurs.

— Soit, dira-t-on. Mais voici deux époux dont l'un a de justes griefs contre l'autre ou qui sont seulement mal assortis et malheureux. L'un d'eux aime ailleurs; peut-être tous les deux. Ils n'ont point d'enfants. Pourquoi chacun d'eux ne pourrait-il, par le divorce, s'ouvrir une issue vers le bonheur et recommencer sa vie ? Le divorce, en pareil cas, ne lèse personne. — Pardon : il lèse la société ou du moins la société, en l'autorisant, se lèse elle-même dans la constitution de la famille entamée et dans l'institution du mariage mise en péril. La famille et le mariage ne peuvent remplir tout leur office social, si l'unité et la fixité du lien conjugal ne sont pas garantis. Or ce que voient les partisans du divorce, c'est qu'il peut être un remède à des situations individuelles très malheureuses, mais exceptionnelles ; ce qu'ils ne voient pas, c'est qu'il compromet gravement par avance la solidité des mariages d'une manière générale dans le présent et dans l'avenir; car il les rend déplorablement fragiles dans un nombre indéterminé de cas par le sentiment qu'il donne de la facilité avec laquelle ils peuvent être dissous et par la tentation d'en provoquer ou préparer la rupture. On l'oublie trop en effet : si l'état de séparation n'est pas enviable, l'état de divorce, avec la liberté complète qu'il rend aux époux, est plus séduisant ; et la seule possibilité de le réaliser produit des suggestions bien propres à fortifier des passions ou à donner corps à des calculs qui, sans elles, auraient avorté dans l'obscurité du for intime faute de laisser entrevoir une issue régulière.

On ne saurait trop méditer cette courte phrase de Comte, qui énonce une profonde vérité morale : *La seule idée du changement y provoque.*

Deux choses ont fait la fortune du divorce dans l'opinion française. D'abord il est rejeté par l'Eglise catholique, d'où il résulte que les plus émancipés risquent à le combattre d'être taxés de cléricalisme. Ensuite les romanciers et les auteurs dramatiques, qui ont tant contribué à le rendre populaire parmi nous, l'ont exclusivement montré comme le libérateur de la jeune femme mariée malgré elle ou inconsciemment à un coquin ou à un butor, qui la rend cruellement malheureuse jusqu'au jour où elle rencontre l'homme qui l'aime et qui la comprend. Et le cœur généreux de notre peuple, justement indigné contre le mari, justement pitoyable à la femme, ne comprenait pas que la victime ne pût pas être démariée et épouser l'autre. Il ne voyait pas une contre-partie plus fréquente : la femme vieillissant plus vite que l'homme et celui-ci, soit pour satisfaire de tardives passions, soit pour contracter un mariage plus riche ou qui flatte davantage sa vanité ou qui seconde mieux son ambition, s'ingéniant par des manœuvres savantes, peut-être réussissant par une odieuse persécution à se procurer la cause de divorce qui lui permet de se débarrasser de sa femme parce qu'elle a cessé de plaire ou qu'elle est un obstacle à l'accomplissement de ses honteux desseins.

Voilà les raisons à peine effleurées (1) pour lesquelles nous repoussons d'abord, bien entendu, le divorce à volonté ou pour incompatibilité d'humeur et le divorce par consentement mutuel. Quant au divorce *pour causes déterminées* tel que l'a rétabli la loi française, nous nous permettrons de penser, et les faits de tous les jours le prouvent, qu'il présente encore de graves dangers. Chacun sait quel abus peut être fait, quel abus est fait de la regrettable élasticité de motifs tels que *les excès, les sévices et les injures graves*, et à

---

(1) La question du divorce n'est évidemment pas épuisée dans ce court paragraphe. Peut-être la reprendrons-nous ailleurs en discutant notamment la thèse et les propositions soutenues avec tant d'éloquence par MM. Paul et Victor Margueritte.

quelles collusions ils donnent lieu. Le divorce pour excès, sévices ou injures graves n'est trop souvent que le divorce par consentement mutuel déguisé. Nous allons plus loin et nous croyons qu'il est excessif et imprudent de faire d'un fait *isolé* d'adultère une cause suffisante de divorce, quelque condamnable que soit l'adultère en lui-même.

Mais nous ne nous cantonnons pas, comme d'aucuns le pensent, dans l'inflexibilité d'un principe sans tempérament, d'une règle sans exceptions.

Auguste Comte n'a admis qu'un cas de divorce : celui que la loi française énonce : *Une condamnation à une peine afflictive et infamante* (1). En ce qui nous concerne, nous admettons que le divorce puisse être autorisé encore dans d'autres cas graves, exceptionnels; et nous croyons rester ainsi fidèle à l'esprit de notre doctrine qui, suivant les expressions déjà citées d'Auguste Comte, *peut seule concilier l'indispensable généralité des diverses règles morales avec les exceptions motivées qu'exigent toutes les prescriptions pratiques*. Et nous ajoutons que, d'ailleurs, la règle légale ne peut pas être aussi rigoureuse que la règle morale.

Ce n'est pas le lieu d'entrer, au cours de ce travail d'ensemble, dans une énumération concrète des cas pouvant donner ouverture à une demande de divorce. L'essentiel est qu'ils soient restreints et précisés de telle façon : 1° qu'ils ne puissent être insidieusement provoqués à la charge de l'un des époux par celui qui a intérêt au divorce et ne se prêtent pas aux stratagèmes de l'un d'eux ou à l'entente frauduleuse de tous les deux, 2° qu'ils portent par leur existence même une telle atteinte au principe et à la destination du mariage, qu'il y ait plus de scandale à laisser subsister l'union viciée à ce point qu'à la rompre complètement, 3° que l'époux *contre lequel le divorce sera prononcé* pour l'une des causes ainsi déterminées en soit gravement disqualifié, frappé d'*indignité*. Il est rationnel qu'il y ait pour de tels motifs une *déchéance* du mariage, comme il y a pour certains faits une déchéance de la puissance paternelle. Il faudrait que celui

---

(1) Voir le *Catéchisme positiviste*, 3ᵉ partie.

qui l'a encourue fût sûr de subir la flétrissure de l'opinion ; et nous estimons qu'il conviendrait d'y associer des *incapacités légales*, y compris l'incapacité de contracter une nouvelle union, au moins durant un certain nombre d'années. La sentence qui prononcerait le divorce *contre* quelqu'un aurait ainsi un caractère quasi pénal.

Dans d'autres cas, la séparation paraît suffisante. Mais nous la voudrions plus libéralement réglementée.

L'état de séparation est immoral, dit-on, parce qu'il provoque aux unions irrégulières. L'objection est grave et elle nous a longtemps troublé. La conséquence dénoncée, *quand elle se produit*, est déplorable. Mais si c'est un grand mal, il est circonscrit. La fragilité du lien conjugal et la désorganisation de la famille par la facilité du divorce sont un mal général et plus grand. Nous nous en tenons à ce principe que les infractions particulières aux règles sociales sont un fléau moindre que l'avilissement des règles elles-mêmes. Et voilà pourquoi nous voulons, malgré l'objection, que le divorce soit rendu difficile et rare, sauf à donner plus d'élasticité à l'institution de la séparation de corps et à en régler les conséquences plus équitablement. La vérité de fait, en ce qui concerne les femmes, c'est que les femmes séparées qui vivent irrégulièrement sont l'exception. Mais alors, insiste-t-on, les autres sont sacrifiées. Hélas, oui, surtout si les enfants manquent. C'est un malheur particulier et il est même souvent immérité. Mais ce n'est pas le seul cas où le bien social exige des sacrifices.

Le Positivisme attache une telle importance à la fixité du lien conjugal que, par une règle, purement morale d'ailleurs et non susceptible d'aucune consécration législative, il a voulu en étendre le bénéfice *au delà même de la mort*, « en faisant consacrer par nos mœurs, quoique sans aucune vaine injonction légale, le veuvage éternel, complément final de la vraie monogamie. L'instinct vulgaire a toujours honoré, même chez l'homme, cette scrupuleuse concentration du cœur »... (Auguste Comte, *Politique positive ; Discours préliminaire*, chap. IV) (1).

(1) Toujours relatif, Auguste Comte a prévu qu'en certains cas le sur-

Il faut lire dans l'œuvre même d'Auguste Comte (*Politique positive* et *Catéchisme positiviste*) les pages sublimes qu'il a consacrées à ce sujet, montrant, sans mysticisme, mais avec le légitime idéalisme positif qui est la marque propre de sa doctrine morale, toute la vertu éducative, toute l'efficacité morale de cette fidélité subjective, de cette « constance posthume ». Lui seul a dignement expliqué comment « cette éternelle adoration d'une mémoire que la mort rend plus touchante et plus fixe permet à toute grande âme, surtout philosophique, de se mieux vouer au service de l'Humanité, en y utilisant la précieuse réaction publique d'une digne affection privée ». (*Id., ibid.*)

Mais une telle conception du mariage humain suppose quant à sa formation même des exigences dont nos mœurs et nos pratiques sont encore bien éloignées. Et qu'il s'en faut que l'aristocratie et la bourgeoisie donnent sur ce point le bon exemple aux autres classes !

Sans doute il est désolant de voir une partie du prolétariat urbain s'éloigner du mariage, comme l'atteste le nombre croissant dans les grandes villes des naissances illégitimes, lequel n'est pas exclusivement dû au libertinage. Il est rare d'ailleurs qu'il en faille accuser un parti pris théorique. Le système y a beaucoup moins de part que l'insouciance ou une progressive désuétude analogue à la désuétude des pratiques religieuses. Il y a, pensons-nous, analogie et aussi, dans une certaine mesure, connexité ; et nous saisissons une fois de plus le mal que fait aux institutions les plus légitimes, les plus nécessaires, la fausse solidarité qui les rattache encore dans les habitudes mentales aux dogmes épuisés et aux disciplines discréditées. Mais, s'il est déplorable de constater comment d'aucuns se passent du mariage, il n'est pas moins triste d'observer comment trop de mariages se font et se comportent. Il nous est très pénible de le reconnaître : certaines unions illégitimes sont, abstraction faite de leurs effets sociaux, plus édifiantes que certaines unions consacrées

---

vivant pourrait être exceptionnellement relevé par le pouvoir spirituel compétent de l'engagement moral de veuvage éternel qu'il aurait librement pris au moment de la consécration positiviste du mariage.

par la loi et bénies par l'Eglise. Cela ne prouve rien, certes, ni contre le mariage, ni pour l'union libre : mais c'est la condamnation de certaines mœurs.

C'est en somme dans le prolétariat urbain, dont la grande majorité continue à se marier, et dans la bourgeoisie cultivée et pauvre que le mal est le moins grand. Le mal que nous dénonçons est multiple. C'est un peu dans tous les milieux l'imprévoyance et la précipitation avec lesquelles on improvise, on bâcle les mariages. C'est, dans la bourgeoisie aisée, ambitieuse ou affairée, les motifs frivoles ou les calculs d'ordre inférieur qui déterminent la conclusion de nombreux engagements matrimoniaux. C'est plus généralement l'insuffisante liberté et l'insuffisante maturité du choix du côté de la jeune fille dans les pays catholiques.

Nous reconnaissons le danger des unions formées exclusivement par un entraînement passionnel, irréfléchi. Mais plus dangereuses encore sont celles que la sagesse bourgeoise approuve et dans lesquelles n'entrent à peu près que des combinaisons d'intérêts, de convenances et de vanités. On se documente avec soin quoique rapidement sur tout ce qui, dans le mariage proposé, intéresse la bourse, l'amour-propre ou l'ambition; mais combien est nécessairement superficielle, ne serait-ce qu'en raison de la brièveté des préliminaires et des conditions dans lesquelles il est procédé, l'enquête sur le cœur, l'esprit, le caractère, la culture morale des époux éventuels et sur les harmonies ou les incompatibilités qu'ils présentent. Assurément il appartient aux familles de faire cette enquête : mais avant tout, ce sont les *deux* principaux intéressés qui doivent pouvoir la faire directement, *contradictoirement*.

Voici un jeune homme et une jeune fille dont la vie entière est en jeu, qui vont accomplir l'acte le plus grave de leur existence, celui qui intéresse le plus leur bonheur, leur moralité et, en outre, la société dont ils font partie. On accorde assez généralement qu'il ne faut pas violenter leur cœur. Mais il ne faut pas davantage le surprendre. Il faut laisser à chacun le temps et lui donner le moyen de prendre conscience de lui-même, de s'éprouver et d'éprouver l'autre, de se bien connaître et de bien connaître l'autre, — oui, de connaître l'autre, de l'observer, de le juger. Il faut que chez les deux futurs époux le cœur, bien entendu, et la raison aussi et la volonté réfléchie aient pu s'assurer de la solidité et de la réciprocité des sentiments, des pensées et des résolutions qui doivent les unir.

Tout mariage qui n'est pas bâti sur une réelle mutualité d'attachement, d'estime et de confiance est une profanation de l'institution elle-même, grosse de tous les périls et de tous les malheurs. L'expérience le prouve tous les jours. Il est donc de toute nécessité que la plus égale et la plus consciente liberté préside à la préparation et à la conclusion des mariages.

Ici nous pensons surtout à nos jeunes filles qui, par l'éducation qu'elles reçoivent et sous le poids des préjugés régnants, ne sont ni assez en mesure de connaître, comparer et *choisir*, ni assez capables de bien comprendre et contrôler leur propre cœur, ni *sérieusement* instruites (nous insistons sur le mot *sérieusement*) de ce qu'est le mariage, de ce à quoi il les engage à tous les points de vue.

Nous n'admirons pas l'Anglo-Saxonne *struggle for lifer* qui part en guerre, armée et casquée, pour faire la chasse au mari avec toute l'âpreté d'une personnalité cultivée à outrance. Mais nous plaignons beaucoup la jeune fille de nos pays, *qu'on marie*, sinon malgré elle, du moins sans qu'elle sache bien ce qu'elle va faire, sans qu'elle ait pu comparer à d'autres le candidat qu'on lui propose, sans qu'elle ait *vu* celui-ci autrement que dans le court intervalle qui sépare les fiançailles du mariage et cela dans des conditions tout à fait factices et conventionnelles, nous dirions ridicules si le sujet n'était si douloureux (1).

Au lieu d'emprunter aux pays protestants leurs conceptions et leur pratique du divorce, nous ferions bien de leur emprunter, en l'améliorant avec ce sens de la mesure qui caractérise l'esprit latin, la coutume de favoriser de bonne heure des relations honnêtes, sérieuses, suffisamment libres entre les jeunes gens des deux sexes. Ils se connaîtraient mieux qu'en

(1) Nous ne plaignons pas moins — c'est un autre sujet de tristesse — celles qui se marient par lassitude ou qui s'évadent du célibat comme on s'échappe du collège.

échangeant une fois par hasard, dans un tour de valse, quelque fadaise contre une plaisanterie risquée. Ils apprendraient les uns et les autres le respect d'autrui et de soi-même, ils acquerraient mieux le sentiment de leur dignité et de leur responsabilité. Sous le contrôle réel, mais plus ou moins discret suivant les âges, de la vigilante tendresse des mères, ces relations fourniraient naturellement à des affections particulières l'occasion légitime de naître et de grandir dans une atmosphère de sincérité et de confiance; et ces affections, après un temps d'épreuve que le jugement aurait été aussi bien préparé que le cœur à mettre à profit, pourraient recevoir la première sanction des fiançailles. En parlant de sincérité et de confiance, nous entendons entre autres celles qu'une éducation rationnelle devrait développer dès le plus jeune âge dans les rapports entre enfants et parents, de sorte que ceux-ci soient toujours avertis à temps et, spontanément consultés par leurs enfants eux-mêmes, puissent exercer avec fruit la tutelle soit légale, soit morale suivant les cas, mais avant tout affectueuse et raisonnable qui leur incombe.

Nous voudrions encore qu'entre les fiançailles et le mariage il s'écoulât, en règle générale, un délai suffisant pour que l'épreuve fût aussi complète que possible avant l'acte qui doit engager la destinée entière de deux êtres.

Voilà des vœux qui mériteraient plus de développement que nous n'en pouvons donner ici. Ce qui tombe sous le sens c'est qu'ils appellent des réformes profondes dans l'éducation des jeunes filles... et des jeunes hommes.

Nous parlons de *jeunes filles* et de *jeunes hommes*, mais souvent c'est entre *hommes* et jeunes filles ou entre hommes et *femmes* que la question du mariage se pose. Il en résulte quelques changements; mais l'éducation de la jeune fille pèse sur la femme et celle du jeune homme sur l'homme plus qu'on pourrait le croire, tandis que l'un et l'autre subissent l'action de l'ambiance morale.

VII

Encore la question féminine. — Le rôle social des femmes et nos devoirs envers elles. — Le Féminisme.

Ce n'est ni par des éclats de colère ni par des plaisanteries faciles que l'on viendra à bout du « féminisme ».

Que le mouvement proprement « féministe » soit par bien des côtés une déviation, cela ne nous paraît pas douteux. Qu'il apparaisse tantôt dangereux et tantôt puéril, nous l'accordons. Mais encore faut-il l'expliquer et se demander si ce qu'on appelle les « revendications » féministes n'est pas la formule vicieuse de justes griefs et d'aspirations légitimes, la solution erronée d'un problème réel, mais mal posé.

Il n'y a pas que du parti pris de subversion ou du cabotinage dans le féminisme. Il n'y a pas que de purs révolutionnaires ou de simples virtuoses littéraires parmi les hommes qui en sont. Il n'y a pas que des révoltées, des déclassées ou des déséquilibrées parmi les femmes.

Il y a des femmes malheureuses et des femmes qui souffrent du malheur d'autres femmes. Il y a des femmes d'un caractère et d'un esprit élevés, très troublées de la situation fausse et précaire qui est faite à un grand nombre de leurs compagnes, très jalouses de la dignité de la femme, qui leur paraît lésée par les institutions et les mœurs, et ambitionnant pour elle une vie intellectuelle et sociale plus active et moins entravée.

Il y a des hommes de cœur dont la condition matérielle et morale de trop de femmes excite la pitié, que les abus du pouvoir viril et les lâchetés masculines font rougir.

Les uns et les autres constituent le féminisme sérieux, le seul dont nous ayons à nous préoccuper. Seulement les uns et les autres, à notre sens, pèchent par la méthode et par la doctrine. Même quand ils s'en défendent, c'est la méthode révolutionnaire qu'ils appliquent au problème ; et quant à leur doctrine, elle est très insuffisamment pourvue de sociologie et de psychologie vraiment positives. Aussi ne se soucient-ils généralement pas et ne sont-ils pas en mesure de faire dans les institutions, dans les mœurs, même dans les préjugés, le départ de ce qui est caduc et de ce qui doit survivre avec amélioration. Pour les mêmes raisons ils sont mal préparés à discerner les conditions réelles de la sécurité et de la dignité féminines, comme à déterminer le véritable objectif de l'ambition féminine en harmonie avec la nature de la femme, avec sa destination sociale et avec son bonheur.

Les uns et les autres sont sous l'empire de la métaphysique. Dans les pays protestants où le mouvement a pris le plus de consistance, surtout dans les pays scandinaves et anglo-saxons, le féminisme est tout imprégné d'un individualisme transcendant, outré, grave, très idéaliste, mais aussi, avons-nous dit, très antisocial. Ce féminisme du Nord a bien son écho affaibli en France dans certains milieux restreints ; mais celui qui l'emporte chez nous est plutôt dominé par l'obsession de l'égalité. En outre, la passion antireligieuse y joue son rôle et il se présente chez plusieurs de ses adeptes comme une réaction plus ou moins violente contre la discipline catholique.

Cependant le féminisme n'aurait pas le succès relatif qu'il obtient malgré tous les défauts de sa méthode et de sa tendance générale s'il n'était pas une tentative de satisfaire à des sentiments encore mal définis mais profonds.

A d'indéniables souffrances il offre des remèdes trop souvent illusoires, trop souvent même pires que le mal; mais le mal existe. Parmi les griefs qu'il dénonce il en est de faux ou qui sont à côté de la vérité; il en est de justes aussi. Ce qui est à reprendre quant à ces derniers, c'est parfois la formule qu'il en donne, c'est plus fréquemment le genre de réparation qu'il propose.

Le besoin qui fait sa force, c'est le besoin ressenti par un nombre croissant de femmes d'un rôle social plus large et plus haut à remplir. Les justes griefs se résument dans la méconnaissance des devoirs de l'homme envers la femme, source d'une foule de souffrances matérielles et morales. Le mal aigu c'est le sort de celles qui, malgré elles sont empêchées d'accomplir dans le mariage leur destinée normale et à qui la famille ne peut garantir la sécurité avec la dignité, quand la famille ne leur manque pas tout à fait.

Les positivistes sont convaincus que la vie au foyer est indispensable à la femme, que sa vraie vocation est le mariage, non seulement pour la maternité, mais pour la vie conjugale en elle-même. Il n'en faut pas conclure que suivant eux ses devoirs et son action s'arrêtent à la limite de la famille. Bien au contraire, ils lui assignent une mission sociale aussi générale qu'élevée, d'une portée très étendue, dont les effets précis doivent se faire sentir bien au delà du seuil de la maison.

A la vérité, c'est par le canal de la famille, par l'intermédiaire de ses relations domestiques, par l'ascendant de la royauté morale qu'elle exerce dans sa maison sur les siens et sur ses hôtes, qu'elle agira sur le dehors de la façon la plus habituelle et la plus décisive. Chacun de ses devoirs d'épouse, de mère, de fille, de sœur, de maîtresse de maison, est en même temps un devoir social. Il n'en est pas un qui, bien compris, ne tende, par les soins matériels et par l'action morale qui sont propres à la femme, à faire, à préparer, à maintenir des serviteurs de la société, à pousser ou à ramener dans les voies du concours social tous ceux qui sont justiciables de son affection ou de son influence. Aujourd'hui c'est souvent sans qu'elle s'en rende bien compte que la femme remplit son office social suivant ce mode qui, pour être indirect, n'en sera pas moins toujours le principal et le plus sûr. Dans l'avenir elle sera assez éclairée pour savoir que toutes ses fonctions domestiques ont pour aboutissant le service de la communauté humaine. Cette connaissance et la culture appropriée qu'elle aura reçue la rendront consciente de sa responsabilité tout entière en même temps que de sa valeur et de son pouvoir.

Est-ce à dire qu'il faille exclure tout mode plus direct d'action extérieure de la femme? On verra que non. Mais normalement, quelles que soient les conditions apparentes de sa coopération sociale, c'est en dernière analyse à la pierre d'un foyer qu'elle s'appuiera. Seulement pendant longtemps encore il faudra se résigner à faire en certains cas du bien avec de l'anormal et, comme disait Caussidière, de l'ordre avec du désordre.

Le rôle social de la femme est surtout un rôle moral. Cependant elle a dans la société une fonction matérielle, nous voulons dire économique, bien caractérisée : une fonction de prudente et prévoyante conservation.

Cette fonction féminine d'épargne et d'ordre a pour siège essentiel la maison, le *ménage*, et son bénéficiaire immédiat est la famille. Mais multipliez par le nombre de jours et par le nombre de familles les petites économies quotidiennes que la femme parvient à réaliser à force de sévère attention sur elle-même et sur les autres, par des prodiges d'ingéniosité, maintes fois par des privations personnelles connues d'elle seule, et vous aurez un facteur considérable de la richesse sociale, des réserves de la collectivité. D'où il appert qu'économique dans ses effets, cette fonction de la femme est morale dans sa source ; car elle suppose chez elle tout un ensemble de qualités et d'habitudes morales. Quand elle y manque, c'est en bas à cause de la misère, c'est en haut à cause de la tyrannie des exigences mondaines et sous l'action corruptrice du désœuvrement; c'est dans la classe moyenne par amour-propre et par imitation.

Un fait économique éminemment regrettable, dans lequel les femmes ont une grande part active ou passive, c'est le désordre apporté dans un grand nombre d'industries et de commerces par l'extrême mobilité de la *mode*. Le jour où les femmes penseront sérieusement aux effets perturbateurs et douloureux des variations brusques et si rapidement multipliées que quelques intéressés provoquent en exploitant la fantaisie, la curiosité et plus généralement la passivité féminines, elles hésiteront à se faire les artisans indirects de beaucoup de maux. Voici le ruban remplacé par la plume, à son tour détrônée par la fleur. Tel tissu en pleine vogue en 1901 devient, en vertu de nous ne savons quel décret occulte, ridicule en 1902; et tel autre qui a tous les suffrages en 1902 sera proscrit en 1903. Cette incohérence des demandes produit une déplorable précarité dans les débouchés et dans l'organisation du travail. On peut la rendre responsable de bien des dommages et de quelques ruines, d'un funeste gaspillage des capitaux humains et surtout de cruelles réductions de salaires, sinon de chômages meurtriers qui frappent de nombreuses familles d'ouvriers. Quand les femmes *sauront* mieux, elles ont trop bon cœur pour ne pas s'unir dans une résistance commune à un tel désordre qui engendre de telles souffrances. Et leur veto devra s'étendre à d'autres abus de la mode que ceux dont elles fournissent personnellement la matière.

Le rôle social par excellence de la femme réside dans une action morale définie et de plus en plus intense sur l'ensemble de la vie humaine soit individuelle, soit collective. Il consiste en un ministère généralisé d'éducation morale.

Ce qui le caractérisera, c'est, dans tous les domaines, l'inspiration ou la modération par l'amour de toutes les activités, sans en excepter l'activité de l'esprit. C'est la réaction du cœur sur toute la vie sociale, mais du cœur assisté par une raison cultivée et secondé par une perception plus fine des réalités concrètes, par un sentiment mieux exercé du relatif dans l'ordre humain.

La femme n'exercera ce ministère moral avec utilité qu'à la condition de ne vouloir emprunter son pouvoir qu'au développement de sa vraie nature, c'est-à-dire de rester pleinement femme et de cultiver en elle-même ses vertus essentielles, qui sont aussi ses armes décisives : la tendresse et la pureté.

La tendance du catholicisme fut toujours de sacrifier la tendresse à la pureté. La tendance de beaucoup de féministes est de la refouler au profit d'un faux idéal de personnalité intense et d'intellectualisme combatif. Auguste Comte, tout en plaçant très haut la pureté, a placé plus haut encore la tendresse dans la hiérarchie des vertus féminines et a reconnu la nécessité de les combiner toujours.

« Dans la prétendue perfection morale du christianisme — écrit-il — on a toujours confondu la tendresse avec la pureté. A la vérité, l'amour ne saurait être profond s'il n'est pas pur... » Mais « le christianisme a d'ailleurs trop prouvé que la pureté, poussée même jusqu'au fanatisme, peut exister sans aucune tendresse »... Le Positivisme, « en subordonnant l'une à l'autre ces deux qualités fondamentales du cœur féminin, n'hésitera point à placer la tendresse au-dessus de la pureté, comme se rapportant au vrai but général du perfectionnement humain..... *Toute femme sans tendresse constitue une monstruosité sociale encore plus que tout homme sans courage* ». (Auguste Comte, *Politique positive; Discours préliminaire*, chap. IV.)

Or c'est précisément à introduire plus de bonté et aussi plus de pureté dans la conduite des individus et même des collectivités que consiste le ministère général de la femme.

Les applications dans la famille et hors de la famille en sont innombrables.

Quand Auguste Comte a confié aux femmes, suivant son propre langage, la « surintendance » de l'éducation domestique, il les a en même temps averties qu'il faut élever les enfants non pas pour la famille seulement, non pas pour eux-mêmes seulement, mais encore pour la société dont ils sont membres et en vue des fonctions sociales que la vie leur assignera. Il a d'autant plus grandi la maternité qu'il l'a chargée de plus de responsabilités, puisqu'il attend des mères qu'elles forment des hommes et des femmes pour le service de la Patrie et de l'Humanité.

Grave est la responsabilité de la mère, de l'épouse, de la fille, de la sœur, de toute femme qui tient un homme par la chaîne d'or de l'amour et qui a le privilège enviable de le conduire doucement mais sûrement dans les sentiers de la vie droite et bonne. La mort même ne l'en décharge pas. Car, suivant qu'elle aura rempli ou ignoré son devoir social, sa mémoire sera stérile ou féconde en actions justes et généreuses par la vertu même du culte qui lui aura été gardé.

Mais la juridiction morale de la femme ne doit pas rester bornée par les frontières de la famille. Il faut qu'elle la puisse faire sentir à tous les hommes avec qui la vie sociale la mettra régulièrement en rapport. Aussi importe-t-il beaucoup que l'on parvienne à multiplier les occasions de commerce honnête entre les hommes et les femmes. Nous croyons bon que, dès l'adolescence, l'homme se soit accoutumé, par la pratique même de la vie, par les contacts permis, par de constantes intercommunications morales, à compter avec l'appréciation de la femme et à redouter son jugement. Plus on donnera aux jeunes filles, puis aux femmes, le moyen de faire parfois de leur amour, toujours de leur sympathie subordonnée à leur estime le prix de la bonne conduite privée et publique, plus les hommes auront appris que c'est par là qu'ils ont à les mériter et plus dans les sociétés humaines s'accroîtront les chances d'ordre et de bonheur.

Une de ces trouvailles de génie qui foisonnent dans l'œuvre de Comte, c'est la pensée de faire du *salon* un instrument régulier de l'action sociale des femmes. Dans le salon, sans sortir de chez elles, tout en restant au siège de leurs fonctions domestiques, elles peuvent sans prétention ni pédantisme exercer de puissantes suggestions sur des hommes de tous caractères, voire de toutes conditions, réunis autour d'elles. Que leur cœur et leur intelligence y soient prédisposés par une culture convenable et il ne leur faudra pas longtemps pour adapter l'outil à l'œuvre.

Ces salons où « les femmes feront librement prévaloir leur douce discipline morale », Auguste Comte, que nous citons, ne veut pas qu'ils restent le privilège d'une classe. Il entend que l'usage en soit généralisé. Il l'entend de deux manières. Il veut qu'une femme de cœur et de tête rassemble sans contrainte dans sa maison et sous sa présidence morale des hommes de tous les rangs et de toutes les fonctions, des philosophes, des chefs d'industrie et des prolétaires. Il souhaite en outre que le jour où, suivant sa forte expression, le prolétariat sera « incorporé à la société et non plus campé », la femme du prolétaire elle-même trouve dans son logis modeste, mais décent, le moyen de grouper parfois devant son foyer quelques amis, quelques hôtes qui auront tout profit à entendre d'elle, avec l'accent qui enhardit les faibles et adoucit le cœur des forts, des paroles de confiance, de sagesse et de paix.

Mais, à mesure que les mœurs s'y prêteront davantage et que l'éducation publique y poussera, d'autres procédés serviront à faire rayonner dans tous les sens l'influence des femmes sur toutes les parties de l'activité sociale. Les rapprochements à la faveur desquels cette influence peut prendre tout son champ sont susceptibles de modalités nombreuses. Quant aux moyens de se faire entendre, même de très loin, sans crier, ils peuvent varier beaucoup. Des institutions surgiront spontanément qui en offriront aux femmes d'inédits. Ceux qui sont connus déjà ne sont pas sans valeur. Quand les femmes sauront et voudront, il faudra bien qu'on les écoute.

Le domaine de cette action morale de la femme est sans limites. Il comprend toute la conduite humaine.

Prenons un premier exemple dans la morale que l'on appelle *personnelle*, bien que ses répercussions sociales soient manifestes. L'*alcoolisme* est à bon droit dénoncé comme un vice meurtrier.

Contre ce fléau qui corrompt et qui tue, qui rend criminel et fou, qui fait peser sur des innocents les plus sinistres hérédités et qui frappe la race même dans sa source, nous voudrions voir s'organiser partout la conspiration des femmes. Les résultats obtenus en Suède et en Norvège et dus en grande partie à l'action des femmes sont une indication à retenir et à développer. C'est l'action de chacune sur chacun qui serait décisive; mais encore faut-il que toutes ces actions particulières soient dirigées, coordonnées, maintenues par une sorte de mot d'ordre, que chaque femme, en faisant sa tâche, se sente soutenue par toutes les autres femmes et défendue par elles contre toute faiblesse, contre toute défaillance. Répressive certes, mais en même temps préservatrice, tel est le double caractère de la croisade féminine que nous réclamons. La meilleure chance de réussite serait que la femme la plus modeste sût et *pût* faire à son mari et à ses fils un intérieur capable de faire une concurrence victorieuse au cabaret.

Nous pensons que la femme est en très bonne place, si elle est instruite des effets sociaux de l'hygiène privée, pour accréditer la notion et assurer la pratique des devoirs de chacun envers la santé publique. C'est, par exemple, sur elle, sur son plus énergique concours moral et même matériel, que reposent les plus grandes chances de succès pour la lutte commencée contre la propagation de la *tuberculose*, cette effrayante faucheuse d'hommes.

Mais nous voilà entrés dans le domaine de la morale sociale proprement dite.

La femme y trouve des tâches spéciales à faire et la fonction générale de promouvoir, contrôler et sanctionner, autant qu'il dépend d'elle, l'accomplissement de tous les devoirs sociaux. Celle-ci et celles-là constituent à sa charge des devoirs sociaux qui lui sont propres.

Les tâches spéciales qui conviennent le mieux aux femmes, en dehors des tâches domestiques, sont des tâches d'*assistance* et d'*éducation*.

L'assistance, dont l'aumône n'est ni la seule forme ni la forme supérieure, peut revêtir des aspects infiniment divers. Elle s'applique à toutes les souffrances, à toutes les faiblesses, à toutes les invalidités physiques ou morales, et elle emploie les moyens les plus variés, matériels ou moraux. Ce n'est pas d'hier que le cœur des femmes a prodigué ses trésors de compassion et de dévouement dans les œuvres de *charité*. La charité, faut-il le redire après tant d'autres? réside moins dans les dons d'argent, dont il ne faut pas faire fi et qu'il faut accueillir avec gratitude, que dans le don de soi-même. Les femmes de toute condition n'ont attendu les leçons d'aucune philosophie pour la comprendre et la pratiquer ainsi. Et, si nous n'entendons nullement diminuer le mérite de la femme riche charitable, les mots nous manquent pour dire l'admiration que nous inspirent les exemples chaque jour donnés de la charité des femmes pauvres. Est-il rien qui puisse émouvoir plus profondément l'âme humaine que le spectacle d'une misère qui vient au secours d'une misère plus grande? Or c'est souvent que ce spectacle nous est offert par la femme prolétaire.

Mais la charité, telle qu'on l'entend couramment, n'est qu'une partie de l'assistance, qui elle-même est bien loin d'épuiser le devoir social. L'assistance comprend, outre le soulagement de la misère et de la souffrance, toutes les tâches et tous les services ayant pour objet le soin rationnel et le traitement des malades pauvres et infirmes de toutes catégories, la protection systématique des faibles privés de leurs soutiens naturels, enfants, vieillards, femmes sans ressources ou sans appui, la préservation morale de ceux et de celles que la famille et le milieu ne défendent pas contre les chutes, le relèvement des déchus, etc.

Personne ne conteste aux femmes la part directe d'action qui leur revient dans les œuvres de charité *stricto sensu*. Nous appelons, nous, leur coopération personnelle plus généralisée, non seulement morale, mais souvent technique, voire administrative, aux fonctions et aux offices, soit privés, soit publics, même à ceux de l'ordre le plus élevé, que requièrent les différents modes de l'assistance. Nous n'en exceptons ni l'office médical lui-même, ni plusieurs fonctions supérieures dans l'assistance publique. On a fait quelques pas dans cette voie.

Ce sont là comme autant de formes artificielles de maternité qu'il ne sera pas interdit aux femmes assez fortes pour le faire de cumuler avec la maternité naturelle, mais qui, dans notre esprit, sont surtout appelées à suppléer cette maternité naturelle chez les femmes qui en sont privées (1).

Nous en disons autant des fonctions éducatrices et scolaires, qui sont si conformes aux aptitudes de la femme quand il s'agit de l'éducation des sentiments ou de l'enseignement même public à donner aux enfants des deux sexes jusqu'à la puberté, ou encore de l'enseignement technique à fournir aux femmes de tout âge pour les préparer aux tâches féminines.

Au regard de la fonction générale des femmes, nous ne pouvons que considérer comme une grave erreur la pensée obsédante des féministes systématiques. Au lieu de voir dans la lutte pour l'existence imposée à la femme un mal réel, un mal que nos mœurs et notre état social rendent inévitable, que nous devons donc subir en le réglant de notre mieux et en

---

(1) C'est parmi ces femmes de toute condition que se recruteront de plus en plus, même en dehors de tout besoin de rémunération, des volontaires éclairées et dévouées jusqu'au sacrifice, sœurs de charité laïques, *sœurs d'humanité*.

travaillant à le rendre de plus en plus exceptionnel dans l'avenir, ils y voient le régime normal de l'existence féminine et se proposent de le généraliser. Ils ne se bornent pas à protester contre les obstacles légaux qui s'opposent à l'exercice par les femmes de certaines professions; ils jugent que c'est un bien de pousser les femmes, toutes les femmes, dans la voie de la concurrence professionnelle à outrance, de les engager à briguer le prix de la course dans toutes les carrières et de leur assigner comme but de leurs ambitions le partage avec l'homme, en attendant mieux, de toutes les fonctions sociales dirigeantes, de tous les pouvoirs économiques et politiques.

Ce système nous paraît condamné par au moins quatre raisons décisives. Il est condamné par toutes les données de la physiologie et de la psychologie féminines. Il est destructif de la famille et du foyer, car il n'y a pas de vraie famille ni de vrai foyer d'où la femme est absente ou trop distraite. Il méconnaît le principe de la division des fonctions sociales dans son application la plus générale, qui est le dualisme entre les tâches masculines et les tâches féminines. Il est en opposition avec le rôle essentiel de la femme, qui ne peut exercer avec succès pour sa propre sauvegarde, pour le bien commun et particulièrement pour la défense de toutes les causes dont elle a la charge, un pouvoir effectif sur le cœur et la conduite de l'homme que si elle n'est pas sa rivale dans tous les domaines.

Comment admettre qu'une existence aussi contraire à la nature de la femme, qui, si elle pouvait prévaloir, ne saurait manquer de la déformer au physique et au moral, qui à chaque instant meurtrirait sa chair et son cœur en les heurtant à toutes les aspérités, à toutes les brutalités du combat pour la vie, pour la richesse et pour la domination et qui la priverait de remplir sa destination sociale, pourrait être favorable à son bonheur?

Son bonheur est d'aimer et d'être aimée ou de faire aimer. Son bonheur et son honneur sont d'étendre dans ce monde autant qu'il dépend d'elle l'empire de la sympathie et de mettre toute la puissance de l'amour au service de ce qui est juste et bon.

Pourvu qu'une suffisante culture de l'esprit seconde chez les femmes le développement normal de leur tendresse affranchie des servitudes théologiques, elles s'adapteront avec joie à leur fonction générale, qui est « de modifier par l'affection le règne spontané de la force ». (A. Comte, *Politique positive.*)

Il est inévitable que ce soit la force proprement dite, force du corps ou du caractère, force de la richesse ou du nombre, qui ait le gouvernement matériel des choses humaines. Il est nécessaire et la loi du progrès veut qu'elle soit de mieux en mieux modifiée et réglée par les influences morales qui composent une force d'une espèce particulière, la force morale destinée à grandir sans cesse. L'influence des femmes constitue un élément essentiel de la force morale dans les sociétés. Et c'est à en accroître chaque jour la puissance et l'efficacité qu'il faut travailler sans relâche.

Que l'esprit des femmes, formé par de meilleures disciplines, toujours soumis au cœur mais fortement éclairé par la lumière des sciences supérieures, s'élève résolument à la notion de solidarité entre les hommes et entre les générations combinée avec la vénération des êtres collectifs et le respect de la dignité humaine, et les voilà prêtes pour l'apostolat social de justice et de bonté. Sans jamais affaiblir en elles le don sacré de la pitié pour les souffrances particulières, elles acquerront mieux que jusqu'ici le sentiment des devoirs généraux dont il leur appartient de promouvoir et de surveiller la pratique. Ainsi préparées elles pourront, elles devront étendre leur contrôle moral, leur appréciation, leur pouvoir de douce persuasion à tous les degrés de la vie privée et publique, de la conduite sociale des hommes, sans en exclure les relations civiques et internationales. Ce n'est pas leur affaire de conduire ni de soutenir les labeurs et les luttes de l'atelier ou du forum, pas plus que de gouverner les cités et les Etats; mais c'est leur affaire tantôt d'exciter les courages et de réconforter les volontés lasses, tantôt de modérer les passions, de refréner les appétits, de faire rougir et reculer les égoïsmes, ou encore de calmer même de justes colères; c'est leur affaire de distribuer leur témoignage et leur censure entre ceux qui remplissent et ceux qui enfreignent le devoir social.

C'est leur affaire de porter très haut l'autorité de cette magistrature du cœur; mais c'est avant tout leur affaire d'être, dans les petites choses comme dans les grandes, de bonnes ouvrières de paix et de fraternité.

Homère disait déjà en parlant d'Arété, femme du roi des Phéaciens : « Alcinoüs la prit pour compagne et l'honora comme nulle femme ne fut honorée. *Entourée de respect et d'amour, elle apaise par sa sagesse et sa bonté les querelles qui s'élèvent entre les hommes.* » (*Odyssée*, chant VII.)

Ne vous semble-t-il pas que le grossier jugement de Bonaparte sur la femme fut quelque peu en retard sur cette conception homérique?

Quant à nous, nous attendons par exemple des femmes que, dans les conflits sociaux qui trop souvent entre-choquent en des luttes acharnées patrons et prolétaires, elles « apaisent par leur sagesse et leur bonté les querelles qui s'élèvent entre les hommes », qu'elles les apaisent et, mieux encore, qu'elles les préviennent autant que possible.

Quel rôle magnifique que celui de la femme du patron si elle en comprenait toute l'ampleur! Nous ne parlons pas seulement de toutes les formes d'assistance ostensible ou discrète qui requièrent son initiative spéciale. Nous la voyons assumant la charge de rappeler sans cesse au possesseur du capital, au chef ou directeur d'industrie dont elle est la compagne, s'il en est distrait par l'entraînement des intérêts ou par l'intensité de l'action quotidienne, tout son devoir social, tout son devoir de solidarité envers ses collaborateurs ouvriers. Nous la voyons, le cas échéant, attachant son énergique réprobation à tout abus de pouvoir, à toute iniquité. Si, malgré ses efforts, un conflit s'élève, elle sera la médiatrice écoutée, la conseillère persuasive de justice fraternelle. Après la lutte elle calmera les ressentiments : elle préviendra, quand ce sera nécessaire, les sévérités même motivées si « sa sagesse et sa bonté » les condamnent, et fera descendre la paix des protocoles dans les cœurs.

Et la femme du prolétaire! Elle aussi a un ministère de sagesse et de conciliation à remplir. Il la faut sans doute aussi pénétrée que les siens du sentiment de la solidarité ouvrière, mais prompte également à les faire ressouvenir que le travail a lui aussi des devoirs et une responsabilité en vertu d'une solidarité plus générale et supérieure. Avec son bon sens elle détournera les hommes des excès et des imprudences qui compromettent les plus justes causes, et c'est elle qui opposera les saines clartés du cœur aux obscures et mauvaises suggestions de la souffrance aigrie. Pendant le conflit, s'il n'a pu être conjuré, elle sera la modératrice des impatiences et des colères; elle ne poussera pas aux lâches défaillances, mais elle refoulera avec fermeté toute velléité de violence. Sans amollir les courages dans les cas où il est évident que la résistance légale pour l'homme et l'endurance pour elle-même sont le devoir douloureux, elle appuiera toujours les tentatives de transaction raisonnable et ne manquera pas d'ajouter aux chances de paix l'appoint de sa double autorité d'épouse dévouée et de mère ayant charge d'âmes. Le conflit terminé, c'est elle qui consolera dans la défaite en ranimant l'espoir de jours meilleurs, c'est elle qui déconseillera l'abus de la victoire, c'est elle qui sera la tendre médicatrice du plus cruel des maux, du mal de haine.

Plus généralement toutes les femmes s'emploieront en toute occasion, même en dehors du cercle étroit de leur parenté, à faire mieux sentir aux hommes que ces forces qui s'appellent la richesse et le travail, le nombre et le savoir, le talent et la réputation ont toutes une destination sociale et, dominées par des obligations communes, doivent être appliquées au service continu de la Patrie et de l'Humanité présentes et futures.

C'est en ce sens qu'Auguste Comte fait de toutes les femmes les libres coopératrices de son *pouvoir spirituel*. Nous dirons, dans la dernière partie de cette étude, comment ce pouvoir spirituel est aussi nécessaire aux femmes pour éclairer et coordonner leur action affective qu'elles lui sont indispensables pour compléter la force morale par l'alliance de la Science et de l'Amour.

De la nature féminine, de la fonction domestique et du rôle social des femmes découlent d'impérieux devoirs envers les femmes.

D'abord, on leur doit une éducation adaptée à cette nature, à cette fonction et à ce rôle.

L'éducation du cœur est la chose capitale. Elle n'a qu'à favoriser la pente naturelle de l'âme féminine dans le sens de son évolution antérieure vers la plus grande tendresse combinée avec l'indispensable pureté. Il y faut faire converger tout l'effort de la famille et toutes les influences sociales.

Cette culture doit être complétée et consolidée par la culture de l'esprit. Plus encore que pour l'homme, la première instruction sera pour la femme esthétique avant tout. Mais il est nécessaire qu'à partir de l'âge convenable elle reçoive une solide instruction scientifique. Sans être identique à celle des jeunes garçons dans toutes les parties, elle lui sera, quant à la direction générale, semblable. Allégée des surcharges inutiles qui encombrent la mémoire, conduite de manière à restreindre l'effort intellectuel aux choses essentielles et à discipliner l'esprit tout en lui épargnant les fatigues superflues, elle sera cependant sérieuse. Nous demandons qu'elle soit pour les jeunes filles, comme pour les jeunes garçons, encyclopédique et coordonnée, moins soucieuse d'enfler démesurément leur bagage que de former dans leurs cerveaux une synthèse rationnelle de connaissances, une mentalité positive. Elle les guidera sur l'échelle des sciences, depuis l'arithmétique jusqu'à la morale, sans omettre aucun des degrés intermédiaires ; mais elle s'attachera surtout à en dégager sans pédantisme une conception réelle du monde, de la vie et de la société, à faire comprendre les méthodes, à montrer l'enchaînement hiérarchique de toutes les sciences, à enfoncer profondément dans la pensée les notions de loi, d'ordre et de progrès. Elle s'attardera un peu plus sur les sciences supérieures, celles de l'homme individuel et collectif. Elle insistera sur la destination sociale et morale de l'ensemble du savoir, dont le véritable but est de mieux connaître l'Humanité pour la mieux servir.

Ainsi le cœur de la femme, éclairé par une intelligence renseignée et réglée, deviendra pleinement une *conscience* affranchie du vieil obscurantisme, mais d'autant plus serve du devoir.

Là est le moyen de faire cesser le divorce mental maintes fois dénoncé comme une cause de trouble dans la vie des familles et comme un sérieux obstacle à l'action sociale de la femme. Et nous entrevoyons la possibilité de réaliser dans l'union conjugale cette condition nécessaire entre autres de force et de dignité : une même foi, un même idéal.

A côté de cet enseignement théorique, une importante place doit être faite à l'enseignement pratique. Celui-ci doit préparer principalement la femme au métier de femme et de mère de famille, auquel il la faut toujours supposer destinée. Il comprendra tous les arts de la maison, toutes les tâches de la ménagère. L'hygiène y sera au premier rang avec de suffisantes clartés en biologie. Et, au regard du mariage et de la maternité à prévoir, nous nous permettons de penser qu'il appartient aux mères de ne pas entretenir leurs filles au delà d'un certain âge dans une ignorance aussi dangereuse que puérile des réalités qui s'y rattachent. Le préjugé contraire, qui va contre son but, tient à une irrationnelle confusion entre l'*innocence*, tôt ou tard d'ailleurs entamée de la mauvaise manière par des demi-révélations de contrebande ou troublée par un vagabondage malsain de l'imagination, et la pureté véritable, pour laquelle la grave et chaste sincérité de la leçon maternelle serait une défense de plus.

Nous sommes partisan d'une sage instruction professionnelle des jeunes filles. Car, sans contradiction, nous soutenons ces deux opinions à la fois : *La femme ne devrait pas avoir besoin de travailler pour vivre ; — la femme doit savoir et pouvoir, si c'est nécessaire, travailler pour vivre.*

C'est le moment de résumer nos devoirs particuliers envers la femme dans ces trois règles :

L'homme doit respecter la femme.

L'homme doit protéger la femme.

L'homme doit nourrir la femme.

Le respect de la femme doit s'entendre au sens le plus étendu, le plus complet. Combien nos mœurs laissent à désirer sur ce chapitre ! Oh ! les égards dans les formes et dans les gestes, la galanterie des propos ne manquent pas, quoique d'aucuns prétendent qu'ils sont en baisse. Mais le respect dans les pensées et dans les actes est-il bien ce qu'il devrait être? Hélas ! non ; et l'opinion parmi nous a de déplorables indulgences, quand ce n'est pas de l'admiration, pour le libertinage masculin, en contraste avec l'impitoyable sévérité dont elle accable les fautes féminines. Nous n'en sommes pas encore à flétrir la séduction autant qu'il faudrait, ni, à plus forte raison, à juger comme elle le mérite la violation par le mari de la foi jurée.

Le devoir de protection, qui comporte chaque jour de nouvelles applications, se comprend assez pour ne nécessiter aucune explication particulière. Mais il le faut étendre des individus à la collectivité, qui doit aux femmes une active sollicitude et une défense effective.

« L'homme doit nourrir la femme..... A défaut de l'époux et des parents, la société doit garantir l'existence matérielle de la femme, soit en compensation d'une inévitable dépendance temporelle, soit surtout en vue d'un indispensable office moral. » Tel est le principe formulé par Auguste Comte, avec autant d'ampleur que de netteté. (*Politique positive*, t. Ier ; *Disc. prél.*, chap. IV.)

Tant qu'il ne recevra pas une application sérieuse, le ministère domestique et le ministère social de la femme seront également en souffrance.

— Mais c'est un principe d'humiliation et de servitude — s'écrient les féministes. Quelle erreur ! Est-ce que l'homme qui nourrit la femme pour l'affranchir de tout travail extérieur lui fait une aumône? Ne s'acquitte-t-il pas plutôt, et combien imparfaitement, d'une dette stricte envers elle ? Quelle médiocre indemnité, si on la compare à la grandeur des services rendus. Et si on pèse, non pas uniquement les tâches si précieuses exécutées par la ménagère dans la maison, mais ce que la femme donne du plus profond de son être, comme mère, mais l'incomparable providence morale qu'elle exerce à tous les âges dans la famille et dans la société, est-il quelque commune mesure entre ce qu'on lui fournit et ce qu'on reçoit d'elle?

Est-il seulement quelque équivalent matériel de la joie, du réconfort et de la force d'âme que procure à l'homme un intérieur dont la mère, l'épouse, la fille sont les fées bienfaisantes? Comparez dans la vie, même dans la vie publique, celui à qui un tel bienfait a été donné et celui à qui il a manqué !

Jugez à cet égard de la pauvreté de nos mœurs et de nos lois. C'est de mille manières que le devoir de l'homme envers la femme est méconnu et que le premier atteste par ses actes l'inconscience de ses obligations et de sa responsabilité.

Toute une profonde réforme des mœurs, voire de l'opinion, s'impose de ce chef.

Mais que dire en passant de cette criante anomalie de notre Code civil qui transmet l'héritage d'une femme riche à un parent du *douzième* degré et qui n'impose pas de dette alimentaire à un *frère* en faveur d'une sœur malheureuse? Et que dire de l'interdiction de rechercher la paternité?

Cependant l'homme manque plus d'une fois. Dans bien des cas, qui seront, c'est notre espérance, plus rares dans l'avenir, il existe, mais il ne peut pas nourrir la femme ou à lui seul nourrir les enfants. Ne faudrait-il pas que, sauf invalidité, il pût toujours? C'est toute la question des salaires et des chômages qui se dresse ici et qu'on ne traite pas incidemment. D'autre fois l'homme ne veut pas, sans qu'en l'état actuel des choses il soit possible de vaincre son mauvais vouloir. Enfin un nombre chaque jour plus grand de jeunes filles ou de jeunes femmes, cultivées et sans fortune, aspirent, dans la société présente, à s'assurer par un service rémunéré le moyen d'attendre le mari sans hâte et de le choisir en toute liberté.

C'est dans ces cas que « la société » doit intervenir. Mais comment?

Si elle intervient par ses organes officiels, il nous paraît que la considération combinée des ressources et de nos mœurs doit déconseiller, excepté pour les femmes âgées ou infirmes, pour les orphelines pauvres et mineures et pour les veuves sans ressources chargées d'enfants la forme de l'assistance pure autrement qu'à titre de nécessité temporaire. Mais l'Etat, le département, la commune, les établissements publics peuvent réserver aux femmes qui se trouvent dans l'un des cas mentionnés plus haut des emplois modestes ou supérieurs en rapport avec leurs aptitudes et le degré d'instruction de chacune.

Parmi les services publics les mieux désignés à cet effet, nous plaçons au premier rang ceux qui sont de véritables offices de maternité artificielle : tous les services de l'enfance, scolaires, hospitaliers, d'assistance, de garde, de protection, de surveillance, de patronage et autres. Pour des raisons analogues nous y joignons les autres branches de l'assistance publique, particulièrement celles qui intéressent les femmes, les vieillards et les malades. Nous pensons, par exemple, que les emplois d'infirmières et de surveillantes à tous les degrés dans les hôpitaux devront être, dans des proportions toujours croissantes, attribués aux femmes dont il s'agit, à mesure qu'elles y seront préparées. Dans les hôpitaux encore et dans les hospices, asiles, etc., une part devra leur être donnée des fonctions administratives et des services médicaux, de ceux notamment qui sont affectés au traitement des femmes et des enfants.

Ce sont là, à proprement parler, les services de la femme et nous avons commencé par citer les services scolaires dans lesquels on étendra, non sans profit, la participation de la femme quand il s'agira des jeunes enfants de l'un et l'autre sexes.

Mais, devant des nécessités pressantes, les administrations publiques feront sagement de continuer à confier aux femmes d'autres emplois qui réclament surtout de l'adresse, de la patience et du soin dans les détails, en préférant ceux qui peuvent être individualisés ou ne nécessitent pas la réunion d'un nombreux personnel dans un même local. A cet égard la pratique actuelle comporte des amendements, mais aussi des extensions.

Toutefois le nombre des situations malheureuses, anormales, exceptionnelles ou seulement transitoires est, de nos jours, trop grand pour que les administrations publiques suffisent à y pourvoir.

Elles peuvent assurément être secondées par des sociétés et des associations (1). Mais il n'en restera pas moins inévitable

---

(1) Celles-ci pourront varier davantage les applications du devoir de solidarité envers les femmes.

jusqu'à nouvel ordre que beaucoup de jeunes filles et de femmes demandent à des professions privées, au *métier*, soit des moyens d'existence permanents ou provisoires, soit un complément de ressources pour la famille.

Alors la question se pose pour les esprits relatifs de distinguer les métiers qui ont le moins d'inconvénients pour la femme. Le jour où l'opinion serait à peu près faite sur ce point son action sur les mœurs se ferait heureusement sentir. N'est-ce pas l'opinion qui a obtenu déjà du législateur un commencement de dispositions tutélaires contre le travail de nuit des femmes et contre la durée excessive de leur labeur quotidien?

Nous croyons qu'il serait téméraire et vain de tenter ici une énumération complète et limitative des professions acceptables pour les femmes. Nous nous en abstiendrons, et nous nous bornerons à énoncer le sens général de nos contre-indications et de nos préférences.

Particulièrement contre-indiqués sont, à notre avis, les métiers et professions qui entraînent des travaux périlleux, ou d'excessives fatigues, ou des habitudes nuisibles à la constitution de la femme, — ceux qui s'exercent au milieu d'agglomérations physiquement et moralement malsaines, — ceux qui nécessitent des promiscuités dangereuses, — ceux qui surexcitent à outrance la cupidité, la combativité ou l'orgueil, — ceux enfin qui éloignent le plus de la famille.

Tous les efforts doivent tendre à hâter le jour où ils seront épargnés aux femmes.

A titre de préférence, à des degrés divers, on peut indiquer :

— 1° Les occupations qu'il est permis de regarder comme une transposition de la fonction maternelle ou éducatrice. Nous y comprenons des professions de tout rang, depuis celle de garde-malade jusqu'à celle de médecin, en passant par diverses branches de l'enseignement;

— 2° En général, les travaux rémunérateurs que la femme pourrait faire sans quitter son foyer;

— 3° Les occupations qui sont une forme de la fonction ménagère. Une bonne place doit être faite, parmi celles-ci, à certaines parties de la gestion agricole. Nous n'hésitons pas à y rattacher, pour les plus modestes, les fonctions féminines de la domesticité, qu'il faut relever, dont il faut faire une annexe libre, honorée et fraternellement traitée de la famille ;

— 4° Les arts du dessin, de la peinture et de la musique, l'enseignement de ces arts, — et une foule d'applications de l'art décoratif au mobilier, à l'habitation, etc. ;

— 5° Des travaux d'écriture, de rédaction, de traduction, de comptabilité, d'ordre, exécutés soit au logis, soit dans des locaux adaptés aux convenances féminines ;

— 6° Certaines parties du commerce de détail ;

— 7° Les métiers qui ont pour objet l'entretien, le vêtement et la parure de la femme et de l'enfant, s'ils sont organisés autrement que dans certaines grandes usines de la couture et de la mode, si lamentablement favorables à la coéducation du vice.

Ce ne sont là, répétons-le, que des indications en un sujet et pour un temps où la rigueur absolue n'est pas de mise.

Mais ce qu'il ne faut jamais se lasser de dénoncer au sentiment public pour qu'il les condamne avec la dernière sévérité, ce sont certains salaires féminins manifestement insuffisants, ces salaires de misère qui forcent des femmes à choisir entre la faim, que la plupart choisissent bravement, et la honte... quelquefois, ô infamie ! escomptée par l'employeur.

Ce qui précède est pour essayer de répondre soit à des nécessités douloureuses, soit à des exigences spéciales, soit à des convenances transitoires qui ne doivent jamais nous masquer le rôle normal et la vraie destinée de la femme.

C'est ce rôle si grand et si beau, c'est cette noble destinée qui nous rendent la femme adorable comme ses souffrances nous la rendent sacrée. Par là est motivé le culte que lui a voué Auguste Comte, qui a écrit : « Le genou de l'homme ne fléchira plus que devant la femme. »

VIII

L'enfant et la continuité humaine.

Il n'échappe à personne que nous avons passé, sans les toucher, à côté de plus d'une question intéressant la femme et le mariage. Nous avons ainsi écarté celles qui, sans être étrangères à la morale, — rien de ce qui concerne la condition de la femme n'est étranger à la morale, — sont trop spécialement politiques ou juridiques. Est-ce à dire que nous les jugions négligeables ? Est-ce à dire que, par exemple, toutes les dispositions de nos codes relatives à la capacité civile de la femme et au contrat de mariage nous paraissent intangibles ? Il n'en est rien.

Nous aurions aimé à nous arrêter sur d'autres points. Que n'y avait-il pas à dire sur les mauvaises mœurs formées, cristallisées, pour ainsi dire, autour de l'institution de la dot ? Quelle tentation aussi de parler des obstacles suscités au mariage, dans nos classes moyennes, soit par le défaut de courage chez l'homme, soit par la vanité féminine ! Comment nier les rapports de cette question du mariage avec la question si complexe économiquement et moralement du luxe à tous les degrés et avec le rôle de l'imitation dans la vie ?

Mais le but propre et les dimensions de cet écrit ne nous permettent ni de traiter tous les sujets qui relèvent de la morale, ni d'épuiser — il s'en faut de beaucoup — les sujets que nous abordons. Notre but est seulement de montrer, par quelques exemples empruntés à différents domaines, l'aptitude du positivisme à restaurer l'ordre et à réaliser le progrès dans les idées morales et dans les mœurs elles-mêmes.

La femme et le mariage font penser naturellement à l'enfant et, par l'enfant, à la continuité humaine.

Il entre assurément dans la continuité humaine bien

d'autres éléments que la filiation et l'éducation des jeunes. Toutefois il est clair que toutes les solidarités économiques, intellectuelles, politiques, morales, par lesquelles les générations sont liées entre elles et leur concours successif subissent l'influence des hérédités proprement dites et dépendent étroitement de la façon dont fonctionnent d'âge en âge les milliers de laboratoires domestiques où se forment les générations elles-mêmes.

Comment les enfants, dans une société donnée, sont d'abord engendrés, ensuite conservés et élevés, voilà qui importe autant à la force et au développement de cette société que la santé des cellules composantes à la santé de l'organisme. Comment le père et la mère se comportent entre eux et avec leurs enfants et comment ascendants et descendants agissent et réagissent entre eux, voilà qui n'est pas de moindre importance.

Tout le monde admet que l'éducation des enfants doit être soumise à des règles. Il semble, au contraire, que leur procréation ne relève d'aucun principe et soit livrée « à la grâce de Dieu » ou à la providence du hasard. Ce n'est pas seulement hors du mariage, c'est trop souvent aussi dans le mariage qu'elle se présente comme une manifestation amorale de la vie. La procréation animale est réglée, la procréation humaine ne l'est pas.

C'est à un règlement moral que nous songeons. Il faudra que la conscience individuelle et la conscience publique apprennent à se montrer sur ce sujet aussi exigeantes et aussi sévères qu'elles se sont montrées jusqu'ici imprévoyantes et légères.

Le devoir est cependant manifeste.

D'abord le devoir direct envers l'enfant. Quelqu'un disait avec beaucoup d'esprit, dans un débat récent, qu'on fait à l'enfant une première violence inévitable en le mettant au monde sans lui en demander la permission. C'est bien le moins alors que ceux qui le mettent au monde évitent, autant qu'il dépend d'eux, de l'y mettre condamné d'avance soit à une mort prématurée, soit à une vie intolérable. A-t-on le droit, même avec l'autorisation du magistrat et du prêtre, d'imposer à un être à qui l'on doit tout le bonheur possible une existence faite de souffrance et de terreur?

Mais il faut considérer en outre que la procréation vicieuse d'un seul enfant fait le plus grand tort à la société, étant grosse pour elle de conséquences incalculables dans l'avenir. Cet enfant né de vous avec la tare que vous lui avez infligée sera pour son ambiance, tant qu'il vivra, une source de souffrances physiques et morales ou tout au moins une cause de faiblesse. S'il survit assez, à son tour il engendrera une race viciée. Et, pour apprécier les responsabilités encourues, il n'est pas nécessaire d'envisager les cas extrêmes où la procréation déchaîne sur la société les fléaux des pires contagions, de la folie ou de la criminalité.

Plus les connaissances scientifiques et le sentiment social seront répandus, plus on se convaincra que les responsabilités dont nous parlons commencent bien avant la procréation elle-même.

On ne retiendra jamais trop l'attention des jeunes hommes et des jeunes femmes, des familles, du public qui juge, sur la gravité du devoir envers l'enfant futur.

Le viole manifestement ce jeune homme qui, avant le mariage, ruine son corps et gâte son cœur dans les excès et dans la débauche; car il appauvrit ou corrompt en lui les sources de la vie, s'il ne les stérilise pas tout à fait.

Il ne faut pas moins déplorer, comme également funestes aux futures ou possibles maternités, le surmenage industriel ou cérébral d'un grand nombre de jeunes filles et de femmes, l'oisiveté agitée, la dissipation absorbée et vide qui caractérisent la vie mondaine de quelques autres. La constitution physique et morale qu'exigera le jeu normal de la fonction maternelle en est atteinte, et quelquefois irrémédiablement.

Beaucoup de familles, plus qu'autrefois, ont aujourd'hui le souci des tares physiologiques qui peuvent s'opposer à un mariage. Mais ce souci est encore bien loin d'être assez généralisé ni assez éclairé; et combien nos mœurs condamnent les enquêtes, sur ce point comme sur d'autres, à être trop rapides et trop superficielles!

Le devoir envers l'enfant futur est riche de conséquences. Il influera, dès qu'il sera profondément senti, sur l'ensemble de la morale personnelle. La seule perspective d'avoir un jour à donner la vie à de nouveaux êtres fait à chacun une obligation d'observer les règles d'une bonne hygiène physique et morale, afin de la donner aussi saine, aussi vigoureuse, aussi bien équilibrée, aussi adaptable aux fins humaines que possible. Quelle raison puissante de surveiller et de régler son corps et son esprit, son cœur et sa volonté, germes virtuels, pour une part peut-être importante, de l'humanité prochaine !

Après ce qui précède, faut-il insister sur la responsabilité redoutable de l'homme ou de la femme atteints d'une affection grave qu'ils courent sérieusement le risque de transmettre par la procréation ? Il est même des états morbides qui se transmettent avec des transformations aggravées. On connaît les modalités héréditaires de certaines maladies nerveuses. L'alcoolisme, qui est en même temps un vice et une maladie, transmet, entre autres germes mortels, ceux de l'épilepsie et de la folie, sans compter la prédisposition à la tuberculose. Quant à la tuberculose elle-même, il semble bien qu'on n'hérite pas de l'infection, mais du terrain de culture qui la favorise. C'est déjà beaucoup ; mais il faut prévoir, en dehors de l'*hérédité*, les facilités que la vie de famille et surtout les rapports entre époux ou de la mère à l'enfant procurent à la *contagion*, lorsqu'il s'agit de tuberculose pulmonaire.

Il n'est qu'un moyen de déterminer le devoir avec la sévérité nécessaire et aussi sans irrationnelle exagération. Il faut que les médecins soient considérés de plus en plus comme investis d'une part de l'autorité sociale, comme exerçant un *pouvoir spirituel* et qu'ils déclarent dans chaque cas si le devoir commande ou non l'abstention temporaire ou définitive de toute procréation [1].

Si l'abstention est commandée, deux solutions se présentent. Celle qui s'offre la première à l'esprit est l'inter-

---

1. Cette question touche par certains côtés à celle du *secret médical*, que nous ne nous permettons pas de traiter d'une façon incidente.

diction morale, perpétuelle ou jusqu'à guérison complète, du mariage. Pour qu'elle fût autant que possible efficace, il faudrait que la conscience publique, plus en éveil sur ce sujet, se montrât d'une très grande sévérité contre les infractions commises et qu'il en fût de même de ce qu'on appelle les jugements du monde. Ne pourrait-on pas, dans quelques cas spéciaux et extrêmes, aller jusqu'à l'interdiction *légale* ? Nous ne nous dissimulons ni la délicatesse, ni les difficultés pratiques de la question, mais il convient qu'elle soit posée.

Auguste Comte, fidèle à sa conception si noble et si juste du mariage humain, cédant d'autre part aux inspirations de son incomparable bonté, a enseigné une autre solution. Il lui paraissait rigoureux et bien dur de priver des consolations, de la douceur, des précieuses réactions morales du mariage ceux du moins qui subissent sans l'avoir mérité le malheur de ne pouvoir donner la vie sans transmettre des germes de mort. Alors, présumant beaucoup de la régénération humaine et du perfectionnement de notre nature par l'éducation et par une culture morale sans précédent, il a institué pour ces malheureux le mariage volontairement chaste. Il lui a donné pour complément la pratique de l'adoption, dont un usage plus répandu et bien réglé pourrait être d'une portée sociale très heureuse à tous égards, s'il était plus favorisé par les mœurs et par nos lois.

Des deux solutions celle d'Auguste Comte est celle qui satisfait le plus le cœur ; mais, encore plus que la première, elle suppose un progrès moral, une éducation de la volonté, une ascension parallèle du niveau individuel et du niveau social dont il ne faut ni se hâter de proclamer l'impossibilité, ni se dissimuler la difficulté grande.

Sans doute on n'a pas tout dit sur ce sujet, quand on a parlé du règlement moral des mariages. Car il y a les naissances illégitimes. C'est encore là affaire de temps et d'éducation. Mais, si lent que doive être le progrès, c'est beaucoup de savoir dans quelle direction devra se faire l'effort continu pour l'amendement de chacun et de l'esprit public qui réagit sur chacun.

Nous ne méconnaissons pas l'importance du problème de la population, quoiqu'il ait besoin, nous semble-t-il, d'être mis au point et qu'il ait suscité des thèses excessives. Mais, s'il est vrai que la natalité est en ce moment insuffisante en France, gardons-nous d'oublier que l'intérêt social exige bien moins une fécondité désordonnée — caractéristique des espèces inférieures — qu'une procréation prévoyante, une conservation méthodique et une éducation rationnelle des jeunes.

Nous n'en rougissons pas moins de la répugnance que des hommes et même des femmes bien constitués, voire quelques jeunes filles valides appartenant au *monde*, ne se donnent pas la peine de dissimuler pour la venue possible des enfants dans le ménage formé ou éventuel. Faite de défaut de courage et d'égoïste éloignement pour tout ce qui menace de diminuer le bien-être ou de déranger le cours de plaisirs frivoles, elle est profondément immorale. Elle est une des formes de la tendance, propre aux époques d'interrègne spirituel, à ne tolérer que le moins possible des liens, des obligations et des responsabilités qui gênent.

Il est un sujet sur lequel le déséquilibre de nos idées morales apparaît clairement : c'est celui de l'enfant naturel et de la fille-mère. On ne sait pas renoncer à l'injustice envers celui-là et à d'excessives sévérités de jugement à l'égard de celle-ci sans tomber dans des exagérations contraires.

Attacher la honte à la qualité d'enfant naturel est absurde et odieux. Est-il responsable des fautes de ses auteurs ? Et quand les lois ou plus encore les mœurs lui rendent la vie plus difficile qu'aux autres, en raison de son origine, elles sont iniques. Elles ne le sont pas moins quand elles leur ferment le recours contre des responsabilités qui se dérobent lâchement, quand elles prohibent la recherche de la paternité.

Mais on dépasse le but si l'on demande une *égale* participation de l'enfant naturel à *tous* les avantages faits à l'enfant légitime, lorsque ces avantages ne sont dévolus à celui-ci, en dehors de tout mérite propre, qu'en raison de sa place dans la constitution de la famille normale. Il en est ainsi pour les successions. Il faut cependant que parmi les motifs de préférer le mariage aux unions irrégulières soit comprise la considération de certaines prérogatives d'ordre matériel attachées à la filiation légitime.

De l'enfant remonterons-nous à la mère ? On fait bien de réagir contre d'implacables et souvent hypocrites flétrissures. Est-ce qu'elles ne contrastent pas avec l'indulgence dont on use envers celles et ceux qui déshonorent le foyer légitime, envers celles que l'excès même de leur inconduite assure contre le risque de maternité ? Un peu moins d'anathèmes, s'il vous plaît, un peu plus de pitié, un peu plus d'assistance matérielle et morale aussi pour la fille séduite et mère, surtout quand elle remplit dignement son devoir maternel ; et ne ménagez pas votre réprobation au misérable séducteur qui abandonne la femme et renie l'enfant.

Mais n'allez pas au delà. N'allez pas, sous prétexte de glorifier la maternité, jusqu'à exiger que la société rende des honneurs pareils à la défaillance même excusée, même rachetée par l'enfant vaillamment élevé, et à la dignité si haute de la mère-épouse fidèle à tous ses devoirs.

Comme on remet tout en question, il était inévitable que la puissance paternelle subit le sort commun.

C'est au nom du *droit de l'enfant* qu'elle est battue en brèche. Il se répand autant de chimères sous le couvert de ce « droit de l'enfant » que le « droit du père de famille » a abrité et abrite encore d'erreurs ou d'abus de pouvoir.

Ils s'opposent l'un à l'autre avec véhémence. Dispute théologique ou querelle de métaphysiciens

A ce conflit de *droits* les positivistes substituent la détermination et le concours des *devoirs*.

La fonction paternelle, à laquelle il faut associer la fonction maternelle, comprend le devoir d'éducation et le devoir de tutelle ; elle engage de graves responsabilités. L'éducation et la tutelle, qui veut dire protection, doivent s'entendre au sens strict à l'égard des enfants mineurs. On ne les conçoit pas sans la faculté de commander ou d'empêcher et sans le complément d'un pouvoir disciplinaire. Elles justifient ce qu'on appelle encore la puissance paternelle. Ce mot *puis-*

sance est un vestige de la conception antique du droit de propriété du père sur les enfants. Il y aurait avantage à le remplacer par le mot *autorité*.

A l'autorité des parents correspondent, du côté des enfants, les devoirs de respect, de reconnaissance et de soumission.

A côté de l'autorité du père nous voudrions fortifier l'autorité de la mère, tout en reconnaissant que celle-ci ne peut être que morale du vivant du père dans la plupart des cas qui nécessitent une décision positive à prendre.

Paternelle ou maternelle, cette autorité n'est pas instituée pour les parents, mais dans l'intérêt des enfants et de la société dont ils seront les serviteurs. Elle n'est pas un droit personnel; elle est une fonction domestique et sociale. De ce principe découlent plusieurs conséquences.

D'abord, l'autorité des parents n'est pas absolue, mais relative. Sans faiblesse, elle tiendra compte de la personnalité grandissante de l'enfant et respectera sa personnalité future. C'est ainsi que, s'ils doivent posséder le droit d'opposer leur *veto* au mariage de leurs enfants au-dessous de l'âge déterminé, ils manquent lourdement à leur devoir quand, par contrainte morale ou autrement, ils violentent ou surprennent leur consentement pour la formation d'un lien matrimonial.

Invoquer le « droit de l'enfant » pour interdire à ses parents de l'élever dans la religion qu'ils professent ou dans leurs idées philosophiques n'est que le jeu d'une scolastique vaine. S'ils sont convaincus que la discipline morale de la vie est liée à telle ou telle croyance, à telle ou telle doctrine, c'est pour eux un devoir et par conséquent un droit de communiquer cette croyance à leur enfant, de l'initier à cette doctrine, de lui transmettre leur propre foi. Si à cette foi se rattache un culte qu'ils pratiquent eux-mêmes, il leur appartient de l'y faire participer. Mais nous spécifions une condition et une réserve importantes.

La condition est que toute hypocrisie et toute irrévérence à l'endroit des croyances, des opinions ou des pratiques inculquées doivent être également condamnées comme démoralisatrices et pernicieuses. Il est mauvais de montrer devant son enfant les signes extérieurs d'une foi que l'on rejette; c'est une leçon de mensonge. Il est aussi mauvais de tourner en ridicule devant lui les dogmes qu'on lui enseigne ou les cérémonies auxquelles on l'associe; l'enfant apprend ainsi à mépriser ou sa religion ou sa famille ou l'une et l'autre. Soyez sincère avec lui et avec vous-même; unissez-le à vous dans la franchise et dans le respect; ce sont là les conditions premières de toute éducation sérieuse.

La réserve est que, si jusqu'à un certain âge la personnalité intellectuelle de l'enfant ne se distingue pas de celle des parents, comme il arrive un moment où elle commence à vivre de sa vie propre, elle doit être, dès lors, à la fois dirigée et respectée. Devant l'esprit critique qui s'éveille, qu'une éducation rationnelle doit exercer avec prudence et régler avec sagesse, sans jamais chercher à l'étouffer, les parents ont l'obligation non certes d'abdiquer leur autorité spirituelle, mais d'en user par l'action démonstrative et persuasive sur l'esprit et sur le cœur, par l'exemple aussi, en s'interdisant *toutes les formes de la contrainte*.

Une difficulté très grave résulte trop fréquemment, dans notre société si profondément divisée, des dissidences religieuses ou philosophiques qui séparent le père et la mère. L'un et l'autre doivent à leur enfant de faire l'effort maximum pour établir entre eux l'union spirituelle si nécessaire. S'ils n'y parviennent pas, il est préférable qu'ils s'accordent, avant ou après le mariage, pour faire confiance sans partage à un seul d'entre eux sur la direction religieuse ou philosophique de tous les enfants communs. Mais il peut se faire qu'ils ne s'accordent même pas sur ce point; nous pensons que dans ce cas déplorable, du moins dans la société française de notre temps, elle doit être laissée au père.

L'autorité des parents, si elle est relative, ne peut pas être sans contrôle. Elle est une fonction sociale; donc la conscience sociale, l'opinion publique se désintéresseront de moins en moins de la façon dont elle est exercée. En outre l'intervention mesurée de la puissance publique paraîtra de mieux en mieux justifiée soit pour obvier à certains manquements aux plus élémentaires obligations naturelles, soit pour ouvrir un recours contre certains abus bien caractérisés de tutelle (la *tutelle* est ici entendue en son sens général et non au sens spécial du code civil, qui la distingue de la *puissance paternelle*), soit pour limiter le pouvoir disciplinaire du chef de famille [1].

Enfin nous considérons comme un incontestable progrès les dispositions de nos lois les plus récentes qui ont étendu les cas soit de déchéance de la puissance paternelle, soit de privation ou de délégation partielle de l'exercice de cette puissance.

Mais, si le temps est passé de la puissance paternelle absolue, sans limites, sans contrôle et sans responsabilité suivant la conception théocratique, gardons-nous des sophismes révolutionnaires qui poussent à la dissolution de toute autorité dans la famille au nom d'une idée métaphysique du « droit de l'enfant », pour le plus grand dommage de l'enfant lui-même.

Comme à toute société, comme à tout groupement humain il faut à la famille un gouvernement. Relatif, limité, responsable, il faut qu'il soit tempéré par l'affection et la sagesse maternelles, accessible au contrôle social, justiciable, en cas d'abus, de la puissance publique ; mais il faut aussi qu'il reste assez fort et assez respecté pour remplir toute sa fonction avec efficacité.

Nous n'entendons même pas que l'autorité des parents cesse à la majorité des enfants. Il suffit qu'elle se transforme et devienne purement morale. La majorité même est chose relative ; et notre code, par exemple, distingue avec raison la majorité pour le mariage chez les hommes de la majorité ordinaire. Mais il est bon que la fonction tutélaire et même disciplinaire du père et de la mère continue à s'exercer sur les enfants majeurs ; seulement, elle ne s'exercera plus que par le conseil et la remontrance, et son degré d'efficacité sera subordonné au degré de vénération,

---

1. Il est d'autres modes légitimes de l'action collective en faveur des enfants dont nous n'avons pas à parler ici, parce qu'ils sortent de notre sujet.

de déférence et de gratitude que l'éducation et l'esprit ambiant auront consolidé chez les enfants.

Nous disons qu'elle ne s'exercera plus, à partir de la majorité générale ou spéciale des enfants, que par le conseil et la remontrance, parce que nous songeons aux seuls moyens préventifs et aux seules sanctions immédiates. Cependant, en tant que disciplinaire, elle pourra comporter des sanctions ultérieures plus que morales, quand la loi établira, dans l'intérêt social, une plus grande liberté de tester tout en prenant, contre quelques abus, d'indispensables précautions.

En resserrant entre ascendants et descendants tous les liens actuellement trop relâchés, nous rendrons à la société domestique le degré de cohésion qui lui est nécessaire ; et nous travaillerons par là même à mettre plus de cohésion, plus de continuité dans la société générale.

Les lois de la filiation sociale et surtout les liens spirituels des générations ne sont plus suffisamment sentis parmi nous. Il y a là un obscurcissement de la continuité qui est un des traits caractéristiques des époques de crise, des temps révolutionnaires.

Il est d'observation courante que chaque génération se signale autant par son irrévérence envers la génération précédente méconnue que par sa défiance envers la génération suivante, dont on dirait qu'elle a peur. A voir les choses de plus haut, nous ne sommes ni assez justes pour l'ensemble du passé, ni assez confiants dans l'avenir. Au premier nous marchandons, quand nous ne refusons pas notre respect et notre reconnaissance ; nous ne donnons pas au second assez de nous-mêmes pour affranchir notre vie des mesquineries de la vie présente.

Il est cependant chez nos contemporains des sentiments qui ont conservé une grande force, s'il n'est pas plus exact de dire qu'ils ont acquis une force nouvelle : le culte des morts et l'amour des enfants.

Ce sont là des germes précieux. Entretenons-les avec soin. Il en peut sortir toute la floraison morale de l'avenir. Car dans la religion de la tombe et dans la religion du berceau est virtuellement contenue la religion de l'humanité, qui reliera fortement chaque homme, par la pensée et par le cœur, à tous les devanciers et à tous les successeurs en même temps qu'aux contemporains.

La fonction éducatrice et tutélaire que les parents remplissent à l'égard des enfants est remplie par les morts, à leur façon, envers les vivants. Non seulement ceux-là gouvernent ceux-ci de plus en plus, suivant la formule d'Auguste Comte ; mais ils sont les éducateurs nécessaires, car leurs erreurs mêmes sont un indispensable enseignement et ils sont des tuteurs, car le poids de leurs traditions progressives affermit notre marche, qu'elles préservent des aberrations extrêmes, sans enchaîner nos pas vers le meilleur. Qu'ils en soient honorés et toujours mieux remerciés ! Mais à notre tour soyons fraternels envers la postérité en réalisant chaque jour un peu plus du progrès dont elle profitera et qu'elle continuera. Car le progrès est l'évolution dans la continuité ; il n'en est pas la rupture.

IX

Dans quel sens la question sociale *est-elle une question morale ?*

Le temps est passé où il fallait presque s'excuser de parler de la *question sociale*. Aujourd'hui tout le monde en parle ; et ceux-là mêmes qui osent encore en nier l'existence appuient cette négation d'une abondance d'argumentation qui est une reconnaissance involontaire.

Cependant, de tout ce qui a été dit et écrit sur la *question sociale* ce qui ressort le moins c'est sa définition même.

Ce qu'on y apprend le moins, c'est en quoi proprement elle consiste. Nous entendons dire que ce qui manque le plus c'est un énoncé scientifique, assez compréhensif et assez précis à la fois. C'est que la formulation satisfaisante d'un tel énoncé est singulièrement difficile.

Nous serions ridiculement téméraire si nous prétendions nous en approcher à l'aide de nos lumières propres ; car, même avec le puissant secours du fondateur de la sociologie et de la morale positives, nous ne sommes pas assuré de réussir où tant d'autres ont échoué.

Car il ne suffit plus de constater le fait de la misère imméritée, les souffrances collectives, et d'en souffrir soi-même. Il ne suffit pas davantage d'observer en les déplorant les égoïsmes et les haines de classes. Ces maux ne sont pas propres à notre temps et ne caractérisent pas à eux seuls le problème contemporain dont il s'agit.

Il faut autre chose que de la bonne volonté, de la charité, de la fraternité même, quoique tout cela soit nécessaire et précieux; il faut autre chose encore que des vues empiriques, fussent-elles d'esprits supérieurs, pour aborder le sphinx.

Il faut, avant tout, savoir qui il est et comment il se nomme.

Cherchons la clarté, l'exactitude et autant que possible la précision. Mais évitons le piège de la simplicité excessive, fréquente cause d'erreur.

Qui ne se rappelle le débat fameux sur ce singulier : « la question sociale » ? On peut aujourd'hui le mettre au point.

Faut-il dire : « *la* question sociale » ou « *les* questions sociales » ?

Il est très vrai qu'il existe d'autres questions sociales que ce qu'on appelle « la question sociale ». Il est aussi très vrai que ce qu'on a pris l'habitude de nommer ainsi n'est pas un bloc indivisible. L'analyse permet d'y distinguer un nombre respectable de problèmes particuliers qu'il est licite d'envisager dans leur diversité. Mais tantôt il est utile de tirer profit de cette diversité même, et tantôt au contraire il convient de considérer ces problèmes particuliers dans leur étroite interdépendance et comme modalités d'un grand problème général qui en fait le fond commun.

Lorsque Gambetta, homme d'État, praticien, disait qu'il n'y a pas de « question sociale » mais *des questions sociales*, on se serait épargné l'injuste querelle qu'on lui a faite à ce propos, si l'on avait sous-entendu : « pour l'homme politique » ou « pour la pratique gouvernementale ». Car la pratique exige que l'on décompose et « série » les difficultés. D'autre part, Gambetta devait sentir que l'intervention législative et gouvernementale dans le redoutable conflit de notre époque ne peut être que limitée, prudente, pour longtemps encore empirique, et ne doit par conséquent poursuivre que des solutions partielles et plutôt modestes. C'est dans ce sens que Gambetta avait raison.

Mais le philosophe aperçoit quelque chose qui lie, enveloppe et dépasse les questions particulières que Gambetta nommait au pluriel. Il aperçoit un problème plus profond et plus vaste dont ces questions sont des aspects multiples, un problème que toute l'évolution sociale des six derniers siècles au moins a légué au nôtre. Ce problème n'est pas sans doute le seul problème social; mais, à cause de la place considérable qu'il a prise dans la vie des nations occidentales et du caractère aigu des conflits qu'il fait naître, il a pu être considéré comme étant, du moins relativement à nous, *la question sociale* par excellence.

Si nous ajoutons qu'elle est d'ailleurs appelée ainsi par opposition aux questions de politique pure qui ont trop longtemps absorbé les hommes d'État et les publicistes, nous en aurons assez dit, semble-t-il, sur cette querelle de mots qui ne serait plus désormais qu'une querelle scolastique.

Quel est ce problème général? D'où nous vient-il?

Il est moderne; mais il est le produit de l'histoire.

L'affranchissement du travail, commencé dès le moyen âge, s'est poursuivi à travers les temps modernes. Le XVIIIe siècle et le XIXe l'ont à peu près achevé en Occident. La Révolution française a été sur ce point comme sur tant d'autres décisive ; et son action libératrice a rayonné au delà de nos frontières. Il fallait que le travail fût d'abord *libéré* : il faut désormais qu'il soit *organisé* sans cesser d'être libre.

Préparé sous le régime féodal, le développement moderne de l'industrie n'a pas cessé de suivre une marche ascendante. Mais durant le dernier siècle, par l'effet combiné des applications scientifiques et de la liberté, cette marche a présenté une accélération extraordinaire. L'activité économique a pris des proportions et revêtu des caractères que nos ancêtres n'avaient pas même rêvés.

L'évolution qui a graduellement différencié dans la masse industrielle les entrepreneurs de plus en plus détenteurs des instruments de travail et les opérateurs, les patrons et les ouvriers, s'est précipitée au cours du siècle dernier. La séparation, produit et condition du progrès économique, s'est accusée depuis cinquante ans surtout en traits presque violents, grâce à la vitesse croissante du mouvement.

Du jour où la grande industrie et les grandes usines étaient nées, la distance entre employeurs et employés s'était accrue. Elle est allée en augmentant tous les jours. Mais les conséquences de cet éloignement progressif se sont trouvées aggravées par la constitution anonyme d'un nombre croissant d'entreprises. Entre la collectivité impersonnelle des *actionnaires* et des agglomérations ouvrières aussi instables qu'énormes se sont bien interposés, sous les noms de directeurs, ingénieurs et autres, de véritables états-majors de fonctionnaires qui eux-mêmes ne sont le plus souvent en contact permanent avec les ouvriers que par des sous-ordres. Mais ce ne sont pas eux les patrons. Le patron est alors l'actionnaire possesseur du capital; et l'actionnaire ne connaît pas plus l'ouvrier que l'ouvrier ne connaît l'actionnaire.

La croissance des forces sociales précède toujours et parfois de beaucoup leur règlement. L'observation est d'Auguste Comte. Le moyen âge a préparé, les temps modernes ont développé, notre époque a porté à un degré de puissance inouï des forces économiques que l'antiquité n'a pas connues. Les voilà devant nous hypertrophiées, outillées comme elles ne l'avaient jamais été, formidablement armées. Mais cette activité magnifique, féconde et redoutable est encore à l'état anarchique. Elle attend sa règle pour devenir exclusivement bienfaisante.

Avec le règlement de l'activité guerrière a commencé la

civilisation antique. C'est dans le règlement de l'activité industrielle et pacifique, qui doit prendre la place de l'activité guerrière, que la civilisation moderne trouvera son assiette et ses titres de noblesse.

La civilisation scientifique et industrielle, en grandissant vite, a engendré, comme toute vie jeune et ascendante, un monde de besoins, d'intérêts, d'ambitions et d'antagonismes nouveaux, toute une création nouvelle de biens et de maux. Elle a divisé par et pour le progrès des éléments sociaux auparavant confondus dans l'unité indistincte des choses primitives, sans que ces éléments séparés aient encore pris assez conscience de la nécessité et des conditions de leur concours. Il ne lui manque ni la puissance, ni l'éclat, ni la fécondité; mais il lui manque une politique et une morale adéquates, une morale surtout.

De l'affranchissement du travail, de la séparation entre les entrepreneurs et les opérateurs et de la concentration progressive des instruments de travail entre les mains des premiers est né le *prolétariat* moderne. Il s'est développé avec la grande industrie, qui, par l'agglomération, lui a donné la conscience collective de ses maux, mais aussi de sa force. Le prolétariat urbain devait entrer le premier en scène dans les conflits sociaux ; et c'est ce qui est arrivé. Mais le prolétariat rural, qui n'est pas né d'hier, le suivra quoique de loin et avec lenteur à mesure que l'agriculture deviendra plus industrielle et qu'elle se transformera à son tour par le double effet de la concentration des capitaux et des applications scientifiques.

Auguste Comte a écrit qu'il fallait « *incorporer à la société moderne le prolétariat qui n'y est que campé.* »

— Comment? dira-t-on. C'est dans ce sec énoncé que vous prétendez résumer le douloureux et poignant problème de la faim, de la misère, de toutes les misères physiques et morales? Pensez-vous, quand vous aurez dit que le prolétariat n'est que « campé » dans la société moderne, avoir rendu compte par cette froide figure de tous les abus, de toutes les injustices, de toutes les haines, de toutes les folies comme de toutes les souffrances? Et quel remède contre des maux trop certains, quelle défense contre de graves périls, quelle espérance un peu claire au moins mettez-vous dans cette incorporation promise ou cherchée ?

Pour quiconque s'est assimilé et a médité l'ensemble des œuvres sociologiques de Comte, la phrase citée s'éclaire de toute la lumière que le philosophe a prodiguée sur notre situation et sur notre destinée et s'anime de toute la chaleur, de tout l'altruisme ardent dont le grand cœur de l'apôtre était plein.

Cependant une explication s'impose.

Une première remarque à faire, c'est que le philosophe, s'il veut fournir une détermination positive d'un problème social, doit non certes repousser les inspirations du cœur, qui reste, même dans l'ordre scientifique, la source des grandes pensées, mais se tenir en garde contre l'entraînement sentimental, quand il peut obscurcir la vision des réalités ou faire obstacle à ce qu'elle soit aussi exacte et aussi mesurée qu'il convient. En second lieu, quand il faut étudier et d'abord définir un mal social ou, pour mieux dire, une maladie sociale, il ne serait pas scientifique de considérer seulement les symptômes suraigus, les manifestations extrêmes de cette maladie. Il convient au contraire de rattacher et de subordonner ces modalités exceptionnelles de la maladie à des phénomènes plus généraux, mais moins aigus quoique morbides aussi, dont elles ne sont que l'exagération.

Si, par exemple, il y a ici et là des privations cruelles même pour qui travaille et une misère plus complète encore pour qui chôme voulant travailler, s'il y a encore des hommes, des femmes et des enfants qui meurent de faim, s'il y a des foyers rendus déserts par le désespoir et le suicide, s'il y a des profondeurs d'abandon moral et de dégradation consécutive qui étonnent l'esprit et soulèvent le cœur, ce sont là, trop souvent, la part faite des fautes personnelles et de certaines fatalités extrasociales, les effets ultimes d'un état pathologique moins violent, mais plus étendu. Il consiste au fond dans la condition insuffisamment *sociale*, nous dirions volontiers trop *asociale* matériellement et moralement d'une classe nombreuse rendue par là malheureuse et perturbatrice à la fois.

Le prolétariat n'est que campé dans notre société. Cela signifie d'abord que l'instabilité et l'insécurité sont les traits caractéristiques de sa condition matérielle.

Le salaire insuffisant et surtout précaire, les chômages, la vie au jour le jour, le domicile non assuré, le pain et l'abri de la vieillesse non garantis, — autant de faits entre autres par lesquels se manifeste cette insécurité matérielle d'un trop grand nombre de prolétaires.

Le prolétariat campé seulement, cela veut dire aussi qu'il n'a pas encore trouvé son *assiette sociale*, laquelle suppose avant tout une vie de famille sérieuse, un foyer. Combien de prolétaires ne connaissent ni l'une ni l'autre !

Ce n'est pas tout. Le prolétariat, outre ses fonctions spéciales, professionnelles, a une fonction générale à remplir, fonction civique ou morale suivant les cas. Il lui manque l'éducation qui doit la lui faire bien comprendre ; et il lui manque le degré de sécurité, d'indépendance, de fixité relative, de disponibilité d'esprit, de loisir, dont il a besoin pour la remplir effectivement. Il lui manque aussi qu'elle soit assez admise et facilitée par les autres catégories sociales.

Il ne cessera d'être « campé », d'être comme un corps étranger dans l'organisme collectif, il ne sera « incorporé » que lorsque, conscient de son rôle social, de tous ses devoirs, il aura la réelle possibilité de s'en acquitter. Mais il faudra aussi que les autres classes n'aient pas moins conscience de leurs devoirs envers lui et que le milieu soit nettement défavorable à l'inaccomplissement de ces devoirs.

En d'autres termes, pour n'être plus campé, pour être incorporé, il faudra que le prolétariat se soit fait et qu'on lui ait reconnu *sa place* dans *l'ordre* social, qu'associé et intéressé à cet ordre, dont il deviendra un élément actif et conservateur, il obtienne en raison de sa fonction et de ses services sa part légitime et possible des avantages matériels et moraux qu'implique la *civilisation*, telle que nous sommes parvenus à la concevoir.

Cependant, la question sociale se peut formuler autrement. On peut dire qu'il s'agit de *substituer dans les rapports entre le capital et le travail l'état de paix à l'état de guerre*.

Nous apercevons bien les inconvénients des simplifications à outrance et des généralisations faciles. Aussi nous gardons-nous bien de méconnaître la diversité, la complication des difficultés de toute nature, physiologiques, économiques, techniques, politiques et autres, dont tout conflit social est hérissé. Quelque importance que nous attribuions aux facteurs moraux, nous savons qu'il serait enfantin de les considérer seuls. Mais il est permis de dire qu'en de nombreux cas le trait dominant dans les rapports entre employeurs et employés et l'obstacle principal aux solutions satisfaisantes ou sages, c'est la méfiance mutuelle, un fond d'invincible prévention des uns contre les autres, la maladie commune du soupçon, l'hostilité qui peut aller jusqu'à la haine.

L'expérience de quiconque a essayé de remplir entre patrons et ouvriers le rôle de médiateur est là pour le prouver. Ses efforts pour prévenir ou apaiser le conflit se sont sans doute heurtés à l'opposition, au moins apparente, des intérêts particuliers en présence, ou encore à une situation économique défavorable qui dominait également les deux parties. Mais que de fois il a senti que le gros obstacle venait de ce que patrons et ouvriers avaient pris depuis trop longtemps l'habitude de vivre entre eux sur le pied de guerre !

Cet état de guerre a des causes multiples. Les excitations révolutionnaires que subissent les uns, les suggestions de l'égoïsme ou de l'orgueil auxquelles ne résistent pas toujours les autres, les passions que la misère ou l'ardeur même de la lutte entretiennent chez ceux-ci et ceux-là comptent parmi ces causes. Mais il en est de plus profondes. Il y a le fossé si malheureusement creusé entre les détenteurs des capitaux et les travailleurs manuels par la grande différence de culture, d'habitudes, de langue même, qui les sépare. Il y a les graves lacunes morales d'éducation dans les deux classes, les conflits de mentalité qui les divisent.

Cependant, il serait puéril de soutenir contre l'évidence que les difficultés de la « question sociale » sont exclusivement d'ordre moral.

Il en est de matérielles et de politiques. Il en est surtout qui résident dans les antinomies économiques auxquelles donne lieu le mouvement industriel de notre temps.

Voici, par exemple, *la concentration des capitaux*. Elle se fait ou par l'accumulation entre les mains d'individus ou par la formation de grandes compagnies. Dans les deux cas le résultat est une plus grande aptitude à produire beaucoup, vite et à bon marché, à améliorer l'outillage et les procédés, à entreprendre des œuvres à long terme, à affronter les risques commerciaux. Les grands capitaux ont un autre privilège : celui de pouvoir, mieux que les petits, traverser les crises en gardant une notable partie du personnel employé ; ils ont même intérêt à le faire pour l'entretien d'un matériel considérable et pour la conservation d'une importante clientèle. Il semble bien aussi que, plus fort contre les risques et plus assuré de l'avenir, le capital concentré a des facilités particulières pour procurer au travail un meilleur traitement. La concentration des capitaux est donc un incontestable progrès.

Mais retournons la médaille.

D'abord l'application des grands capitaux à la grande industrie a eu pour effet d'accroître la distance morale et même matérielle entre le patronat et le prolétariat. Cela est surtout vrai, avons-nous dit, quand, dans le système qui prévaut chaque jour davantage de l'anonymat, le patron est l'actionnaire. Entre l'actionnaire et l'ouvrier pas de contact. En pareil cas, ne se point connaître c'est presque inévitablement se méconnaître. Dans cette organisation, les collaborations et les solidarités, moins senties parce qu'elles sont trop indirectes et trop abstraites, n'ont pas la vertu de prévaloir sur l'antagonisme, sinon plus réel, du moins plus apparent entre le salaire et le dividende. Les facteurs concourant à l'œuvre industrielle prennent dans nos grandes compagnies la figure de rouages impersonnels, mécaniques en quelque sorte. Il faut un effort pour apercevoir ce qu'ils contiennent d'humanité et pour y retrouver avec la notion des rapports d'homme à homme celle des devoirs mutuels.

Seulement il est arrivé un jour que l'agglomération même d'une grande masse d'ouvriers au service d'une entreprise déterminée, et en outre le voisinage d'entreprises semblables dans de grands centres industriels, ont donné aux prolétaires le sentiment de la force que constitue leur nombre, s'il est organisé, et des facilités pour l'organiser en effet. Mais c'est une organisation pour la guerre qui est sortie de cette découverte.

D'autre part, à mesure que les entreprises se concentrent, la concurrence locale, voire nationale, entre patrons de la même industrie va diminuant.

Nous voyons même, à cette heure, les *trusts* en train de modifier sérieusement les conditions de la concurrence internationale. Mais c'est surtout la concurrence locale qui, toutes choses égales d'ailleurs, permet à l'ouvrier de se transporter facilement d'un atelier dans un autre pour y trouver de meilleures conditions. D'ailleurs les grands patrons, en petit nombre, individuels et collectifs, aperçoivent mieux l'intérêt qu'ils ont à s'entendre et tendent, de plus en plus, à mettre le poids de leur concert sous la forme syndicale ou autre dans la balance des rapports entre le capital et le travail.

En sens opposé s'est constituée l'organisation syndicale des ouvriers : force contre force.

Le débat sur le *machinisme* est classique.

Nous assimilons à la machine toute application des sciences inorganiques qui a pour effet de faire exécuter par les forces de la nature domestiquées, un travail analogue mais supérieur en étendue et en puissance à celui de l'activité musculaire ou de l'habileté professionnelle de l'homme.

Jugée du point de vue économique, la machine nous apparaît comme une incomparable magicienne, comme une fée bienfaisante, créatrice de richesse et de bien-être.

Appliquée à la production et aux transports, elle est un facteur de bon marché pour un certain nombre de produits et services industriels d'usage commun, dont les pauvres profitent, mais dont ils ne sentent pas assez le profit à cause de la cherté persistante des aliments et de l'habitation.

Jugée du point de vue ouvrier, comment se comporte-t-elle? Elle *seconde* le travail humain, mais elle *remplace*, partiellement au moins, le travailleur. Voilà l'antinomie présentée. Dans quelle mesure est-elle réelle? Dans quelle mesure apparente seulement?

Quand des attardés raisonnent comme si la limite de production d'une industrie donnée était atteinte ou, d'ores et déjà déterminable, devait l'être bientôt et comme si le progrès, qui amène chaque jour la création de nouvelles industries ou de variétés nouvelles d'une industrie quelconque, devait s'arrêter prochainement, les économistes ont trop beau jeu. Si les choses se passaient de la sorte, la machine aurait bientôt fait de réduire la main-d'œuvre à sa plus simple expression; elle agirait comme une cause de chômage et de misère d'abord, de dépopulation ensuite. Mais les économistes triomphent à trop peu de frais d'une argumentation arriérée, quand ils se bornent à dire que, si les nouvelles machines rendent de la main-d'œuvre disponible, elles ouvrent, en revanche, de nouveaux débouchés au travail en permettant une bien plus grande production dans les industries existantes ou en donnant naissance à des industries inédites. Vous connaissez le classique et facile argument tiré de la comparaison entre le nombre des personnes employées jadis par le service des diligences et celui des agents utilisés par les chemins de fer actuels.

Seulement parmi les socialistes un peu instruits l'espèce est presque introuvable de ceux qui, s'en tenant à la conception enfantine du bloc invariable de la production, feraient la partie aussi belle à leurs adversaires.

Qui donc conteste sérieusement que la machine soit un outil de progrès matériel? On reconnaît même, assez généralement, qu'elle est aussi un instrument de progrès moral. Elle a déjà permis de substituer les agents inorganiques aux muscles humains pour maints travaux exténuants ou avilissants. Nous sommes loin de l'esclave antique tournant la meule ; et voilà ce qui doit nous faire contempler avec respect non seulement le moulin à vapeur, mais même le plus modeste moulin à vent, qui fit à sa date une révolution.

Même si elle remplace ou aide l'animal, la machine est à cet égard bienfaisante et morale.

De plus en plus il faudra systématiquement appliquer les inventions et les perfectionnements mécaniques à épargner à l'homme les labeurs les plus pénibles, les plus dangereux et les plus répugnants pour le plus grand profit de la vie, de la santé et de la dignité humaines.

Mais ces avantages et d'autres ne doivent pas nous masquer des réalités moins satisfaisantes.

Une machine nouvelle a presque toujours pour but et pour effet une économie de main-d'œuvre. Tel a été le cas de la machine à composer qui, tout compensé, a rendu inutile pour un travail donné environ le tiers des typographes. Certaines transformations des métiers à tisser, l'application à ces métiers des moteurs électriques, produisent des résultats analogues. Ce sont deux exemples entre mille autres. On ne tardera pas beaucoup à s'apercevoir que les choses n'en vont pas autrement en agriculture.

Les *socialistes* insistent sur ces faits. Ils nous montrent les travailleurs que la machine rend disponibles en proie, eux et leurs familles, aux souffrances du chômage et pesant, par leur disponibilité même, sur le marché du travail dans le sens d'un avilissement des salaires.

Les *économistes* répondent. — Sans doute, disent-ils, on ferait, grâce à la machine nouvelle, le même travail dans le même temps avec une main-d'œuvre réduite; mais on ne fera pas le *même* travail. Le patron se servira de la machine pour produire davantage et plus vite ; voilà l'emploi trouvé de la main-d'œuvre disponible. En outre, il faut considérer non seulement la machine appliquée à un mode déterminé d'une industrie existante, mais la création par les machines et inventions soit de nouvelles branches d'une industrie donnée, soit d'industries entièrement nouvelles. Et les économistes empruntent de nombreux exemples à l'Europe et à l'Amérique.

Croire que ces arguments répondent à tout serait une illusion. D'abord les phénomènes compensateurs et même plus que compensateurs dont arguent les économistes sont rarement immédiats. Un temps plus ou moins long s'écoule avant qu'ils se réalisent. Ensuite la demande équivalente ou supérieure de travail qui résulte des transformations, des créations industrielles, ne profite pas toujours aux mêmes hommes que la machine a rendus, jusqu'à nouvel ordre, inutiles. Ce sont des déplacements de main-d'œuvre qui vont parfois jusqu'à déshériter une localité, une région, pour un temps quelquefois indéfini, au profit d'une autre localité, d'une autre région. Résultat : perturbations temporaires ou localisées, si l'on veut, mais douloureuses tout de même, infortunes imméritées, angoisses cruelles d'hommes, de femmes, d'enfants. On prend, une fois de plus, les économistes en flagrant délit d'abstraction outrée, raisonnant comme si l'espace et surtout le temps n'existaient pas.

Il y a plus : il est des songeurs qui ne peuvent pas se défendre de porter très loin dans le futur leur pensée indiscrète. Est-il sûr, se demandent-ils, que les productions connues ou prévues soient susceptibles d'une extension indéfinie ? Et le champ des nouvelles industries possibles, s'il est encore immense, est-il à son tour illimité ? Les besoins se multiplieront-ils et les débouchés croîtront-ils toujours dans la même mesure que les disponibilités de main-d'œuvre ?

Interrogations inquiètes qui se lient à plus d'un problème troublant, par exemple à celui de la population...

— Voilà, s'exclamera-t-on, des soucis à bien longue échéance ! Est-il sage, est-il raisonnable de spéculer sur les possibilités d'un aussi lointain et aussi vague avenir ?

— Soit : et revenons à des choses plus actuelles.

Le machinisme intense et généralisé agit sur la *qualité* de la main-d'œuvre. Il tend à remplacer peu à peu les *ou-*

vriers auxquels la capacité technique est nécessaire par un petit nombre de *surveillants* et un plus grand nombre de quasi *manœuvres*. Ne peut-on pas craindre de ce chef un abaissement du niveau professionnel de la masse prolétaire ? Quel sera le contre-coup de cette évolution sur les salaires de nos travailleurs *despécialisés* ?

Autre conséquence : à mesure que la machine dispense de l'effort musculaire, elle favorise dans un nombre croissant d'industries la tendance des patrons à remplacer l'homme par la femme moins payée. Nous nous retrouvons en face du fléau moderne de l'industrialisation de la femme. Nous avons vu qu'il atteint la femme dans sa santé physique et morale, qu'il détruit le foyer ou à peu près, qu'il prépare la dégénérescence de la race. Redisons ici qu'il produit les bas salaires et les chômages.

Tout cela n'équivaut nullement à faire le procès de la machine elle-même. Jusqu'où nous mènerait dans l'absurde cet invraisemblable procès que personne, à vrai dire, ne songe à engager ? Jusqu'où faudrait-il remonter le courant de la civilisation humaine ? A quelle barbarie, à quelle sauvagerie faudrait-il s'arrêter ? Il ne convient pas d'attarder notre esprit sur de pareils enfantillages. Mais ce serait une fausse sagesse de lui dissimuler l'antinomie relative qu'engendre le machinisme dans l'état social actuel.

Un autre phénomène à considérer, c'est l'abaissement des frontières économiques en deux sens : *le champ de la concurrence étendu à la presque totalité du globe* et *le marché devenu planétaire*. Ce phénomène n'est point contradictoire avec la diminution du nombre des concurrents locaux par la concentration ou l'association des capitaux.

Il est dû à la rapidité croissante et au bon marché relatif des transports et des correspondances, au grand mouvement d'exploration et de colonisation auquel ont cédé toutes les nations civilisées, à la création de peuples nouveaux aux antipodes, au brusque établissement de contacts à la fois militaires et commerciaux entre des peuples anciens, très éloignés les uns des autres, qui avaient vécu longtemps dans l'isolement mutuel. La révolution est double : chaque jour s'ouvrent des débouchés nouveaux et chaque jour surgissent des rivalités nouvelles. Tous les producteurs sont étonnamment rapprochés de tous les consommateurs. Les tentatives faites par le protectionnisme pour compenser sur le fleuve immense de la circulation économique les grands barrages emportés par de petites barrières fragiles ne paraissent pas suffisantes pour arrêter un tel courant.

Pas de doute que cette révolution ne fasse avancer le progrès général de l'Humanité; mais ici encore un excès d'optimisme est déplacé.

Car une nouvelle antinomie se manifeste.

L'industrie d'un pays que son passé et sa situation dans le monde chargent de lourdes obligations politiques subit chaque jour davantage la concurrence d'industries similaires exercées en des pays neufs ou que leur situation dispense de telles charges. L'industrie d'un pays socialement avancé où l'homme a plus de besoins, où les plus humbles ne se résignent plus à un certain degré de privation ou de surmenage où, donc la main-d'œuvre a légitimement de plus grandes exigences, subit chaque jour davantage la concurrence des pays socialement attardés où la main-d'œuvre est à la fois moins rémunérée et moins ménagée. Il en résulte que sur le champ de bataille économique une civilisation plus juste et plus humaine, une vie politique plus complexe et plus riche paraissent être une cause d'infériorité et qu'il est fort avantageux, jusqu'à nouvel ordre, pour des rivaux d'être allégés dans la lutte de tout ce qu'ils supportent en moins de salaires, d'impôts ou de charges sociales de toute nature.

Cette fatalité de la concurrence universelle, dans laquelle la supériorité morale semble se retourner en infériorité économique, pèse souvent d'un grand poids dans les résistances patronales. Il est vraiment trop simple et peu sage de n'expliquer le mal social que par l'égoïsme des uns et de ne lui opposer que la haine allumée chez les autres. Reconnaissons qu'il a d'autres causes que la bonne ou la mauvaise volonté des personnes.

Quand aux demandes de leurs ouvriers les patrons répondent qu'ils ne sauraient assumer de nouvelles charges sans s'exposer à succomber sous le choc d'entreprises rivales du dehors qui ne les supporteraient pas, qui ne supportent même pas l'équivalent des charges existantes, ce n'est pas *toujours* une défaite. Que, l'argument étant facile, on en abuse plus d'une fois, c'est possible. Mais dans bien des cas il traduit la réalité des choses.

C'est la nouvelle situation économique du monde qui a suggéré, surtout dans l'Amérique du Nord, à quelques milliardaires et à de puissants groupements financiers le plan de ces *trusts*, organisations énormes armées pour faire la loi au marché planétaire. Si ce ne devait pas être ici une digression, nous essaierions de montrer qu'il y a dans ces *trusts*, qui sont en même temps le produit de la concurrence universelle et une réaction contre elle, deux choses à distinguer : une tentative intéressante, sous des formes empiriques, de régulariser la production et le commerce, de mettre plus de stabilité dans les prix, et l'ambition peu rassurante d'imposer aux producteurs et aux consommateurs, voire aux gouvernements, une domination sans contrepoids..., ou sans autre contrepoids que l'organisation internationale d'un prolétariat jusqu'à nouvel ordre révolutionnaire.

Sans préjuger ce qu'il adviendra demain de l'intervention des trusts ni de leur succès futur, remettons-nous en face de la concurrence universelle telle qu'elle se comporte aujourd'hui. Elle est double. Elle est de capitaux à capitaux et de main-d'œuvre à main-d'œuvre. La main-d'œuvre extérieure à faibles salaires ne favorise pas seulement les entreprises étrangères contre les entreprises nationales. Elle peut aussi, étant employée avec ou sans déplacement par les capitaux nationaux, aider directement ceux-ci dans leur résistance à la main-d'œuvre nationale ou leur permettre de s'en passer. Un mode classé de cette concurrence est celui de la main-d'œuvre indigène d'un pays lointain, d'une colonie, employée sur place à vil prix par des capitalistes européens dans une industrie qui s'exerce aussi en leur propre pays. C'est le travail au rabais, quand ce n'est pas le travail quasi servile opposé au travail occidental. Qui ne connaît la concurrence faite aux ouvriers anglais par les capitaux anglais dans l'Inde avec la main-d'œuvre hindoue ?

Une autre forme de cette concurrence est l'opposition du travailleur rural au travailleur urbain, le premier coûtant moins cher par la force même des choses. L'application de l'électricité au transport de l'énergie favorise grandement le déplacement total ou partiel de certaines industries de la ville à la campagne.

Voilà ce que nous appelons des antinomies économiques. Hâtons-nous de dire que nous ne les jugeons pas irréductibles. Mais ne laissons pas croire que leur solution ne présente pas les plus sérieuses difficultés.

On peut donc compléter les formules déjà données de la « question sociale » par celle-ci : *Comment des agents incontestables du progrès économique cesseront-ils d'être une cause de perturbation et de souffrance pour de trop nombreux artisans de l'œuvre économique ?*

Le problème qui nous obsède, de quelque manière qu'il soit énoncé, n'est pas un problème théorique ou à lointaine échéance. Il est terriblement pratique et actuel. Il nous presse de tous les côtés par le spectacle moins toléré qu'autrefois des misères collectives et par les conflits de plus en plus étendus et de plus en plus graves qu'il soulève. Il faudrait n'avoir pas le moindre soupçon de son effrayante complexité pour s'imaginer que sa solution peut être à la fois totale et rapide. Il faudrait avoir le cœur sec et l'esprit aveugle pour ne pas travailler patiemment et constamment à sa solution graduelle dans une direction scientifiquement déterminée.

Rappelons-nous que la « vieille chanson » dont a parlé un jour M. Jaurès ne berce plus ou du moins n'endort plus la souffrance humaine. Dans les milieux populaires elle l'irrite plutôt. Il n'est pas plus suffisant de prêcher aux uns la résignation aveugle, en leur promettant la revanche du paradis, que de prêcher aux autres une vague charité. Seule une doctrine positive peut désormais, en excitant et dirigeant l'effort pour modifier tout ce qui est modifiable, — et ce n'est pas peu de chose, — se faire écouter quand elle conseille la soumission raisonnée à l'inévitable, pourvu qu'en même temps elle dicte avec autorité et précision à tous, mais d'abord aux puissants et aux heureux, les devoirs de la solidarité humaine, tout le devoir social.

Si, du reste, l'oreille populaire se ferme à la « vieille chanson », elle s'ouvre complaisamment à une chanson nouvelle, de plus en plus pénétrante et de plus en plus aiguë. C'est la critique révolutionnaire qui poursuit sans pitié son œuvre de destruction sur les principes admis et sur les institutions établies. Si elle n'a pas respecté le mariage, elle a encore moins épargné la propriété individuelle, attaquée dans ses fondements mêmes et rendue responsable de tous les maux. Avouons que, pour la défendre, il faut autre chose que les arguments plutôt faibles et dangereux de la métaphysique individualiste ou de l'*économie politique*. Et cependant il faut la défendre, car il faut la conserver en la motivant mieux et en rectifiant son caractère pour améliorer son régime et son usage et pour l'adapter à sa véritable destination.

Nous pouvons maintenant essayer de répondre à la question qui sert de titre à ce paragraphe : *Dans quel sens la* question sociale *est-elle une question morale?*

Il convient avant tout de s'entendre sur la signification du mot *moral*.

Dans un problème social donné est moral tout ce qui dépend : 1° des dispositions affectives et de la mentalité générale des éléments humains qu'il intéresse et met en présence ou en conflit ; 2° des notions et des sentiments relatifs non plus seulement aux *devoirs individuels* anciens et nouveaux dont il exige la détermination, mais aux devoirs collectifs, au *règlement moral des forces sociales* en jeu ; 3° de la *discipline* des volontés, conçue comme moyen d'atteindre le but marqué ; 4° de la conception même du but, en tant qu'elle se confond avec la conception généralisée de la *vie humaine*, de la *dignité* et du *bonheur* humains.

Mais il peut entrer dans le problème d'autres données

directes ou indirectes qui ne sont pas morales, tout en étant fort importantes.

Il est clair que les antécédents politiques et économiques de notre « question sociale » sont autre chose que des faits purement moraux. Il est clair que la situation politique et économique dans laquelle elle s'agite dépend de bien d'autres facteurs que les facteurs moraux. Il va sans dire que la solution des antinomies économiques signalées ne saurait être exclusivement morale. Il n'est pas moins évident, en ce qui concerne les moyens, que les combinaisons matérielles et politiques les plus variées, les applications scientifiques, les procédés et inventions techniques les plus divers, devront concourir à la réalisation pratique des réformes conçues par les sociologues et les moralistes.

Mais c'est bien de la morale que relèvent les sentiments et la mentalité qui inspirent le patronat, le prolétariat et le public désintéressé dans leur conduite et leurs jugements relatifs à la question sociale et aux conflits qu'elle soulève. Il en est d'autant plus ainsi que ces sentiments et cette mentalité se rattachent à toute l'histoire religieuse, intellectuelle et morale des derniers siècles.

C'est la morale positive qui motivera mieux le respect des institutions fondamentales battues en brèche, comme elle en assurera la régénération en leur insufflant une âme nouvelle en harmonie avec leur vrai principe et leur fin sociale.

C'est la morale positive qui rajeunira les anciens devoirs en ce qu'ils contiennent d'ordre nécessaire et d'humanité permanente. Mais c'est elle aussi qui assignera des devoirs nouveaux à la richesse et au travail, qui fondera le règlement moral des grandes puissances collectives, capitalistes et prolétariennes, dont le règlement s'impose d'autant plus qu'elles grandissent davantage et débordent toutes les frontières.

C'est la morale positive qui seule, dorénavant, pourra discipliner les volontés libres pour l'effort énorme et continu à faire contre tous les obstacles matériels et contre toutes les forces psychologiques et économiques opposées à la paix, à la justice et au concours : effort sur les choses et sur les hommes ; effort sur les autres et sur soi-même.

C'est enfin la morale positive qui marque le but, puisque ce but est l'ascension progressive de tous à la plénitude de la vie humaine, que nous ne saurions nous représenter sans les lumières de la morale.

Le but, ce n'est pas que tout le monde soit riche, ni que l'égalité des possessions et des jouissances soit réalisée. C'est que tout homme puisse, en donnant sa part de concours à l'existence collective, non seulement *vivre* et *faire vivre les siens*, mais vive de la *vie sociale*, comme il convient que vive tout membre solidaire et non indigne d'une société civilisée.

On ne vit pas socialement si d'abord on n'a pas bénéficié d'une *éducation* vraiment sociale.

On ne vit pas socialement quand on vit au jour le jour, sous la menace constante de la détresse que peut engendrer le chômage, quand *le lendemain* n'est jamais sûr et que la *vieillesse* fait peur.

On ne vit pas socialement quand on n'a pas *un foyer*, quand *la femme*, vouée à la caserne industrielle, est empêchée de remplir sa triple fonction d'épouse, de ménagère et de mère éducatrice.

On ne vit pas socialement quand on ne jouit pas du *minimum de loisir nécessaire* à l'adolescent pour achever son instruction générale et professionnelle, à la jeune fille pour se préparer aux fonctions de la femme, au citoyen pour remplir tout son devoir civique, y compris sa fonction générale d'appréciation, à l'homme et à la femme pour vivre de la vie de famille, pour consacrer un peu de temps aux besoins du cœur et de l'esprit et pratiquer les mœurs de la sociabilité.

Le prolétariat n'est pas *incorporé dans la société* si les travailleurs manuels (et les autres d'ailleurs) ne sont pas en état de vivre réellement en civilisés dans une civilisation dont le travail antérieur et contemporain est un facteur essentiel, en héritiers reconnaissants du passé et en artisans conscients de l'avenir.

Quand les positivistes disent qu'il s'agit « d'incorporer le prolétariat à la société moderne », cela signifie qu'il faut lui donner dans la civilisation la place, la part et le rôle qui lui reviennent, en faire un élément fixé, un coopérateur actif et satisfait de cette civilisation. Cela n'implique aucune obsession de l'idée d'*égalité*. Notre manière d'énoncer le problème est de plus une garantie contre le zèle excessif et dangereux qui tend simplement à renverser l'abus et à changer pour le prolétariat la situation d'opprimé en situation d'oppresseur. Pour les positivistes le prolétariat est très intéressant, triplement intéressant par le nombre, par la souffrance et par les services ; mais il n'est pas et il ne sera jamais tout dans la société, et il n'est pas seul intéressant. Les employeurs, ceux qui administrent bien les capitaux humains, instruments du travail contemporain, gages des générations futures de travailleurs, sont eux aussi intéressants. Ceux qui gouvernent sagement de grandes entreprises utiles remplissent une haute fonction sociale et une fonction essentielle ; et ils nous doivent intéresser d'autant plus que leurs risques sont plus grands et leur responsabilité plus lourde. Enfin beaucoup raisonnent comme s'il n'y avait que ces deux groupes à considérer : celui des capitalistes, des chefs d'exploitations ou des gros actionnaires, et celui des ouvriers. Sans doute ils n'excluent pas de leur sollicitude les journaliers agricoles, mais ils négligent davantage la masse encore fort respectable, (quoique décroissante), et pas toujours heureuse, des petits patrons, des petits commerçants, des petits propriétaires ruraux, des petits fermiers, etc..., — sans compter le monde des employés et des fonctionnaires de tout ordre, et celui des professions appelées libérales, à qui la fortune ne prodigue pas exclusivement des sourires.

Quand nous disons qu'il importe de *substituer l'état de paix à l'état de guerre* dans les rapports entre le capital et le travail, nous ne prêchons pas plus la *guerre de classe* comme moyen que la *révolution* sociale comme but. Nous voulons, au contraire, le rapprochement et le *concours des classes solidaires* pour hâter et régler l'*évolution* nécessaire.

X

Source et destination sociales de la richesse.

La position des « économistes » devant la « question sociale » n'est plus tenable. Nous n'entendons contester ni diminuer les services qu'ils ont rendus depuis nos *physiocrates* et Adam Smith, — qui fut plus qu'un économiste, — jusqu'à nos jours, c'est-à-dire leur apport de matériaux et de vues utiles à la préparation et au développement de la sociologie. Mais leur fatalisme optimiste et leur individualisme excessif sont chaque jour davantage débordés par les faits.

Leur principale erreur est de croire à une science économique autonome. Il serait sans doute peu *scientifique* de vouloir construire une science de la nutrition séparée de la biologie. Il l'est beaucoup moins encore, vu la complication supérieure du sujet, de poursuivre l'élaboration d'une *économie politique* distincte et indépendante de la *sociologie*. Car il n'est pas un fait économique qui ne soit conditionné, en dehors des facteurs proprement économiques, par une foule de facteurs biologiques, intellectuels, moraux, politiques, religieux, etc.

Les écoles « socialistes » aussi ont rendu de réels services, ne fût-ce qu'en imposant avec force le problème à l'attention publique. Nous distinguons chez elles et dans leur clientèle l'esprit *socialiste* et l'esprit *révolutionnaire*, souvent unis en fait, mais nullement inséparables. Nous assistons même à cette heure à leur séparation graduelle chez plusieurs de leurs adeptes. Quant à l'esprit « socialiste » de ces écoles, il offre à l'observateur dans des proportions variables, suivant les écoles et même suivant les hommes, un mélange d'aspirations altruistes que nous honorons, de critiques et de vues partielles légitimes avec ce que nous regardons comme des erreurs sérieuses de méthode et de doctrine.

Les positivistes diffèrent des *écoles* « socialistes » avant tout par l'insistance qu'ils mettent à établir que toute réforme profonde et décisive des institutions et de la pratique sociales est subordonnée à la réforme des opinions et des mœurs. Tout d'abord la réforme des opinions s'impose. Sans elle rien de sérieux n'est possible ou du moins durable. C'est pourquoi la chose urgente entre toutes est la propagation d'un enseignement sociologique et moral vraiment positif et accessible à tous.

Egalement éloigné de la routine oppressive et de la chimère décevante, substituant partout le relatif à l'absolu, construit sur les réalités observées, coordonnées, mais sur des réalités qui ne sont pas plus condamnées à l'immobilité qu'elles ne se prêtent à l'arbitraire, il rappellera sans cesse et il montrera de mieux en mieux que les phénomènes sociaux sont soumis à des lois non seulement d'existence, mais d'évolution. Il les montrera modifiables entre certaines limites. Il dégagera la direction normale de ces modifications d'après l'ensemble même des lois *statiques* et *dynamiques* qui régissent la nature humaine et les sociétés, « le progrès n'étant jamais que le développement de l'ordre. » (A. Comte).

Même si l'on ne considère la question sociale que du point de vue moral, comme le veut le caractère de cette étude, il n'est pas douteux qu'une des notions qui la dominent est la notion de *propriété*.

Quelle est la doctrine positiviste sur la propriété ? Il n'est pas inutile de la rappeler sommairement.

Elle se résume en ces trois propositions :

1° *La richesse est sociale dans sa source ;*

2° *La richesse a spontanément et doit recevoir de plus en plus systématiquement une destination sociale.*

3° *La richesse doit néanmoins conserver*, (dans la plupart des cas) *une appropriation personnelle*, condition d'ordre, de progrès et de moralité.

La richesse est sociale dans sa source. Ceci est d'observation universelle, mais doit être bien entendu. Regardons autour de nous. La moindre parcelle de richesse nous apparaîtra, si nous analysons le phénomène, comme issue d'un nombre incalculable de collaborations contemporaines et surtout successives. N'entendez pas seulement les collaborations immédiates à la façon d'un produit déterminé. Entendez d'abord tous les concours par lesquels ont été produits, conservés, transmis les éléments façonnés, les provisions consommées, les instruments et les moyens d'échange employés par tous les collaborateurs. Entendez toutes les modifications et combinaisons préalables des matières premières. Entendez l'accumulation tant de fois séculaire des notions, des expériences, des procédés et même des habitudes morales incorporés en la moindre opération agricole, industrielle ou commerciale. Songez enfin à tout ce dont le fait économique considéré est redevable à cette lente adaptation du territoire aux nécessités sociales et même physiologiques, à ce capital de sécurité accru d'âge en âge, à tout cet outillage matériel et intellectuel de la communauté, à tous ces services publics qui de longue date l'ont préparé et rendu possible et qui sont autant de créations progressives de la civilisation.

On a fait cent fois et l'on aura raison de refaire sans cesse l'histoire rétrospective et sociologique du morceau de pain qui vous nourrit. Notre imagination est étonnée par la convergence énorme, indéfinie de labeurs, de luttes, de découvertes, d'arrangements et aussi de souffrances et de sacrifices d'hommes dont il est l'aboutissant. C'est dans un sens très positif qu'en vous l'assimilant pour réparer vos forces en vue de nouveaux efforts vous communiez avec l'Humanité. Mais la même histoire peut être faite, aussi édifiante et aussi suggestive, du lit qui sert à votre repos, de l'outil dont vous faites usage, de la table sur laquelle vous écrivez, de la maison qui vous abrite et encore du champ ou de l'usine que vous exploitez, de la somme d'argent que vous maniez, de la mine ou du chemin de fer dont vous êtes actionnaire, du titre de rente dont vous allez toucher les arrérages, etc., etc.

Le *capital* est cette partie de la richesse qui consiste dans les *excédents* de la production *conservés* et *accumulés*, s'ils peuvent être utilisés comme *provisions, matières premières* ou *instruments*. Pour simplifier l'on peut faire rentrer les matières premières dans les instruments de travail.

Auguste Comte a rendu compte de la possibilité primitive d'un premier excédant et d'un premier degré de conservation par deux faits généraux qu'il énonce ainsi : « D'abord, chaque homme peut produire au delà de ce qu'il consomme ; ensuite les matériaux obtenus peuvent se conserver au delà du temps qu'exige leur reproduction. » *(Auguste Comte — Politique positive — Tome II — chap. II)* Ceci doit être compris dans son véritable sens, si l'on ne veut pas courir le risque d'en voir tirer des conséquences erronées.

L'homme primitif pouvait un certain jour, errant dans les forêts, cueillir plus de fruits sauvages ou arracher plus de racines qu'il n'en devait manger dans le même jour. S'il était chasseur, il pouvait d'un seul coup abattre une proie dépassant sa faim et sa capacité absorbante du moment. Ces fruits, ces racines, cette proie pouvaient rester consommables sous certaines conditions extérieures pendant une certaine durée susceptible de se prolonger au delà d'une nouvelle cueillette ou d'une nouvelle chasse heureuse. Le grand carnassier qui tue un grand herbivore ne le dévore pas en un seul jour ; souvent il en cache les restes pour les jours suivants. Ce sont déjà des provisions. Nos ancêtres préhistoriques, quand ils rompaient une branche d'arbre ou faisaient éclater une pierre pour s'en faire une arme, pouvaient les garder et les utiliser encore après avoir rompu d'autres branches ou fait éclater d'autres pierres aux mêmes fins. Ce furent les premiers instruments de travail plus durables que les provisions alimentaires.

Jusqu'ici ces faits ne paraissent pas sortir de l'ordre individuel. Mais ne nous y trompons pas : s'ils sont la condition originelle du capital, ils ne sont pas le capital.

Voyez-y les *chances favorables* faites de certaines dispositions ou aptitudes du sujet et de certaines propriétés du milieu inorganique ou vital. Mais, à côté de ces bonnes chances, sans la suffisante fréquence desquelles nous aurions peine à concevoir la première ébauche de capitalisation, combien de mauvaises chances ! Il fallait compter d'abord avec les délais parfois bien longs qui devaient s'écouler entre la formation d'un excédent quelconque et l'occasion propice de renouveler la provision épuisée plus ou moins vite. Cette observation s'applique au premier chef au renouvellement des provisions animales. Les carnassiers ont souvent le temps de souffrir toutes les angoisses de la faim entre deux chasses heureuses. Ensuite « les matériaux obtenus » étaient exposés à des causes nombreuses de destruction violente du fait soit des éléments, soit d'autres animaux, soit d'autres hommes.

En somme, *si l'on fait abstraction par la pensée d'une existence sociale, même rudimentaire*, la réalité se réduit à ceci : 1° Possibilité de ne pas détruire immédiatement, par la consommation ou l'usage, la totalité de la chose « produite » ou acquise à un moment donné ; 2° Possibilité, si les circonstances n'étaient pas trop défavorables, de conserver l'excédent plus ou moins longtemps et dans bien des cas au delà de l'occasion de renouveler une production ou acquisition semblable ; 3° Utilisation de cette double possibilité par la prévoyance naissante et par l'instinct constructeur de l'homme. On sent quel pauvre sens il faut attacher ici au mot « production » et quel sens plus misérable encore doit être donné au mot de consommation.

Ce furent là sans doute les points de départ matériels et biologiques de toute l'évolution économique, mais les points de départ seulement. Sans eux on ne comprendrait pas que la richesse et le capital eussent pu se former; mais ils ne se sont formés que grâce à l'action des facteurs sociaux. Les seules espèces animales qui présentent une ébauche de capitalisation sont celles qui nous offrent une sorte d'organisation sociale : par exemple les abeilles, les fourmis, les castors.

Le capital commence quand les excédents de production sont assez habituellement conservés, accumulés et transmis. Ce qui n'a lieu que par l'effet d'un minimum de coopération sociale.

Les actions collectives, fussent-elles réduites à celles de la plus primitive tribu, procuraient seules aux excédents une certaine consistance, comme il advint du produit des expéditions de chasse. Seuls aussi les groupements ébauchés permirent, par une très relative protection commune, une conservation assez fréquente et assez prolongée. Tel fut le cas pour les premiers abris, même temporaires ou mobiles, refuges pour les hommes, cachettes pour les choses, quand ils étaient assez rapprochés les uns des autres et tant bien que mal défendus contre l'ennemi extérieur.

Le *troupeau* fut dans une haute antiquité une forme déjà avancée et la forme principale du capital. Mais le troupeau suppose la domestication, la réunion et la garde des animaux : trois opérations collectives. L'exercice de l'industrie pastorale n'alla pas non plus sans la possession collective d'un territoire.

Les excédents n'ont acquis leur véritable efficacité, leur vertu fécondante et civilisatrice qu'autant qu'ils ont été assez accumulés et concentrés. C'est à ce prix qu'ils ont pris réellement figure de capital et que leur action a reçu assez d'extension dans l'espace et dans la durée pour contribuer puissamment à tirer la condition humaine de la sauvagerie et du dénuement primitifs. Or, les accumulations et les concentrations ont été dues à plusieurs facteurs, *tous de nature sociale*. Ce sont d'une part la *guerre*, la *conquête* et leurs effets économiques, et d'autre part la *diversité progressive des fonctions*, les *échanges*, les *dons*, les *héritages*.

Le premier groupe, auquel il faut rattacher l'esclavage, institution depuis longtemps condamnée par la conscience humaine, mais qui fut un progrès à son heure, joua un rôle considérable et nécessaire dans l'accumulation, la transmission et la concentration des capitaux humains. Mais son coefficient est allé en diminuant depuis l'antiquité, et nous tendons justement à le faire tomber à zéro.

Les facteurs du second groupe sont permanents et leur importance ira comme elle est allée en croissant. Comte a fait observer que la différenciation des offices, formule plus générale de la *division du travail* des économistes, et l'échange n'auraient pas été possibles si primitivement il n'avait existé ici et là des excédents échangeables (*Politique positive*, tome II, ch. II). Il n'est pas moins vrai que ces excédents ne devinrent assez souvent *échangeables* que, par le fait même d'une vie sociale rudimentaire impliquant une ébauche de différenciation et de concours des aptitudes et des œuvres. Remarquez qu'on n'échangea pas seulement des produits contre des produits, mais des produits contre des services et des services contre des services. Disons-le : la possibilité très aléatoire de former et de conserver des excédents infimes ne s'est transformée en capacité réelle de capitaliser que par le jeu d'indispensables coopérations et d'une commençante différenciation d'offices que toute action commune devait nécessairement et pouvait seule entraîner. Ajoutons que cette capacité ne put se développer et s'exercer avec quelque suite qu'en raison des chances mêmes de rémunération offertes par les besoins et les facultés des autres. Autrement elle serait restée sans *valeur*.

Les *dons*, le plus souvent motivés dans les sociétés antiques par des raisons religieuses et politiques, les *héritages* réglés à leur tour par la politique et par la religion ont été des agents puissants de l'édification, de la transmission et de l'accroissement des fortunes. A travers tous les changements ils subsistent comme sources éminemment sociales de capitalisation.

Deux faits déjà bien anciens ont exercé une action décisive sur le développement et la survivance progressive soit des fortunes particulières, soit du domaine public. Le premier est l'incorporation au sol des énergies et productions accumulées et leur consolidation, pour ainsi dire, par l'institution de la *propriété foncière et agricole;* il est inséparable du passage de la vie nomade à la vie sédentaire, opération collective au premier chef, d'une organisation déjà supérieure des échanges et d'une existence politique assez compliquée. Le second est la création sociale par excellence de la *monnaie*. Les trésors matériels « une fois nés, grossissent spontanément à chaque génération nouvelle, domestique ou politique, surtout lorsque l'institution des monnaies permet d'échanger, presque à volonté, les productions les moins durables contre celles qui passent aisément à nos descendants. » (*Politique positive*, tome II, chap. 2).

Tels furent les instruments de richesse et de progrès économique créés par l'Humanité bien avant que le développement moderne de l'industrie croissante aux dépens de la guerre décroissante ait pu les utiliser pleinement. L'humanité moderne, à son tour, les a depuis plusieurs siècles perfectionnés, multipliés, et elle en a créé de nouveaux.

La distinction s'est faite de plus en plus entre les deux éléments du capital, les instruments et les provisions, les premiers étant soumis à une plus grande concentration et les seconds à une plus grande mobilité. Mais le phénomène essentiel c'est la disproportion progressive entre l'effort, même collectif, de chaque génération et l'énormité de l'héritage accumulé du passé dont elle bénéficie et qu'elle transmet accru à la génération suivante.

Cet héritage va toujours grandissant, soit qu'il alimente directement les entreprises particulières sous la forme de capitaux privés de toute nature, soit qu'il ait été incorporé dans un ensemble de services publics et d'outillages communs de plus en plus puissants et bienfaisants. C'est parce qu'elle travaille sur cet héritage et qu'elle travaille sous la loi du concours des fonctions différenciées que chaque génération lègue à sa descendance un excédent plus important que celui dont l'a dotée la génération précédente. C'est grâce à toutes ces collaborations contemporaines et successives qu'elle « produit » plus qu'elle ne consomme, bien que chacun de ses membres reçoive beaucoup plus qu'il ne donne.

Et nous ne parlons que des capitaux matériels. Que serait-ce si nous analysions la part de notre héritage intellectuel, si évidemment social, dans la formation de la moindre richesse.

— Et alors, nous dit-on, que deviennent le travail, l'intelligence, l'ingéniosité inventive, la force de volonté, l'esprit d'ordre et de prévoyance de *chacun*? Refusez-vous à l'activité et aux vertus *personnelles* l'aptitude à faire et à conserver la richesse? C'est *moi* qui laboure ce champ ou qui façonne ce bois en meuble, ou qui forge ce fer, ou qui, par mes facultés d'invention et d'organisation, par mon crédit et mon habileté commerciale, au prix d'une attention constante, fais marcher cette usine en assurant la vente de ses produits. C'est *moi* qui restreins ma consommation et mes jouissances, qui me prive et *mets de côté* et qui forme ainsi un capital. Que faites-vous donc de l'énergie individuelle qui crée et de l'effort sur soi qui épargne?

Ce que nous en faisons? Nous leur rendons pleine justice; nous les proclamons *indispensables* et nous ne leur refusons ni les stimulants, ni les garanties, ni les récompenses nécessaires, légitimes.

C'est Auguste Comte qui a écrit : « Le travail positif, « c'est-à-dire notre action réelle et utile sur le monde exté- « rieur, constitue nécessairement la source initiale, d'ail- « leurs spontanée ou systématique, de toute richesse maté- « rielle... Car, avant de pouvoir nous servir, tous les maté- « riaux naturels exigent toujours quelque intervention « artificielle, dût-elle se borner à les recueillir sur leur sol « pour les transporter à leur destination... » *(Politique positive, loco citato.)*

Mais il faut, à ce propos, dissiper un malentendu et faire cesser ce que nous appellerons une illusion d'optique sociale.

Le malentendu consiste à croire que, pour les positivistes, la société est une entité séparée, indépendante de l'ensemble des individus. Qu'on se détrompe. Mais cet ensemble des individus comprend, outre les individus présents, les individus passés et futurs. Ensuite, s'il est de toute évidence que la société n'existe pas en dehors de l'ensemble des individus, elle est cependant quelque chose de plus que leur total. Elle est un organisme *sui generis*, synthèse vivante d'une infinité de coopérations enchevêtrées les unes dans les autres entre les contemporains et entre les générations. La solidarité dans l'espace et dans le temps et la séparation biopsychique des éléments composants, sont les caractères spécifiques de cet organisme. Quant à concevoir l'activité et la santé d'un tel organisme indépendantes de la santé et de l'activité de ses parties, c'est une absurdité dans laquelle les positivistes ne sont jamais tombés. Spécialement, quand ils disent que la richesse est sociale dans sa source, ils entendent que tout produit et, à plus forte raison, tout capital sont l'effet d'un nombre indéfini de collaborations actuelles et encore plus successives. Mais ils sont bien loin de méconnaître, dans cet immence concours, la part originale, nécessaire et le mérite du dernier collaborateur des mains duquel le produit est sorti avec son individualité achevée ou qui vient d'ajouter au capital humain une molécule nouvelle par son épargne que les épargnes et travaux antérieurs ont rendue possible.

L'erreur est de se figurer que le *social* s'oppose à *l'individuel* ou l'exclut. Il le suppose, le contient et le pénètre. En réalité, toute addition à la richesse est la *résultante* d'une action personnelle, ou d'un petit nombre d'actions personnelles bien déterminées, combinées avec l'ensemble de l'activité collective ambiante et antécédente, dont les éléments sont de plus en plus difficiles à distinguer à mesure qu'on en suit la connexité plus avant dans l'espace et la durée. Pourtant cette activité collective se résoudrait toujours, si l'analyse pouvait être poussée assez loin, en une infinité d'actions individuelles, mais liées entre elles et multipliées les unes par les autres grâce à leur liaison même.

Quant à l'illusion d'optique, elle consiste en ceci : Vous vous rendez compte à merveille de ce que vous avez dépensé soit d'énergie hors de vous, soit d'effort sur vous-même. Vous voyez que sans cette énergie, sans cet effort personnel, une opération économique donnée n'aurait pas abouti, en tel lieu et à tel moment, au dernier résultat spécial que vous percevez clairement. Ce que vous ne voyez pas ou voyez trop confusément, c'est la masse des autres efforts et actions analogues dont la convergence touffue et immémoriale a seule permis à votre propre activité de s'exercer autrement que dans le vide économique, de faire utilement quelque chose avec quelque chose et même de s'alimenter grâce aux provisions matérielles, intellectuelles et morales qui lui sont indispensables.

Vous ne vous tiendrez peut-être pas pour battu et vous nous direz que vous payez de *votre* argent les concours dont vous bénéficiez sous forme de prix d'achat, de loyers, d'intérêts, de salaires, d'impôts, de taxes, etc. — à moins qu'ils n'aient été payés par ceux dont vous avez hérité. Vous êtes donc, pensez-vous, quitte envers la société.

C'est toujours la même illusion. Car ou vous avez *gagné* vous-même cet argent, ou il vous vient d'un capital dont vous avez hérité.

Dans le premier cas nous remontons de votre activité immédiate à votre activité antérieure dont votre argent est la représentation. Or, tout ce qui a été dit des conditions et des concours indispensables à celle-là s'applique exactement à celle-ci. Vous aurez beau déplacer votre illusion d'un degré ou de plusieurs dans la durée, vous n'en changerez pas la nature. Il serait fastidieux de multiplier les exemples. Mais vraiment le prix que vous avez payé cet hectare de terre cultivée représente-t-il, en travail personnel, l'équivalent de ce qu'il a fallu d'efforts humains liés entre eux à travers les siècles pour que le sol en fût transformé comme il l'a été depuis le primitif marécage ou l'antique forêt vierge peuplée de fauves, assaini, approprié, défendu contre les violences et les rapines, desservi par des voies de communication, mis en rapport avec les centres de consommation... etc.? Et la même question se pose pour vos instruments de culture et pour les conditions de vente de vos produits. Commerçant, la faible somme que vous dépensez pour votre correspondance commerciale représente-t-elle en travail personnel l'équivalent de votre participation au bénéfice de tout le prodigieux essor de civilisation auquel nous devons nos postes, nos télégraphes et nos téléphones? La menue monnaie que vous déboursez pour ce traité de chimie dont vous avez besoin pour vos applications industrielles représente-t-elle en travail personnel ce qui vous revient de tous les travaux qui ont permis à la chimie d'abord de naître, puis de parvenir au degré d'avancement qu'atteste cet ouvrage, et à l'imprimerie de vous le rendre aussi facilement accessible? Que parlez-vous des impôts que vous payez et de votre contribution au service de la dette publique? Ce n'est pas seulement des dépenses de sécurité, ni des travaux publics exécutés depuis un siècle que vous bénéficiez ; c'est de tout ce qui a été pensé, agi, souffert depuis les origines humaines pour rendre habitable, exploitable, sûre et adaptée à la vie civilisée la portion de la planète sur laquelle s'exerce votre activité.

Dans le second cas vous avez profité d'un fait social : l'héritage. Quant au vôtre, s'il s'est formé par le travail, l'argumentation qui précède serait à reproduire ; et s'il a pour origine la conquête ou le don, le caractère social en est, sinon plus réel, encore plus manifeste.

Il est donc évident que, si dans les échanges entre individus, chacun est présumé donner à l'autre l'équivalent de ce qu'il obtient de lui, aucune équivalence n'existe jamais entre ce qu'un individu donne à l'Humanité et ce qu'il en reçoit.

Faut-il rappeler le rôle capital joué par le *langage* parlé ou écrit dans toutes les formes de la vie économique? N'insistons pas.

Ainsi la richesse est bien sociale dans sa source.

Elle est *sociale dans sa destination*.

Elle l'est d'abord en fait sous le mode spontané.

Le double phénomène de la division du travail ou différenciation des offices et de la capitalisation a pour conséquence que de temps immémorial, consciemment ou non, chacun a travaillé pour les autres et chaque génération pour les successeurs. Il faut voir avec quelle force Comte a développé ces deux lois dans le chapitre II de sa *Statique sociale* (*Politique positive*, tome II).

L'état même de notre civilisation, l'ensemble de la fortune publique actuelle et de notre outillage social, la somme de bien-être répandue parmi les hommes de notre temps, sont la preuve que les opérations économiques de nos devanciers, les capitaux formés et administrés par eux, ont de toutes parts concouru à faire de la vie collective ce qu'elle est aujourd'hui.

A notre tour, que nous en ayons ou non la claire conscience, nous remplissons notre office dans le ménage social. Nous nous en acquittons plus ou moins bien, voilà tout. Chacun de nous, qu'il y pense ou non, produit pour la communauté, produit et conserve non seulement pour sa postérité personnelle, mais pour sa postérité sociale.

De même que tout le passé humain est incorporé dans la moindre de nos œuvres économiques, ces mêmes œuvres ont leur répercussion indéfinie sur la collectivité actuelle et sur l'avenir humain. Remarquez que cette répercussion ne sera pas nécessairement salutaire. Elle pourra être perturbatrice si nous mésusons de notre activité ou de nos capitaux.

Mais un des modes essentiels du progrès pour notre espèce est de faire avec une claire conscience et avec intention ce qu'elle a fait auparavant d'une façon aveugle ou demi-consciente et de le faire mieux. Le progrès, ainsi considéré, est un ordre artificiel qui perfectionne, en le respectant, l'ordre naturel. Il est, si vous préférez, une évolution systématique qui prolonge, en l'améliorant, l'évolution spontanée suivant la direction normale dégagée par la *science* et de mieux en mieux défendue par la *bonne volonté* contre les actions régressives ou perturbatrices.

Nous référant à ce que nous avons écrit du passage de ce qui est à ce qui doit être, nous disons que la richesse *doit recevoir, de mieux en mieux et de plus en plus consciemment, une destination sociale.*

D'ailleurs ainsi l'exige notre juste reconnaissance. Jugeant, *reconnaissant* que la richesse nous vient de l'Humanité, nous éprouvons le double sentiment de vénération et d'amour qu'inspire toute supériorité bienfaisante et qui accompagne toute dépendance perçue envers cette supériorité. De plus, la raison positive, appliquant au domaine moral une loi mécanique dont Auguste Comte a fait une des quinze lois de philosophie première, réclame une convenable réciprocité entre l'*action* sociale dont nous profitons et notre *réaction* sur la société.

La théorie qui précède n'a rien de révolutionnaire. Ce n'est pas seulement le capital, c'est le *travail*, ce n'est pas seulement le riche, c'est le pauvre qu'elle rappelle à la modestie.

La sociologie nous montre tout ce dont le travail de chacun est à son tour redevable à la société et à la suite immense des prédécesseurs. La nécessité, le mérite et la noblesse de l'effort personnel qui le caractérise ne peuvent nous faire oublier combien il serait toujours resté stérile sans un rudiment de vie sociale, sans le concours des autres, vivants et morts. Le prolétaire est lui aussi le *débiteur* dont parle Rabelais. Il n'est pas seulement débiteur envers l'Humanité pour la possibilité d'utiliser et de placer son activité, ce qui est de toute évidence. Cette activité même, il n'en est pas le créateur et il est comptable de tout ce qui lui en vient des hérédités complexes dont il sort, du milieu économique, intellectuel et moral dans lequel il est plongé, de l'éducation, si insuffisante soit-elle, qu'il a reçue. Comme le capital, le travail doit avoir une destination sociale. Comme le riche, le pauvre doit vivre et agir, suivant son pouvoir, en serviteur responsable de la grande famille et de la postérité.

XI

La propriété individuelle, — fonction sociale.

Après avoir démontré la source et la destination sociales de la richesse, l'école positiviste ajoute qu'*elle doit recevoir* (dans la plupart des cas) *une appropriation personnelle — pour être employée avec indépendance et responsabilité au service de la famille, de la patrie et de l'humanité.*

Il n'est pas hors de propos d'indiquer sommairement comment les positivistes motivent la *propriété individuelle* et le respect qui lui est dû, mais aussi comment ils en modifient la notion.

Au demeurant, fidèles à l'esprit relatif de leur doctrine, ils ne nient point le rôle et les services de la propriété collective dans le passé, ni les cas de survivance de ce système dans le présent.

Ils observent d'ailleurs que la propriété individuelle elle-même n'offre pas un type immuable. La propriété féodale n'était pas la propriété romaine. La propriété moderne ne diffère pas moins de la féodale. Elle évolue sous nos propres yeux et elle ne sera sans doute pas demain ce qu'elle est aujourd'hui.

Mais deux constatations s'imposent.

D'abord, on ne trouve nulle part la trace d'une société où le système communiste se serait étendu à *tous* les biens. Chez les primitifs, chasseurs ou pasteurs, si le territoire de chasse ou de pâturage appartient indivisément à la peuplade, si même le troupeau est possédé par la tribu ou seulement par la famille patriarcale, les vêtements, les armes, les premiers outils, certains objets provenant du butin partagé, sans parler des aliments directement destinés à la consommation sont une propriété souvent précaire en fait, mais en principe personnelle.

La seconde remarque est que, dès que l'état sédentaire substitué à l'état nomade ou demi-nomade s'est assez consolidé, quand l'agriculture a pris quelque importance, quand le commerce extérieur s'est développé, à mesure que les peuplades se sont transformées en cités, la propriété collective a graduellement reculé devant la propriété individuelle jusqu'à ce que celle-ci soit devenue décidément prépondérante. L'évolution a été plus rapide dès une haute antiquité chez les nations militaires que dans les sociétés théocratiques.

L'institution de la monnaie ne pouvait que favoriser l'individualité des possessions.

Enfin, à mesure que l'activité conquérante des peuples a diminué au profit de l'activité industrielle, que les formes supérieures de cette dernière se sont répandues, la propriété personnelle a bénéficié de tout ce que la civilisation industrielle a de favorable à la liberté de l'individu, que la discipline des cités et empires militaires tendait nécessairement à limiter davantage.

On ne peut opposer à ce qui précède la propriété collective des Arabes. Ce sont des pasteurs demi-nomades. Il n'y a pas plus à tirer parti du village hindou, ni du *mir* russe. Il ne faut pas oublier que le village hindou appartient à une civilisation théocratique depuis longtemps arrêtée, où il paraît être en harmonie avec le système des castes, dont il est peut-être soit un complément, soit un correctif. Quant au *mir* russe, on conviendra qu'il constitue un organisme attardé, issu du servage, dans une société qui n'est pas encore sortie tout entière de la barbarie. Du reste, il glisse doucement sur la pente de l'individualisation.

Ces cas de survivance d'un collectivisme primitif, ces exemplaires d'une paléontologie sociale ne prouvent rien contre les formes plus avancées de la propriété. On en peut dire autant des services rendus au moyen âge par la propriété monastique.

Le fait constant dégagé de l'histoire est que la substitution progressive de la propriété individuelle à la propriété collective et l'augmentation des garanties obtenues par la première se sont faites parallèlement à la marche ascendante de la civilisation générale. Nous ne pensons pas qu'on puisse citer un cas inverse d'une régression vers le communisme dans une société civilisée et la coïncidence de cette régression avec un accroissement de civilisation.

Nous savons bien que les collectivistes croient observer une évolution de cette nature dans l'extension des grandes compagnies financières, industrielles et commerciales dont les établissements, mines, usines, chantiers, magasins, etc., seraient, d'après elle, des formes nouvelles de propriété collective, comme les *trusts* nous achemineraient par des voies indirectes vers une organisation collectiviste de la production et du commerce. Nous savons aussi tout ce qu'on peut dire de la société anonyme et de ses inconvénients. Il n'est point prouvé que son triomphe contemporain ne soit pas un phénomène transitoire, qu'elle doive être dans l'avenir la forme générale et définitive de notre constitution économique. Mais telle n'est pas la question qui se pose ici incidemment. Assistons-nous, grâce à la société anonyme, à un renversement réel d'évolution? Non, parce qu'une libre association de capitaux individuellement possédés et intéressés sous le titre d'*actions*, *parts d'intérêt*, etc., association d'ailleurs temporaire ou sujette à dissolution n'est pas plus une propriété collective ou communautaire que le groupement anonyme des capitaux individuels empruntés sous la forme d'*obligations*. Que maintenant l'on dénonce dans l'excessif développement de l'anonymat le danger inhérent à la formation de grands pouvoirs irresponsables, dont quelques-uns tendent au monopole, nous le comprenons sans peine ; mais c'est là un grief étranger au débat entre le collectivisme et la propriété individuelle.

Il subsiste cependant chez les nations les plus avancées, indépendamment même du *domaine public*, de véritables propriétés *communes* gérées suivant le mode collectiviste. Il y a le *domaine privé* et les monopoles de l'Etat. Il y a le patrimoine des départements, des communes, des établissements publics ou des établissements reconnus d'utilité publique. Il y a la main-morte des congrégations. Si quelques-unes de ces exceptions sont destinées à disparaître comme ne répondant plus aux besoins pour lesquels elles avaient été créées, il en est d'autres qui doivent survivre, réclamées par des nécessités permanentes. L'avenir en verra même naître de nouvelles, motivées par des besoins nouveaux. Elles pourront être importantes sans infirmer pour cela la règle générale de l'appropriation personnelle.

Cette règle a ses racines dans les données les plus positives de la biopsychologie, de la sociologie et de la morale.

Plusieurs instincts, parmi les plus puissants de notre nature, concourent à nous pousser aux possessions personnelles et à nous y attacher dès qu'ils sont éclairés par une élémentaire prévoyance. L'instinct nutritif tend à faire des provisions exclusives. L'instinct constructeur nous porte à rassembler des matériaux pour notre usage propre ou celui de notre progéniture. L'amour même de la progéniture se transforme facilement en amour du produit; il s'applique avec une singulière force au fruit de notre travail ou aux objets sur lesquels il s'exerce, et l'on sait ce qu'il entre d'esprit de possession dans ce penchant. L'orgueil, besoin de domination ou besoin d'indépendance, trouve dans l'appropriation exclusive des choses des satisfactions immédiates autant que des moyens d'action ou de défense. La vanité, besoin de paraître, se plaît à attirer les regards sur nous, par la surface ou l'importance de nos biens. Si l'on songe que nos affections domestiques, le souci du sort de notre famille nous incitent dans le même sens, comment s'imaginer qu'un système pourrait prévaloir longtemps contre une pareille coalition de forces biopsychiques ou cérébrales ?

L'ordre social se superpose à l'ordre vital et le suppose. Le supérieur modifie l'inférieur, mais en dépend. Toute conception qui méconnaît cette dépendance est chimérique.

Si le problème moral consiste essentiellement à subordonner les mobiles personnels aux altruistes, tout système qui ne tient pas compte de la plus grande énergie naturelle des premiers ou seulement renonce à les utiliser est vicieux et caduc. Il est vain de chercher à les détruire. Il est dangereux de ne leur point faire leur part. C'est à les modérer au profit de la sympathie et de la raison qu'il faut tendre. C'est à les apprivoiser, à les gouverner que doit s'efforcer la civilisation humaine en faisant dériver leur énergie même vers des fins sociales. Ce qui n'exclut point, — bien au contraire, — la culture directe, indispensable, de l'altruisme; et l'on verra comment la propriété individuelle peut servir à cette culture.

Prétendre que dans une humanité meilleure on pourra se passer de ces ressorts de l'activité économique qui s'appellent l'intérêt, l'ambition, la prévoyance personnelle, le particularisme de famille, c'est se leurrer. Les positivistes croient fermement à une humanité meilleure; mais ils ne se flattent pas de sortir de l'humanité.

Si la richesse est sociale dans sa source et dans sa destination, les agents par le concours desquels elle se forme et s'administre sont individuels, donc soumis aux lois biologiques et psychologiques. C'est pourquoi la propriété individuelle, les satisfactions et les sûretés qui y sont attachées, sont et demeureront le stimulant nécessaire, dans nos sociétés de plus en plus industrielles, à la formation, à la conservation et à la transmission des capitaux.

Il faut rappeler que le collectivisme primitif, comme celui des populations attardées, n'a régi pleinement que les biens fournis par la nature inorganique ou vivante pour l'apprêt desquels l'intervention de l'industrie humaine est très faible. Dans la commune agricole il subit déjà, quand il y survit, plus d'une restriction importante sous la forme d'allotissements dont la durée va croissant. Malgré ces tempéraments, il est un obstacle aux cultures et élevages scientifiques, à l'installation d'outillages importants, à l'incorporation au sol des capitaux nécessaires ; son déclin est manifeste. Nous ne sachions pas qu'il se concilie quelque part avec une agriculture avancée.

Quant à l'industrie proprement dite, elle ne s'est vraiment développée que lorsque la propriété individuelle a été sérieusement garantie. A plus forte raison les grandes opérations économiques qui exigent la mise en réserve préalable par l'épargne personnelle de capitaux facilement disponibles, d'un superflu prêt à être utilisé, les travaux de longue haleine, l'édification et la transmission des patrimoines au profit des générations futures réclament ce puissant facteur humain d'activité et d'organisation économiques qu'est l'amour de la propriété.

Elément de l'ordre, la propriété individuelle est une condition nécessaire du progrès économique et même du progrès social considéré sous tous ses aspects.

Tout progrès a pour origine une initiative particulière qui se différencie de la pratique générale. Cette initiative ne va pas, le plus souvent, sans lutte contre la foule. C'est la lutte nécessaire d'une minorité avancée contre une majorité attardée, quelquefois d'un contre tous.

L'agriculteur, le manufacturier, le commerçant, le financier puisent dans l'indépendance que leur assure la propriété de leurs instruments la faculté d'essayer à leurs risques et périls, contrairement à la routine établie, des produits et des procédés nouveaux, d'exécuter ou de subventionner des opérations non encore tentées, de se hasarder en des voies d'échange inexplorées. Ainsi se font des expériences particulières avec la liberté qu'elles supposent et avec le moindre *aléa* possible pour la communauté. Si elles réussissent, un progrès économique est acquis et s'étend plus ou moins vite. Car l'*imitation* suit l'initiative. D'autres habitudes sociales naîtront de l'*invention* d'un seul. L'invention doit être ici entendue, comme l'entend M. Tarde, dans son sens le plus général. Ce qu'elle exige d'audace et de courage est donné autant par ce que l'espoir de posséder promet que par ce que la propriété acquise procure de sécurité, d'indépendance et de loisir.

L'ensemble des considérations qui précèdent justifie autant, comme on le voit, l'appropriation personnelle des *instruments* que celle des *provisions* généralement concédée par le collectivisme actuel. Seulement la première doit être assez concentrée pour répondre de mieux en mieux aux conditions de l'industrie moderne et aux exigences mêmes du service social. La seconde, au contraire, doit tendre à l'universalité dispersive pour satisfaire à sa destination à la fois biologique et morale.

A la société politique la propriété privée apporte des éléments de stabilité, d'équilibre, des contre-poids précieux toujours, mais particulièrement indispensables à l'ordre dans une démocratie. Le progrès politique ne lui est pas moins redevable. Les initiatives *non conformistes*, l'organisation des partis réformateurs en opposition avec les lois établies et les préjugés populaires, l'action novatrice des minorités qui élaborent l'avenir se conçoivent mal dans une société où elles ne trouveraient pas dans la propriété privée soit le levier, soit le point d'appui, soit le refuge nécessaires.

Nous sommes convaincu que beaucoup de collectivistes

croient pouvoir concilier leur système avec la liberté. Mais la logique des idées et la force des choses se jouent des bonnes intentions des hommes.

Supposons, par impossible, le collectivisme réalisé et faisons abstraction des conséquences purement matérielles qui seraient, pensons-nous, l'appauvrissement universel et un arrêt de développement économique. La vie de chacun serait entre les mains du pouvoir anonyme, irresponsable qui, détenant *tous les instruments de travail* et en outre la force publique, réglementerait souverainement la production et la distribution de la richesse.

Et ce n'est pas seulement la vie physique de chacun qui serait aliénée, mais aussi sa vie morale.

Il n'y aurait plus, n'est-ce pas? qu'un propriétaire, un capitaliste, que vous ne voulez pas appeler l'Etat, que vous appelez la collectivité. Mais cette « collectivité », que vous le vouliez ou non, délibérerait, déciderait, agirait suivant le mode autoritaire par des organes qui cumuleraient la souveraineté politique avec l'omnipotence économique. Il ne saurait y avoir en face d'une telle domination ni contrepoids, ni contrôle indépendant. Les formes ultra-démocratiques qu'elle pourrait revêtir n'empêcheraient pas, — au contraire, — qu'elle constituât un véritable tyran collectif.

Supposons-le maître du sol, maître de tous les capitaux fixes et circulants, investi de tous les monopoles, devenu pour tous les travailleurs le *patron unique* et pour tous aussi le *fournisseur indirect, mais nécessaire*. Est-ce que toute l'existence de tous ne lui serait pas entièrement soumise? Est-ce qu'il ne tiendrait pas chacun de nous de la naissance à la mort par tous les besoins et par tous les intérêts, en dépit des possessions qui nous seraient laissées et qui au fond dépendraient toujours des possessions et des pouvoirs qui appartiendraient à lui seul? Et avec lui quel recours contre l'oppression qu'il exercerait? A quelle justice supérieure s'adresserait-on?

A-t-on assez songé spécialement à ce que deviendrait la liberté intellectuelle dans une société où les lieux de réunion, l'imprimerie et la librairie seraient placés sous le régime collectiviste ? A-t-on envisagé ce qu'il en serait de cette chose essentielle pour les positivistes, la séparation du spirituel et du temporel ? Les tyrans individuels ont parfois, par indifférence ou sentiment d'impuissance, borné leur intervention dans le domaine spirituel. Le tyran collectif a moins de scepticisme et moins de timidité. Il exige d'abord qu'on croie en lui. Mais il ne tarde pas à exiger en outre que l'on croie ce qu'il croit, que l'on pense ce qu'il pense. Or ce qu'il pense c'est en fait ce que pensent les meneurs de la majorité actuelle des votants ou des élus, ce que pense un parti. Quelle tentation et quelle facilité pour lui ou pour les hommes qui le représenteraient d'imposer en régime collectiviste une religion ou une irréligion officielle, une philosophie officielle, une science officielle ! Dites-nous ce qu'il adviendrait de la liberté de conscience alors qu'une majorité intolérante aurait tous les pouvoirs y compris celui d'affamer les dissidents.

Revenons à la propriété individuelle et considérons soit la généralité des hommes, soit ceux qui, dans l'organisation industrielle, font office de chefs.

Chez ces derniers la propriété des instruments qu'ils utilisent, des capitaux qu'ils administrent, développe la légitime ambition de perfectionner leur atelier, d'améliorer leur patrimoine, de les transmettre agrandis, et les défend contre la tentation de sacrifier aux satisfactions immédiates les intérêts de l'avenir. Elle contribue à leur inspirer le sentiment de la continuité sociale, domestique au moins. Quand elle sera doublée d'une éducation sociale qui leur manque encore trop, l'indépendance dont elle est le gage rendra plus nette et plus impérative chez eux la conscience des graves responsabilités qui s'attachent à la richesse.

Chez tous les hommes un minimum de propriété appliqué, grâce à une meilleure rémunération du travail secondée par des institutions économiques appropriées, non plus seulement aux produits ou réserves consommables, mais à des objet d'un usage intime et permanent, serait un élément imporantt de dignité personnelle et fournirait à la vie de famille une base matérielle de stabilité. Telle est la propriété du mobilier, telle est la propriété du domicile et de ses dépendances. C'est ce genre de propriété qu'il faut tendre à universaliser. Il est le complément qui fait de l'individu pleinement une personne. Il est son porte-respect et l'asile de son indépendance. Il est pour lui le signe visible et la défense extérieure de sa liberté civile, économique et politique. Il fait du logement un véritable foyer pour l'homme et plus encore pour la femme. Il achève de faire du nomade un sédentaire.

Voilà comment la propriété individuelle se motive pour nous.

Mais, si l'on veut bien se rappeler ce qui a été dit au paragraphe précédent, on comprendra comment elle est à nos yeux une *fonction sociale*. En quoi notre doctrine s'éloigne autant de l'économisme et de la métaphysique individualiste que du collectivisme.

Notre conception de la propriété, étant sociale, est relative. Nous n'admettons pas plus en économie qu'en politique de droit divin ou inconditionnel, ce qui est tout un, ni de pouvoir sans limites et sans contrôle.

Le propriété individuelle, étant une fonction sociale, est avant tout une source de devoirs, d'obligations positives. Tout propriétaire est responsable et non pas seulement, comme les rois, « envers Dieu et sa conscience. » Le *riche* surtout a charge de choses et d'hommes. Il est l'administrateur pour la famille, pour la patrie et pour l'humanité d'une portion plus ou moins importante des capitaux humains. L'indépendance même que la propriété assure à sa gestion doit être appréciée principalement comme la condition d'un meilleur service social.

C'est même et uniquement parce qu'elle est une fonction sociale que la propriété comporte l'héritage. Car la fonction ne serait pas complète si, ayant pour objet la formation et l'administration des capitaux, elle ne s'achevait point par leur transmission après la mort dans l'intérêt de la postérité. Toutefois comme cette partie de la fonction est peut-être celle qui entraîne la plus lourde responsabilité en raison de la destination sociale de la richesse, les positivistes pensent que dans l'avenir, qu'il faut préparer, l'hérédité *ab intestat* devra être l'exception et l'héridité testamentaire c'est-à-dire la transmission par le libre *choix* socialement motivé la règle, sauf les réserves et les précautions que l'intérêt social lui-même réclame. Parmi ces reserves et précautions variables du reste suivant les temps et suivant le degré d'avancement de l'éducation générale et des mœurs, il faut ranger, — mais elles ne seraient pas seules, — celles qui impliquent les *devoirs* de famille convenablement limités et réglés à l'exclusion d'un prétendu *droit* à hériter que rien ne justifie.

XII

Devoirs de la richesse et du travail.

Si la richesse est sociale dans sa source et dans sa destination, si la propriété individuelle est une fonction sociale, il s'ensuit que la richesse et la propriété doivent être contrôlées et réglées.

Il fallait commencer par détruire les servitudes économiques. Désormais ce sont les responsabilités économiques qu'il importe de fonder. Si nous avions entrepris d'étudier ici l'ensemble du problème industriel, nous montrerions, par exemple, le gaspillage énorme de richesse et de force imputable à l'anarchie économique. Mais, ne voulant pas excéder les limites de notre plan, ni altérer le caractère de notre travail, nous avons hâte d'expliquer ce que nous entendons par les responsabilités et le règlement nécessaires.

Les dimensions démesurées et l'hypertrophie que présentent de nos jours les puissances économiques rendent plus aigu que jamais le danger de leur *amoralité*. Rien n'est plus urgent que de déterminer leurs devoirs et d'organiser les sanctions de ces devoirs. Et l'on sait quel sens précis et fort nous donnons au mot *devoir*, entendu à la fois comme une *dette* positive à acquitter et comme une *fonction* définie à remplir.

Considérons les obligations du capital et celles du travail, et justifions d'abord cette dualité.

Après avoir consacré la propriété individuelle, en lui reconnaissant un caractère social et relatif, le positivisme accepte la division des agents économiques en capitalistes employeurs et en employés salariés. Elle est un fait moderne, un legs de la récente histoire. Elle s'est prononcée parallèlement au développement de l'industrie et à l'accroissement de la richesse. L'évolution dans ce sens a été remarquable de rapidité au cours des deux derniers siècles. Il n'apparaît pas qu'elle soit un simple accident, ni que, sous des formes nouvelles, nous devions revenir à la confusion, — Herbert Spencer dirait à l'*homogénéité*, — des commencements.

Au fond les collectivistes maintiendraient le dualisme avec cette différence qu'il n'y aurait qu'un patron, la communauté représentée par ses organes de gouvernement, c'est-à-dire, qu'on le veuille ou non, l'État.

Ce sont plutôt les *coopératistes* qui prétendent supprimer le dualisme. Nous ne songeons pas aux *coopératives de consommation* qui reposent sur un autre principe et rendent de réels services comme régulateurs relatifs, — en attendant mieux, — du commerce de détail. Nous songeons aux *coopératives de production*. Celles-ci ont pour but de se passer de patron, de transformer les salariés en sociétaires qui se partagent tout le bénéfice et courent tous les risques de l'entreprise. Elles tendent à renverser la hiérarchie industrielle. Par elles les travailleurs manuels sont investis du gouvernement de l'œuvre économique, sauf à s'assurer le concours, en se les subordonnant, des capitaux, des talents et des compétences qui leur manquent. Nous ne nions pas qu'à côté de nombreux échecs cette combinaison compte des succès. Une étude détaillée et sans parti pris peut seule rendre compte de l'étendue et des causes spéciales de ces succès, quand ils se produisent et quand ils sont réellement acquis. Nous ne pensons pas errer beaucoup en indiquant que ces succès sont le plus souvent à l'actif de coopératives qui se sont éloignées plus ou moins de leur principe en se rapprochant de l'un des types des sociétés commerciales ordinaires. Combien, parmi elles, n'ont-elles pas constitué une sorte de patronat collectif en admettant deux catégories d'ouvriers : les associés et les salariés? Ce qui est tout à fait contraire à l'orthodoxie coopératiste.

Il ne faut décourager aucune expérience au nom d'une théorie même scientifique. Toutefois, il n'est peut-être pas sans danger de trop pousser le prolétariat dans une voie où il rencontrera plus d'une déception et qui pourrait bien n'être qu'un chemin de traverse. Car on peut se demander si un système est susceptible de *généralisation*, quand il paraît bien ne pas tenir assez compte de ces exigences essentielles de la grande industrie : un outillage important et sans cesse perfectionné, des avances sérieuses, un crédit solide, des relations commerciales étendues, l'unité, la promptitude et l'esprit de suite dans la direction, la hiérarchie et la discipline dans l'organisation, où chaque élément, autorité dirigeante, compétence technique, exécution intelligente mais docile, doit être et rester à sa place pour le bien commun.

Continuons donc à raisonner suivant la réalité pour aujourd'hui et dans l'hypothèse pour demain de la distinction entre les capitalistes employeurs et les employés salariés, du moins dans la plupart des cas.

C'est peut-être ici le lieu de rappeler la théorie du *salaire* qu'a donnée Auguste Comte, si neuve, si noble et si positive. Pour lui, le travail, comme la propriété, est une fonction sociale. Le travail manuel le plus modeste a ce caractère comme l'activité du chef d'industrie, de l'administrateur, de l'homme d'état, de l'artiste ou du philosophe. Fonctionnaire social, l'ouvrier acquiert à ce titre une dignité qu'il n'avait jamais connue. A la conception du travail servile imposé par le vainqueur au vaincu, à celle du travail expiatoire du péché originel, à celle du travail marchandise qui n'a pas d'autre loi que « la loi de l'offre et de la demande », succède la conception du travail service social qui commande d'abord le respect autant que la sympathie, puis un traitement vraiment social.

Auguste Comte a écrit que le travail doit être réputé

« gratuit ». Qu'est-ce que cela veut dire ? Cela veut dire qu'il n'existe pas de commune mesure entre une marchandise quelconque ou une somme d'argent et l'effort soutenu d'une activité humaine s'exerçant au profit de la société ; chercher l'équivalent en numéraire de ce qui entre non seulement de dépense musculaire, mais de pensée, d'affection et de volonté dans un service de l'homme est moins rationnel que de poursuivre la quadrature du cercle.

Le salaire ne paie pas le travail. Il indemnise le travailleur.

L'accomplissement effectif de toute fonction a comme corrélatif une rémunération destinée à couvrir les dépenses nécessaires à l'existence personnelle, domestique et même sociale du fonctionnaire. Ces dépenses doivent être appréciées en tenant compte des exigences matérielles et morales de la vie dans un état donné de civilisation et en outre des charges et des convenances mêmes de la fonction considérée. Il ne s'agit plus de mesurer le salaire à la seule nécessité de ne pas laisser le travailleur mourir de faim [1].

Cette conception, si elle réclame une suffisante stabilité des salaires, n'en exige ni l'immobilité, ni l'égalité, tout en faisant justice d'écarts excessifs, imaginés par la seule vanité humaine.

Elle n'exige pas davantage que, dans le même métier, le bon ouvrier reçoive un salaire identique à celui du mauvais. L'argent ne paie pas le mérite, c'est entendu ; mais, comme pour la formation et la bonne administration des capitaux l'intérêt et l'ambition seront toujours des mobiles essentiels, de même ils ne seront jamais, pour assurer la quantité et la qualité nécessaires du travail des mobiles négligeables. Il est d'intérêt social, donc légitime, qu'un travail plus productif ou plus soigné soit encouragé et récompensé non seulement par plus de considération, mais

---

1. Il va sans dire que nous entendons le salaire effectif et non pas le salaire nominal. Le salaire effectif résulte non pas de son taux en numéraire seulement, mais encore de la quantité réelle de produits et de satisfactions qu'il permet de se procurer, ce qui dépend du plus ou moins de bon marché ou de cherté des choses.

par un meilleur salaire. En recommandant de distinguer dans le salaire une partie fixe et une partie mobile, Auguste Comte a sanctionné d'avance les diverses combinaisons que la pratique a trouvées ou trouvera pour concilier ensemble la sécurité et la dignité des travailleurs, l'intérêt de l'industrie et l'équité. Notre théorie est assez souple, par exemple, pour permettre de combiner un salaire fondamental à la journée et peut-être plus tard à la semaine ou au mois avec un salaire complémentaire aux pièces, ou avec des primes à la bonne qualité du travail, ou avec une participation aux bénéfices, ou encore avec le contrat collectif de main-d'œuvre qui faciliterait une sous-répartition individuelle sur des bases plus sociales qu'exclusivement économiques, etc...

Mais la valeur et l'efficacité des différentes pratiques sont subordonnées à un règlement social des forces industrielles.

L'erreur n'est pas de réclamer un règlement, c'est de ne concevoir que le règlement législatif et administratif. Les positivistes ne repoussent pas tout règlement politique ; ils se rendent même compte que la vacance du pouvoir spirituel impose de nos jours au pouvoir politique un surcroît transitoire de charges et de devoirs. Mais ils mettent au premier plan de leurs soucis l'organisation des forces économiques et leur *règlement moral*, qui ne sera pleinement sanctionné que par l'avènement d'une grande *force morale*.

Politique, économique ou moral, le règlement doit avant tout ne pas être arbitraire. Il présuppose la réforme des opinions. La base de tout, disons-le sans cesse, est un enseignement positif, largement répandu, de la sociologie et de la morale.

Eh ! oui, le problème n'est pas seulement moral. Il est économique aussi, nous l'avons dit ; il est encore technique et, par certains côtés, politique. Nous n'entendons négliger ni les combinaisons économiques nécessaires, ni la puissance des applications scientifiques, ni l'éventuelle efficacité sociale des inventions futures, ni l'intervention prudente et le concert des gouvernements.

Mais deux remarques capitales sont à faire. La première est que les moyens économiques, techniques ou politiques, ne sont en général que d'une application partielle. De plus, les moyens politiques, au delà de certaines limites ou en dehors de certaines conditions, sont souvent aussi périlleux qu'inefficaces. La seconde remarque est que l'action sociale du pouvoir politique a besoin elle-même d'être moralement dirigée et contrôlée quant à ses fins et quant à sa mesure. D'autant plus que cette action ne porte réellement ses fruits qu'à la condition d'être appuyée par un esprit public éclairé sur les devoirs sociaux et devenu exigeant à leur endroit.

Les devoirs de la richesse, les devoirs des riches, plus spécialement les devoirs des patrons sont autre chose que les obligations strictes de nos codes augmentées des simples inspirations de la charité.

Le capitaliste ou patron, individu ou compagnie, est un fonctionnaire social. Nous lui voulons une réelle indépendance dans l'intérêt même de sa fonction. Mais il ne lui est plus permis de ne voir dans ses capitaux, dans son industrie, qu'une source de profits privés. Ils sont entre ses mains, pour qu'il en réponde, des instruments de la prospérité publique.

Son premier devoir est de ne jamais les faire servir directement ou indirectement à des fins nocives, malhonnêtes, antisociales. Les exemples abondent dans nos mœurs actuelles de la méconnaissance de ce devoir élémentaire sans que l'opinion publique s'en montre scandalisée. Les ravages de l'alcoolisme troublent-ils beaucoup la quiétude des producteurs de boissons alcooliques? Hélas! non et le monde ne s'en indigne ni ne s'en étonne. Les affaires sont les affaires. Est-ce qu'on fait grief au rentier qui place son argent ici ou là, achète des actions ou des obligations qu'il revendra demain, de ne pas s'assurer que le bénéfice escompté par lui n'aura pas été indirectement engendré par quelque malfaisance sociale ou par quelques ruines lointaines? On ne tolère pas que vous commettiez des actes de fraude ou de dol, que vous soyez personnellement malhonnête; on ne vous tient pas rigueur, si vous n'avez pas pris les précautions nécessaires pour que votre argent ne le soit pas indépendamment de votre volonté. Telle est la pauvreté de nos mœurs.

Le capitaliste doit *conserver* les instruments de sa fonction : capital, outillage, procédés, relations. Il doit les améliorer, les développer, les renouveler, en d'autres termes *bien administrer* la portion de richesse, source de richesse elle-même, dont il est comptable envers la société.

Il en doit encore assurer le sort futur. Il est héritier du passé, même s'il croit sur les apparences être parvenu par son seul effort. Il doit donc *travailler consciemment pour l'avenir*, pour l'avenir commun et non pas uniquement pour l'avenir des siens.

Directeur ou commanditaire d'une entreprise, prêteur d'argent, dispensateur de crédit, propriétaire exploitant d'une partie du sol, la capitaliste *a charge de services sociaux*. Il y a des propriétés privées ; il n'y a pas de fonctions privées. Quand nous serons tout à fait dégagés des antiques mœurs serviles, nous refuserons notre estime à quiconque, pourvu d'un office économique, y voit *exclusivement* l'instrument de son bien-être personnel ou même du bien-être de sa seule famille. Il faut que de plus en plus il y voie une contribution à la conservation et au developpement de la vie collective.

Le propriétaire terrien a pour fonction d'assurer non seulement la nourriture des hommes, mais les réserves nécessaires à divers besoins matériels des contemporains et des successeurs. Que, par exemple, il laisse stérile et nue une trop grande partie de son domaine ou que dans une pensée de gain immédiat il déboise inconsidérément une forêt, il manque à son devoir. Les propriétaires de maisons ont pour fonction de loger *sainement* et décemment leurs concitoyens, de procurer aux *familles* leur siège matériel. On sait ce qu'il faut penser de la décence et de la salubrité de certaines habitations ; mais comment qualifier cette condition odieuse à laquelle certains propriétaires subordonnent leurs locations : *pas d'enfants*? Le concessionnaire d'une mine de charbon a pour fonction de fournir et de ménager le « pain de l'industrie ». S'il n'exploite pas ou s'il exploite témérairement il porte un grave préjudice à son pays.

Nous pourrions appliquer ces principes à toutes les branches de l'industrie, à toutes les entreprises manufacturières. Il en est de même du commerce qui a pour fonction d'approvisionner régulièrement les marchés. Il en est de même des opérations de banque et des « spéculations financières » dont les agents, chargés d'une responsabilité supérieure et lourde, ont l'obligation de discerner les entreprises qui méritent sérieusement au point de vue social d'être facilitées par le crédit et favorisées par une judicieuse commandite. Plus généralement, quiconque détient par ses capitaux une branche de production ou un service déterminé est tenu de rechercher et de réaliser tous les perfectionnements qui peuvent faire rendre à cette production, à ce service, son *maximum* d'utilité sociale.

Il est, en outre, d'intérêt public que le capital soit assez éclairé, assez moral et assez puissant pour être en mesure de distinguer, d'affronter et de soutenir les entreprises nouvelles, les combinaisons inédites dont le succès doit réaliser un sérieux progrès, mais qui présentent quelquefois de gros risques ou dont le bénéfice doit se faire attendre. C'est une des raisons pour lesquelles une suffisante concentration des capitaux est nécessaire.

Envers la cité le riche n'est pas quitte parce qu'il a satisfait aux exigences du fisc. Il ne suffit même pas qu'il participe plus ou moins largement aux actions de bienfaisance. Il lui incombe de concourir librement, outre sa contribution obligatoire par l'impôt, à l'aide d'une portion de son disponible, aux services publics, aux œuvres d'intérêt général, aux créations utiles, aux fondations fécondes de l'ordre moral autant que de l'ordre matériel. Quelques riches Américains du Nord, par de retentissants exemples, nous font pressentir ce que pourra la richesse dans l'avenir pour le bien public quand elle sera mieux instruite de ses devoirs, mieux préparée à les remplir et mieux renseignée sur les buts à atteindre.

Mais à côté de ses devoirs généraux envers le présent et

l'avenir le capitaliste a des devoirs spéciaux de solidarité envers ceux qu'il emploie, envers ses collaborateurs. Il doit faire tout ce qui dépend de lui pour leur procurer les conditions matérielles d'une existence vraiment sociale, donc proprement humaine. Le devoir a sans doute ici le possible pour limite ; mais il reclame *tout le possible*.

Il ordonne de ne point regarder l'ouvrier comme un instrument, comme une partie de l'outillage, ni le salaire comme un simple élément du prix de revient. Economiquement fausse, cette conception est moralement intolérable.

Pour que l'ouvrier puisse d'abord réparer ses forces, ensuite vivre de la vie de famille et de la vie civique, de la vie du cœur et de l'esprit, l'équitable salaire est indispensable mais ne suffit pas. Il lui faut de raisonnables loisirs, donc une raisonnable limitation de la journée de travail : raisonnable et progressive. Cette formule frappe moins l'imagination que d'autres, mathématiques et absolues. C'est cependant la plus sage. Car, si le but est clair et si l'on doit marcher vers lui d'un pas résolu, les chemins qui nous y mèneront seront divers et d'inégale longueur suivant les cas. Cependant cette question de la durée du travail journalier est peut-être celle sur laquelle le prolétariat occidental a la perception la plus nette de la fin à poursuivre. C'est aussi celle sur laquelle il existe le plus d'accord dans ses rangs. Il a compris que la réduction de la journée de travail permettra d'abord au prolétaire de remplir ses devoirs domestiques et son office social et qu'elle aura ensuite une répercussion économique sur tout le régime du travail, — en atténuant, par exemple, les risques de chômage. Mieux l'opinion publique sera éclairée et dirigée, plus elle exercera une utile pression, même par delà les frontières politiques, sur tous les organes dont peut dépendre le règlement de la durée du labeur quotidien.

Il faut que l'éducation et toutes les influences légitimes préparent les volontés patronales à répondre à cette pression de l'opinion. Le devoir patronal devra être rendu clair, évident. Il consiste pour chaque patron, — individuel ou collectif, — non seulement à faire le *mieux possible* en ce qui le concerne mais à susciter les *ententes*, les *concours* susceptibles d'élargir ses propres possibilités et de les assurer contre des risques justement redoutés. Au demeurant d'heureuses expériences viennent à l'appui de la théorie pour démontrer la concordance du devoir avec l'intérêt bien entendu de l'industrie.

Ce qui précède ne s'applique pas moins à l'obligation de réduire par des précautions et des institutions appropriées l'*aléa* et les effets douloureux des chômages involontaires. La sécurité du lendemain manque vraiment trop aux prolétaires. Comment remédier à la précarité de leur condition? En partie, certes, par leur prévoyance propre et par leur propre solidarité! Mais il est juste que l'une et l'autre trouvent l'aide nécessaire, commandée par une solidarité plus générale, dans une judicieuse application des réserves capitalistes nées du travail des générations. Les posesseurs du capital ne feront même que leur devoir en formant des réserves spéciales pour cette destination même. Affectées soit à concourir avec les groupements ouvriers pour une temporaire assistance, soit à organiser un emploi utile de la main-d'œuvre disponible, ce qui est le mode préférable dans tous les cas où il est possible, il est indiqué qu'elles devront être prélevées avant tout sur les profits procurés par les inventions et les perfectionnements dont l'effet est de réduire pour un temps ou de déplacer la main-d'œuvre. Est-ce que ces inventions et ces perfectionnements ne sont pas tributaires de tout le labeur des siècles?

Aux capitalistes le devoir social ne prescrit pas moins d'aider les prolétaires, en secondant leur propre effort d'épargne, à écarter l'obsédant cauchemar d'une vieillesse sans repos ou sans pain. On ne dispensera point par là les familles de leurs obligations envers leurs vieillards, mais on rendra celles-ci moins lourdes à ceux qui les remplissent et par suite à ceux qui en bénéficient. Quant aux formes à donner aux contributions particulières ou générales de la richesse à cet objet, elles se prêtent à des combinaisons multiples entre lesquelles il n'est pas indifférent de choisir. Mais la grande affaire préalable est de motiver le devoir, de le rendre évident, de tendre toutes les volontés vers les fins qu'il détermine.

Nous ne reviendrons pas sur la question du travail des femmes. Nous l'avons abordée avec l'esprit relatif auquel nous nous efforçons de rester fidèle. Faut-il le redire? Nous ne fermons les yeux ni sur les nécessités socialement ou individuellement transitoires, ni sur les exigences permanentes de certaines situations spéciales que le triomphe de nos idées ne supprimerait pas, ni sur les erreurs d'opinion que notre état social rend inévitables. Les unes ou les autres veulent qu'un grand nombre de femmes, par force ou par choix, demandent à des professions ou fonctions rétribuées soit leur subsistance ou celle des êtres chers à leur charge, soit une dignité et un indispensable degré d'indépendance qu'elles ne peuvent assurer autrement. Comment ne pas en convenir? Nous voudrions seulement voir les amis des femmes et les femmes elles-mêmes plus convaincus que le progrès, résultat composé d'autres progrès, consistera, comme c'est notre espoir, à réduire graduellement ce nombre afin que le haut ministère moral de la femme dans la famille et dans la société soit pleinement réalisé pour le bien commun et pour son propre bonheur. Nous souhaitons aussi de voir les amis des femmes et les femmes mieux éclairés sur le discernement à faire entre les occupations qui conviennent à la nature féminine et celles qui lui sont contraires. Combien, d'autre part, ne faudrait-il pas distinguer entre le cas de la femme mariée et celui de la femme célibataire!

Mais ici c'est d'autre chose, c'est de l'*exploitation industrielle de la femme* qu'il s'agit. Il s'agit de l'embauchage, — et pour quels salaires souvent! — des jeunes filles, des femmes, des mères dans des usines et ateliers où elles ruinent leur santé, gâtent leur cœur et compromettent la race humaine. Voilà le fléau qui désorganise la famille prolétaire et qui, substituant pour une foule de malheureux enfants l'éducation de la rue à celle du foyer, les expose à toutes les contagions du vice et du crime même. Oh! nous ne nions pas la difficulté du problème. Nous voyons l'accumulation d'obstacles économiques qui se dresse redoutable entre nous et la solution nécessaire. Il ne faut cependant pas se lasser de marcher vers elle, si l'on ne veut pas que la civilisation industrielle, faisant faillite à ses promesses, se change en une barbarie savante.

Il n'est pas de sujet qui comporte pour tous, mais pour le capital surtout, de plus grands devoirs. Que d'abord il cesse d'aggraver le mal inconsciemment. Que les meilleurs représentants du patronat, chez les nations les plus avancées, se concertent, se groupent pour enrayer ses progrès, ensuite pour le faire reculer. Il y faut des initiatives courageuses et, de plus, assez puissantes. Mais, quelque puissantes qu'elles soient, il sera nécessaire qu'elles opposent le poids de leur entente et la force de leur coopération à l'ensemble des difficultés ou des résistances à vaincre.

Et la conscience publique devra se montrer de plus en plus sévère et exigeante. Il ne lui appartiendra pas seulement de juger le calcul qui fait remplacer l'homme par la femme parce que celle-ci est moins payée. Elle réclamera l'amélioration du salaire masculin dans l'intérêt de la femme. Il est entendu que l'homme *doit* nourrir la femme. Il faut donc qu'il *puisse* la nourrir. Enfin elle exigera que le salaire de la femme, dans les fonctions et métiers qu'elle exerce, soit mis en rapport avec ses besoins et avec sa dignité.

Mieux rémunérer et mieux organiser le travail, le mieux protéger contre les divers risques professionnels, accidents, maladies, chômages, mieux aider les travailleurs à assumer les obligations de la vie et à en supporter les fatalités, ne sont pas les seuls devoirs de l'employeur. Il y a tout le chapitre des procédés, des égards, des rapports personnels. Il y a les mille devoirs patronaux qui ne se traduisent pas en monnaie. Résumons-les en disant que les relations d'employeur à employé devront être toujours plus empreintes de confiance, de justice, d'esprit fraternel, d'altruisme et d'un scrupuleux respect pour la dignité, pour la liberté religieuse, philosophique et politique de l'ouvrier. Il est odieux que le pouvoir de l'argent se tourne en instrument d'oppression des consciences.

Par dessus tout les riches doivent aux pauvres le bon exemple en toutes choses. Entendez d'abord l'exemple d'une loyauté parfaite et d'une large équité dans l'interprétation comme dans l'exécution des engagements et des promesses. N'entendez pas moins l'exemple de la conduite droite, respectable et humaine et l'enseignement par les actes de la délicatesse morale.

On est d'accord pour juger le scandale qu'offre à la pauvreté laborieuse le spectacle des fortunes qu'elle sait mal acquises. Non moins corrupteurs sont les riches qui se croient permis de faire d'une richesse, dont l'origine est honorable, n'importe quel usage. Ils ne voient pas que certaines dépenses immorales ou folles, l'étalage d'un luxe grossier et provoquant, telle fantaisie d'oisif dépravé ou simplement ennuyé, ou seulement tel gaspillage inintelligent sont, pour les uns une cause de tentations dangereuses ou une leçon malsaine, pour les autres une insulte à leur misère.

Si le riche est l'administrateur libre, mais responsable, d'une portion des capitaux humains, si le patron est un organe de bon gouvernement et de juste distribution économiques, il doit régler sévèrement l'usage de sa propre richesse.

De ses revenus ou profits il doit faire plusieurs parts : une pour la conservation et l'amélioration des entreprises dont il a la charge directe ou indirecte, une pour l'équitable rémunération de ses collaborateurs de tout ordre et pour l'accomplissement de ses devoirs de solidarité envers eux, une troisième pour ses dépenses personnelles. Auguste Comte lui prescrit de limiter volontairement celle-ci comme on détermine le traitement d'un *fonctionnaire* et de la restreindre à ce qu'exigent *raisonnablement* soit ses besoins et ses charges domestiques, soit les convenances réelles de sa *fonction* et de son rôle social. Il évaluera cette part avec assez de modération pour que les deux premières soient pourvues autant qu'il est nécessaire et pour qu'une quatrième part, aussi large que possible, soit affectée aux actions de fraternelle bonté et aux œuvres d'utilité publique, parmi lesquelles nous donnons une place d'honneur aux œuvres d'éducation populaire.

Sans tomber dans d'inutiles exagérations d'austérité, nous admettons comme règle morale qu'on n'est pas plus riche pour jouir toujours plus, mais pour servir toujours mieux.

Ce ne sont pas les riches seuls qui ont des devoirs sociaux. Ce n'est pas le seul capital qui a des obligations. Le prolétariat a ses devoirs propres. C'est lui faire offense que de ne les point rappeler.

Le travail est, lui aussi, avons-nous dit, une fonction sociale.

Les ouvriers doivent d'abord ne pas oublier que les devoirs du patron envers eux ne sont pas ses seuls devoirs. Ils comprendront alors qu'ils n'ont pas le droit d'exiger de lui qu'il se mette dans le cas de manquer à ses obligations générales, par exemple en manquant à son devoir de bonne administration.

Il importe qu'ils réagissent contre la tendance à croire que les améliorations sociales dépendent uniquement de la bonne volonté des patrons... ou du gouvernement, — c'est-à-dire de tels ou tels hommes. Nous ne disons pas qu'il n'y ait point de patrons injustes ou égoïstes ; mais rien ne serait moins fondé que d'attribuer toujours à l'injustice et à l'égoïsme du patron sa résistance à des demandes en principe légitimes. Plus souvent qu'il ne le paraît ses intentions sont paralysées par des causes indépendantes de sa volonté propre. Lorsque les ouvriers le sentiront mieux, il aura été fait un grand pas vers l'apaisement des haines qui enveniment les conflits industriels. Les grèves, quand elles ne pourront pas être évitées, perdront un peu du caractère passionnel qui les rend dangereuses pour la paix publique.

L'essentiel est d'élever très haut chez l'ouvrier la notion du travail et de ses fins. Il doit s'accoutumer à voir dans le métier le plus modeste un office social. Il est très légitime qu'il considère dans sa profession son gagne-pain et celui de sa famille. Mais à n'y voir que cela il prouverait désormais qu'il a gardé, sans qu'il s'en doute, quelque chose de la conception inférieure du travail qui a trop longtemps prévalu. Il se rendra compte que le travail est la condition nécessaire de sa dignité en raison même de ce qu'il est sa part de concours dans la vie économique de l'être collectif dont il est membre. Il fait de lui un artisan du bien-être commun et de la prospérité future des générations. Compris de la sorte, son effort régulier le grandira à ses propres yeux et aux yeux des autres hommes en proportion de la conscience qu'il acquerra de son *devoir professionnel* comme collaborateur spécial de l'Humanité.

Son devoir professionnel, c'est d'abord d'exécuter avec exactitude et *en conscience* la tâche qu'il a promise, non pas comme on se débarrasse d'une corvée, mais comme on remplit une mission de confiance, en agent libre et solidaire de l'œuvre commune. Il doit cela et aussi la fidélité aux engagement pris. Il le doit au patron en vertu du contrat loyalement consenti, de la parole donnée, et à son pays, à la société dont il est à tant de titres le débiteur.

Le devoir professionnel fonde *l'honneur* professionnel. Il ne faut pas que dans notre civilisation industrielle et pacifique l'honneur du travailleur soit moins exigeant que l'honneur du soldat. L'un comme l'autre exige le dévouement au bien du service, le courage et le patriotisme.

Oui, le patriotisme. Car la tâche de l'ouvrier est un élément de la prospérité générale, de la grandeur du pays. Comme le soldat, il peut par sa manière de *servir* coopérer à des victoires ou à des défaites nationales. Comme le soldat, il a un drapeau à garder et à défendre.

Une entreprise quelconque, une manufacture, une mine, ne prospèrent point, mais périclitent au contraire sans ordre, sans hiérarchie, sans paix intérieure. L'honneur de l'ouvrier veut qu'il pratique le dévouement fraternel envers ses camarades, le respect et, pour tout ce qui est du service, une digne soumission envers ses chefs. Il y a une discipline nécessaire de l'atelier, librement acceptée pour le bien social.

Si à l'atelier le travailleur doit le travail, le meilleur travail et le concours à l'ordre, sorti de l'atelier, il est appelé à remplir avec une pleine indépendance d'autres devoirs.

Une sagesse vulgaire et courte conseille à chacun, surtout s'il est un des petits de ce monde, de ne se mêler que de ses affaires. Une sagesse plus noble et plus avisée veut que chacun s'inquiète du sort des autres et surtout de ceux auxquels l'attache un lien particulier. Ici, c'est le lien professionnel qui implique une plus étroite solidarité.

Ce devoir de solidarité ouvrière, il faudrait que l'ouvrier le remplît toujours sans haine et sans crainte, toujours aussi éloigné de l'esprit d'anarchie que de la servilité. C'est ce qu'il fera mieux quand une saine instruction sociologique l'aura préparé à admettre que le patron est nécessaire et qu'il n'est pas nécessairement l'ennemi, mais qu'il est susceptible de pécher par abus ou par inertie.

Aussi faut-il, à côté du capital concentré, un prolétariat libre et organisé, — et autre chose encore dont nous parlerons aussi.

Plusieurs modes d'organisation s'offrent au prolétariat et sont par lui utilisés. Le *syndicat professionnel* en est un très puissant. Nous voyons chaque jour s'accroître le nombre et l'effectif des syndicats ouvriers. Entre eux se forment au second degré des unions, des fédérations nationales, puis internationales.

Il serait vain de songer à refouler le progrès des syndicats, de leurs groupements et des institutions connexes telles que les *Bourses du travail*. De ce progrès le patronat, après les pouvoirs politiques, doit prendre son parti. Il peut faire mieux : en reconnaître la valeur morale et l'utilité pratique. Même en l'état, alors que l'abus se mêle à l'usage légitime et que la conception dominante du rôle des syndicats apparaît trop souvent révolutionnaire, le patronat peut, à la suite des pouvoirs politiques, constater qu'il vaut mieux avoir affaire à des forces organisées, à des délégations régulières, qu'à des multitudes acéphales et amorphes.

Mais, à mesure que grandit et s'étend la puissance syndicale, elle appelle davantage un règlement moral. De ce règlement il dépend qu'elle soit un instrument efficace de défense ouvrière, de réformation sociale et de progrès, un instrument d'ordre aussi.

Elle est une grande force. Cette force ne doit ni rester anarchique, ni devenir oppressive. Sans partager d'injustes préventions contre les syndicats, il est permis de confesser leurs péchés de jeunesse.

Formés pour la lutte, nés dans le combat et pour le combat, ils en conservent l'allure, ils en gardent l'ardeur destructive et les partis pris même quand ils ne sont pas nécessaires et qu'ils peuvent nuire. Et leur combativité acquise dans l'action, fréquemment surexcitée par des résistances injustifiées ou par de déplorables manifestations de l'orgueil patronal, se double de l'esprit révolutionnaire répandu dans leurs rangs.

Cet esprit, sans acception d'écoles, est celui de la « guerre de classes », c'est la tendance à désarmer, affaiblir, décourager, humilier le patron pour préparer sa suppression future.

C'est ainsi qu'on ne se contente pas de réclamer une meilleure organisation du travail, l'accroissement des salaires, la sûreté pour le lendemain, ou de défendre la dignité des travailleurs, si elle est méconnue, la vie de son foyer, si elle est compromise, ou de se solidariser avec des camarades victimes d'un abus de pouvoir. On prétend s'immiscer régulièrement aux lieu et place du patron et de ses agents dans l'administration de l'entreprise et dans la discipline de l'atelier, ce qui exclut toute discipline et rend toute administration impossible.

Considérés dans leur action sur les ouvriers syndiqués ou non, plus d'un syndicat exagèrent les pouvoirs *disciplinaires* qu'ils s'attribuent. Nous comprenons qu'ils soient blessés et irrités de certains manquements à la solidarité, dont ils ont, — et c'est à leur honneur, — un sentiment très vif. Mais, outre qu'ils n'ont pas assez égard aux circonstances largement atténuantes qui, plus d'une fois, excusent ces manquements, ils oublient trop que c'est par la persuasion et au besoin par des sanctions morales qu'il faut agir sur les défaillants, et jamais par les formes diverses de la contrainte. Les syndicats ont la main lourde contre les minorités dissidentes et contre les non syndiqués.

Quiconque a la pratique des grèves sait à quelles violences morales, et quelquefois matérielles, s'exposent les « renégats » qui ont bien des fois cédé aux pleurs de la femme et des enfants criant la faim, mais dont il faut reconnaître que certains patrons s'assurent le concours par des démarches équivoques. C'est la guerre avec les excès qu'elle entraîne de part et d'autre. Mais le pire est que, même après la bataille, la grève finie, le poids de la colère syndicale se fait sentir aux « renégats », comme le poids de la rancune patronale aux « meneurs ».

Donnons aux syndicats ouvriers l'éducation sociale et la règle morale appropriées à leur fonction, et la machine de guerre qu'ils sont presque exclusivement aujourd'hui deviendra l'organe de réforme pacifique et de justice qu'ils doivent être.

Rappelons aux syndicats qu'à l'usine, à la mine, à l'atelier, comme à tout groupement humain, il faut un gouvernement, organe d'ordre et de concours, qui doit être respecté dans les personnes qui l'exercent et dans ses conditions nécessaires d'exercice. L'intérêt commun veut que le gouvernement et le contrôle soient distincts, indépendants l'un de l'autre, et s'abstiennent d'empiètements réciproques. Mieux renseignés, les syndicats reconnaîtront que la division moderne entre employeurs et employés n'est pas arbitraire. Elle est un cas particulier de la loi plus générale de la division des fonctions. Elle ne fait point obstacle, — au contraire, — au développement de l'action syndicale, tout en appelant des appareils supérieurs de conciliation et de jugement, soit temporels, soit surtout spirituels.

Le but n'est pas de supprimer ni d'opprimer le patron, mais de le *socialiser* en un sens qui n'est pas celui du collectivisme.

Le rôle des syndicats ouvriers ne consiste pas seulement à défendre les intérêts corporatifs. Il faut qu'ils élargissent l'idée qu'ils se font de la solidarité. La solidarité entre les travailleurs d'une même profession, c'est bien; la solidarité entre tous les prolétaires, c'est mieux ; mais il y a au-dessus une solidarité plus générale entre le capital et le travail, entre toutes les forces matérielles et morales qui, sous le poids du passé, collaborent dans le présent pour l'avenir. L'égoïsme collectif est encore l'égoïsme.

S'ils sont pénétrés du véritable altruisme, les syndicats se reconnaîtront à l'égard de leurs propres membres, à l'égard des ouvriers non syndiqués, un devoir d'éducation. Ils les aiguilleront vers les conquêtes légitimes et leur apprendront à les mériter par l'accomplissement de leurs propres devoirs.

Ils s'appliqueront à régler, modérer, canaliser les revendications ouvrières autant qu'à les soutenir de toute leur puissance. Sachant tout ce que les conflits collectifs entraînent de pertes, de souffrances et d'affaiblissement pour le corps social, ils épuiseront tous les moyens de conciliation et offriront l'arbitrage avant de s'y engager.

Ils sentiront quelle grave responsabilité s'attache à l'usage même justifié du redoutable droit de grève. Avant d'y recourir, ils pèseront non seulement la valeur des griefs ou des réclamations, mais les répercussions générales et indirectes de la grève projetée. Ils ne doivent pas se désintéresser du mal qu'une grève, même motivée, peut faire à une cité, à la patrie.

Nous entendons bien que les mêmes scrupules civiques s'imposent aux patrons et aux syndicats patronaux, qui, entre autres devoirs, ont celui de donner l'exemple, puisqu'ils ont le privilège de la richesse et d'une plus grande culture. Si les prolétaires doivent se soucier de la blessure qu'ils feront au pays avant de déchaîner la grève, à plus forte raison les capitalistes doivent sérieusement réfléchir et regarder en face leur responsabilité sociale avant de risquer des misères et des malheurs publics par des mesures ou des fins de non-recevoir de nature à déterminer la grève, ou à l'étendre, ou à la trop prolonger.

Quand, des deux côtés, ces sentiments et ces mœurs prendront plus de force, les conflits seront moins fréquents, et, quand ils éclateront, leur violence en sera atténuée.

Mais nous dirons dans la dernière partie de cette étude comment s'impose de plus en plus la nécessité d'interposer entre le capital concentré et le prolétariat associé, entre les organisations patronales et les organisations ouvrières qui s'annoncent formidables, une grande force morale indépendante, sans laquelle ces deux forces matérielles, même mieux éclairées, seraient toujours entre elles en état d'équilibre instable et de paix précaire.

Nous rappellerons alors quelle mission générale, si pleine et si haute, Comte assigne au prolétariat, indépendamment de ses fonctions spéciales, et comment il fait de lui, avec les femmes, le collaborateur nécessaire du pouvoir spirituel, scientifique, purement humain qu'il a conçu et qui ne nous manque que trop.

On pense bien que nous n'avons pas songé *à résoudre*, en ces quelques pages, la « question sociale ». Nous avons seulement essayé de marquer à la lumière de la morale positive les fins humaines vers lesquelles elle nous presse de nous acheminer « lentement mais sûrement ». A la lumière de la même morale nous avons tenté de dégager les convictions et les principes de conduite d'après lesquels tout l'effort individuel et social doit, d'après nous, faire converger, pour l'approximation graduelle de ces fins, toutes les recherches scientifiques, toutes les études sociologiques, toutes les combinaisons économiques, toutes les inventions, tous les arrangements nationaux et internationaux, sans exclure le sage concours des pouvoirs politiques, et en réclamant l'action énergique d'une opinion mieux armée. Il ne faut rien de moins pour lutter contre les obstacles matériels et moraux, pour aplanir une à une les difficultés [1] qui sont considérables, pour arracher au sphinx le secret de ses antinomies et pour le vaincre tôt ou tard.

1. Parmi ces difficultés nous n'hésitons pas à ranger la constitution anonyme des grandes entreprises.

QUATRIÈME PARTIE

DES CONDITIONS D'UNE NOUVELLE DISCIPLINE MORALE.

I

La religion de l'Humanité et le patriotisme.

Les idées morales ne suffisent pas. La plus forte doctrine, même si elle justifie de sa valeur d'application, même si elle pénètre de plus en plus les esprits, a besoin, pour acquérir toute l'efficacité nécessaire, de ce complément : une *discipline*.

La moralité est aux prises en chacun de nous avec l'intérêt, les passions, les sophismes de l'esprit et les surprises du cœur. Hors de nous c'est avec toutes les tentations et suggestions de l'ambiance, avec les contagions de l'exemple, avec les résistances du milieu, avec ses préjugés ou seulement avec son inertie qu'elle doit se mesurer. Et les hérédités mauvaises et les obstacles ou les pièges inconscients de la politique et les exigences d'une vie terriblement compliquée ne sont-ils pas comme autant de forces ennemies à vaincre ? Enfin, fondée sur l'accord de la raison et de l'amour, la moralité est plus d'une fois soumise à la plus grave des épreuves par leur divorce apparent ou partiel, alors que d'exclusifs attachements ou de trop étroites solidarités, mal éclairées, mettent le devoir en échec et que l'altruisme paraît se tourner contre lui-même.

Pour que la moralité puisse livrer, avec quelque chance de succès, ce multiple et difficile combat, ce n'est pas assez qu'elle soit servie dans le for intérieur par des *convictions* et des *sentiments*. Il est nécessaire qu'elle trouve au dehors les points d'appui fixes, les centres d'excitation ou d'inhibition, les organes de convergence, les foyers de culture aptes à soutenir, régler et rallier les bonnes volontés. C'est l'ensemble des moyens, spontanés ou systématiques, jamais arbitraires, de soutenir, de rallier et de régler *sans contrainte* les volontés humaines que nous appelons *discipline-morale*.

La discipline morale est un gouvernement. Mais elle se distingue essentiellement du gouvernement politique d'abord parce qu'elle n'a ni exactement le même objet, ni surtout les mêmes limites, et ensuite parce que ses moyens sont tout à fait différents. Ne se proposant jamais d'agir sur la conduite humaine que par l'intermédiaire des pensées et des sentiments, elle doit renoncer à toutes les formes de la coërcition et de la répression matérielle. C'est sous la double obsession de la vérité absolue et du salut éternel des âmes que les disciplines théologiques ont méconnu ce principe.

L'inéludable déclin de celles-ci laisse dans nos sociétés avancées un vide qu'il faut combler. Croire que, parce qu'une société sera plus éclairée, elle pourra se passer d'une discipline morale, est une illusion. Penser qu'une telle discipline est incompatible avec l'émancipation des esprits ou encore avec la liberté politique est une erreur qu'il importe de dissiper.

Parallèlement au progrès des lumières et au progrès général nous constatons la complication croissante des questions sociales et des problèmes moraux. Ce n'est pas seulement la conduite publique, c'est la conduite privée de chacun qui s'éloigne de plus en plus de la simplicité. Des *cas de conscience* se posent pour nous que nos aïeux n'ont pas connus. Plus nous avancerons en civilisation, plus ils se multiplieront. En outre, par le fait même de nos progrès intellectuels et économiques, certaines tendances de l'individu que nous nommerons centrifuges se sont développées. Autant de raisons pour que plus nettement apparaisse parmi nous la nécessité d'une discipline qui, sans porter atteinte à aucune liberté légitime, nous apportera le secours dont nous avons besoin pour lutter contre nous-mêmes et agir efficacement les uns sur les autres dans l'intérêt de l'ordre, du perfectionnement humain et du bonheur commun.

Cette discipline consistera dans le lien complet des pensées, des sentiments et des volontés par elle réglés et unis. Sa première et essentielle condition est la subordination consciente et voulue de nos existences à une existence supérieure susceptible d'être pour nous la fin commune de notre connaissance, de notre amour et de notre activité.

C'est un tel lien assuré par une telle subordination qu'il faut, d'après Auguste Comte, nommer *religion*. Et cette définition est la seule philosophique et véritable.

Elle contient les attributs communs à toutes les religions, abstraction faite de la nature des croyances et des pratiques qui les distinguent. Elle s'applique à la religion scientifique que les positivistes professent et dont ils veulent préparer l'avènement.

Celle-ci doit satisfaire à ce qu'il y a de permanent dans le besoin religieux des hommes. Entendez le besoin de lier nos vies individuelles, si bornées et si passagères, à quelque chose de plus grand que nous, qui nous précède et qui nous survive. Car cette dépendance perçue et sentie est nécessaire pour assurer ce qu'il est possible de réaliser suivant les temps et les lieux d'équilibre moral, d'harmonie intérieure et d'union sociale.

Mais la religion positive doit en outre satisfaire, comme il a été dit, à d'autres conditions. Elle ne peut proposer aux hommes comme objet commun de croyance et du culte et comme fin suprême de la conduite ni des êtres fictifs, ni un absolu quelconque, ni les constructions arbitraires de la métaphysique. Écartant, comme causes d'irréductibles divisions et de désordre désormais, donc comme *anti-religieux*, tous les dogmes invérifiables et antinomiques autant que les diverses révélations chimériques et contradictoires, elle n'a pas davantage la singulière prétention de rallier les esprits et d'émouvoir les âmes au nom de l'*inconnaissable*. Si l'on ne peut plus songer à unir les hommes comme enfants d'un dieu vivant et personnel, si le dieu abstrait des métaphysiciens les rapproche encore moins, si les entités *nature*, *force* ou *matière* ne sauraient pas plus toucher leurs cœurs qu'éclairer leurs intelligences, il est encore plus vain de songer à nous faire fraterniser devant l'autel de l'*Incognoscible*.

L'objet de la religion doit être désormais réel et vivant. Il faut que, soumis à des lois naturelles et relié lui-même à l'ordre du monde d'où il tient ses conditions d'existence et la consistance indispensable, il nous soit à la fois supérieur et homogène pour nous inspirer avec une grande vénération un amour sincère. Il faut qu'il soit nôtre, qu'il soit en nous, que nous soyons en lui et qu'en même temps il nous dépasse de beaucoup dans l'espace et surtout dans la durée pour nous fournir l'appui solide et relativement fixe auquel se puissent attacher de toutes parts les souvenirs, les énergies et les plus longs espoirs. Il faut qu'envers cet être notre dépendance soit scientifiquement démontrée et que notre dette soit immense; mais il faut aussi qu'il soit imparfait et perfectible, qu'il ait besoin de nos services, sans quoi, n'assignant pas de but précis à notre activité, il serait inapte à régler notre conduite.

Cet être ne peut être pour les hommes que l'Humanité même.

Plus nous méditons sur ce sujet, plus nous sommes convaincu qu'il n'y a de possible dorénavant comme base d'une discipline morale qu'une foi scientifique achevée et couronnée dans la religion de l'Humanité.

Mais, si l'Humanité est une existence réelle, elle est une existence composée. Elle est même une existence composée au troisième degré. Elle est, nous l'avons déjà dit, une société de patries, comme chaque patrie est une société de familles.

Cette échelle de composition est un trait caractéristique de l'Humanité. Elle est une condition spécifique de sa constitution même. Auguste Comte ne l'a-t-il pas défini, « l'ensemble continu des êtres convergents » ? Or les familles et les patries sont des organes nécessaires de convergence et de continuité. Si l'on pouvait les supprimer, il resterait une poussière d'individus dont l'incohérence, contenue sans doute dans de certaines limites par la dure et froide domination des fatalités extérieures, demeurerait incompatible avec une coopération précise, régulière et assez sentie.

Ces êtres collectifs intermédiaires entre l'Humanité et les individus sont aussi nécessaires au progrès qu'à l'ordre. De même que l'individu dans un groupement quelconque, chaque société particulière dans la société générale prend des initiatives, opère des différenciations, affronte des luttes et des risques par lesquels s'active le mouvement de la civilisation.

Cependant on a cru de nos jours voir une opposition entre ce que l'on appelle l'*humanitarisme* et le patriotisme.

Cette prétendue opposition ajoute un élément de trouble à toutes les causes de désordre moral qui, à notre époque, divisent les hommes entre eux et plus d'une fois chacun contre lui-même. Ce n'est pas un médiocre service à rendre aux braves gens de tous les pays que d'en montrer l'inanité.

Après avoir établi à quel point l'institution de la *famille* est fondamentale et nécessaire comme élément de toute existence sociale et comme instrument irremplaçable d'éducation, Auguste Comte a prouvé avec autant de force que la *cité*, la *nation*, créations spontanées de l'Humanité, demeureraient dans l'avenir les intermédiaires indispensables entre elle et les familles pour donner à la sociabilité et surtout à la coopération active des hommes assez de consistance et assez de précision. C'est le fondateur de la *Religion de l'Humanité* qui a écrit : « L'union civique restera toujours la plus
« étendue des affections qui combinent assez toutes les
« parties de notre existence matérielle, mentale et morale. »
(*Politique positive, tome II, ch. 6*).

Comment faut-il l'entendre ? Il faut entendre que, si nous devons travailler à unir de mieux en mieux les hommes par l'esprit et par le cœur dans une fraternité qui déborde progressivement toutes les frontières, c'est pour les amener à des actions convergentes. Or l'action collective proprement dite, qu'elle soit guerrière ou pacifique, est soumise à certaines conditions, à un siège déterminé sur la planète et à un nombre limité de coopérateurs habituels.

Sans doute, les relations industrielles et commerciales et les solidarités qui en découlent dépassent et dépasseront toujours davantage les bornes des États. Elles réclameront de plus en plus des instruments internationaux. Cependant il reste certain que les rapports économiques et les concours qu'ils requièrent sont notablement plus multipliés, étroits et journaliers entre les familles cohabitant en deçà de certaines limites territoriales qu'entre les populations plus éloignées et séparées par les frontières politiques. Il va sans dire que le fait même des frontières politiques, avec toutes ses conséquences politiques, influe beaucoup sur ce phénomène. Mais le rapprochement matériel à lui seul, les communications constantes et la communauté séculaire des besoins, des habitudes, du langage, etc., sont des facteurs manifestes du même phénomène. L'avenir pourra en modifier le degré d'intensité ; il n'est pas vraisemblable qu'il le détruise.

Les coopérations internationales se concentrent par la force des choses dans un nombre assez restreint d'agents directs. C'est la masse tout entière qui participe directement et consciemment aux coopérations intérieures. Nous entendons surtout les coopérations de l'ordre matériel.

D'autre part, l'activité collective, même quand elle produit ses effets au delà des frontières, exige des conditions de sécurité matérielle, un outillage commun des services publics, une réglementation en partie légale dont l'établissement et le fonctionnement pratiques comportent une population sagement limitée et un territoire déterminé.

L'activité civique n'est pas seulement économique. Durant de longs siècles elle a été essentiellement ou principalement militaire. Elle l'est encore pour une part plus faible et décroissante, mais importante encore. Nous avons foi dans un avenir pacifique où le travail remplacera définitivement la guerre. Le préparer, en hâter l'éclosion est le devoir commun. Mais n'oublions pas quel rôle décisif l'antique loi de la guerre a joué dans la formation et la croissance des cités et comment elle a pu, dans la jeunesse malaisément disciplinable de notre race, déterminer sous l'aiguillon de la plus pressante nécessité et de l'extrême péril des coopérations assez énergiques et assez réglées, motiver les suprêmes sacrifices et fortifier assez les sentiments correspondants. Sans négliger l'influence exercée par le culte souvent si exigeant des divinités poliades, des dieux nationaux, il faut reconnaître que sans la guerre le patriotisme antique n'aurait pas atteint le degré de vigueur qui l'a caractérisé chez plus d'un peuple. C'est même à cette observation que se rattache l'erreur contemporaine de ceux qui confondent le patriotisme avec l'esprit guerrier et qui ne croient pas qu'il survive sérieusement à la guerre.

Cependant on conviendra que, dans le présent, les peuples les plus sages n'ont jamais la *certitude* que le péril de guerre leur sera toujours épargné. Donc l'organisation collective des moyens de défense et des concours éventuels contre le danger extérieur reste un élément non négligeable de la vie civique. Et dans l'avenir même, quand la politique pacifique aura tout à fait prévalu, les générations plus favorisées de ces temps meilleurs trouveront dans l'héritage de sécurité dont elles bénéficieront grâce aux sacrifices des devanciers et dans le sentiment que, si cet héritage pouvait être de nouveau menacé, les mêmes solidarités engendreraient les mêmes sacrifices des raisons entre autres de maintenir les liens particuliers qui continueront à unir les membres d'une patrie déterminée sans préjudice pour leurs devoirs envers l'Humanité.

Mais à côté de la sûreté extérieure il y a la sûreté et la paix intérieures sous tous leurs aspects, il y a la santé publique, il y a le bon ordre dans les relations des individus et des familles, il y a l'usage commun d'une foule d'avantages sociaux, il y a une quantité de services destinés soit à faciliter entre les hommes tous les genres de communication et d'assistance réciproques, soit à éviter ou résoudre des conflits localisés qui exigent une aire de concours plus étendue que celle de la famille, mais assez circonscrite pour que le concours y soit assez appréciable, assez régulièrement assuré, assez promptement efficace et renouvelable. C'est pourquoi entre la famille et l'Humanité il faut la patrie.

Au surplus dans la mesure, du reste variable, où la vie sociale requiert et comporte l'intervention préventive ou répressive d'un gouvernement politique proprement dit, disposant d'armes légales et de sanctions matérielles, l'expérience prouve que, si la juridiction de ce gouvernement doit s'étendre à un territoire et à une population d'une certaine importance pour qu'il ait l'autorité, les moyens d'action et l'impartialité convenables, il ne saurait assumer la charge d'une portion trop vaste de la planète sans se soumettre à l'alternative forcée d'être impuissant ou tyrannique.

Il est temps de rappeler la nécessité de sentiments intermédiaires entre les affections domestiques et l'amour de l'Humanité.

Ce n'est pas une petite affaire de faire l'éducation altruiste de notre espèce. Elle réclame une gradation rationnelle sous peine d'avorter. Les affections de famille sont douées d'une force incomparable en raison de laquelle rien ne peut les remplacer pour le dégrossissement de la bête humaine. Mais, réduites à elles-mêmes, elles sont exclusives et tournent facilement à l'égoïsme collectif. L'amour de l'Humanité, le plus noble de tous les amours, restera vague, trop souvent platonique, pratiquement inefficace, sans réaction suffisante sur le particularisme domestique dont il est trop éloigné, s'il n'est préparé, secondé, en quelque sorte lesté par l'amour de l'être collectif *patrie*, plus large et plus compréhensif que l'amour des proches, mais plus énergique que l'amour du genre humain et susceptible d'applications plus fréquentes et plus précises.

Le patriotisme est un sentiment composé très riche. Il y

faut marquer la place importante qu'y prend l'attachement au sol même de la patrie. C'est là de l'éternel fétichisme et du meilleur.

L'être collectif, petit ou grand, ne devient assez cohérent et stable, n'acquiert sa pleine réalité que s'il fait corps avec un siège matériel propre et fixe. La famille s'achève et se conserve par le domicile, par la *maison*. Un peuple n'est vraiment tel et n'est une patrie que par son union prolongée avec un *territoire* défini. C'est pourquoi le passage de la vie nomade à la vie sédentaire est une étape décisive de l'évolution humaine.

Grâce à ce passage, le culte des ancêtres s'est consolidé dans la religion de la tombe; et à son tour la religion de la tombe a joué à côté de la guerre un rôle considérable dans la fondation et le développement des cités. La patrie est en grande partie la terre où dorment tous ces morts dont plus spécialement le sang ou les œuvres nous ont faits ce que nous sommes.

Mais, si la patrie ne se conçoit pas sans un siège matériel, sans ce « sol sacré » qui lui sert de support indispensable, elle est excellemment une *personne morale*. Et cette personne morale, suivant la loi qui régit l'échelle de la vie, est toujours plus complexe à mesure que l'humanité s'élève au-dessus des formations primitives. Elle est faite, sans doute, d'une spéciale communauté d'intérêts matériels, de buts pratiques à atteindre et d'institutions politiques. Elle est faite aussi, pour une grande part, du lien puissant qu'une même langue plusieurs fois séculaire forme entre les hommes. Elle est faite plus encore peut-être de ces impondérables dont la force va croissant et qui sont les traditions, les coutumes, le souvenir des luttes soutenues ensemble par les générations, des gloires et des épreuves partagées, des grands actes par lesquels une nation a enrichi de sa contribution propre le patrimoine moral de l'Humanité. Elle est faite d'une histoire, d'une littérature, d'un héritage d'art. Enfin elle implique des organes définis de sa personnalité parmi lesquels un gouvernement politique autonome.

On errera fatalement toutes les fois que, pour définir une nation, ou, suivant le vocabulaire en usage, une *nationalité*, on ne considèrera que l'un ou quelques-uns des éléments matériels et moraux qui la composent. Parmi les erreurs ainsi commises, il n'en est pas de plus grosse que celle qui explique la nationalité par la « race ». Les nations les plus unifiées, les plus sociologiquement homogènes se sont précisément formées de couches ethniques nombreuses et très différentes : telles, au premier rang, la France et l'Angleterre proprement dite. Quant aux « frontières naturelles », elles ont trop souvent servi de prétexte aux régressions de la politique militariste et conquérante. Si la langue est un facteur plus sérieux, il est loin d'être toujours décisif. La Suisse parle trois et même quatre langues et constitue néanmoins une des nationalités les plus vivaces et les plus patriotes. Les Américains du Nord parlent anglais, mais ne songent nullement à se fondre dans l'empire Britannique d'où ils sont sortis.

Définir la patrie est difficile et périlleux. Cependant nous pouvons dire, d'après Pierre Laffitte, *qu'une patrie est une société de familles incorporée à une portion déterminée du sol de la planète qui, formée par une histoire commune et propre et régie par un même gouvernement, travaille sous le poids du même passé pour un même avenir, suivant la loi d'une solidarité particulière subordonnée à une solidarité générale, mais plus étroite et plus énergique.*

Or, si chacun est débiteur de l'Humanité, c'est surtout par l'intermédiaire de la Patrie qu'il reçoit ses dons auxquels s'ajoutent les dons particuliers de cette patrie elle-même. Chacun profite de l'ensemble de l'héritage humain, mais plus directement et spécialement de l'héritage national. Les coopérations immédiates et quotidiennes qui commandent la vie même matérielle de chaque jour, le toit qui nous abrite, la langue que nous parlons, les premières images et les premières notions dont est faite notre croissance intellectuelle, la sécurité dont nous jouissons, la protection publique assurée à nos familles et à nous-mêmes, le milieu indispensable au développement de notre sociabilité, tous ces instruments sociaux de première nécessité qui s'appellent une défense commune, une police, une justice, des moyens de communication, des écoles, etc., etc., nous sont avant tout fournis par l'association civique.

Si la richesse, la science, l'art, la religion, ces grandes créations qui entretiennent, éclairent, embellissent et règlent la vie, sont produites par l'activité accumulée de l'ensemble des générations humaines, c'est bien par le canal de la Patrie qu'elles arrivent jusqu'à nous sous la forme particulière ou concrète qui nous les rende vraiment communicables et assimilables.

Nous en avons assez dit pour ne laisser aucun doute sur l'aptitude de la morale positive à maintenir le patriotisme et à consacrer les devoirs civiques, tous les devoirs civiques, y compris, tant que la situation l'exigera, le devoir militaire. Bien plus, notre conception de la solidarité et de la continuité humaines complétée par notre théorie des individualités nationales est singulièrement propre à fortifier les convictions et les sentiments qui portent les hommes à se dévouer à leur patrie comme des fils à une mère.

Ce n'est pas ici le lieu de traiter des divisions secondaires de l'être collectif patrie. Elles ont, et parmi elles surtout la plus fondamentale qui est la *commune*, une grande importance morale autant qu'administrative. A quel degré et à quelles conditions leur vie propre se doit concilier avec leur subordination nécessaire à la solidarité nationale et à l'unité de la patrie, la question est du plus haut intérêt, mais sort de notre cadre.

Nous n'aborderons pas davantage la théorie d'Auguste Comte sur la décomposition future des « grandes puissances » et sur les dimensions territoriales que les patries devront normalement ne pas dépasser quand l'interrègne spirituel aura pris fin. Elle s'applique, suivant nous, aux *États* proprement dits en possession de la vie politique dans sa plénitude. Elle n'exclut pas des coopérations même temporelles pour des objets déterminés, ni des relations juridiques et réglées entre les États, avec des organes même politiques appropriés, soit temporaires, soit permanents. La très grande souplesse du principe *fédératif* permet de telles extensions. Mais cette vue n'infirme en rien la conception positiviste d'après laquelle la société des nations doit être surtout une société spirituelle, l'unité morale de l'humanité civilisée d'abord et plus tard de l'humanité tout entière étant aussi nécessaire et graduellement réalisable que l'*unité politique* de la planète apparaît chimérique.

Cependant, après avoir restitué à l'idée de patrie sa force et sa grandeur, le Positivisme entend la rectifier et la perfectionner. Si l'individualité nationale est une réalité, si l'indépendance *relative* des états est un bien autant qu'une nécessité, il est devenu impossible de nier la solidarité économique, intellectuelle, morale et même politique des peuples.

Il n'est pas un fait économique d'une certaine importance qui n'exerce une influence favorable ou défavorable sur les affaires de pays très éloignés de celui où il s'est produit. Les peuples ont besoin les uns des autres et travaillent les uns pour les autres. Il n'est pas une découverte scientifique, une théorie philosophique, une manifestation d'art qui ne rayonnent bien au delà des frontières du peuple chez lequel elles ont pris naissance pour agir de proche en proche sur le mouvement intellectuel du monde. Il n'est pas une révolution religieuse, une réforme ou une crise morale dont les effets restent localisés entre les limites d'un empire. Enfin de plus en plus les faits de guerre ou les changements politiques qui s'accomplissent sur un point de la planète ont leur répercussion directe ou indirecte, prompte ou à longue échéance sur les régions les plus lointaines. Que serait-ce si nous faisions entrer en ligne la marche des épidémies et les conséquences qu'entraînent pour tous les peuples l'observation ou la négligence par un seul de ses devoirs envers la santé publique?

Le nombre des affaires, des travaux, des œuvres, des mouvements d'idées, des institutions, des problèmes qui prennent le caractère international s'accroît tous les jours. Il est inévitable que cette progression continue dans l'avenir. Il n'est personne qui ne soit en mesure d'en faire la vérification concrète.

Si des corrélations dans l'espace nous passons aux connexions dans le temps, la dépendance de la patrie envers l'Humanité n'en ressort que davantage.

Est ce que l'histoire de notre France serait intelligible si on l'isolait de celle des autres peuples européens ? Bien plus, notre vie sociale, notre civilisation et avec elle toute la civilisation des nations d'Europe ou d'origine européenne ne sauraient désavouer leur filiation commune dont l'enchaînement remonte à travers l'évolution moderne, le moyen âge catholico-féodal et l'antiquité gréco-romaine, jusqu'aux théocraties des vallées du Nil, de l'Euphrate et du Tigre, produits à leur tour d'une lente formation qui a rempli l'âge fétichique.

Comment nier tout ce que la mentalité d'un Français, d'un Italien, d'un Anglais, d'un Allemand ou d'un Américain du xxe siècle doit à telle fiction d'Homère, à tel théorème de Thalès, à tel mythe de la Chaldée, à l'écriture phénicienne ou au parler de l'Iran ? Et comment ne pas reconnaître que tel élément de notre bien-être se rattache, quoique de loin, soit à l'art naissant des hommes préhistoriques, soit aux destructions nécessaires qu'ils ont accomplies au prix des plus effroyables périls ?

Comme contre-épreuve, voyez le contre-coup incalculable sur toute l'Europe et sur le monde de notre Révolution Française, fille elle-même de tout le passé occidental.

Il y aurait bien autre chose à dire : par exemple les pénétrations réciproques, plus importantes qu'on ne l'a cru longtemps, entre le monde chrétien et le monde musulman au moyen âge. Et voici maintenant que l'Occident et l'Extrême-Orient jaune se rejoignent et réagissent chaque jour un peu plus l'un sur l'autre.

Donc de tous les êtres collectifs l'Humanité est le plus pleinement réel. Sa réalité commence à peine à être perçue, mais cette perception s'étendra de plus en plus ; elle deviendra de plus en plus claire et les sentiments qui en découlent prendront toujours plus de force.

Mais il n'est pas nécessaire pour cela que le patriotisme s'affaiblisse. Il suffit qu'il se transforme quelque peu, qu'il évolue comme il a déjà évolué.

On comprend que bien des consciences se troublent à la pensée que le sentiment patriotique et la salutaire discipline des volontés qui en dépend pourraient se diluer et se dissoudre dans un cosmopolitisme vague et commode qui ne serait pas gênant pour l'égoïsme des hommes. De là des méfiances injustifiées au fond, mais que certaines manifestations particulières expliquent, à l'endroit des doctrines qui prêchent la fraternité des peuples et nous prescrivent de travailler à l'unité humaine.

Il est naturel aussi qu'on se refuse à voir un progrès dans la substitution d'un exclusivisme de classe à l'exclusivisme national. Il n'est pas de plus grand mal que la haine. Le remède ne consiste pas à la transposer seulement, à remplacer les haines internationales par les haines sociales.

Enfin les âmes les plus droites, en ce temps de transition douloureuse et obscure, peuvent en plus d'une occurrence subir l'angoisse d'un conflit intérieur entre le devoir patriotique et le devoir envers l'Humanité.

Ce sont là autant d'éléments entre autres de notre crise morale.

Elle s'aggrave de la régression véritable qui s'est produite au cours de la seconde moitié et surtout du dernier tiers du xixe siècle dans la politique et dans les mœurs internationales. Cette régression, suivant les temps et les lieux et suivant les modalités qu'elle a revêtues, peut s'appeler bonapartiste, bismarkienne, impérialiste, protectionniste ou nationaliste. Peu importe le nom qu'on lui donnera et les formes qu'elle prend. C'est un retour offensif du vieil esprit de guerre, de violence, de ruse et de méfiance systématique dans les rapports entre peuples, si contraire à l'esprit du xviiie siècle et, malgré certaines apparences, de la Révolution Française, si contraire surtout à l'ensemble de notre developpement intellectuel, économique et moral. Aussi ne considérons-nous cette régression que comme un accident qui, pour des raisons diverses, dure un peu trop, comme une *crise* au sens pathologique du mot, signe précurseur, nous l'espérons, de la convalescence en attendant la guérison.

Comme tout est action et réaction, le nationalisme rétrograde provoque l'internationalisme révolutionnaire, — et réciproquement.

Il faut sortir de ce cercle vicieux. Il suffit pour cela, systématisant ce que le bon sens d'un grand nombre admet déjà, de montrer qu'il n'y a aucune antinomie nécessaire entre le patriotisme et l'amour de l'humanité, puisque la patrie et l'humanité sont deux réalités du même ordre dont la première, pour être subordonnée à la seconde, n'en a pas moins une vie propre qui détermine des devoirs particuliers et impérieux.

Mais il y a plus à faire. Il importe, sans fermer les yeux sur aucune des nécessités présentes et sur les obligations qui en découlent, de s'appliquer chez tous les peuples civilisés à dégager le patriotisme de ses éléments *temporaires*. Si leur rôle a été considérable dans les civilisations théologiques et militaires, ils doivent s'atténuer de plus en plus jusqu'à extinction dans la civilisation scientifique et pacifique qui s'élabore et dont nous devons de tout notre pouvoir hâter le triomphe. Nous n'aurons que plus de force pour conserver et développer les éléments *permanents* du patriotisme.

Gardons le sentiment qui nous fait *aimer* notre pays plus que tout autre pays, comme nous aimons notre mère, notre femme, nos filles plus que les autres femmes, comme nous préférons notre père et nos fils aux autres hommes. Ce qui doit disparaître c'est la haine de l'étranger, c'est la méfiance envers tout ce qui nous vient de lui, c'est l'égoïsme national.

Puisque l'Humanité est une société de patries, comme la patrie est une société de familles, il n'est pas plus difficile, si on le veut bien, de concilier nos devoirs envers notre patrie avec nos devoirs envers les autres nations que de concilier nos obligations domestiques avec nos obligations civiques, ce que nous sommes bien tenus de faire tous les jours. La cité n'a pas détruit la famille. Pourquoi l'humanité détruirait-elle la cité ? Est-ce que, pour aimer passionément notre famille, nous nous croyons réduits à détester les autres familles, à vivre sur le pied de guerre avec elles, ou seulement empêchés de les aimer aussi ? Est-ce que notre zèle pour nos proches nous interdit de nous rendre utiles à nos concitoyens et de bien servir l'État ?

Puisque l'Humanité est une société de patries, respectons toutes les patries, aimons la nôtre de toute notre âme, aimons-la plus que les autres, mais non plus que l'Humanité qui les contient et les unit toutes dans la synthèse de sa grande vie continue.

— Mais, dit-on, il y a des règles morales acceptées de tous dans les rapports interdomestiques et il y a un droit civil qui lie entre elles toutes les familles d'un même pays. Il n'y a ni morale internationale respectée, ni justice internationale sanctionnée. — Cela n'est que trop vrai ; mais c'est précisément cela qui doit cesser.

Le *populus populo lupus* n'est pas plus que le *homo homini lupus* la loi définitive du genre humain. Cela n'a pas été une petite affaire de substituer l'état civilisé à l'état sauvage, l'ordre à l'anarchie dans les relations entre hommes. Mais cela s'est fait tout de même. Pourquoi le même changement serait-il impossible entre nations? Voilà longtemps qu'il est préparé dans les idées. Il faut désormais faire effort pour obtenir la convergence des volontés qui l'accomplira, non pas en un jour, mais dans un délai peut-être moins long que le croient les sceptiques [1].

Que la morale positive se répande, que la doctrine de l'Humanité rayonne des principaux centres occidentaux, que la mentalité du public en subisse l'influence même indirecte et partielle, sans compter l'action directe sur les meilleurs chefs, et le mouvement pourra s'accélérer beaucoup plus que d'aucuns le pensent.

1. Rien n'est plus intéressant que la campagne *pacifique* menée en ce moment par de généreux écrivains de tous les pays et de toutes les écoles, au premier rang desquels il nous est particulièrement agréable de citer parmi les plus vaillants, M. Jacques Novicow. (Voir notamment sa *Fédération de l'Europe*. Chez Félix Alcan, éditeur.)

Il n'est pas possible que dans ce domaine la solidarité profonde des intérêts mieux sentie, la communication des sentiments plus facilitée et les processus convergents des idées ne fassent pas leur œuvre comme dans tout autre domaine.

Est-ce une utopie d'attendre des groupes humains ce dont les hommes eux-mêmes ne sont pas incapables, c'est-à-dire que, sans abdiquer leur liberté, ils se considèrent comme tenus de vivre en paix entre eux, de se respecter mutuellement, de concourir à l'ordre général, de substituer aux conflits meurtriers l'émulation pour le progrès, de collaborer ensemble au bonheur de l'espèce?

Quand de telles convictions seront assez propagées, on reconnaîtra qu'il est possible et même obligatoire de pratiquer à la fois le culte de la Patrie et la religion de l'Humanité. Et cela d'autant plus que l'indépendance politique, la dignité et la prospérité des différentes patries sont des facteurs nécessaires de la vie, de l'harmonie et du perfectionnement de la grande collectivité humaine, de même qu'elles ne s'en peuvent séparer. Aussi chacun comprendra-t-il qu'en se montrant avant tout résolu à assurer la sécurité et l'intégrité de son pays, en travaillant à sa grandeur, il travaille à l'équilibre, au bien et à la gloire de l'Humanité. Et il n'en aura que plus de facilités pour s'acquitter des devoirs généraux envers ses frères d'au delà les frontières. Réciproquement, il ne peut servir réellement l'Humanité sans par cela même servir sa nation qui en est un membre solidaire.

La notion du devoir s'appliquera d'ailleurs désormais aux peuples autant qu'aux individus. Les peuples ont des devoirs entre eux et chacun d'eux à l'égard de toute la famille humaine. Chacun est tenu de se régler, d'agir et au besoin de faire volontairement des sacrifices dans l'intérêt supérieur de la justice, de la paix du monde, de la civilisation générale. Les nations sont responsables envers l'Humanité.

Dans ce sens comme dans d'autres, nous poursuivons

avec Auguste Comte « la subordination de la politique à la morale ».

Si cette subordination n'est pas, comme on a pu s'en convaincre par tout ce qui précède, le seul objet qui exige une organisation des forces morales, il n'en est pas cependant qui en fasse mieux éclater la nécessité. Car plus les forces matérielles à régler sont puissantes, plus leur sphère d'action est étendue et plus doivent être coordonnées les forces destinées à les régler.

II

Des forces morales et de leur organisation.

Une discipline morale suppose avant tout des mobiles et des motifs moraux d'action, des sentiments et des convictions. Nous avons dit sur quels *sentiments altruistes* et sur quelles *convictions scientifiques* Auguste Comte a fondé la morale positive. Nous avons voulu montrer comment cette morale repose sur les lois combinées de notre organisation affective, de notre activité mentale et de l'existence sociale.

Une discipline morale réclame en second lieu des soutiens supérieurs et extérieurs à l'individu, auxquels elle rattache et subordonne la vie de chacun, afin de pouvoir par le dehors régler le dedans. Ces soutiens, qui sont aussi des objets permanents de foi scientifique, d'amour et de vénération et encore des fins communes d'action, nous sont fournis par les êtres collectifs solidaires, *famille, patrie, humanité*.

Mais cela ne suffit pas. Il faut à une discipline morale des instruments, qui sont des *forces morales organisées*.

Les forces morales existent éparses dans notre société. Mais leur progrès, avons-nous dit, est loin d'avoir marché du même pas que celui des forces matérielles ou des forces purement intellectuelles. De plus, elles ne sont pas organisées. Plus exactement seules sont organisées et d'ailleurs contradictoires entre elles celles qui se réclament de croyances et d'autorités condamnées par l'histoire et par les lois de l'esprit humain. Ce n'est point là, on le sait, une des moindres causes de la crise, de l'anarchie morale dont nous souffrons.

D'aucuns nous interrompraient ici volontiers pour nous dire : « Mais le plus simple ne serait-il pas de restituer leur ancienne autorité à ces forces morales qui, d'après votre aveu, sont encore les seules vraiment organisées, et d'abord à la plus organisée de toutes qui est l'Église catholique romaine ? »

Comme nous n'admettons pas que l'on songe à fonder une discipline morale sur l'hypocrisie, nous supposons qu'on rêve d'enrayer d'abord, puis de faire reculer le mouvement irrésistible qui éloigne toujours davantage les civilisés de la foi aux autorités surnaturelles et aux dogmes théologiques quels qu'ils soient.

Alors le remède ainsi offert est subordonné à une condition impossible. Quand on a cessé de croire à des dogmes ou à une autorité, on ne retrouve pas à volonté la foi perdue.

Peut-on se faire illusion, par exemple, sur la situation du catholicisme en France ? Nous savons bien ce que l'on dit des conquêtes partielles qu'il fait hors de France sur les fidèles d'autres églises théologiques dans certains pays à majorité protestante, par exemple en Angleterre et aux États-Unis. Nous savons qu'ailleurs, dans des pays à majorité catholique, il recule au profit d'autres confessions religieuses. C'est là un double phénomène curieux de *déplacement dans l'intérieur même du giron théologique* qu'il serait intéressant d'étudier. Mais on ne nous montre pas de conquêtes théologiques sur les émancipés ni de recul ou d'arrêt effectif dans le mouvement d'émancipation plus ou moins rapide ou lent, mais continu.

Chez nous, en dépit de certaines manifestations superficielles où entrent les facteurs les plus profanes, passions et calculs politiques, frayeurs sociales, modes littéraires ou mondaines, la foi catholique n'a en réalité pas cessé d'aller en s'affaiblissant.

Les démonstrations, les habitudes, les pratiques sont une

chose, la foi en est une autre. Nous ne prétendons pas que la majorité des personnes des deux sexes qui *pratiquent* plus ou moins la religion catholique n'y croient pas du tout. Mais on ne saurait dire le nombre de ceux ou de celles qui ne croient qu'à peu près ou très médiocrement, qui délibérément ou non font un choix entre les articles de foi. Même parmi ceux et celles qui vont recevoir la parole de leur curé avec déférence, il en est beaucoup qui en prennent et en laissent, qui se taillent dans le catholicisme une religion individuelle en rapport avec leurs convenances intellectuelles et sociales, bref qui se croient catholiques, mais qui en réalité ne le sont plus.

Et quand cela se passe dans le giron même de l'Église, on veut que les esprits qui en sont sortis y rentrent. Chimère !

Chimère d'autant plus que le déclin de la foi catholique et plus généralement de la foi chrétienne ou seulement théologique ne date pas d'hier, mais de six siècles environ. Longtemps localisé dans les milieux intellectuels, il a gagné des couches de plus en plus profondes. Conscient ou non, explicite ou non, il se manifeste de bien des manières. Ce n'est encore que dans une minorité qu'il se révèle par une incrédulité *totale* et *déclarée*. Mais on ne compte plus ceux ou celles chez qui, visiblement, il se traduit par un amincissement indéfini de la croyance et aussi par une contradiction toujours plus flagrante entre leurs actes journaliers et ce qui leur reste de croyance.

L'évolution continuera. Les événements peuvent même la précipiter. N'accusez ni le malheur des temps, ni la perversité des hommes. C'est aux lois mêmes de l'esprit qu'il faudrait vous en prendre, et ce serait peine perdue.

Voyez dans quel cercle vicieux vous vous mouvez. Vous nous proposez comme remède à l'anarchie morale la soumission complète à la foi et à la discipline de l'Église. Or, c'est précisément parce que la foi et la discipline catholiques, après avoir admirablement répondu au génie et aux besoins d'un âge disparu, ont depuis longtemps commencé à perdre chaque jour un peu plus de leur aptitude au gouvernement spirituel de nos sociétés que, les conditions d'un nouveau gouvernement spirituel n'étant pas accomplies, l'anarchie morale est née et s'est développée. Donc le remède consisterait, s'il n'était pas en fait impossible, à faire revivre les causes d'où le mal est sorti et à reprendre à six siècles en arrière pour en repasser toutes les phases douloureuses la longue révolution qu'il s'agit au contraire de terminer le plus tôt possible. Engageante perspective !

Qu'on ne s'y trompe pas. Ces réflexions ne s'appliquent pas au seul catholicisme. Elles s'appliquent à toute tentative de rétrogradation théologique, chrétienne ou autre, proposée sous prétexte de restauration morale.

Est-ce que nous méconnaissons pour cela la grandeur historique du christianisme et du catholicisme ? Non certes ; mais, s'il faut honorer le passé, il est vain de vouloir le recommencer.

D'ailleurs il est démontré depuis Auguste Comte qu'on ne peut plus songer à rallier et à régler les hommes et travailler à l'unité morale du genre humain qu'au nom de l'Humanité elle-même, dont nous ne séparons ni la famille, ni la patrie. Quant aux doctrines théologiques de toutes variétés, outre qu'elles sont intellectuellement épuisées, elles apparaissent désormais, en dépit des intentions de leurs adeptes, comme grosses de conséquences antisociales et immorales.

Il en est de même des systèmes métaphysiques, si l'on peut dire qu'il existe encore des systèmes métaphysiques.

Il est donc indispensable de dégager les forces morales que notre société contient en dehors des églises théologiques et des systèmes métaphysiques, de les sélectionner, de les développer, de les coordonner.

En un sens très général, toutes les fois qu'il s'établit entre les hommes une communication assez durable de pensées et de sentiments de nature à modifier leur conduite morale en modifiant leur volonté sans contrainte, nous sommes en présence d'une force morale. Les pensées et les sentiments communiqués peuvent être très divers et très divers aussi les modes de leur communication. Cette communication, *l'influence* qui en résulte, les *concours* de volontés qu'elle engendre se produisent par les moyens les plus variés. La parole et l'écriture ne sont pas les seuls. Les images et les signes de toute espèce, l'exemple, qui est le signe le plus complet, remplissent un office semblable.

Le contact, habituel ou non, facilite cette communication. Il n'en est pas la condition essentielle. Car elle s'accomplit à distance, même à grande distance, entre des hommes qui ne se sont jamais vus et qui ne se verront jamais.

Elle s'accomplit aussi à travers les intervalles et des intervalles parfois considérables de la durée. L'aphorisme d'Auguste Comte que « les vivants sont de plus en plus gouvernés par les morts » trouve de décisives vérifications dans le domaine de la pure influence morale. Il ne faut pas les demander aux cas historiques seulement, mais aussi à d'autres plus modestes et innombrables.

Une force morale modifie les pensées par les émotions ou les émotions par les pensées : ces deux processus sont également observables. C'est par l'un ou par l'autre qu'elle modifie la volonté et par la volonté la conduite.

Si dans son action il entre une des formes de la contrainte, elle cesse d'être une force purement morale. Si au lieu de modifier la volonté du sujet qui la subit, elle l'abolit en quelque sorte, elle n'est pas une force morale. Tel est le cas, par exemple, de la suggestion hypnotique qui aboutit à une véritable substitution de volonté.

Il ne suffit pas qu'une manifestation quelconque de la volonté humaine soit modifiée par une influence supérieure et acceptée pour que cette influence soit réputée force morale. Elle n'est telle que si elle modifie la *conduite morale* des hommes, c'est-à-dire ceux de leurs actes ou celles de leurs abstentions qui intéressent les fins morales de notre existence. Lorsqu'un certain nombre d'industriels suivent des conseils purement techniques d'un ingénieur ou d'un savant sans aucune portée sociale appréciable, ce n'est pas là une force morale proprement dite qui s'exerce.

Cependant les formes et les applications de la force morale sont infiniment variées.

La plus fondamentale des forces morales est la famille elle-même, organe élémentaire d'éducation. Or, la plus intime et la plus intense des communications de pensées et de sentiments sous la moins contestée des autorités est l'éducation des enfants par les parents et surtout cette partie de l'éducation qui résulte de la culture journalière des affections et de la première formation des habitudes. Mais, comme il entre de toute nécessité dans l'éducation des jeunes enfants un élément de contrainte préventive et de discipline répressive, on peut dire que, si l'éducation des enfants par la famille est une force morale d'une exceptionnelle énergie, cette force n'est pas pure de tout mélange matériel. Toutefois, à mesure que les enfants grandissent, ce mélange s'atténue. Sur les majeurs l'autorité des parents serait toujours exclusivement morale si, en plus d'un cas, leur assistance matérielle n'en était un facteur non négligeable. Mais elle n'acquiert ce caractère qu'en perdant de sa puissance.

La famille n'est pas seulement, on le sait, un organe élémentaire de l'éducation des enfants, elle est l'organe permanent du perfectionnement mutuel des époux et surtout de l'éducation de l'homme par la femme. Elle est en outre l'organe de la conservation du souvenir, de l'enseignement et de l'exemple des morts auxquels chacun de nous se rattache particulièrement. A ce double titre, elle est une force morale inremplaçable et l'on n'a pas oublié quelle part y revient à la femme.

Le maître respecté, aimé de ses élèves et qui sait former chez eux des aspirations du cœur, déterminer des ébauches de directions intellectuelles, composer de leurs jeunes consciences un commencement de conscience commune, constitue avec eux une force morale. Ici encore cette force morale est complétée par une discipline matérielle. Mais, si le maître a le don de conserver son influence sur ses anciens élèves bien après avoir perdu sur eux tout pouvoir disciplinaire, nous avons alors un groupement moral lié par une force morale d'une grande pureté.

Tel médecin dont les consultations dépassent la portée des prescriptions exclusivement techniques et dont le caractère est en rapport avec son office, forme avec sa clientèle une de ces forces morales que l'avenir grandira. Il en est ainsi, *mutatis mutandis*, de tel avocat, de tel notaire, etc.

Combien d'autres forces morales qui agissent d'une façon souvent plus spontanée que systématique, quelquefois sans qu'on en ait conscience, dont la valeur est variable et discutable, mais dont la réalité n'est pas douteuse! Citons l'action d'un professeur, d'un conférencier sur ses auditeurs habituels, d'un journal ou d'une revue périodique sur ses lecteurs réguliers, d'un auteur dramatique sur le public des théâtres. Qui n'a observé les dispositions morales, les modes morales, si l'on peut s'exprimer ainsi, les préjugés aussi et jusqu'à de véritables tics moraux engendrés par le cours populaire, la conférence, le journal, le théâtre? Parfois ce sont des commencements de réformation sérieuse qui paraissent en sortir, mais qui la plupart du temps tournent court, parce que les influences exercées sont contradictoires, parce que le moindre incident suffit à distraire un esprit public habitué au vagabondage des idées et des émotions, parce que l'esprit de *blague* nous a fait une fausse honte dont les moralistes d'occasion auxquels nous avons affaire ne se défendent pas toujours eux-mêmes.

L'influence exercée sur notre conduite par tel écrivain, poète, romancier, historien, ou par tel savant, vivant ou mort, se spécialise trop encore quant à sa nature ou quant au milieu qui la subit.

Quel dommage que les moyens matériels dont notre civilisation dispose ne soient pas mieux utilisés pour une action morale plus régulière et plus soutenue! Voici, par exemple, un professeur, un conférencier, un apôtre. Grâce à la sténographie, à l'impression rapide, à la promptitude des transmissions, en attendant les perfectionnements du phonographe, l'orateur ne parle pas seulement pour les deux ou trois cents ou les mille personnes qui sont là devant lui, mais pour les milliers, les centaines de mille individus qui demain liront la reproduction de sa parole. L'obstacle de la distance est supprimé.

Ce serait une grave erreur de ne voir que dans le langage parlé, écrit ou imprimé, le véhicule matériel des communications de sentiments et de pensées par où se réalisent des concours permanents ou temporaires de volontés. Il y a bien d'autres signes qui nous rendent le même service. Certaines images, certains symboles, certains rites, certains gestes conventionnels, les emblèmes communs, les *signes de ralliement* de toute sorte sont précieux à cet égard. Chacun a déjà pensé aux effigies, aux drapeaux, depuis le drapeau de la nation ou du régiment et le pavillon du navire jusqu'à la bannière de la fanfare, aux insignes et cocardes, aux ornements du costume, etc., tous objets qui rappellent, entretiennent, fortifient des idées et des affections communes.

Les communications et les concours d'où résulte une force morale ou un élément de force moral se réalisent à travers le temps comme à travers l'espace.

Les intervalles et la durée des interruptions importent beaucoup moins qu'on pourrait le penser. Un manuscrit longtemps ignoré, un petit livre longtemps méconnu peuvent, après des siècles, produire des effets moraux tout à fait inattendus. Mais, indépendamment de ces cas extraordinaires, il serait facile de multiplier les preuves des liens subtils et forts qui continuent à rattacher à telle œuvre philosophique ou à tel poème d'une haute antiquité la vie morale non seulement de ceux qui les lisent, mais même de ceux dont l'âme en a reçu par l'éducation, par la tradition, par l'ambiance, le rayonnement indirect.

Les livres ne sont pas les seuls instruments de cette survivance spirituelle. Il en est d'autres dont la portée d'action est plus ou moins étendue depuis le portrait de famille jusqu'au monument historique. Comment nier la vertu éducative du portrait d'un ancêtre vénéré, s'il est pieusement conservé au foyer?

Il n'est pas moins évident qu'un monument, que des ruines peuvent influer beaucoup sur la tenue morale des hommes qui vivent à leur ombre. Supposez que le Parthénon eût été radicalement détruit; supposez que le Colysée, que les arcs de Titus et de Septime Sévère, que la colonne

Trajane, que les ruines du Forum et du Palatin eussent disparu dans quelque cataclysme et qu'il n'en restât aucun vestige. Croyez-vous que la mentalité, la conduite, la vie publique, l'idéal des Athéniens et des Romains de nos jours n'en seraient pas modifiés ?

Revenons à des cadres moins solennels d'une action morale plus ordinaire.

Nous avons dit quel rôle jouerait le *salon* dans l'avenir d'après Auguste Comte. Dès maintenant, avec ses caractères exclusifs ou frivoles, il est à sa façon un laboratoire de mœurs, bonnes ou mauvaises d'ailleurs.

Il ne faut pas négliger les institutions qui, en entretenant l'*esprit de corps* avec les inconvénients qu'on lui connaît, en procurent aussi les avantages moraux, lorsqu'elles servent à conserver les bonnes traditions, la bonne tenue, l'honneur professionnel du corps.

Les libres associations qui n'ont pas le gain pour objet sont, alors même qu'elles ne sont pas formées spécialement en vue de buts moraux, des moyens de discipline implicite parmi les hommes. Telles sont les sociétés populaires, corporatives ou autres. Elles permettent un contrôle mutuel, une sorte d'éducation réciproque qui ne laissent pas d'influer sur la conduite de chacun. On peut s'en convaincre en observant plusieurs de ces groupements, associations professionnelles, syndicats, sociétés de secours mutuels et de prévoyance, sociétés amicales, musicales, cercles, etc...

Il faut mentionner à part les sociétés laïques [1] qui se consacrent aux mille formes de l'assistance ou au relèvement et au patronage des déchus des deux sexes ou à la préservation des faibles en danger moral. On sait ce qui s'y dépense de dévouement et de zèle moralisateur, surtout par les femmes qui s'y montrent si souvent admirables de bonté militante et d'inlassable pitié. Mais, sans nous arrêter

---

1. Les autres se rattachent aux églises théologiques, et, quelques services qu'elles aient rendus et qu'elles puissent rendre transitoirement, nous ne pourrions dire de leur efficacité comme agents de *discipline morale* dans le présent et dans l'avenir que ce que nous avons dit de ces églises elles-mêmes, sans passion, mais sans illusions.

à la diversité des directions auxquelles ces sociétés obéissent et qui se mêlent aux inspirations spontanées du cœur, nous nous bornerons à remarquer que leur action ne peut pas être exclusivement morale et surtout, point important, que leurs clientèles sont forcément très spéciales comme leurs objets.

Tous ces exemples et d'autres que l'on pourrait y ajouter nous montrent bien plutôt des éléments fragmentaires, sporadiques, quelquefois contradictoires de force morale que des forces morales constituées comme telles avec les caractères de *coordination* et de *généralité* qui seraient nécessaires. Les uns ne sont pas assez dégagés soit des intérêts matériels auxquels ils sont étroitement mêlés et qui parfois les dominent, soit des différents particularismes de famille, de profession, de corps, de classe d'où ils dérivent et auxquels ils restent liés. Les autres sont nécessairement spécialisés, puisqu'ils répondent à des besoins spéciaux ou à des situations soit exceptionnelles, soit temporaires. Cela ne veut pas dire qu'il ne se trouve point parmi les uns et les autres des germes précieux de l'avenir.

Il existe cependant des groupements d'un caractère plus général que ceux dont il vient d'être parlé. Nous ne faisons ici encore état que des groupements laïques. Il en est d'anciens et de nouveaux.

Il est naturel qu'à ce propos l'on pense à la Franc-Maçonnerie. Les déclamations puériles, les accusations injustes, les anathèmes retentissants dont on a voulu l'accabler ont accru sa puissance et son crédit. La vérité est qu'elle est une force laïque, indépendante et organisée, armée pour la défense de la liberté intellectuelle contre les retours offensifs de l'esprit théocratique, dévouée aux traditions de la Révolution française. Elle est en outre internationale tout en restant en chaque pays patriote. Les loges sont animées d'un civisme ardent en même temps que d'un vif sentiment de la fraternité humaine. Elles offrent même à leur manière des satisfactions telles quelles au goût du mystère, qui est une survivance, comme au besoin de symboles, de rites et de signes de ralliement qui est éternel. Les services de la

Maçonnerie ne sont pas plus contestables que sa force. Mais ce n'est pas une force purement morale. Nombre de ses membres sont engagés dans les luttes pour la conquête ou la conservation du pouvoir. D'autre part, ses inspirations philosophiques sont plutôt critiques, hétérogènes, faites dans des proportions variables suivant les pays de science, de métaphysique et même de théologie atténuée. Cependant c'est la métaphysique qui domine encore, spiritualiste ou matérialiste, et surtout la métaphysique politique dont les formules, bonnes pour le combat, sont impropres à construire le lendemain. En un mot, il devra, nous semble-t-il, s'opérer dans la Maçonnerie une évolution, qui n'est pas irréalisable, qui peut-être est commencée sur certains points, pour qu'elle puisse apporter sa contribution à l'organisation spirituelle de l'avenir.

Pouvons-nous ne pas dire un mot de l'*Université* de France ?

La guerre acharnée qui lui est faite par le parti néothéocratique la recommande à notre sympathie. Les éminents services qu'elle a rendus au progrès des connaissances et à la culture désintéressée de l'esprit, son patriotisme éclairé, les gages qu'elle a donnés à l'esprit laïque et à l'esprit républicain à mesure qu'elle a plus résolument trompé les intentions de son néfaste fondateur et qu'elle s'est éloignée davantage du pontificat de Cousin et de la dictature de Fortoul ne peuvent que nous inspirer gratitude et respect. Mais bornée à ces termes une telle appréciation resterait trop superficielle.

Sans l'Université, au cours d'un siècle troublé par des révolutions si diverses, traversé de tant de réactions, dominé par les exigences croissantes des intérêts matériels, nous n'aurions eu vraisemblablement pour l'enseignement public, étant donnée la situation de fait, que le choix, quelques tentatives restreintes mises à part, entre l'asservissement à l'Église et la chute dans l'industrialisme. Grâce à elle, il s'est maintenu à un niveau élevé et dans une sorte de voie moyenne où la tradition et la liberté étaient approximativement conciliées en un provisoire éclectique qui, avec de réels inconvénients, présentait au moins l'avantage de réserver l'avenir alors que le positivisme n'était pas prêt pratiquement.

D'un autre côté, nous ne connaissons pas de corps plus riche non seulement en lumières et en talents, mais en vertus personnelles. Il n'en est pas où le sentiment du devoir professionnel soit plus profond ni la dignité de la vie plus commune. Il n'est que juste encore de reconnaître, malgré l'opinion contraire qu'on cherche à répandre, que les vocations pour le ministère éducateur n'y sont pas sensiblement plus rares que les aptitudes au pur enseignement.

Toutefois, si l'Université nous montre en grand nombre des actions morales individuelles de haute valeur, elle ne constitue pas *comme corps* la grande force morale qui nous manque et dont nous avons besoin.

Il en est plus d'une raison.

D'abord, par cela seul que l'Université est une institution d'État, de quelque libéralisme que soient imprégnés les rapports actuels du pouvoir politique avec elle, la liberté et l'étendue de son action spirituelle sont renfermées dans des limites que comporte le principe même de sa constitution. Par cela seul aussi qu'elle est une institution d'État, elle subit l'alternative ou d'être l'instrument d'une philosophie officielle, par conséquent oppressive, ou d'être le champ ouvert où des philosophies diverses peuvent et doivent se rencontrer et se disputer les esprits sous la tolérance de l'État. La République s'est rapprochée de plus en plus, et il le fallait, du second terme du dilemme et s'y tient à peu près à travers des oscillations auxquelles la politique n'est pas toujours étrangère. D'où résulte une juxtaposition de directions morales hétérogènes et non pas une direction morale définie agissant par des organes convergents.

Or notre futur pouvoir spirituel devra être de toute nécessité homogène pour ne pas courir le risque d'engendrer malgré lui le scepticisme. Mais, pour qu'il n'engendre pas l'oppression, la direction en devra être indépendante du pouvoir politique. De plus, et c'est une autre considération à ne pas négliger, il ne sera pas exclusivement national.

Il n'en est pas moins vrai que l'Université peut dès maintenant et pourra davantage encore demain lui apporter de très utiles éléments, de nobles recrues et de précieux concours que nous attendons d'elle avec confiance.

Il convient de ne pas oublier les essais qui ont été faits en France et à l'étranger de groupements libres ayant essentiellement ou principalement pour objet avoué une discipline morale des hommes. Telles sont chez nous et ailleurs certaines « universités populaires », « sociétés d'éducation mutuelle », « alliances des savants et des philanthropes », « unions pour l'action morale », « sociétés éthiques », etc. Ces tentatives sont intéressantes et prouvent quels besoins réels de règlement moral sont en souffrance. Mais elles sont dispersives et manquent trop d'idées directrices assez puissantes et assez organiques. Rendons néanmoins hommage au bien qu'elles font.

Il faut autre chose et plus.

La complication croissante de notre civilisation exige des instruments sociaux de moralité plus puissants et plus délicats que ceux du passé. Ceux du passé ne peuvent plus être remis à neuf. Ceux de l'avenir doivent être préparés avec diligence. Car nous souffrons de l'interrègne spirituel et les effets en seront d'autant plus douloureux qu'il se prolongera davantage.

Ce n'est pas seulement la conduite des individus, c'est celle des foules, des collectivités qui, en raison de la complexité progressive de la vie commune, réclame une organisation sociale de l'action morale. Elle est nécessaire comme contre-poids au développement prodigieux de toutes les puissances matérielles. Mais elle ne sera ce contre-poids, elle ne sera le régulateur moral approprié à notre état social et à notre mentalité que si elle n'agit pas elle-même comme une force matérielle. Cela suppose qu'elle sera libre et sans armes contre la liberté des autres.

Mais pour qu'avec cela elle soit assez puissante, il faudra qu'elle tienne de la solidité de son principe, de sa cohésion intellectuelle et morale, de sa capacité d'expansion et de pénétration à travers les esprits et les cœurs toute la force qu'il lui sera interdit de demander aux divers moyens de coercition. Elle n'en sera qu'une force plus réelle et une plus grande force.

Il ne s'agit pas, croyez-le bien, d'instituer sous des formes nouvelles une tutelle déprimante des consciences, ni de tendre par d'autres chemins à la passivité morale de l'individu qui est dans la logique de la discipline catholique. Il ne s'agit pas de dispenser les hommes de se discipliner et de se diriger eux-mêmes. Mais nous tenons pour expérimentalement établi que l'effort sur soi, toujours indispensable, a besoin d'être soutenu par le milieu, par l'ambiance morale.

Auguste Comte a merveilleusement mis en lumière la connexité, les réactions mutuelles entre l'unité intérieure et l'harmonie sociale. Or celle-ci ne doit pas être seulement d'ordre matériel; elle doit être encore et surtout d'ordre moral.

En d'autres termes, il faut que les éléments internes de la discipline morale soient appuyés, complétés, consolidés toujours et. s'il y a lieu, partiellement suppléés par des éléments extérieurs d'une nature morale aussi. Ces éléments extérieurs, fournis par l'action sociale, sont : 1° des idées morales communes, 2° des réactions morales, impulsives ou inhibitives, du milieu social, 3° des sanctions morales du dehors qui renforcent les sanctions intimes.

Mais il faut des organes dont la fonction soit : 1° de proposer, maintenir, développer avec ordre et méthode les idées directrices et de cultiver systématiquement les sentiments corrélatifs, 2° d'éclairer, provoquer, modérer, régler les réactions morales de la collectivité sur l'individu, qui sans cela risquent si souvent, comme tant de faits déplorables l'ont prouvé, d'être désordonnées et aveugles, de rester impuissantes ou de devenir tyranniques et même, cela s'est vu plus d'une fois, d'engendrer les pires défaillances et l'iniquité, 3° d'instituer ou faciliter les consécrations et sanctions morales nécessaires.

C'est pourquoi rien n'importe plus que de dégager, libérer et constituer de vraies forces morales adaptées à notre situation et à nos tendances. Mais il faudra que les forces morales ne restent pas à l'état dispersif, qu'elles soient associées en une grande force morale composée. C'est à cette condition seulement quel'action spirituelle de demain pourra se mesurer avec la difficulté croissante des problèmes et avec l'énormité des puissances matérielles à régler.

Une telle organisation est d'ailleurs manifestement en harmonie avec les fins sociales de toute discipline morale. Car ce n'est pas seulement pour eux-mêmes que les hommes doivent être rendus meilleurs, mais pour l'ordre et le bien de la société, pour le service de la Nation et de l'Humanité.

Affranchi des timidités et des hésitations inhérentes au fonctionnement d'une institution d'État, le futur pouvoir spirituel assurera et proclamera bien haut l'unité de sa pensée directrice. Il sera et pourra s'affirmer dégagé entièrement des compromissions théologiques et métaphysiques qui gâtent tout. Il se réclamera exclusivement de l'altruisme humain comme principe et du savoir positif comme base intellectuelle, mais du savoir positif synthétique, hiérarchisé, appliqué désormais aux constructions organiques. Il aidera ainsi nos sociétés désorientées à sortir de l'anarchie intellectuelle et morale, à rompre le cercle vicieux des subversions et des réactions aussi perturbatrices et corruptrices les unes que les autres. Il concentrera toutes les bonnes volontés et toutes les lumières vers ce but : fonder l'ordre moral sur la Science et l'Amour enfin réconciliés.

Mais il convient de serrer de plus près la conception positiviste du *pouvoir spirituel*.

III

Du pouvoir spirituel.

La notion d'un *pouvoir spirituel* doit être précisée. Elle contient l'idée d'une *organisation* spirituelle. Elle contient aussi celle d'une *autorité* spirituelle.

Cette idée d'une autorité spirituelle dans une humanité intellectuellement émancipée et politiquement affranchie a besoin d'être expliquée. Faute d'être comprise en son véritable sens, elle a surpris et même inquiété des esprits sympathiques au positivisme. D'aucuns y voient encore une inconséquence avec l'esprit positif lui-même et une menace pour la liberté scientifique.

Il est du plus grand intérêt de lui restituer sa signification positive et de montrer l'inanité des appréhensions qu'elle a fait naître. Mais il n'importe pas moins de lui conserver toute sa valeur, car c'est une idée essentielle.

L'organisation ne crée pas l'autorité. Celle-ci peut même exister et se manifester indépendamment de toute organisation. En revanche, des hommes, même nombreux, peuvent s'organiser entre eux sans exercer sur les autres une autorité morale très appréciable.

Mais l'organisation est nécessaire pour donner à l'autorité morale, quand elle existe, toute son efficacité sociale.

Le *fait* de l'*autorité* morale ou spirituelle veut être examiné en lui-même.

Parmi les conceptions d'Auguste Comte, l'une des plus solides et des plus fécondes est sa théorie des deux pouvoirs, qu'il a appelés, en empruntant le vocabulaire catholique, le pouvoir *temporel* et le pouvoir *spirituel*. C'est l'une des pièces maîtresses de son admirable construction. Pour s'en instruire, rien ne saurait suppléer à la lecture de Comte.

Nous essaierons pourtant de rappeler ce qu'il faut entendre au sens positif par une autorité spirituelle : ce qui ne dispensera personne de se reporter aux démonstrations du maître, aux travaux de MM. Pierre Laffitte et Audiffrent et de plusieurs autres disciples, sans omettre la dernière conférence de M. Jeannolle sur « le pouvoir spirituel » publiée dans la *Revue Occidentale* du 1er mai 1903.

Un homme possède un *pouvoir* sur d'autres hommes de deux manières :

Il peut agir par la coërcition proprement dite, ou par la crainte d'un mal matériel qu'il est le maître de faire subir aux autres, ou par le besoin que les autres ont d'une prestation, d'une assistance matérielles dont il dispose. C'est la première manière.

Il peut incliner habituellement les esprits et les volontés dans tel ou tel sens par un ascendant mental et affectif soit sur les sujets à modifier, soit sur le milieu social dont il provoque les réactions intellectuelles et morales. C'est la seconde manière.

Le fait d'un ascendant efficace de l'homme sur l'homme, exercé indépendamment et même à l'exclusion de tout pouvoir matériel, militaire ou économique, est de tous les temps. Réduit à ses éléments essentiels, il est une donnée constante de la sociologie. Les conditions et les caractères de ce fait élémentaire, ses formes et ses manifestations, son degré d'intensité, d'extension et surtout de pureté ont grandement varié et varient encore. Mais la chose en elle-même est d'observation universelle.

Ecartons les faits d'inconscience et de morbidité. Ne retenons que les cas nombreux et diversifiés à l'infini où c'est bien un esprit qui suit un autre esprit, où c'est volontairement qu'un cerveau se subordonne à un autre cerveau. Cette subordination est d'ailleurs totale ou partielle, permanente ou temporaire, sans réserves ou conditionnelle.

On se rappellera quelle autorité morale dérive de l'éducation. Quiconque, de la famille ou étranger à la famille, a sérieusement contribué à *élever* l'enfant, à former son cœur, son esprit et son caractère, a prise sur la conduite ultérieure de l'enfant devenu homme. L'empreinte sera plus ou moins prolongée, quelquefois décisive et indélébile, toujours réelle. Et les effets d'une telle autorité sont de nature à survivre à celui qui l'a possédée.

L'autorité spirituelle est un fait banal que l'expérience journalière relève dans la vie commune en dehors de toute pratique religieuse. Nous avons déjà cité l'exemple du ministère médical. Quand vous obéissez à votre médecin ordinaire, qui ne dispose d'aucun moyen de contrainte, n'est-ce pas à une autorité spirituelle que vous cédez? Faisons abstraction des cas où la vie est en danger et de ceux où la souffrance physique est difficile à supporter, pour que l'exemple ne soit pas équivoque. Retenons ceux où nous avons toute liberté de réfléchir, et ils sont fréquents. Quand nous observons le traitement prescrit, ou le régime physique et moral tracé, ou encore les précautions prophylactiques recommandées soit dans notre intérêt, soit dans l'intérêt des autres, qu'est-ce que cette action déterminante de notre médecin sur notre conduite sinon un fait d'autorité spirituelle ?

Vous avez coutume de consulter un homme de bon conseil pour tous les actes importants de votre vie et vous suivez généralement ses avis. Vous recherchez son approbation et rien ne nous est plus pénible que d'être blâmé par lui. Il n'est cependant rien dans l'État ; vous êtes indépendant de lui dans vos biens comme dans votre personne ; il est possible que vous ne lui soyez pas attaché par un sentiment de vive amitié ; il n'est pas indispensable qu'il soit votre avocat ou votre notaire ; et nous supposons que vous n'avez pas de confesseur.

L'ascendant spirituel de l'homme sur l'homme n'est pas exclusivement intellectuel. En réalité, comme toute action morale, ou il aboutit par l'idée et l'image à l'émotion, ou il procède de l'émotion à l'image et à l'idée. L'effet ultime est dans les deux cas une impulsion ou une modification de la volonté.

Même à ne considérer que la partie intellectuelle du pouvoir moral, l'enseignement démonstratif n'en est pas le seul mode. S'il n'y avait jamais d'influence sur l'âme d'autrui que par la démonstration péremptoire parfaitement comprise et assimilée, le champ de l'action spirituelle aurait été bien restreint dans le passé et le serait encore vraisemblablement trop dans l'avenir.

Ç'eût été perdre son temps que de *prouver* le décalogue aux Hébreux ; et son effet utile aurait été médiocre, si on ne l'avait pas cru apporté par Jéhovah lui-même au milieu des éclats de la foudre et dans le fracas du tonnerre.

Descendons du Sinaï et voyons au foyer domestique la mère exercer la plus élémentaire des actions spirituelles.

Même à notre époque d'analyse et de critique à outrance a-t-elle besoin d'argumenter pour faire pénétrer dans le cerveau des petits enfants les premières règles morales ?

Dans le domaine scientifique, qu'il s'agisse de théorie pure ou d'application, combien de notions admises sans réserves par un public qui serait, en grande majorité, fort embarrassé d'en reproduire la démonstration ! Faudrait-il citer une fois de plus à ce propos l'acceptation par la masse des civilisés du double mouvement de la terre ? La plupart sont incapables de s'en formuler la preuve, mais savent que les astronomes la possèdent et sont toujours prêts à la fournir.

Dans le premier cas, c'est la croyance à un surnaturel tout-puissant et terrible qui décide de la soumission. Dans le second, c'est l'amour qui fonde la foi. Dans le troisième, c'est le crédit accordé aux compétences librement reconnues qui détermine la subordination intellectuelle.

Laissons de côté pour l'instant les facteurs affectifs en quelque sorte communs. Nous sommes alors amené à reconnaître qu'en fait il est suppléé couramment à la démonstration reçue et comprise soit par la foi dans le caractère divin de l'être qui a parlé ou dans le mandat surnaturel de ceux qui enseignent, soit par la confiance donnée à la supériorité de compétence éprouvée et accompagnée des garanties de moralité nécessaires. C'est sur cette *foi* ou sur cette *confiance* que s'appuie l'*autorité* spirituelle dans l'ordre intellectuel.

De ces deux appuis de l'autorité spirituelle, le premier apparaît de plus en plus fragile et sa caducité n'est plus douteuse, tandis que le second gagne en solidité tout ce que le premier ne cesse de perdre. C'est une conséquence de la loi des *trois états*. Mais, fondée sur la foi théologique ou sur la confiance positive, l'autorité spirituelle est de tous les temps, et l'on n'aperçoit pas que l'Humanité puisse s'en passer dans l'avenir.

La mentalité scientifique n'exclut point cette confiance, source de subordination volontaire. Mais elle lui impose des caractères spécifiques. Elle n'est en effet compatible qu'avec une confiance relative, conditionnelle, sous bénéfice d'inventaire, toujours révocable.

Reste normalement dans les limites des compétences reconnues, générales ou spéciales, celle-ci expérimentées par nous ou par d'autres. Elle suppose admis le désintéressement des hommes qui l'inspirent eu égard au moins aux objets considérés. Elle suppose encore que leur enseignement est en harmonie suffisante avec l'ensemble de nos convictions scientifiques, s'ils ne sont point parvenus à les infirmer.

Un facteur très important de la confiance positive est *l'accord* entre les hommes compétents. Leur désaccord, si surtout il porte sur des points essentiels, trouble les incompétents, les laisse sans direction et les met dans l'alternative ou de douter ou de décider sans lumières suffisantes. Ce n'est pas la seule raison, mais c'en est une, pour que l'autorité scientifique s'établisse et surtout s'étende plus difficilement dans le domaine biologico-médical, politique et moral que dans le domaine mathématique et cosmologique. Ceci cependant n'est pas absolu. Un savant supérieur peut avoir raison contre toute une académie, et il arrive quelquefois qu'il réussisse à en donner la conviction à un assez grand nombre d'esprits pour exercer une autorité scientifique, provisoirement restreinte, mais réelle.

La confiance positive est, disons-nous, une confiance sous bénéfice d'inventaire et toujours révocable. Le jour où nous nous rendons compte que notre guide ne peut fournir la démonstration de ce qu'il avance, que ses assertions sont décidément contredites par les faits, que ses hypothèses sont invérifiables, si surtout nous reconnaissons qu'il a sérieusement péché contre la méthode positive, il en résulte, suivant la gravité des cas, soit que nous passons outre à son avis sur une question donnée, soit encore que son autorité en est amoindrie pour l'avenir ou même totalement ruinée.

— Mais, observe-t-on, votre autorité scientifique se ramène au crédit fait par votre ignorance au savoir d'un autre. Quand nous aurons répandu à flots l'instruction et l'esprit scientifique, quand chacun pourra faire ou contrôler lui-même la démonstration de toutes les lois, vérifier toutes les théories, passer toute proposition au crible de sa critique ou de son expérience, il n'y aura plus de place pour l'autorité scientifique. Donc le progrès intellectuel tend à la supprimer radicalement et y parviendra. —

Évitons avant tout un malentendu qui serait grave. Les positivistes n'entendent point s'accommoder d'une autorité spirituelle fondée sur l'ignorance du plus grand nombre. Encore moins faudrait-il confondre leur idéal avec ce rêve ou cette fantaisie de Renan : une oligarchie de savants maîtresse du monde par le privilège du savoir et au besoin par la terreur des secrets redoutables qu'elle serait seule à détenir. Est-ce qu'Auguste Comte n'a pas tracé le plan le plus riche et le plus complet d'un enseignement populaire offert à tous, aux pauvres comme aux riches, aux femmes comme aux hommes? Est-ce qu'il n'a pas fait de la hiérarchie même des sciences la base commune de cet enseignement pour les adolescents des deux sexes et de toutes les conditions sociales? Est-ce qu'il n'a pas voulu faire de la méthode positive, de l'esprit positif l'instrument libérateur mis à la portée de tous?

Plus que tous autres les positivistes considèrent comme un devoir strict de combattre partout et toujours l'ignorance, la crédulité aveugle et la passivité servile de l'esprit. Ils veulent une masse populaire participant dans toute la mesure qu'exige désormais une civilisation vraiment commune à l'ensemble du savoir positif et surtout à la connaissance de la morale positive qui en est le couronnement. Comme sur ce savoir et cette connaissance ils prétendent édifier une religion et que, par définition, toute religion est un bien accessible à tous, ils n'admettront jamais l'ignorance comme moyen de gouvernement.

Oui, la lumière se répandra toujours plus sur un plus grand nombre d'esprits. Donc le nombre des propositions dont la foule sera capable de faire ou de contrôler la preuve ira en augmentant toujours. Et c'est justement là un des buts de l'éducation positiviste.

Mais d'abord autre chose est la capacité scientifique de chacun et autre chose le loisir scientifique, autre chose encore les conditions sociales du savoir. Celles-ci fort heureusement suppléent à ce que celui-là aura toujours d'insuffisant pour le grand nombre.

Si l'état positif exclut la foi aveugle de l'état théologique, il diffère aussi de l'état métaphysique qui, du moins, en théorie, implique l'individualisme absolu dans le domaine de l'esprit. En fait l'histoire nous montre de grands métaphysiciens ayant joui d'une véritable autorité spirituelle. Mais théoriquement chacun, en l'état métaphysique, est censé tirer de son propre fonds par un effort de l'esprit la vérité universelle, à moins qu'il n'en tire le doute universel.

En l'état positif, s'il est loisible à chacun d'exiger la démonstration de toutes les données scientifiques, il est constant qu'il les cùeille, pour ainsi dire, comme le fruit mûr d'une longue suite d'observations, d'expériences, de découvertes, de méditations qui sont pour une part immense le fait *des autres,* dont la plupart sont des morts. C'est du travail tout fait qu'une seule génération ne pourrait pas refaire; à plus forte raison une telle tâche serait-elle au-dessus des forces de chaque individu. Nous savons que ce travail est toujours susceptible d'accroissement et de révision. Nul de nous ne renonce à la faculté de l'accroître et de le réviser. Mais combien d'entre nous, même s'ils l'ont acquise et si l'on suppose l'outillage matériel de la science mis à la portée de tous, ont-ils le temps, la disponibilité, les moyens d'information et les relations nécessaires pour en faire usage? Et combien d'entre nous en éprouvent-ils le besoin hors de certains sujets limités qui les intéressent spécialement? C'est aux hommes à la fois compétents, disponibles et organisés pour cette fonction qu'il faut bien en général s'en remettre sous la réserve du contrôle toujours possible.

« Aucune association quelconque,—dit Auguste Comte,—
« n'eût-elle qu'une destination spéciale et temporaire, et
« fût-elle limitée à un très petit nombre d'individus, ne
« saurait réellement subsister sans un certain degré de

« confiance réciproque, à la fois intellectuelle et morale,
« entre ses divers membres, dont chacun éprouve le be-
« soin continu d'une foule de notions à la formation des-
« quelles il doit rester étranger et qu'il ne peut admettre
« que sur la foi d'autrui. Par quelle monstrueuse exception
« cette condition élémentaire de toute société, si clairement
« vérifiée dans les cas les plus simples, pourrait-elle être
« écartée envers l'association totale de l'espèce humaine?... »
(Philosophie positive, tome IV.)

Jamais on n'abolira la part considérable du témoignage d'autrui dans la formation de nos convictions ; et c'est une des raisons qui font le mensonge odieux.

Sans doute, grâce à l'enseignement oral ou écrit, on communique aux plus modestes élèves les vérités acquises par l'effort de toutes les générations et par le génie des plus grands savants, avec leurs preuves autant que possible et non pas à l'état de simples affirmations. Les écoliers seront de mieux en mieux exercés à s'assimiler les démonstrations reçues. Ce n'est pas sur la foi de Mariotte qu'ils admettront la loi qui porte son nom, ni sur la foi du maître qui l'énoncera, mais sur le vu des expériences qui seront faites devant eux. Et c'est une merveille, sujet pour nous d'une reconnaissance infinie, que, grâce à la société, un enfant puisse profiter en quelques années de l'œuvre intellectuelle de plusieurs dizaines de siècles et du labeur accumulé des plus puissants esprits. Mais l'enseignement sera toujours une sélection de connaissances opérée sur l'immense amas des notions acquises. Pourra-t-il jamais comprendre *toutes* celles dont l'homme aura besoin au cours de sa vie ? On ne démontrera jamais à tous tout ce qui est démontrable ; et de plus parmi les démonstrations reçues, toutes ne seront pas retenues par tous. Les bornes de l'activité scientifique ou de la capacité d'assimilation ne seront jamais les mêmes pour tous les hommes, si haut que s'élève par la suite le niveau moyen des intelligences, après qu'auront été justement abaissées toutes les barrières qui s'opposent à la diffusion du savoir. Par là d'abord, même dans l'ordre du savoir positif consolidé, une part importante des convictions restera justiciable de l'autorité scientifique fondée sur la confiance conditionnelle ou provisoire.

Ensuite, à mesure que les notions acquises sont plus répandues et mieux comprises, il s'en forme de nouvelles. De nouvelles observations, de nouvelles expériences, de nouvelles méditations, portant sur des sujets toujours plus compliqués et plus difficiles, enrichissent le patrimoine intellectuel de l'Humanité. Le travail des savants aboutit à des additions, à des développements ou à des rectifications. Des découvertes suggèrent des théories et des théories conduisent à des découvertes. Des inductions plus vastes et des déductions plus délicates nous apportent des conquêtes de prix tout en dérangeant parfois nos habitudes d'esprit. Les notions et solutions récentes ne s'incorporent réellement au savoir positif qu'à la suite de vérifications et de débats qui amènent, s'il y a lieu, l'accord au moins approximatif des *compétents* bien avant que la masse du public ait pu s'en approprier la preuve. De nouvelles régions s'ouvrent ainsi à l'autorité scientifique à mesure que d'anciennes régions passent au domaine sans cesse agrandi de l'activité propre de tous les esprits. La limite de celui-ci sera toujours plus reculée dans l'avenir; mais il est vraisemblable qu'il se formera au delà de cette limite mobile, par le fait même du progrès, une succession indéfinie de zones nouvelles, réservées au moins provisoirement aux opinions fondées sur le crédit fait par les moins savants aux plus savants.

Entre savants, nous constatons le même crédit conditionnel déterminé par la spécialisation des recherches. Auguste Comte en faisait la remarque dès 1820. « Les ma-« thématiciens, écrivait-il, croient journellement les phy-« siologistes sur parole et réciproquement. »

Le fait de l'autorité scientifique ne consiste pas seulement dans ce crédit que le savant obtient de l'ignorance relative. Il présente d'autres aspects. Par exemple la différence ne cessera pas d'être grande entre l'homme qui trouve, formule, fait saisir une démonstration et celui, enfant ou adulte, qui se borne à la recevoir et à la comprendre, plus généralement entre celui qui enseigne et celui qui est enseigné. L'ascendant du premier sur le second sera de tous les temps et survivra toujours à la durée même de l'enseignement. Il y a là une véritable paternité intellectuelle; et, si l'on veut bien voir dans cette expression quelque chose de plus qu'une simple figure, on ne s'étonnera pas de l'influence souvent considérable que cette paternité peut conférer à celui qui l'a exercée.

Or un tel ascendant, à ne considérer que ses effets intellectuels, se traduit autrement que par la transmission des connaissances et des convictions avec ou sans assimilation de la preuve par le disciple. Il agit encore comme excitateur et comme guide, par impulsion ou par rétention. Il aiguille l'effort intellectuel dans telle ou telle direction, provoque tel travail, telle étude, telle recherche, montre cette voie à suivre, détourne de cette autre, prévient des écarts ou déviations.

Il peut en outre coordonner les différentes manifestations de l'activité intellectuelle chez ceux qui le subissent. L'autorité scientifique s'élève alors à la hauteur d'une autorité philosophique. Elle réagit contre l'excès de particularisme et de dispersion dans le travail scientifique. Si la supériorité et la compétence de ses organes sont assez admises, elle peut s'appliquer non sans succès à assurer le contrôle toujours indispensable des théories émanées de savants spéciaux par les données d'un savoir également positif mais plus général, et par le rappel à la méthode.

Avant d'aller plus loin, il importe de rassurer de très bons esprits qui voient à tort une incompatibilité entre l'autorité scientifique ou philosophique et la liberté intellectuelle, à laquelle ils tiennent et à laquelle nous tenons autant qu'eux.

La méprise vient de ce que l'on n'interprète pas comme il convient les différents passages de l'œuvre d'Auguste Comte consacrés à la théorie historique des dogmes de la métaphysique révolutionnaire, parmi lesquels est rangé celui de la *liberté illimitée de penser*, et de ce qu'on ne rapproche pas toujours ces passages de beaucoup d'autres et d'un ensemble qui en éclairent la signification, en précisent la portée.

Ces dogmes, dont Auguste Comte a donné l'explication historique et fait la critique doctrinale, sont liés à la mentalité générale qui s'appelle l'état *métaphysique* et qui constitue l'intermédiaire entre l'état théologique et l'état positif. Il a vu dans le dogme métaphysique de la liberté *illimitée* de *penser* ou de *conscience* l'illusion par laquelle on a voulu transformer en principe permanent et absolu une situation de fait transitoire et du reste purement négative de l'esprit humain.

Quand, dans un ordre donné de questions, l'esprit s'est affranchi de la servitude théologique sans avoir pu substituer aux articles de foi qu'elle lui imposait les solutions positives qui entraînent une soumission rationnelle et des convictions communes, il se trouve dans une sorte d'interrègne pendant lequel il paraît être le maître absolu de la croyance. Il se croit alors en possession d'une parfaite autonomie logique. Il lui semble qu'il peut, sans aucun secours du dehors et des autres, tirer de son for intérieur les principes du savoir et construire par le raisonnement toute vérité sur ces principes. Les procédés subjectifs qui lui ont servi pour ruiner l'ancienne foi lui paraissent excellents pour édifier de toutes pièces de nouveaux systèmes. Il en use sans être arrêté ni par les révélations d'en haut, ni par les observations et les expériences d'autrui. Et il se considère naturellement comme tout à fait indépendant de toute solidarité intellectuelle. Il se proclame *souverain*.

Aussi longtemps qu'après avoir secoué le joug de la théologie et des églises qui commandent la foi en ses dogmes, nous ne sommes pas encore gouvernés par les méthodes scientifiques, c'est en premier lieu le sentiment de notre libération mentale qui domine avec la volonté de ne retomber ni sous l'ancien joug, ni sous un joug nouveau. Nous sommes décidés à ne plus courber notre raison sous une autorité infaillible et à ne plus nous enchaîner à des croyances indiscutables; *ce qui est et restera tout à fait légitime.*

En second lieu, comme l'observation, l'expérience et les notions construites sur elles suivant les méthodes positives n'ont pas encore pris sur nous leur juste empire, le champ d'option entre les systèmes nous apparaît indéterminé et, comme nous croyons avoir renversé les anciennes idoles par les seules ressources personnelles de nos concepts subjectifs et de notre raisonnement, *ce qui est déjà une illusion*, nous nous attribuons le pouvoir illimité d'édifier nos nouvelles croyances à l'aide de ces mêmes ressources, *ce qui est une illusion plus grande*.

A la vérité cet état de l'esprit n'est jamais que partiel. A mesure que, suivant l'ordre de généralité décroissante et de complication croissante, différentes branches de nos connaissances sont parvenues pour chacun de nous à la positivité, il a, qu'on s'en rende compte ou non, cessé d'exister qnant à ces connaissances. Il y a beau temps que nous ne sommes plus *libres* dans le monde civilisé de refuser notre assentiment à la loi de la gravitation, et l'histoire de l'esprit humain n'a pas conservé de trace de l'époque où l'on aurait été *libre* de croire que deux et deux font cinq. C'est dans ce sens qu'on peut dire qu'il n'y a pas de « liberté de penser » en mathématique ou en astronomie. C'est dans le domaine des notions sociales et morales que l'état de l'esprit que nous venons de décrire se manifeste encore chez un grand nombre d'hommes et aussi dans celui des spéculations sur la nature, l'origine et la fin des choses chez ceux qui persistent à considérer ce dernier domaine comme accessible à la connaissance.

De cet état de l'esprit on a, par le procédé métaphysique, fait un dogme qui présente les caractères de subjectivité abstraite et d'absolutisme propres à toutes les conceptions métaphysiques; et de ce dogme, dont les éléments sont négatifs, on a voulu faire un principe d'organisation, *ce qui était une illusion de plus*.

Mais Auguste Comte ne s'est pas borné à en faire la critique philosophique. Il a montré son utilité historique et a reconnu ses services, qui sont évidents. Car ce dogme n'a pas seulement accéléré et facilité la décomposition d'une organisation spirituelle devenue irrémédiablement rétrograde et oppressive. Il a été pour l'esprit moderne, mal armé encore par une science fragmentaire et réduite à la connaissance du monde inorganique, une défense contre les retours offensifs de la domination théologique. Il l'a aussi préservé des réorganisations mal conçues, prématurées et trompeuses. Il lui a enfin communiqué une confiance en lui-même, une vaillance intellectuelle, une ardeur combative dont le labeur scientifique n'a pas peu bénéficié.

Seulement Comte n'a pas moins clairement démontré que, par une survivance trop prolongée, *avec ses caractères métaphysiques*, il devenait un obstacle à une véritable éducation scientifique et à plus forte raison à de nouveaux liens spirituels, cependant si nécessaires. On ne bâtit pas sur une négation ; on n'organise pas avec de l'arbitraire; et l'absolu vicie toute chose.

En fait ce dogme a engendré dans l'ordre social et moral la prétention de chacun à ne devoir qu'à soi-même toutes ses opinions, à s'attribuer une compétence innée dans les questions les plus difficiles, à ne s'incliner, même sous bénéfice d'inventaire, devant aucune autorité scientifique, à n'accepter, même conditionnellement, aucune direction intellectuelle. Seules les nécessités pratiques atténuent les conséquences antisociales de ces dispositions d'esprit.

Et voilà de quelle liberté *métaphysique*, illimitée, de pensée ou de conscience, de quel « dogme absolu et indéfini de libre examen individuel », conçu comme formule psychologique d'une *souveraineté* personnelle de chaque esprit et consacrant comme état normal l'anarchie transitoirement inévitable des intelligences, Auguste Comte a dénoncé les caractères irrationnels et dangereux.

On pourra, si l'on veut, rapprocher ce que nous en disons de ce que nous avons écrit sur la conception générale des *droits naturels et absolus* de l'individu dans la deuxième partie de ce travail au paragraphe 13.

Mais il est une manière *positive* de comprendre la *liberté de conscience* ou *d'examen*. Ainsi comprise, elle est au jugement des positivistes profondément légitime et sacrée, et sa valeur demeure indépendante de ses services historiques.

Elle signifie d'abord qu'il ne doit être usé d'aucun des modes de la violence ou de la fraude pour faire prévaloir ou combattre des opinions quelconques. Elle est corrélative à l'obligation morale de n'employer jamais que les moyens spirituels pour répandre ou défendre les croyances. (Cf. Auguste Comte, *Philosophie positive*, tome V, 55ᵉ leçon, et dans la *Politique Positive* les chapitres 2 et 3 du *Discours préliminaire*, le chapitre 6 du tome II, les chapitres 4 et 5 du tome IV). La morale altruiste condamne toute oppression ; et il n'est pas d'oppression plus odieuse que celle de l'esprit et du cœur dont la « conscience » est une synthèse. Il n'en est pas de plus vaine aussi.

Cette obligation de respecter la conscience d'autrui s'impose à la puissance publique autant qu'aux individus et aux associations, religieuses ou autres, d'individus. Elle a été ainsi traduite par la Révolution française : « Nul ne doit être inquiété pour ses opinions, même religieuses... » (*Déclaration des droits* de 1791, article 10.)

Avant tout les positivistes sont partisans d'une entière *liberté spirituelle*. En quoi ils sont fidèles à l'enseignement d'Auguste Comte et conséquents avec eux-mêmes. Ils la veulent pour leurs adversaires comme pour eux-mêmes. C'est le contraire qui ne s'expliquerait pas et serait contradictoire.

Comme les positivistes se réclament d'opinions toujours démontrables et qu'ils se reconnaissent tout les premiers justiciables des méthodes positives, ils ne pourraient songer sans absurdité à faire appel au secours de la force sous quelque forme que ce soit. Comme au surplus ils rejettent tout absolu et qu'ils insistent sur le caractère relatif de la vérité accessible aux hommes, ils sont d'autant plus éloignés de la persécution et de l'intolérance qu'ils sont mieux préparés à comprendre les opinions qu'ils ne partagent pas. Comme ils savent aussi ce qu'il entre de sentiment dans la croyance, ils n'ont garde d'oublier que le sentiment, surtout s'il est d'ordre élevé, répugne autant que la pensée à la contrainte.

Plaçant au premier rang de leurs conceptions sociologiques la distinction du spirituel et du temporel, ils reconnaissent la radicale incompétence des pouvoirs politiques en matière de foi et de doctrines de même que leur impuissance expérimentalement établie à dominer l'évolution des idées, qui les domine au contraire. Et justement parce que les idées gouvernent et de plus en plus gouverneront le monde, l'intérêt social, l'intérêt de l'avenir exigent que toute erreur puisse être contradictoirement examinée et que toute vérité subisse l'épreuve de la critique avant le triomphe.

L'altruisme des positivistes, qui répudie la persécution comme cause de souffrance et comme atteinte grave à la dignité humaine, s'accorde donc avec leur philosophie pour la condamner comme vaine et antisociale.

Ce n'est pas qu'ils ne soient très convaincus et très émus de la nuisance de beaucoup d'erreurs. Mais ils estiment qu'à un mal d'une nature intellectuelle et morale on ne peut et doit opposer qu'une prophylaxie ou une thérapeutique de même nature, c'est-à-dire ce qu'Auguste Comte appelle « les armes spirituelles ».

La *liberté de conscience* ou *d'examen* signifie encore au sens positif, conséquence de ce qui précède, qu'il ne doit pas être apporté d'entrave matérielle ou légale à la communication, à la manifestation, à la discussion des opinions et des croyances. C'est la liberté de propagande et de critique orales ou écrites qui en dérive avec celle de pratiquer le culte de son choix ou de n'en pratiquer aucun. Les positivistes ne sont pas les moins résolus parmi les défenseurs de cette conquête de la Révolution française.

En un sens moins politique et plus philosophique si vous voulez, la *liberté de conscience et d'examen* signifie qu'il ne peut plus y avoir désormais d'autorité spirituelle infaillible, ni de dogme ou de parole ou de livre indiscutable. D'où cette première conséquence que ce ne sera jamais un *devoir moral* pour un homme d'accepter une opinion que sa raison rejette ou de refuser l'examen d'une opinion nouvelle.

Une deuxième conséquence est que, même dans l'avenir, lorsque nos sociétés seront sorties de l'interrègne spirituel par l'avènement d'un pouvoir spirituel positif, ce pouvoir devra s'abstenir de faire à ses adeptes une *prohibition morale sous des sanctions religieuses* d'examiner ou de discuter les vérités acquises, même s'il les juge fondamentales et nécessaires à l'ordre social. C'est sur la force intrinsèque de ces vérités toujours démontrables, sur l'autorité morale qu'il aura méritée et sur la puissance d'une opinion publique instruite et organisée qu'il devra compter pour avoir raison des sophismes et contenir le dévergondage de l'esprit. Les positivistes entendent bien fonder l'ordre sur une foi scientifique ; mais ce n'est pas eux qui créeront le *péché* d'hérésie scientifique. Que notre éminent ami M. Hector Denis se rassure.

Il est vrai qu'Auguste Comte a montré à diverses reprises comment, à l'état normal, il serait peu sensé de faire du doute méthodique et provisoirement radical de Descartes une règle de conduite commune et permanente. Il a signalé comme un signe de déraison le parti pris, sous prétexte de liberté d'examen, d'examiner toujours sans conclure jamais, de faire la critique indéfinie de toutes choses sans jamais rien résoudre. Car enfin l'examen, la critique, la discussion ne sont que des moyens. Le but, c'est de trouver des solutions positives, d'asseoir des convictions sur ces solutions et de tirer de ces convictions des règles de conduite. Si nous voulons appliquer les méthodes scientifiques aux connaissances sociologiques et morales, c'est d'abord, sans doute, parce que cette application s'impose philosophiquement ; mais c'est aussi parce que nous attendons d'elle et d'elle seule la formation de convictions solides et communes, indispensables à l'ordre social et au bonheur des hommes. Si nous devions ne nous en servir que pour nous enliser dans ce dilettantisme soi-disant scientifique qui se complaît à remettre sans cesse tout en question alors qu'il restera toujours tant à faire soit pour développer les conséquences des principes démontrés, soit pour résoudre de nouveaux problèmes, nous nous livrerions ainsi à un gaspillage immoral et dangereux de nos facultés. La discipline intellectuelle que les hommes accepteront librement, sans jamais leur *interdire* un examen que les vérités morales n'ont pas à redouter si elles ont été scientifiquement établies, les détournera habituellement du gaspillage dénoncé par la persuasion et par le sentiment des devoirs de l'esprit. Le progrès scientifique n'en sera que mieux assuré parce que de grandes déperditions de force seront évitées et que dans l'ordre intellectuel comme dans tout autre « la soumission est la base du perfectionnement, » pourvu qu'elle reste volontaire, éclairée et relative. Tout cela, c'est entendu, n'exclut pas la révision faite avec compétence et circonspection des principes admis, même scientifiques, lorsque la nécessité en sera imposée par des faits constants et pertinents, par des expériences décisives.

Il est un passage de la *Philosophie positive* (tome IV, 46ᵉ leçon) qui a pu être mal compris. C'est celui où il est écrit que l'ordre social « demeurera toujours nécessai-
« rement incompatible avec la liberté permanente laissée à
« chacun, sans le préalable accomplissement d'aucune con-
« dition rationnelle, de remettre chaque jour en discussion
« indéfinie les bases mêmes de la société... » La forme n'a pas exactement rendu le fond de la pensée d'Auguste Comte. Il faudrait une méconnaissance complète de toute son œuvre (depuis ses premiers « opuscules » jusqu'à sa « synthèse subjective »), où foisonnent les plus vigoureuses revendications en faveur de la plus large liberté spirituelle pour voir dans ce passage un appel au bras séculier même contre les sophismes les plus subversifs.

Il ne s'agit pas non plus dans l'esprit de l'auteur de *pénalités* spirituelles proprement dites, d'une sorte d'*excommunication* sociale à infliger à ceux qui feraient un tel abus de leur liberté d'examen et de discussion. Il y a dans la phrase citée et dans les suivantes qui concernent les limites de la « tolérance systématique » deux choses. Il y a la constatation du *fait* de l'incompatibilité d'un ordre social digne de ce nom avec l'usage *généralisé* de *remettre chaque jour en discussion*, sans compétence d'ailleurs, *les bases mêmes de la société* et de cet autre *fait* que jusqu'à nos jours la tolérance systématique, même chez les peuples les plus libéraux, ne s'était pas étendue aux attaques contre les dogmes communément admis à tort où à raison comme « essentiels » à l'ordre. Cela c'est de l'observation et de l'histoire. Mais il y a aussi cette pensée que le fondateur du Positivisme comptait sur l'extension des méthodes positives à l'élaboration et à la preuve des principes sociaux pour rendre de moins en moins facile et de plus en plus rare l'abus dénoncé de la liberté intellectuelle, sur une éducation et une discipline scientifiques pour en détourner la masse des esprits, sur le poids de l'opinion publique régénérée pour contenir de déplorables déviations, auxquelles aucun encouragement ne serait donné, et sur le juste ascendant d'un nouveau pouvoir spirituel pour les prévenir, les blâmer ou les limiter efficacement sans contrainte ni intimidation.

Auguste Comte avait raison d'écrire à l'âge de 22 ans : « La crainte de voir s'établir un jour un despotisme fondé « sur les sciences serait une chimère aussi ridicule qu'ab- « surde ; elle ne saurait naître que dans des esprits absolu- « ment étrangers à toute idée positive. » (*Opuscules.* — Sommaire appréciation du passé humain, 1820).

Mais il entre dans l'autorité spirituelle autre chose que des facteurs intellectuels. Et ses fins, loin d'être seulement intellectuelles, sont par-dessus tout morales et sociales.

Pour qu'elle ait toute sa réalité et toute son utilité il faut qu'au jugement par lequel nous reconnaissons la compétence supérieure des hommes à qui nous l'attribuons se joignent la sympathie, l'estime particulière, la vénération que nous inspirent leurs qualités morales, leur caractère, leur vie, leurs *vertus* : si le mot semble avoir vieilli, on peut le rajeunir.

A cette condition l'on exerce sur les volontés et sur la conduite des hommes une action effective et salutaire.

Le champ de cette action peut être très étendu ou très restreint. Elle peut se manifester avec éclat ou obscurément. Ses caractères et ses effets essentiels ne varient guère. Elle consiste soit à *formuler* des règles morales, acceptées déjà, avec une autorité particulière qui en accroîtra beaucoup la force utile, soit à en donner dans les cas douteux ou difficiles des *interprétations* compétentes et désintéressées, soit à en *rappeler* opportunément l'existence à ceux que l'intérêt domine, que la passion aveugle ou que le train de la vie distrait, soit à *apprécier* d'après elles les prétentions ou les actes. Elle consiste aussi tantôt à *transmettre* aux jeunes la moralité acquise, tantôt à enrichir les consciences adultes par l'acceptation de *nouveaux ou plus grands devoirs*.

Elle produit ses effets par la voie directe et par la voie indirecte. La voie directe est l'ascendant exercé sur le *sujet* même qu'il faut persuader, modifier, juger. La voie indirecte est la réaction morale du *milieu social* provoquée et guidée par la même autorité.

Pour qu'une autorité spirituelle soit en mesure de provoquer et de guider de telles réactions il est nécessaire qu'elle bénéficie, les ayant mérités, des sentiments de confiance, de sympathie et de vénération qu'elle aura fait naître dans le milieu qui doit réagir. Il est nécessaiee que sa compétence et ses titres moraux soient autant reconnus et sentis par ce milieu que par le *justiciable* visé.

Ce terme de *milieu social* doit s'entendre aussi bien d'un groupement modeste ou spécial comme une famille, une école, un atelier, un corps professionnel, un cercle restreint de relations habituelles, un salon, etc., que d'un public plus vaste, local, national ou international, sans parler de la postérité subjectivement considérée. Il suffit qu'un homme ou quelques hommes aient, grâce au crédit et au respect qu'ils ont acquis, le pouvoir de déterminer certaines excitations ou répulsions morales d'une collectivité, certaines manifestations communes, plus ou moins intensives, d'approbation et de désapprobation, de sympathie ou de désaffection, et que le *justiciable* ne puisse rester insensible ni aux unes ni autres.

C'est par la combinaison de l'*autorité* spirituelle, que dorénavant nous considèrerons surtout du point de vue moral, avec une *organisation* spirituelle que se forme le *pouvoir spirituel* proprement dit.

Il ne manque pas d'exemples d'hommes de toute condition ayant exercé une réelle autorité morale, fugitive ou prolongée. Quelques-uns en ont possédé ou en possèdent encore une considérable. Nous pensons à de grands écrivains vivants ou morts. Nous pensons à la clientèle morale d'hommes comme Renan, Ruskin ou Tolstoï. Mais, sans apprécier ici la nature et la portée de leur action, nous observons seulement que celle du plus haut génie et de la plus grande âme ne rendra tout son effet utile avec la permanence, la régularité et la généralité voulues que si elle s'incorpore dans un organisme.

Il n'y a pas de société sans un gouvernement, c'est-à-dire sans un appareil de ralliement, de règlement et de concours. Or il en est ainsi de la société des idées, des sentiments et des forces morales comme de la société des intérêts et des forces matérielles. Il faut un gouvernement moral comme il faut un gouvernement politique.

C'est ce gouvernement moral qu'Auguste Comte appelle le « pouvoir spirituel. »

IV

Le pouvoir spirituel dans le passé et dans l'avenir.

Le fait et la notion d'un pouvoir spirituel distinct du pouvoir temporel ou politique ne sont pas très anciens dans l'histoire.

La civilisation antique a reposé tout entière sur la confusion du spirituel et du temporel, de la religion et de la politique. Les théocraties proprement dites ou les monarchies théocratico-guerrières de l'Orient, les cités militaires grecques ou italiques, la Gaule ante-romaine et à l'autre bout du monde la vieille civilisation fétichique, familiale et pratique de la Chine nous offrent ces traits communs : la puissance politique et l'autorité religieuse ne font qu'un ou sont étroitement subordonnées l'une à l'autre ; les lois, le culte et les rites sont également sacrés et obligatoires ; les pratiques religieuses et la discipline des mœurs sont comme le droit civil matière à commandement ; ou, les chefs politiques remplissent des fonctions sacerdotales, ou les prêtres de toutes variétés sont des magistrats tantôt dominateurs et tantôt dominés.

L'Empire Romain, qui s'est incorporé les dieux avec les cités, les cultes avec les dominations, a donné le dernier mot de la conception antique en superposant aux religions des peuples conquis cette religion suprême, religion politique s'il en fut, l'apothéose de Rome et de l'Empereur. Et la tradition impériale fut si forte que, même après le triomphe du christianisme et après la chute de l'Empire d'Occident, nous voyons l'État Byzantin vivre dix siècles encore sans pouvoir se dégager de cette confusion du spirituel et du temporel qui a été une des plus graves faiblesses de cet empire, — généralement mal jugé sous d'autres rapports.

Aujourd'hui encore c'est sur une confusion semblable que repose l'état social des pays musulmans. Il faut même reconnaître que les nations chrétiennes, surtout celles qui sont restées dans la tradition byzantine comme celles où le protestantisme l'a emporté, ne sont pas à cet égard aussi éloignées qu'on pourrait le croire du système antique.

Il convient toutefois de discerner en pleine antiquité certains cas exceptionnels qui se détachent comme des dissonances ou des anticipations. Tel est celui des prophètes juifs et de leur action religieuse, extérieure au sacerdoce officiel, si considérable parfois quoique intermittente et précaire.

Les écoles de philosophie grecques, même sans remonter à la tentative pythagoricienne si intéressante, surtout les grandes écoles morales n'ont-elles pas fourni comme une ébauche de petites sociétés uniquement spirituelles ? Leur influence se développera sous l'empire romain. La belle époque des Antonins en marque l'apogée. Entre toutes les écoles la stoïcienne, avec sa conception d'une morale universelle et d'une grande cité humaine supérieure aux divisions politiques, aurait pu prendre figure de pouvoir spirituel, si elle n'avait pas été trop métaphysique, exclusivement intellectuelle ou à peu près, trop peu à la portée des faibles avec son idéal aristocratique au fond de vertu abstraite, héroïque et froide, et si elle avait eu un point d'appui extérieur à l'Empire.

Comment le christianisme a trouvé ce point d'appui extérieur dans son histoire comme dans son mythe et dans son dogme lentement formé au cours de quatre siècles de Saint Paul au Concile de Nicée, ce n'est point le lieu de le redire après les maîtres. Nous renvoyons sur ce sujet au *Catholicisme* de Pierre Laffitte et à l'opuscule de M. Audiffrent sur *saint Paul*. On les lira et on les relira avec fruit même après *les Origines du christianisme* de Renan, et l'on y trouvera même dûment rectifiées certaines vues du savant et merveilleux écrivain. Ce qu'il est permis de dire sans affaiblir le résultat principal de sa critique et sans marchander notre admiration à la beauté de son œuvre.

Nous n'avons pas non plus à redire ici comment la douce légende du christianisme, sa prédication morale, ses promesses surnaturelles, les mœurs de ses premiers apôtres touchèrent le cœur des pauvres, des opprimés, des esclaves, des femmes dans une société brillante mais dure aux faibles. Il ne faudrait pas cependant méconnaître la part prise de bonne heure par une partie de l'élite gréco-romaine au mouvement chrétien.

Ce qu'il faut rappeler, c'est que le christianisme agit sur l'organisme impérial comme un corps étranger, comme une force révolutionnaire, et qu'il s'ajouta à tous les agents de dssolution qui conduisaient une civilisation décadente à son terme. Il fut, au point de vue politique d'alors, perturbateur ; et il fut persécuté. Toute la puissance publique était du côté des « faux dieux ». Lui, il parlait et agissait au nom du Dieu unique, du Dieu vivant, mais pour des fins supra-terrrestres qu'il considérait comme les fins essentielles et prochaines du genre humain. C'étaient autant de raisons pour que la primitive *Église*, dont l'organisation s'ébauchait, revendiquât l'indépendance spirituelle. Il s'agissait pour elle de liberté alors et non de pouvoir. Le pouvoir était-il possible ? Et n'est-il pas la suprême vanité ? « Rendez à Dieu ce qui est à Dieu et à César ce qui est à César. » Ce fut là une formule vraiment nouvelle.

Un jour, de secte persécutée le christianisme devint la religion triomphante. Il s'assit sur le trône impérial. Ce fut une autre épreuve, périlleuse aussi ; et par ce qu'il advint de l'Orient on peut induire les dangers que la liberté de l'Église aurait courus si l'unité impériale avait duré.

La décomposition de l'Empire d'Occident, les invasions et l'établissement des Barbares déterminèrent un nouvel état de choses très propice au développement non seulement de *la liberté* spirituelle, mais du *pouvoir* spirituel de l'Église.

Dans le principe, l'autorité spirituelle de l'Église, instituée par Dieu pour le salut des âmes dans l'autre monde, n'apparaissait pas comme appelée à participer au gouvernement des affaires terrestres. Sans doute, l'Église apportait aux hommes une règle de conduite, une discipline : mais, même lorsqu'elle prêchait la charité et qu'elle exaltait le sacrifice, elle ne considérait finalement que *l'individu* préparé pour la vie éternelle par les devoirs, c'est-à-dire par les épreuves d'une vie passagère. La direction morale des *sociétés* ne paraissait pas primitivement devoir être son objet. Les liens sociaux n'étaient-ils pas aussi vains que l'existence terrestre pour laquelle ils étaient formés ? La terre elle-même n'était-elle pas vouée à une destruction prochaine ? Et, dans l'attente où l'on était de la résurrection et du dernier jugement, importait-il tant que les empires fussent bien ou mal gouvernés ? Une seule chose importait vraiment : apprendre aux hommes à vivre et surtout à mourir saintement pour gagner le paradis.

L'Église catholique, qui cependant avait peu à peu étendu son organisation et fortifié sa hiérarchie sur le modèle romain, devait-elle se borner à être la pourvoyeuse du royaume de Dieu, « qui n'est pas de ce monde ? ».

L'histoire nous montre autre chose. Elle nous montre une grande force morale qui exerça sur les affaires d'ici-bas une action considérable.

Apprivoiser à demi, après les avoir convertis, ces barbares qui venaient substituer leur rude domination de grands enfants ignorants, brutaux et naïfs au despotisme savant, corrompu et raffiné de l'Empire dégénéré fut la première tâche imposée aux évêques. Faire accepter un minimum de discipline morale par ces âmes farouches, livrées après comme avant la conversion à la violence des instincts, fermées à la notion de l'ordre, antipathiques à l'état de paix, grisées d'orgueil à cause du grand empire vaincu, n'était pas chose facile. Il le fallait bien pourtant pour adoucir un peu la misère des peuples, mais aussi pour protéger les jours et la croissance de la jeune Église.

L'Église en trouva la force, surtout après avoir triomphé des grandes hérésies du premier âge, dans la foi commune en son institution divine et, l'Arianisme vaincu, en la divinité de son fondateur mise hors de cause. Elle la trouva dans le persistant respect des barbares pour cette Rome même dont ils avaient abattu la puissance et dont l'évêque conquérait peu à peu la prépondérance. Elle la trouva dans l'espoir et plus encore dans la crainte des sanctions surnaturelles, ineffables ou terribles, dont elle était la souveraine dispensatrice, enfin dans la supériorité de sa culture et de son organisation.

Elle n'en fit pas longtemps un usage purement défensif. Ayant appris à l'école de Rome, d'abord à ses dépens, l'art du gouvernement, elle sut l'appliquer au gouvernement moral de l'Occident. Elle fut nécessairement conduite à ne pas borner son autorité à la vie privée des hommes; et il est heureux qu'il en ait été ainsi.

Il ne s'agissait plus seulement d'enseigner l'évangile, d'administrer les sacrements, de célébrer les offices et de dresser contre le péché le tribunal de la pénitence. Sauver des âmes et distribuer des aumônes n'épuisaient plus la mission du sacerdoce. Il fallait, en ces siècles de violence, empêcher la violence de disposer seule du sort des peuples.

Il fallait donc que les puissants, les chefs politiques eux-mêmes, toujours armés pour la guerre, toujours prêts pour les coups de force, fussent amenés à compter avec un pouvoir non militaire, matériellement désarmé.

Le problème fut imparfaitement résolu, comme il pouvait l'être. Mais l'approximative et fragile solution qu'en offre le moyen âge n'en est pas moins du plus haut intérêt. Auguste Comte, avec la largeur de sa philosophie historique, a pu dire qu'elle fut « une admirable ébauche ». On peut le répéter après lui sans aucune complaisance pour des faiblesses et des défauts dont quelques-uns furent graves, mais sans marchander l'hommage aux services rendus.

Pour remplir sa mission devenue sociale par la force des choses, l'Église du moyen âge ne pouvait se passer d'une sérieuse concentration d'autorité. Que la critique historique trouve dans le berceau de la suprématie papale de pieuses supercheries et même un mauvais calembour, nous le voulons bien ; mais n'y pas voir autre chose serait faire preuve d'assez courte vue. La papauté est sortie par une filiation naturelle des entrailles mêmes de l'histoire, qui en a déterminé souverainement le siège. Elle a grandi parce que les conditions du milieu et la suite des évènements ont rendu sa croissance nécessaire et facile.

Chacun sait à travers quelles péripéties elle monta du ve au xie siècle jusqu'au faîte où l'éleva le génie d'Hildebrand et comment sa marche ascendante fut secondée par le développement parallèle du système féodal. Cette combinaison particulière de hiérarchie sociale et de morcellement politique fut éminemment favorable au gouvernement spirituel d'une Église internationale, tout en le limitant. Le dualisme du pouvoir spirituel et du pouvoir temporel était posé par les faits comme il ne l'avait jamais été.

Les deux puissances étaient jalouses de défendre leurs frontières et trop souvent tentées de les déplacer. C'est du reste la détermination même des frontières qui fut la difficulté capitale dont la solution resta toujours défectueuse.

En réalité le moyen âge occidental nous montre, en même temps que la distinction et une indépendance relative du spirituel et du temporel, leurs pénétrations mutuelles en plus d'un point, leurs empiétements réciproques, souvent leurs graves conflits.

La grandeur de l'Église, œuvre du temps et de la sagesse des hommes, parvient à son entier épanouissement au cours des xie, xiie et xiiie siècles. Manifestement supérieure à ses contemporains, elle mérita et remplit tout le ministère spirituel. Elle institua la discipline de la conduite personnelle et domestique autant qu'il était possible et comme il était possible. Elle fut alors l'agent d'une culture intellectuelle et d'une activité artistique qui ne furent pas sans gloire. Mais en outre on la vit avec les grands papes, et aussi avec l'incomparable saint Bernard qui ne fut ni pape ni évêque, tantôt contenir ou réprimer par les seules armes religieuses les passions déréglées, les désordres ou les abus de la force chez les princes et les grands, tantôt unir l'Europe fidèle dans une action commune de la « chrétienté » au dehors comme au temps des croisades, tantôt pacifier les discordes par son arbitrage respecté.

Néanmoins gardons-nous d'idéaliser le tableau. Trop souvent, même à la meilleure époque, l'autorité de l'Église fut abusive ou insuffisante. Trop souvent, même alors, les vices des puissants triomphent, les faibles sont opprimés et l'innocence frappée malgré l'Église. Nous voyons, qui plus est, l'Église opprimer elle-même ou provoquer l'oppression en même temps que nous la voyons tantôt empiéter sur le domaine civil, tantôt subir dans son pouvoir spirituel des défaillances ou des corruptions partielles.

C'est que la grandeur de l'édifice ne nous en doit pas dissimuler les vices rédhibitoires.

D'abord les deux pouvoirs, étant l'un théologique et l'autre militaire, tendaient nécessairement aux usurpations réciproques. Une Église qui se croit instituée par Dieu et dépositaire de la vérité absolue pour le salut éternel des âmes répugne en bonne logique à un partage d'autorité. Elle est conduite à considérer les pouvoirs autres que le sien comme des pouvoirs de fait tacitement délégués par elle pour des affaires qu'elle juge inférieures et qu'elle se réserve la faculté d'évoquer. De leur côté les chefs militaires supportent mal la contradiction et le contrôle comme la limitation de leur puissance. Il en devait être notamment ainsi, même en Occident, de ceux qui portaient le titre prestigieux d'*empereur* auquel se rattachait le souvenir d'une monarchie universelle et d'un pouvoir sans bornes. D'où le conflit latent ou déclaré. Le résultat fut un équilibre instable et troublé, plus favorable en général dans les siècles cités à l'Église et à la Papauté.

La seconde remarque à faire est que, comme *propriétaire*, l'Église fut prise dans l'engrenage féodal. Les évêques, les abbés, les monastères, possesseurs de terres, furent suzerains et vassaux. Ils eurent des patrons et des clients laïques, des tenanciers et des serfs. Ils durent fournir ou s'assurer des hommes d'armes, subir ou exercer des juridictions temporelles. Autant de causes de dépendance et de corruption. Autant de sources d'abus et de tyrannie.

En troisième lieu, il faut observer que, si le moyen âge occidental eut la notion concrète de la liberté et du pouvoir spirituels de l'Église romaine, il ne put s'élever à la conception abstraite de la liberté spirituelle pour tous, de celle qu'auraient pu invoquer les hérétiques et les incrédules. Une conception semblable n'était pas compatible avec le régime mental de l'époque.

Donc, lorsque l'on parle de la séparation des deux pouvoirs au moyen âge, il n'en faut parler qu'en un sens très relatif et avec plus d'une réserve. Mais sous ces réserves et avec les restrictions indispensables l'Église catholique et son chef nous offrent, plus spécialement du VIIIe siècle au XIVe, le premier exemplaire d'un grand gouvernement moral différencié des pouvoirs politiques, mais avec des tendances théocratiques incontestables.

Si durant le vrai moyen âge l'équilibre tendait à se rompre au profit de la papauté, c'est l'inverse qui se produit à partir du XIVe siècle.

A mesure que se dessinait la formation des grands États et que grandissait la puissance royale, l'Église, déjà travaillée par des causes internes de faiblesse, subit l'amoindrissement progressif de son pouvoir spirituel en ce qui concerne l'ordre public.

Entre temps le domaine territorial du Saint-Siège l'engageait de plus en plus dans les conflits purement politiques, au point que chez les papes de la Renaissance le prince italien ne fut pas loin de primer le pontife œcuménique. Il est inutile de redire comment cette anomalie engendra des déviations, des vices et des scandales que ne compensa pas assez la splendeur des arts.

Aussi est-ce une église moralement diminuée qui subit l'assaut du protestantisme, que tant de signes avant-coureurs pouvaient faire pressentir. Et bientôt la moitié à peu près de l'Europe fut perdue pour le pouvoir spirituel de l'Église romaine.

Dans les pays restés catholiques ce pouvoir se transforma graduellement. Plus il se sentit menacé par l'esprit critique, plus il afficha, sous l'influence grandissante de la *Société de Jésus*, des prétentions à la domination condamnées autant par le développement de la politique moderne que par le mouvement des esprits. Plus ses armes spirituelles perdaient de leur force et plus il faisait appel au bras séculier, porté toujours davantage à suppléer à la persuasion par les supplices.

Sa fortune varia quelque peu suivant les pays. Ainsi en Espagne il dégénéra, avec le concours de la royauté, en une théocratie bâtarde et violente. La France, qui doit nous servir ici pour plusieurs raisons de type historique, nous le montre de plus en plus bridé par la puissance royale, réduit à accepter des interventions et des limitations dont l'effet était de le renfermer dans l'ordre privé, tandis que la royauté finit par se faire avec Louis XIV le défenseur armé et quelque peu l'arbitre de l'orthodoxie.

Quelles furent la doctrine et la pratique de la Révolution française sur la liberté spirituelle et sur le pouvoir spirituel ?

Sur la *liberté spirituelle* elle eut et appliqua, si l'on fait abstraction de certaines déviations malheureuses, une conception bien supérieure à celle de la monarchie et même du moyen âge.

Tandis que le moyen âge ne conçut que la liberté spirituelle d'une église déterminée, la Révolution française proclame que « nul ne devrait être inquiété pour ses opinions même religieuses », que « la libre communication des pensées et des opinions » par la parole orale, écrite ou imprimée aux hommes séparés ou réunis, est « un des droits les plus précieux de l'homme », que chacun doit pouvoir exercer n'importe quel culte ou n'en exercer aucun. Elle sécularisa la patrie, la loi, l'État. Elle sécularisa, par exemple, l'état-civil; elle consacrait ainsi les liens fondamentaux des hommes en faisant profession d'ignorer leur croyance ou leur incrédulité, capitale réforme sans laquelle la liberté religieuse et philosophique fût restée un vain mot.

Pourquoi la Révolution est-elle plus d'une fois sortie de cette voie droite et lumineuse qui était bien la sienne? Comment, par exemple, est-elle tombée dans ces erreurs déplorables qui s'appellent la *Constitution civile du clergé* et le culte officiel de l'Être suprême? Comment ne nous a-t-elle pas épargné les auto-da-fe de Robespierre? Ce n'est pas « la faute à Voltaire »; mais c'est bien « la faute à Rousseau ».

Malgré tout, prise dans son ensemble et dans ses résultats acquis, notre Révolution a bien accompli une œuvre définitive d'*affranchissement* spirituel.

Mais elle est restée étrangère à la conception d'un nouveau *pouvoir* spirituel c'est-à-dire d'une nouvelle autorité morale indépendante du pouvoir politique, organisée pour rallier et régler sans contrainte.

Il y a de cela plus d'une raison.

La première est que, pour la Révolution comme pour le xviiie siècle, la liberté de conscience et les libertés dérivées d'elle furent considérées exclusivement comme des droits personnels, comme autant de manifestations du *droit naturel de l'homme*. L'idée qu'elle s'en fit fut entièrement individualiste. A vrai dire la chose urgente était de rendre impossible désormais l'oppression politique ou ecclésiastique des consciences, d'émanciper avant de rallier et de régler. Non seulement la nécessité d'une autorité morale indépendante du gouvernement temporel n'était pas sentie [1], mais une telle autorité était réputée dangereuse.

C'est que l'on ne connaissait pas d'autre type de pouvoir spirituel que cette Église catholique contre laquelle la Révolution avait à soutenir une lutte redoutable. Son autorité avait pris de plus en plus avec la complicité du pouvoir royal le caractère d'une tyrannie; et il ne semblait pas aux hommes du XVIIIe siècle qu'un pouvoir spirituel libre et organisé pût être autre chose qu'une tyrannie.

Au demeurant, la métaphysique régnante les amenait à y voir une usurpation soit sur le droit absolu de l'individu, soit sur la « souveraineté » du peuple.

Ce n'est pas tout. Un véritable pouvoir spirituel ne peut agir qu'au nom d'une foi ou de convictions communes, lesquelles ne peuvent être fondées que sur une prétendue révélation divine ou sur le savoir positif. Or un pouvoir spirituel fondé sur la science suppose qu'une sociologie et une morale positives ont été formées et sont, au moins dans leurs grandes lignes, acceptées. Or on n'en était pas là.

Mais aujourd'hui, alors que la sociologie et la morale positives sont fondées grâce à Auguste Comte, comment les positivistes envisagent-ils l'existence et le rôle d'un pouvoir spirituel nouveau ?

Ce nouveau pouvoir spirituel sera une autorité morale organisée, uniquement fondée sur des convictions scientifiques, sur une libre confiance et sur une vénération raisonnable, exclusivement justifiée par sa destination sociale et les services rendus.

Ayant pour objet de rallier et de régler les volontés par la seule action morale sur les pensées et sur les émotions, il sera une sorte de gouvernement, mais un gouvernement qui n'emploiera pas la force et qui n'en disposera jamais. Il sera donc distinct et séparé du pouvoir poli-

---

[1]. Condorcet cependant semble bien en avoir eu une approximative notion.

tique. Et les deux pouvoirs ne feront pas plus double emploi qu'ils ne seront normalement antagonistes.

Il faut nous familiariser avec cette idée que, si le domaine spirituel ne comporte aucun des modes de la contrainte, il n'exclut pas pour cela des guides et des juges. N'arrive-t-il pas tous les jours que tels d'entre nous se font d'autant mieux écouter et suivre que le pouvoir de commander, de châtier ou de séduire leur fait défaut?

Pour qu'un nouveau pouvoir spirituel se dégage et grandisse, il est nécessaire que l'esprit public soit pénétré de ces trois idées: La première est, que dans notre civilisation si compliquée et si mobile, le nombre va croissant des manifestations de l'activité humaine et des relations sociales qui exigent la liberté, que l'Etat est inapte ou ne suffit pas à régir et qui cependant réclament une coordination, un contrôle supérieur, une direction commune. La deuxième est que ce règlement non temporel doit se justifier désormais par des motifs purement humains, toujours démontrables. La troisième idée nécessaire est qu'il n'y a pas de fonction sans organe.

Considérons d'abord la fonction. Le pouvoir spirituel aura pour fonction de gouverner moralement le domaine moral, c'est-à-dire d'y maintenir et améliorer l'ordre par les moyens moraux. Son action présente deux aspects indissolublement liés : elle est de conservation morale et de progrès moral. Elle est double aussi sous un autre rapport. D'une part, elle suscite et soutient les efforts moraux, provoque les convergences, guide les volontés vers les buts supérieurs et communs; d'autre part, elle prévient ou réprime à sa manière les désordres, les déviations, les défaillances.

Sur ce sujet que nous effleurons à peine c'est Auguste Comte lui-même qu'il faut lire et relire. Et c'est de son œuvre tout entière que nous parlons. Sa *Politique positive*, le 6º chapitre du 2º volume par exemple, et combien d'autres parties du même ouvrage et du *Catéchisme* nous montrent que la formation d'un nouveau pouvoir spirituel fut la pierre angulaire de sa construction sociale et religieuse, tandis que ses *opuscules* de jeunesse nous révèlent qu'elle fut sa première pensée, dont la *Philosophie positive* à préparé et légitimé la réalisation.

Les rapides indications que nous donnons ici ne dispenseront personne de remonter à leur source.

Pour accomplir sa fonction, de quels moyens le pouvoir spirituel usera-t-il? Quelles attributions lui seront nécessaires? Comment lui seront-elles dévolues? Comment les exercera-t-il?

Tout récemment encore M. Jeannolle (*Revue Occidentale*, du 1er mai 1903) a rappelé d'après Auguste Comte que les attributions du pouvoir spirituel positif seront au nombre de quatre : l'*éducation*, le *conseil*, la *consécration* et le *jugement*.

Il faut donner au mot d'*éducation* sa signification la plus générale qui est la vraie. L'éducation est l'adaptation méthodique de l'être humain d'après ses conditions d'existence à sa destinée réelle. Ainsi entendue elle s'étend à la vie entière. Mais elle est plus spécialement la préparation de l'homme ou de la femme dans l'enfant et dans l'adolescent en vue des nécessités et des buts d'une vie vraiment humaine, c'est-à-dire avant tout sociale. Elle est la culture combinée et graduée du corps, du sentiment, de l'intelligence et du caractère. L'influence de l'éducation sur les dispositions et la conduite des hommes est telle que notre pouvoir spirituel sans ministère éducateur manquerait de base. Cela ne veut pas dire qu'il doive exercer directement toutes les parties de l'éducation, ni par suite usurper la fonction propre et les prérogatives de la famille.

Chaque être humain a une destination générale en sa qualité d'homme ou de femme et de membre d'une société donnée. Il a en outre une destination spéciale en raison de la tache particulière qu'il aura choisie ou qu'on aura choisie pour lui. Il y a par suite une éducation générale et une éducation spéciale.

Dans cette dernière, seule la partie qui touche aux devoirs professionnels rentre dans la compétence du pouvoir spirituel.

Dans l'éducation générale l'action de notre pouvoir spirituel sera directe ou indirecte. Elle sera indirecte pour l'éducation de la première enfance et de la seconde.

L'éducation de la première enfance (jusqu'à six ou sept ans) doit être exclusivement familiale et principalement maternelle. Celle de la seconde sera longtemps partagée entre la famille et l'école. Le rôle de notre pouvoir spirituel ne consistera dans les deux cas qu'à donner des conseils particuliers et des directions générales, que l'on sera toujours libre de repousser, soit aux parents, soit à ceux qui en tiennent lieu, soit à ceux et à celles qui à un titre quelconque soignent le corps, exercent les sens et les mouvement, cultivent les sentiments, forment le jugement et les habitudes des enfants ou leur donnent l'enseignement élémentaire, esthétique, linguistique et concret qui convient à leur âge. Ces conseils et ces directions vaudront en raison de l'autorité morale que leurs dispensateurs auront su acquérir. Leur influence pourra devenir considérable sans s'imposer jamais.

Elle respectera et même consacrera les attributions de l'Etat, qui a la charge d'assurer sans monopole la participation universelle aux connaissances primaires, indispensables moyens de communication entre les hommes, instruments élémentaires de l'existence sociale et de la vie civique, sans préjudice pour le contrôle qui lui incombe sur les écoles autres que les siennes.

Aux environs de la treizième année, (Auguste Comte désignait la quatorzième) commence avec l'adolescence la période de l'enseignement *théorique*. Il ne faudrait pas croire que, dans notre pensée, le contrôle de la puissance publique, défini avec précision, doit être exclus de cette période, ni que la fonction éducatrice de la famille va cesser ou s'amoindrir. La famille est à tout âge le milieu de culture nécessaire des affections altruistes. Elle deviendra en outre un foyer précieux d'éducation artistique. Mais nous entrons ici avec l'enseignement systématique et positif dans le domaine direct du pouvoir spirituel nouveau.

Sans négliger certes la culture esthétique et littéraire commencée dans l'âge précédent, cet enseignement doit avoir désormais pour objet fondamental l'échelle encyclopédique du savoir positif abstrait. Il s'élèvera graduellement de la mathématique, par l'astronomie, la physique, la chimie, la biologie, à la sociologie et à la morale théorique, que les exercices de morale concrète et pratique auront devancée de beaucoup dans la famille et à l'école primaire. Il s'attachera moins à épuiser tous les détails, à approfondir tous les problèmes de chaque science qu'à assurer l'intelligence de ses méthodes, la connaissance ordonnée de son histoire et l'assimilation réelle de ses résultats importants, en insistant sur sa liaison avec les sciences précédentes et avec les suivantes et sur son apport à la synthèse relative de nos idées. Il formera l'*esprit* scientifique sans exagérer le *bagage* scientifique. En d'autres termes il sera *philosophique*.

Cela ne suffit pas. Il faudra qu'en faisant ressortir la solidarité de toutes les parties du savoir il en marque la hiérarchie déterminée par la prépondérance de la morale. Dès le début l'enseignement des sciences donnera la conviction que celles du monde tirent leur principale dignité de ce qu'elles sont une préparation indispensable à celles de la vie, de la société, de l'homme. Dès la première leçon d'arithmétique l'esprit de l'élève sera accoutumé à l'idée que la connaissance de la nature, si grande qu'en soit la valeur propre, ne doit jamais cesser d'être considérée comme le préambule nécessaire, à la fois scientifique et logique, de la connaissance de soi-même. Nous reviendrons ainsi à l'immortel précepte de Socrate avec cet amendement qu'on ne connaît réellement l'homme que dans l'Humanité.

Comment alors contester le pouvoir éducateur de la science positive ? Tant que ce nom de « science » était réservé pour les connaissances de l'ordre inorganique, on pouvait se donner la tâche facile de démontrer qu'une doctrine sociale ne se déduit pas d'un théorème de géométrie et qu'un chimiste, fût-il de génie, n'extraira jamais de son alambic un idéal de vie ni la formule de la destinée humaine. Mais, du moment que le domaine de la science positive s'étend désormais jusqu'aux limites de toute réalité observable en comprenant les plus hautes réalités morales, la philosophie scientifique justifie de ses titres à la maîtrise de l'éducation et à la direction de la conduite.

Du même coup tombera le grief de sécheresse fait à l'enseignement scientifique. Quand il sera dominé par la pensée que la morale est le lien et le couronnement des sciences, que la fin par excellence du savoir est de motiver les devoirs et de justifier l'amour, il ne pourra manquer de mettre le cœur de compte à demi dans le travail de l'esprit. Offert aux jeunes comme un don magnifique de l'Humanité pour le service et l'honneur de cette même Humanité dont la famille et la patrie ne seront jamais séparées, il sera *religieux*.

Il ne sera donc pas réservé à des privilégiés, mais accessible, dans ce qu'il a d'essentiel, à tous les hommes et à toutes les femmes. Car il doit devenir pour tous la base rationnelle de la foi morale. Mais, pour le plus grand nombre, cet enseignement scientifique, associé toujours à l'éducation des sentiments et à une suffisante culture esthétique, doit pouvoir se concilier soit avec le développement physique, soit avec une instruction professionnelle ou pratique, soit avec l'apprentissage proprement dit, soit même à partir d'un certain âge avec un travail rétribué. D'où l'obligation de l'alléger, du moins *en tant qu'il sera commun ou destiné à l'être*, de ce qui ne sera pas nécessaire aux fins d'éducation générale que nous envisageons. Il s'agit d'un enseignement « secondaire » et général, mais populaire, dont il faudra que les programmes et les méthodes tendent, sans rien sacrifier de fondamental et en évitant la spécialité dispersive qui ne convient qu'aux préparations professionnelles, à la plus grande économie de temps et d'effort. Le problème est difficile. Il sollicite le concours de la plus haute compétence philosophique et du sentiment social le plus profond.

Ce sera l'affaire du pouvoir spirituel positif de diriger dans ces voies l'enseignement des adolescents des deux sexes. Il le donnera lui-même dès qu'il le pourra et autant qu'il le pourra. D'autre part il s'efforcera de convertir à ses vues ceux qui enseigneront avec indépendance hors de sa propre organisation, de les pénétrer de son esprit par sa force de persuasion.

Il assumera le même rôle dans l'enseignement *supérieur* donné aux hommes de tout âge.

Cet office exige que le pouvoir spirituel soit libre. Par contre Auguste Comte s'est élevé avec force contre toute pensée de lui attribuer un monopole ou un privilège pédagogique. Avec grande raison il entend que, même au temps futur du plein triomphe de la doctrine positiviste, son sacerdoce positif reste soumis aux concurrences toujours possibles.

La seconde attribution de notre pouvoir spirituel sera le *conseil*, la consultation morale.

Dans une société affairée comme la nôtre, où la lutte pour la vie nous absorbe, où la spécialité des pensées, des habitudes, des sentiments nous expose à toutes les déformations et à toutes les déviations morales, de quel secours ne seraient pas des hommes aptes et toujours prêts à nous donner avec la triple autorité du savoir, du caractère et de l'exemple l'avis utile et l'avertissement nécessaire qui nous ramèneraient aux véritables fins humaines.

Il est un mode spontané, général, du conseil qui est comme un prolongement de la fonction enseignante. Nous entendons la propagande ordonnée, l'apostolat, la *prédication*. — C'est donc le sermon positiviste? — Pourquoi pas? Ne montez à la tribune ou dans la chaire d'où descendra votre parole sur la foule que précédé d'un renom mérité de compétence, de désintéressement et de bonté; et vous serez un excellent prédicateur positiviste, même si votre sermon se dissimule sous le titre modeste de *conférence*.

L'éloquence ne nuira pas, au contraire. Mais ce sera, suivant la définition romaine, l'éloquence de « l'homme de bien habile à bien dire », qui poursuivra le succès de la prédication, non du prédicateur.

Seulement l'autorité des nouveaux prédicateurs de morale sera d'autant plus grande qu'ils n'apparaîtront pas isolés, mais unis entre eux pour une commune action sous une direction exercée et acceptée librement.

Comme l'enseignement se donne par la parole ou par le livre, la prédication est orale ou écrite. Les écrits peuvent être de toute forme et de toute dimension, périodiques ou non. Auguste Comte a spécialement recommandé l'affiche, le plus populaire des procédés de propagande. Il ne faut se priver d'aucun, ni du roman, par exemple, ni du théâtre, ni de la propagande par l'image, par le tableau, par le monument, par l'emblème. Les instruments de la musique à faire existent et l'on pourra les perfectionner ; les solistes de mérite ne manquent pas ; ce qui manque, c'est un chef d'orchestre, c'est-à-dire un pouvoir spirituel qui connaisse bien la partition et en conduise l'interprétation avec autorité.

Le *conseil*, au sens propre, a des objets particuliers et s'adresse à des personnes ou à des collectivités déterminées.

La vie se compliquant chaque jour davantage, le besoin de consultation morale croîtra pour les humbles et pour les puissants, pour les groupes comme pour les individus. Il faut nous défendre des préjugés révolutionnaires et matérialistes. Il n'est pas plus ridicule de demander conseil à un médecin spirituel pour les soins de l'âme[1] et pour la direction de la conduite que de consulter un médecin ordinaire pour la thérapeutique et l'hygiène du corps. Il est même permis de supposer que les deux médecins tendront à se rapprocher et peut-être à n'en faire qu'un dans l'avenir.

Avec une autorité spirituelle toujours justiciable de la discussion et respectueuse par principe de la dignité humaine ne craignez pas le retour à des pratiques qui livrent la personnalité morale du fidèle, passive et inerte aux mains d'un « directeur de conscience ». Mais la conscience la plus droite a souvent besoin, pour décider sur les cas importants et difficiles, du secours d'une force morale exté-

---

1. Le mot *âme* est employé pour signifier l'ensemble des fonctions affectives, intellectuelles et volontaires du cerveau.

rieure, respectée, sympathique et désintéressée. D'ailleurs les compétences ne sont pas plus égales en morale que dans le reste, et le problème de la conduite à tenir est souvent le plus ardu des problèmes.

Toute conscience gagne à être assistée et affermie par une autre conscience. La famille humaine, le mariage humain doivent pourvoir au premier degré, comme on l'a vu, dans l'intimité de la vie commune, à ce besoin moral de contrôle et de soutien mutuels.

Mais ce premier degré, indispensable, que rien ne remplace, ne suffit pas à tous les cas. Tant que l'homme ne sort pas de sa famille il ne sort pas assez de lui-même. Entre proches vivant sous le même toit l'affection peut égarer le jugement et affaiblir la valeur du conseil.

Puis la solution des cas difficiles, moins rares qu'on ne croit dans la vie des plus humbles, exige, avec des lumières adéquates, la disponibilité d'esprit que l'on n'est pas sûr de trouver partout au foyer et que les circonstances peuvent abolir tout à fait. Quel renfort opportun apporteraient alors aux consciences mal renseignées, hésitantes ou obscurcies la *capacité* morale et l'*indépendance* supérieure de guides dès longtemps respectés.

Ce sera le devoir de ces guides spirituels d'éviter l'abus en se refusant à des interventions trop fréquentes ou indiscrètes et en résistant à des sollicitations intempestives ou sans mesure.

Mais le bénéfice de cette autorité consultative serait insuffisant s'il était borné au domaine de la vie personnelle et domestique. Il importe qu'il s'étende au delà.

Appuyé sur les données de la sociologie et de la morale, notre pouvoir spirituel emploiera toute sa force de persuasion pour incliner les *puissances* matérielles de tout ordre, individuelles ou collectives, économiques ou politiques, vers l'accomplissement du devoir social nettement formulé.

Il agira d'abord par la force même des convictions qu'il aura communiquées et des sentiments qu'il aura inspirés à ceux qu'il doit persuader et ensuite par les réactions sociales qu'il saura susciter. Pour influer assez sur les puissances matérielles il est nécessaire qu'il soit au plus haut degré une puissance d'opinion.

Il agira sur l'opinion et par l'opinion. Pour mieux dire c'est par lui que se formera une véritable opinion publique.

Actuellement même il n'est pas, dans le monde civilisé, de force sociale qui ne compte peu ou prou avec l'*opinion publique*. Et cependant il s'agit d'une opinion publique très hétérogène, infiniment mobile, incohérente même, amorphe pour ainsi dire. Quelle ne serait donc pas l'efficacité d'une opinion publique qui serait une force cohérente et organique ?

Auguste Comte a déterminé avec précision les trois conditions d'une telle opinion publique. La première est l'existence d'une doctrine morale, adaptée autant aux exigences de la raison moderne qu'aux plus nobles besoins du cœur et de plus assez généralement acceptée au moins de façon implicite. La seconde est une masse suffisante d'hommes assez pénétrés des idées directrices de cette doctrine et intéressés par leur situation commune à s'unir pour en surveiller l'observation. La troisième condition est un organe, fidèle interprète de la doctrine, qui a qualité reconnue pour guider, concentrer, traduire après contrôle et au besoin provoquer les appréciations du public. Chaque expression de l'opinion acquiert ainsi la triple autorité de la science qui la motive, du peuple qui la fait sienne, des sages qui l'approuvent, la consacrent et la formulent.

Ceux-là même qui se refusent, malgré les faits, à admettre la part de l'autorité spirituelle dans la formation des opinions personnelles ne sauraient nier le prodigieux accroissement de force et d'effet que ces opinions, même très nombreuses et homogènes, gagnent à être condensées, précisées et promulguées par une voix qui part de haut et porte loin. Ils ne nieront pas davantage les désordres, les défaillances, les iniquités sans nom dont une opinion anarchique et d'autant plus facilement violentée nous a donné plus d'une fois le spectacle. Comment oublier le récent acharnement d'une foule dévoyée, exploitée dans son patriotisme trompé contre les courageux redresseurs d'une erreur judiciaire?

Fonder un pouvoir spirituel, c'est organiser l'opinion publique et, en l'organisant, décupler sa force. Or, sans le secours d'une telle puissance morale, il est vain de poursuivre le règlement moral de la vie moderne, par exemple des mariages et de la filiation, de l'éducation, de l'hygiène privée et publique, des grandes forces économiques, de la richesse et du travail, de l'argent et du nombre. Sans elle on n'aiguillera pas décidément notre civilisation vers la subordination de la politique à la morale dans l'ordre des relations civiques et dans l'ordre des rapports internationaux. Il est même désirable qu'avec la prudence et la délicatesse requises sa juridiction spirituelle s'étende jusqu'aux travaux de l'esprit pour réduire sans réglementation indiscrète le gaspillage intellectuel et le vicieux emploi des talents.

Pour le succès de ces tâches on ne saurait séparer le *jugement* du *conseil*. Ils postulent à leur tour l'éducation. L'ordre chronologique n'est sans doute pas toujours l'ordre logique. Un nouveau pouvoir spirituel agira probablement par la persuasion ou par la censure avant d'avoir assez poussé l'organisation de sa fonction éducatrice. Mais il reste évident que ses avis et ses sentences n'auront leur plein effet que dans un milieu préparé par ses éducateurs.

Le jugement complète le conseil. Ceux qui ont autorité pour persuader ou dissuader les autres de se conduire d'une manière déterminée ont qualité pour apprécier leur conduite effective ou seulement leurs prétentions.

Très sagement Auguste Comte spécifie que, comme juge autant que comme conseil, le pouvoir spirituel positif épuisera d'abord les moyens d'action directe sur la raison et sur le cœur de ses justiciables volontaires.

« La vraie répression religieuse, écrit-il, doit toujours
« aboutir à persuader ou convaincre, sans jamais con-
« traindre, même moralement. » (*Politique positive*, tome II, chap. 6).

En cas d'insuffisance constatée de ces moyens, — insuffisance d'autant moins fréquente que l'éducation positiviste sera plus forte et plus générale, — le pouvoir spirituel en viendra aux moyens indirects, c'est-à-dire aux différentes formes de l'appel à l'opinion d'abord des proches, puis du public. Cette force est encore spirituelle, puisque « elle « résulte de l'impression nécessaire qu'éprouvent les cœurs « et les esprits de tous d'après la conduite de chacun. » (A. Comte, *loco citato*).

Le jugement spirituel consistera élémentairement dans la distribution de l'éloge et du blâme, qui sera précédé d'un ou plusieurs avertissements.

A la différence du pouvoir politique, le pouvoir spirituel n'aura à son service ni les récompenses matérielles, ni la *pénalité*. A l'égard des particuliers comme à l'égard des collectivités et des puissances sociales il ne disposera que de sanctions morales. Il ne s'agit ni de faire une théocratie sans Dieu, ni de remettre en honneur les pratiques révolutionnaires de la Ligue. Faut-il en conclure que nos sanctions spirituelles seront inefficaces ?

— L'éloge et le blâme, dira-t-on, que voilà de faibles armes ! —

Notre époque n'a pas une foi assez robuste dans la force des armes qui ne sont que morales.

On a besoin de faire effort pour se figurer une autorité sans soldats, sans gendarmes et sans geôliers. Cependant supposez l'existence d'un groupe d'hommes matériellement désarmés, mais éminents par le savoir et par le caractère, soutenus et unis par une forte doctrine, dont les leçons auront été doublées de leur exemple et justifiées par l'expérience, dont la vie « au grand jour » aura conquis l'universel respect. Pensez-vous qu'il sera indifférent d'être loué ou blâmé par ces hommes?

Il faudra qu'à leur valeur propre s'ajoute la force qu'ils tireront de leur constante communication morale avec le public. Mais, ces conditions étant assez remplies, l'avertissement et le blâme, même privés, ne pourront pas être sans quelque effet.

Dans le cas contraire, le blâme public et motivé sera une sanction plus sévère.

Elle s'appliquera aux actions des dirigeants, des groupements humains comme aux faits de la vie privée. Qu'on veuille bien y réfléchir. Le jour où l'opinion publique serait la force morale organisée que nous souhaitons, son intervention dans les conflits pourrait être décisive. Bien loin de croire que les appels faits à cette force morale contre les puissances matérielles de tout ordre, — chefs ou majorités, — qui abusent ne seraient que des manifestations retentissantes mais platoniques, peut-être faudrait-il plutôt craindre que l'effet n'en fût parfois trop rigoureux. Il faut prévoir et l'on doit préparer un milieu social où la conscience publique sera beaucoup plus éveillée, beaucoup plus exigeante et moins facile à distraire qu'elle ne l'est parmi nous. Servie et guidée à la fois par une élite spirituelle, elle sera une magistrature puissante et redoutable aux contempteurs de la morale humaine et du devoir social.

Songez que la réprobation publique peut aller dans les cas extrêmes jusqu'à une sorte d'*excommunication sociale* (Auguste Comte). Or, même sans revêtir ce dernier caractère, elle irait jusqu'à déterminer sans les ordonner de libres refus de concours. Ces refus de concours seraient susceptibles de toutes les modalités et de toutes les extensions dont, par exemple, les grèves d'aujourd'hui ne sauraient donner qu'une très imparfaite idée. Auguste Comte en a si bien mesuré les conséquences possibles qu'il a insisté dans des pages caractéristiques sur l'extrême prudence avec laquelle le pouvoir spirituel devrait appliquer ses plus graves sanctions. Il comptait d'ailleurs sur le contrôle d'un public libre et de mieux en mieux éclairé pour en prévenir ou en réfréner l'abus.

D'ailleurs, à l'égard des conflits sociaux comme des conflits internationaux, le futur pouvoir spirituel s'attachera surtout, en combinant le conseil et le jugement, à les éviter ou du moins à en procurer des solutions pacifiques. Son honneur sera de faire accepter et désirer les *consultations*, les *médiations* et les *arbitrages* appropriés à cette fin. Il sera ainsi l'agent par excellence de la paix, de la sympathie et du concours volontaire non seulement entre les hommes, mais entre les peuples, comme il sera l'agent supérieur de leur éducation et de leur perfectionnement.

Pour remplir tout son ministère il est clair que, tout en affermissant le patriotisme chez les peuples, il prendra le caractère international et constituera une opinion publique également internationale sans cesser d'être civique. Ce sera la grande Église humaine.

Nous réservons pour ce que nous aurons à dire du *culte positif* en terminant cette étude une courte indication de ce que serait le jugement spirituel des morts. C'est alors aussi que nous expliquerons en quoi consiste d'après Auguste Comte l'office de *consécration* attribué au pouvoir spirituel.

Auparavant, après avoir esquissé la fonction du pouvoir spirituel futur, essayons de nous représenter l'organe.

V

D'un sacerdoce philosophique.

Auguste Comte nous a présenté au 4me volume de la *Politique positive* un tableau du *sacerdoce* futur. Il y a marqué une fois de plus cette passion de l'ordre, ce goût très vif de la précision qu'il apportait en toutes choses. C'est un projet dont le dessin est poussé jusque dans le détail. Les supputations numériques n'y sont pas négligées.

Il en est qu'un tel souci fait sourire. D'autres y voient un manquement à la méthode positive et s'en montrent scandalisés. Nous pensons que les uns et les autres se méprennent.

Comte connaissait à merveille les conditions et les bornes de la prévision en sociologie. La sociologie ne serait pas une science positive si elle ne comportait aucune prévision. Mais, à mesure que l'on s'élève des sciences inférieures aux supérieures, la prévision est de moins en moins susceptible de se *préciser* et de se *particulariser*. La raison en est qu'avec la complication croissante des phénomènes la distance de l'abstrait au concret augmente et aussi la difficulté du passage de l'un à l'autre.

Jamais on ne pourra prévoir un événement *particulier* de l'histoire future ni *les détails de structure et de fonctionnement* d'une institution dans l'avenir comme on prévoit la date et la durée d'une éclipse ou la figure que nous montreront à tel moment dans telle région du ciel les positions mutuelles de trois astres donnés. Le lieu, l'époque, la forme d'un phénomène social, les variétés de mise en œuvre d'une fonction sociale dépendent d'un trop grand nombre de conditions cosmologiques, biologiques, sociologiques et morales pour que l'on songe raisonnablement à les déterminer longtemps à l'avance avec une minutieuse rigueur. Ce qu'il est légitime de chercher à prévoir dans le domaine social, ce sont les faits généraux, le sens plutôt que la vitesse d'une évolution, l'ascendance ou la dégression de certains facteurs, les convergences ou les divergences de certains mouvements, le dessin en quelque sorte abstrait d'une institution plutôt que l'image concrète de sa figure.

Mais, à côté et en sens inverse de la *prévisibilité* des phénomènes, il est permis de considérer leur *modificabilité*. Or la même raison qui rend la prévision des phénomènes supérieurs plus difficile que celle des inférieurs en facilite entre certaines limites la modification. Cette raison est leur complication plus grande.

Comment agissons-nous, comment surtout agirons-nous dans l'avenir sur les faits sociaux ? D'après nos idées sous l'impulsion de nos besoins. Et le rôle des besoins moraux comme celui des idées générales ne cessera pas de grandir. Le développement des uns et des autres étant régi par les lois de l'esprit humain et de la civilisation, le progrès, en devenant plus conscient et plus systématique, ne deviendra pas arbitraire pour cela. Voilà ce qu'il ne faut pas oublier quand on apprécie la partie de l'œuvre de Comte où il a entrepris le passage de la *science* sociale ou morale à l'*art* social ou moral. On jugera mieux, par exemple, ses constructions politiques et religieuses du 4me volume de la *Politique positive*, si l'on veut admettre qu'aux *prévisions* du *savant* philosophe s'y ajoutent les *directions* données par le *novateur* pour guider l'action modificatrice et organisatrice de ses successeurs.

Bien qu'elles soient loin d'être achevées, la sociologie et la morale théorique ont été assez constituées par lui d'après l'ensemble du passé humain pour qu'il pût en dégager les principes généraux, les méthodes et l'idéal relatif propres à éclairer et motiver cette action sous la réserve des compléments ou des rectifications que comporteront soit les progrès ultérieurs de la science abstraite, soit la considération pratique de la réalité concrète à modifier et à régler.

Cette double réserve a toujours été sous-entendue par Auguste Comte ; et il a même pris la peine de nous avertir explicitement que certaines précisions avaient surtout dans sa pensée l'utilité logique et morale qu'elles tireraient du pouvoir qu'ont les nombres et les images, même s'ils ne doivent pas être exactement réalisés, de donner aux idées et aux sentiments une grande consistance et une grande force d'impulsion.

Il est déjà constant que l'organisation du nouveau pouvoir spirituel ne sera pas aussi rapide que l'avait espéré Comte. Sera-t-elle dans toutes ses parties et sous tous ses aspects particuliers tout à fait telle qu'il l'a décrite ? La question ne présente ni un intérêt théorique de premier ordre, ni un intérêt pratique immédiat.

Nous pouvons donc nous borner à présumer les caractères généraux d'un sacerdoce positiviste et les traits essentiels de son organisation.

Il faudra distinguer le sacerdoce de ses collaborateurs volontaires.

Le sacerdoce même de l'Humanité sera une libre corporation de philosophes. L'accès en sera difficile. Comme il est nécessaire qu'il soit à tous égards une élite, les conditions intellectuelles et morales d'admission seront sévères.

Ceux qui aspireront à en faire partie auront à justifier d'une culture supérieure de l'esprit et avant tout d'une préparation scientifique complète. Il s'agit de science liée, encyclopédique, philosophique, et non de science dispersive et spécialisée à outrance. L'interprète de notre doctrine sera sérieusement instruit de chacune des sciences positives et au courant de tous ses progrès sans se laisser absorber par l'étude exclusive d'aucune d'elles. Il n'importera guère que le chef même du pouvoir spirituel soit le premier mathématicien ou le plus grand chimiste de son temps. Il pourra être dépassé dans un département quelconque du domaine scientifique. Ce qui importera, c'est que tout membre du sacerdoce positif ait une compétence suffisante en chacune des parties du savoir abstrait et qu'il ait sans cesse présentes à l'esprit leur liaison et leur destination commune. Sans jamais méconnaître la dépendance objective des supérieures envers les inférieures, il s'attachera sans relâche à faire prévaloir la subordination subjective des inférieures aux supérieures et finalement à la morale.

Nos philosophes seront en même temps des prêtres, puisqu'ils accepteront la charge d'élever les générations, de conseiller et de juger les hommes, de consacrer au nom de l'Humanité les événements importants et les grands actes de la vie. Ce seront des prêtres sans Dieu, sans pouvoir d'ouvrir à leur gré les portes du ciel ou de l'enfer. Les garanties morales à exiger d'eux n'en seront que plus rigoureuses. Leurs sentiments, leur caractère et leur conduite auront été l'objet d'une scrupuleuse enquête et soumis au crible de l'âge, d'un stage déterminé, d'épreuves appropriées.

On sait comment la liberté sera respectée par notre pouvoir spirituel, qui agira sans jamais commander, ni contraindre, ni frapper. C'est encore la liberté qui réglera la formation et le recrutement de notre sacerdoce.

On ne crée pas l'autorité dans l'ordre spirituel. On la constate, on la dégage là où elle préexiste au moins en puissance. L'autorité spirituelle est l'effet de la confiance qu'un homme inspire à d'autres hommes par sa compétence et par son caractère éprouvés. Pareille confiance ne vaut que si elle est librement donnée et maintenue. Aucune investiture ne saurait compenser son absence.

Il n'en faut néanmoins pas conclure que l'existence de notre sacerdoce n'appellera pas des investitures à donner et à recevoir. Le pouvoir spirituel, avons-nous dit, est un gouvernement moral. Il n'y a pas de gouvernement sans une organisation permanente et sans une hiérarchie. Si l'on refuse à notre pouvoir spirituel l'organisation et la hiérarchie, on lui refuse l'unité et la continuité d'action dont il aura d'autant plus besoin qu'il sera privé d'armes matérielles. Il ne faudra que prendre garde de compliquer trop l'organisation ou de multiplier inutilement les degrés de la hiérarchie. Evitons le mandarinat.

La formation première et le recrutement ultérieur de notre corporation de philosophes ne s'entendent guère sans mission conférée par un maître à des disciples, par un premier disciple à d'autres, par un supérieur à des associés volontairement subordonnés. Sans doute, répétons-le, une semblable investiture ne créera pas l'autorité morale dans l'organe choisi : mais elle consacrera et souvent révèlera au public, peut-être au titulaire, les conditions préexistantes de cette autorité là où le public ne les aurait pas spontanément découvertes. Dans tous les cas elle la confirmera et l'accroîtra en régularisant sa destination et en la rattachant, ce qui importe beaucoup, au plan général du gouvernement spirituel. De plus cette investiture la fortifiera singulièrement de toute l'autorité du supérieur, de la doctrine commune, du corps et, à mesure que le temps s'écoulera, de la tradition au nom desquels elle sera donnée.

Le choix ira du supérieur à l'inférieur, ce qui est normal. Mais la liberté de celui qui choisit n'aura d'égale que la liberté de celui qui est choisi et accepte avec la mission offerte la direction d'un chef. C'est comme une élection mutuelle qui forme cependant une hiérarchie. Tant que le lien subsistera, son caractère hiérarchique, la subordination rationnelle et la discipline volontaire qu'il implique devront être entièrement observés. Mais il pourra être dénoué en tout état de cause, avec les ménagements et formes convenables, par un acte libre du chef de notre pouvoir spirituel ou du membre associé, sous la responsabilité de l'un ou de l'autre devant l'opinion.

Le sacerdoce philosophique sera homogène, mais de l'homogénéité relative et souple qui convient à une institution positiviste. Sa cohésion lui viendra de la communauté des bases scientifiques, des idées directrices et du but, de l'accord sur les règles générales de la conduite, de la force des traditions et du lien moral qui uniront chacun de ses membres aux autres et tous à un chef vénéré. Il ne connaîtra pas l'obsession de cette minutieuse et rigide orthodoxie dont seules les disciplines théologiques ont besoin pour se maintenir. Il suffira, mais il faudra qu'il possède l'unité dogmatique au degré que suppose l'unité permanente d'action.

Ses membres seront une élite, une élite morale avant tout. Ils ne se borneront pas à enseigner la vie pour autrui et au grand jour. Leur devoir et leur honneur seront d'en offrir le modèle le moins imparfait qu'il soit permis aux hommes de réaliser. Donc rien chez eux ni des claustrations monacales, ni des règles mystiques, ni des vœux extra-sociaux. Il mèneront l'existence commune ; ils ne s'affranchiront d'aucun lien civique ou de famille. Auguste Comte veut que le prêtre de l'Humanité soit ou ait été marié pour connaître la plénitude de la vie affective.

La hiérarchie de notre corps de philosophes évitera les complications superflues qui l'alourdiraient. Mais elle se concentrera d'autant mieux en un chef. Peu importe le titre qui lui sera conféré dans le langage des hommes. L'essentiel est qu'il soit, par sa position comme par son caractère, assez indépendant et impartial pour parler avec autorité au nom de tous à tous.

Le principe de la séparation du spirituel et du temporel recevra son entière application.

Le sacerdoce de l'Humanité sera indépendant des pouvoirs politiques dans son organisation et dans son fonctionnement. Il respectera sincèrement leur propre indépendance à son tour.

Par dessus tout il s'interdira *toujours* non seulement de solliciter mais d'accepter le secours de leur force pour sa foi. « Afin de compléter la purification du sacerdoce, dit
« Comte, il faut aussi l'empêcher d'opprimer aucune doc-
« trine contraire à la sienne. C'est pourquoi le régime
« positif exigera toujours une pleine liberté d'exposition et
« même de discussion, comme il convient à des dogmes
« constamment démontrables. » (*Catéchisme positiviste — 10ᵐᵉ entretien*).

La limite séparative des deux pouvoirs sera une barrière pour le sacerdoce philosophique autant qu'une garantie.

Tant qu'il en sera à l'âge d'incubation ou de croissance il n'aura pas grand mérite à être sage. Mais il manquerait à l'un des principes fondamentaux de notre doctrine et à sa raison d'être si, au jour de sa majorité et du triomphe, il avait quelques velléités d'usurpation. Ces velléités seraient bien vite réfrénées par l'opinion publique, sans le concours de laquelle le pouvoir spirituel n'existe pas, et les pouvoirs politiques sauraient les repousser victorieusement. Aucun empiétement de l'autorité spirituelle sur le gouvernement civil et les libertés publiques ne serait tolérable ni toléré. Disons mieux : le jour où une telle autorité, fondée exclusivement sur la science et l'amour pour fortifier et améliorer l'ordre humain, tendrait à dégénérer en instrument d'oppression pseudo-théocratique ou démagogique, elle s'abîmerait dans la plus invraisemblable des contradictions. Ce serait le suicide.

Citoyens, les hommes par qui s'exercera le nouveau pouvoir spirituel devront donner l'exemple, individuellement et collectivement, de se soumettre aux lois qu'ils désapprouveront jusqu'à ce qu'elles aient été changées. A l'égard des autorités légales ils ne déduiront pas de l'obligation éventuelle de blâmer le droit de désobéir. En outre, sous peine de voir leur action morale suspectée et leurs sanctions morales sans effet, *telum imbelle sine ictu*, les ministres de la religion positive s'interdiront, même au titre personnel, toute fonction de l'ordre politique ou industriel, toute ambition temporelle ou économique.

Auguste Comte leur prescrit encore la renonciation volontaire aux héritages. Cette règle est prudente. Le fondateur du positivisme s'est inspiré en la traçant des leçons de l'histoire. Est-ce que la richesse n'avait pas été pour l'Église catholique une cause de corruption, de désordre et enfin de désaffection? Le clergé romain commit la double faute de s'alléger des liens de famille et de s'enchaîner au poids mort de l'argent.

En retour, les organes du pouvoir spirituel auront droit à l'entière liberté dont ils ne peuvent se passer. Sans elle comment rempliraient-ils leur office, tout leur office?

Même à l'égard des particuliers et dans l'ordre des devoirs qu'on appelle privés, les enseignements, les conseils, les jugements émanés d'hommes qu'un pouvoir matériel tient sous sa dépendance n'ont pas, il s'en faut de beaucoup, cette plénitude d'autorité morale sans laquelle ils ne sauraient porter tous leurs fruits. Mais, si, réclamant une discipline morale, des directions morales, des freins moraux pour les grands plus encore que pour les petits, pour les riches plus encore que pour les pauvres, pour les forts plus encore que pour les faibles, pour les collectivités aussi, pour les puissances financières et politiques et pour les nations elles-mêmes, nous admettons la nécessité d'un organe adéquat à une pareille fonction, comment concevoir qu'un tel organe soit lié et subordonné à ces pouvoirs de toute espèce qu'il aura justement à contrôler, à inspirer, à juger?

Le règlement de toutes les forces sociales par une opinion publique puissante et réglée elle-même n'est pas possible sans la séparation des deux pouvoirs. Ce principe veut que le pouvoir politique n'empiète pas sur les fonctions de l'ordre spirituel. Nous ne saurions traiter comme en passant la question, pour laquelle il faudrait un volume, des attributions normales de *l'État*, que l'on confond trop souvent encore avec la *société*. Elle n'entre pas dans le cadre de cette étude. On sait d'ailleurs que les positivistes acceptent ou demandent pour le gouvernement temporel des extensions de pouvoirs qui scandalisent les économistes et poursuivent en sens inverse des restrictions contraires à certains préjugés démocratiques. Mais dans ce dernier cas ils tiennent compte des tempéraments réclamés par une époque de crise que caractérisent l'interrègne spirituel et dans quelques pays la lutte défensive de la société civile contre la politique théocratique d'une église.

S'il tombe sous le sens que notre corporation de philosophes ferait faillite à sa mission dès qu'elle serait à la merci des puissances mêmes sur lesquelles s'étendra sa juridiction morale, sa juste indépendance à l'égard du pouvoir politique ne sera pas moins commandée par le caractère international de son office et par suite de son organisation. De plus en plus les initiatives à promouvoir et guider, les forces économiques à modérer, *trusts*, fédérations ouvrières et autres, les problèmes à résoudre, les conflits à pacifier, les concours à obtenir déborderont les frontières politiques. C'est donc l'évidence même que la subordination du ministère spirituel aux gouvernements politiques, nationaux par définition et par devoir, paralyserait son action et ruinerait son autorité.

C'est d'une opinion publique non plus seulement nationale, mais européenne d'abord et même européo-américaine, puis progressivement planétaire que le sacerdoce scientifique sera l'organe. C'est en s'appuyant sur une telle puissance morale qu'il sera en mesure de rappeler aux peuples civilisés et à leurs gouvernements leurs devoirs mutuels et leurs obligations communes envers les populations attardées. Il agira comme conseil, comme censeur ou comme arbitre grâce aux convictions et aux sentiments qu'il aura développés comme éducateur. Qui peut dire quels abus de la force, quelles violations de la justice, quelles guerres sanglantes et quels outrages à l'humanité nous auraient été épargnés si une telle autorité morale avait été constituée de notre temps! Mais qui ne voit qu'elle postule une entière liberté spirituelle et la séparation des deux pouvoirs?

Elle postule aussi une organisation internationale du

sacerdoce positif, laquelle ne devra ni porter ombrage aux gouvernements, ni inquiéter le patriotisme des peuples ; car elle associera des philosophes qui ne se réclameront d'aucune investiture supra-humaine, qui s'offriront toujours à la libre discussion, qui se refuseront toute usurpation et toute ambition temporelles, que d'ailleurs l'opinion publique, leur seul appui, serait prompte à réprimer avec efficacité. Ces philosophes ne cesseront jamais d'être des citoyens de leurs pays respectifs sous peine de contradiction flagrante et de discrédit, puisque la pratique des devoirs civiques et le culte de la Patrie sont parties intégrantes et nécessaires de la religion de l'Humanité.

Il faudra bien que l'existence de ces philosophes-prêtres et de leurs familles et les dépenses inhérentes à leur office soient suffisamment et décemment assurées. Or Comte les engage à se soustraire, au titre individuel, aux séductions de la fortune. Il leur défend de faire marchandise à leur profit personnel de leurs leçons, de leurs écrits, des divers actes de leur ministère. Il ne veut pas davantage qu'ils reconstituent au titre collectif une nouvelle mainmorte. Alors comment devra-t-il être pourvu à leur entretien et aux frais de leur ministère ?

Par de libres subsides provenant de toutes les classes de la société et de tous les pays.

Auguste Comte admet cependant que, le jour où les convictions et les mœurs positivistes seront devenues communes à toute l'humanité de civilisation occidentale, où la nouvelle foi aura définitivement triomphé dans les esprits et dans la pratique, les chefs économiques de chaque république sociocratique qui en formeront le gouvernement temporel devront assumer la charge de payer les dépenses personnelles et matérielles du sacerdoce positif au nom et pour le compte de la communauté, comme dépenses publiques. Nous estimons que même alors les allocations des gouvernants, comme la contribution des gouvernés, reconnues moralement obligatoires, devront rester légalement facultatives ; et nous voulons que même alors, quand les chefs refuseront l'accomplissement de leur office financier envers le pouvoir spirituel, ou y mettront des conditions inacceptables, le recours soit toujours ouvert aux cotisations populaires directement sollicitées.

Est-ce que le sacerdoce de l'Humanité ne sera composé que de saints? Est-ce qu'il ne péchera jamais par défaillance ou par excès? Est-ce qu'il ne s'y glissera jamais de membres insuffisants ou indignes? Il n'y faut pas compter. Mais le correctif sera près du mal. Les fautes ou les abus individuels qui ne tomberont pas sous le coup de la loi pénale seront justiciables de la hiérarchie spirituelle elle-même. Les aberrations collectives trouveront le frein et l'obstacle dans l'éducation de l'esprit public, dans la plus large liberté de discussion, garantie par les pouvoirs politiques, et dans l'indépendance assurée de ces derniers. Prévoyant le pire, Auguste Comte a écrit : « Mais la déviation
« du chef, appuyée de tout le corps, ne laisserait d'autre
« remède que le refus de concours, toujours efficace envers
« un sacerdoce qui, ne pouvant invoquer que la conscience
« et l'opinion, succombe quand elles se dirigent contre lui.
« Le patriciat — (*c'est-à-dire les chefs industriels*) — le ré-
« frénerait assez en suspendant son subside, qui, dans les
« cas graves, ne serait point remplacé par les souscriptions
« populaires, à moins d'un fanatisme peu compatible avec
« la foi positive.... » (*Politique positive*. Tome IV, chapitre 4).

A l'exemple des mathématiciens, nous avons supposé le problème résolu, soit notre pouvoir spirituel organisé. Nous ne nous faisons pas d'illusions. Ce n'est pas du jour au lendemain qu'il s'organisera. Une fois organisé, il lui faudra du temps pour étendre et généraliser son action. Combien de temps? Nous ne savons. Cela dépendra de bien des circonstances. Cela dépendra aussi de la bonne volonté, de l'effort et de la valeur des hommes.

Les disciples fidèles à la tradition philosophique et religieuse d'Auguste Comte sont répandus dans l'Occident. Leur foyer central est, d'un commun accord, à Paris, métropole spirituelle des positivistes du monde entier. Ils sont modestes comme individus et comme groupement. Leur nombre n'est pas considérable et leurs ressources sont faibles. Ils n'ont aucune prétention à pontifier. Et cependant ils se considèrent comme les dépositaires d'un legs précieux et d'une grande espérance.

Ils ne se piquent ni d'omniscience, ni d'infaillibilité. Ils ne s'attribuent aucun privilège d'institution. Leur fidélité est profondément vénérante : elle n'est point idolâtre ni superstitieuse. Scientifiquement motivée, elle reste ouverte à la science, mais toujours inspirée par l'amour pour le service de l'Humanité.

Si modestes qu'ils soient et si peu de bruit qu'ils fassent dans le monde, ces disciples estiment qu'à eux incombe le devoir de préparer aujourd'hui et de faire surgir demain le pouvoir spirituel nouveau.

Dès aujourd'hui ils doivent s'efforcer d'en donner l'avant-goût par la valeur de leur enseignement, de leurs conseils, de leurs appréciations, de leur culture morale, par la sagesse et l'opportunité de leurs manifestations publiques.

L'enseignement a pour eux une importance capitale. Nous n'entendons pas seulement l'enseignement que les positivistes donneront de plus en plus aux autres, mais encore celui qu'ils doivent se donner mutuellement, afin de dégager d'entre eux le plus tôt possible un nombre suffisant d'hommes qui ne soient pas trop éloignés du type d'éducateur complet conçu par Auguste Comte et si difficile à réaliser dans les conditions actuelles.

Ce serait le premier noyau du nouveau sacerdoce.

Pour être plus exact, il faut dire qu'Auguste Comte a lui-même fourni par anticipation en sa personne un exemplaire de son propre type sacerdotal. Après lui ses successeurs, même quand ils se sont appelés Pierre Laffitte, se sont soigneusement abstenus de prendre un titre retentissant. Mais un embryon d'organisation morale et un commencement de continuité intellectuelle se sont manifestés en un siège précis, grâce auxquels on peut admettre que depuis Auguste Comte le sacerdoce futur n'a pas cessé d'exister en puissance.

Il reste une œuvre patiente de recrutement et de préparation à poursuivre par l'enseignement (surtout sociologique et moral), par l'éducation sous toutes les formes, par la propagande, par l'apostolat, par l'action féminine. Ce travail doit s'accomplir dans les milieux les plus divers, sans exclusion d'aucune condition sociale. Les recrues peuvent venir de toutes les classes. Plus elles seront nombreuses et mieux se fera parmi elles la sélection d'où sortiront les organes de direction spirituelle.

Ceux-ci émergeront peu à peu de différentes catégories. Nous pensons, par exemple, aux philosophes émancipés mais désabusés d'une critique purement négative, aux savants qui joignent au véritable esprit scientifique le sentiment social, aux écrivains et aux artistes auxquels la culture philosophique n'est pas plus étrangère que le souci de la destinée humaine, à une élite de prolétaires avides de savoir positif et d'action morale.

Nous pensons spécialement aux professeurs et aux médecins, à ceux surtout qui, avec le vif sentiment de leur responsabilité, ont gardé le culte des idées générales. Nous attendons d'eux un concours progressif.

A l'aide des meilleurs d'entre ces divers éléments, à la condition que l'on sache ne point exiger, pendant longtemps encore, que les hommes soient complets, se constituera le nouveau sacerdoce destiné à devenir universel.

On n'attendra pas que chacune de ses recrues possède la totalité des aptitudes *sacerdotales* pour l'utiliser dans telle ou telle partie du ministère spirituel. De même le corps n'attendra pas d'être ni très nombreux ni très puissamment organisé pour rendre d'importants services soit privés, soit publics. Bien avant la pleine lumière de midi l'aurore apporte aux hommes sa joie et sa douceur. Or c'est demain que pour nous l'aurore peut se lever.

La formation d'un nouveau pouvoir spirituel est à ce point dans la logique de l'histoire et répond tellement aux besoins de nos sociétés que des ébauches s'en pourront produire en plus d'un endroit simultanément et en dehors des disciples de Comte. Ils ne s'en étonneront ni ne s'en plaindront. Ils n'ont pris aucun brevet d'invention et ne se sont assuré aucun privilège de priorité.

Mais de deux choses l'une : si ces entreprises ne sont pas conduites par un esprit nettement positif et dans les voies organiques, elles échoueront après un temps plus ou moins long d'épreuve et même après des services partiels et provisoires ; si, au contraire, ces initiatives parallèles ont réellement le caractère positif et organique et tendent à instituer sous une forme quelconque la religion de l'Humanité, elles se rattacheront, par la force des choses, plus ou moins vite et avec plus ou moins de précision, à la tradition librement acceptée de Comte, et la fusion des organismes émanés d'elles avec le groupement positiviste proprement dit, à la faveur de concessions et ménagements mutuels, ne sera qu'une question de temps. N'oublions pas toutefois que le pouvoir spirituel de l'avenir ne produira la plénitude de ses bienfaits que lorsqu'il aura réalisé sa propre unité et une virtuelle universalité.

Il conviendra du reste que, dans l'état normal aussi bien que dans l'âge de transition, les membres du sacerdoce positif proprement dit soient, toutes proportions gardées, peu nombreux. M. Charles Jeannolle en rappelait récemment les deux principales raisons [1]. Toutes les conditions intellectuelles et morales à remplir pour prétendre au titre de « prêtre de l'Humanité », ne seront jamais réunies que chez un petit nombre de personnes. D'autre part en régime industriel et scientifique le gouvernement temporel ou spirituel des sociétés ne doit pas absorber trop d'activités humaines.

Au demeurant, par sa nature, la discipline positive n'exigera pas ces légions de prêtres et de moines dont l'église catholique a éprouvé le besoin et l'embarras. Elle exclut la nécessité d'une ingérence étroite, journalière, indiscrète du prêtre dans la vie la plus intime des individus et des familles. Pour mieux dire, elle la contre-indique comme dangereuse. Car un tel excès aurait le double effet d'affai-

---

1. Voir « *Le Pouvoir spirituel* » par M. Jeannolle, dans la *Revue Occidentale* du 1er mai 1903.

blir chez les hommes le sentiment de la responsabilité personnelle et de compromettre par l'usure l'autorité d'un pouvoir d'opinion d'autant plus sûrement écouté qu'il bornera son intervention, même sollicitée, aux cas qui la réclameront réellement. Or l'éducation positiviste généralisée et le ministère moral exercé par la femme auront pour but et, nous l'espérons, pour résultat de réduire beaucoup la fréquence de ces cas en ce qui concerne les relations individuelles et domestiques.

Toutefois, réduit à son effectif normal et à sa hiérarchie propre, le sacerdoce philosophique ne suffirait pas dans l'avenir à ses tâches multiples, partout et toujours, s'il ne devait pas être secondé par des auxiliaires extérieurs.

Ces collaborateurs indépendants et volontaires seront spéciaux ou généraux.

Les collaborateurs spéciaux du sacerdoce positif, ce seront d'abord ces savants, ces écrivains, ces poètes, ces artistes qui pourront, en « nombre illimité », dit Auguste Comte (*Politique positive*. Tome IV, chapitre 4), se rattacher librement à lui. Il utilisera partiellement leurs services, s'ils lui paraissent remplir à un degré suffisant quelques-unes des qualités requises pour l'action spirituelle sans les remplir toutes, et il pourra un jour leur assurer une rémunération au titre de « pensionnaires » (*Id. ibid.*).

Bien d'autres auxiliaires spéciaux lui seront fournis par des professeurs, des instituteurs, des médecins qui, sans pouvoir être incorporés, seront assez assimilés pour concourir à une ou plusieurs parties du ministère. D'autres encore seront pris parmi des prolétaires d'élite, à qui de meilleures conditions sociales auront procuré la culture et les loisirs suffisants, d'autres enfin parmi les vieillards retraités de différentes catégories. Aux uns et aux autres le sacerdoce donnerait des délégations limitées, permanentes ou temporaires, toujours révocables, pour des services locaux d'apostolat, de prédication, d'enseignement, de consultation ou de culte, en réservant sa direction et son contrôle.

Quels seront ses auxiliaires généraux ? Les prolétaires et les femmes.

VI

Alliance des philosophes, des prolétaires et des femmes.

M. Anatole France, dans le très beau discours qu'il a prononcé devant le cercueil de Pierre Laffitte, a recommandé aux positivistes de ne pas laisser en souffrance et stérile cette pensée très chère en effet à son grand ami, qui l'avait trouvée dans l'héritage d'Auguste Comte : « Il est nécessaire de conclure l'alliance intime des philosophes et des prolétaires, l'union d'une grande pensée et d'une grande force. »

Les prolétaires de tous pays, urbains et ruraux, par leur masse croissante, par leur énergie, par leur relative disponibilité d'esprit, sont désignés pour former le fond de ce public dont les réactions collectives procurent à l'action spirituelle un complément utile toujours et souvent la sanction nécessaire.

Leur situation les intéresse plus que tous autres à la réforme des mœurs et à l'observation des devoirs sociaux. Leur sort dépendra en grande partie de ce qu'il entrera d'altruisme et de raison dans le fonctionnement des forces sociales. Il est lié au progrès des notions de solidarité et de dignité humaines hors de leurs rangs et aussi parmi eux. Hors de leurs rangs, c'est l'évidence même. Parmi eux, le respect mutuel et l'union sont les conditions indispensables de leur pouvoir. En étendant leur respect et leur sympathie avec le sentiment de la coopération et des devoirs qui en découlent aux autres éléments de l'existence sociale, ils ne serviront pas seulement la morale, ils serviront leur propre cause. Car moins que tous autres ils peuvent rêver de se tailler une prospérité particulière, indépendante de la prospérité commune.

Grâce à l'éducation positive, les prolétaires comprendront toujours mieux que, s'ils sont les plus intéressés au progrès, l'ordre ne leur importe pas moins. L'insécurité, l'insolidarité, l'absence de paix et de concours, la dissolution ou le relâchement des liens fondamentaux sont sans doute pour d'autres une cause d'appauvrissement, de trouble et de souffrance. Pour ceux qui supportent, sans compensation au moins temporaire, tout le poids du désordre humain, ces maux engendrent le chômage, la misère, les plus graves maladies physiques et l'extrême détresse morale, la mort.

Le prolétariat est donc l'allié naturel d'un pouvoir spirituel dont la fonction sera de moraliser toutes les forces matérielles pour le bien commun. Il sera l'allié toujours plus utile à mesure qu'il joindra la culture générale et les loisirs raisonnables, que les positivistes réclament pour lui, au privilège d'une moindre spécialisation de pensées et de sentiments qu'il tire de ses conditions de vie.

Ces mêmes conditions de vie le préparent à appuyer ceux qui s'emploieront systématiquement à faire entrer par la force de persuasion qui sera en eux le plus possible d'esprit de généralité et de générosité dans les institutions et dans les actions sociales.

Les solidarités dont le poids est porté pour lui au maximum lui donnent le besoin impérieux de collaborations internationales et d'une morale internationale. Comment ne suivrait-il pas les guides spirituels qui sauront susciter les unes et faire accepter l'autre?

L'insistance de Comte à souligner l'office général qu'il attribue aux prolétaires comme « auxiliaires décisifs des nouveaux philosophes » est notoire. Il observe même que
« les occupations journalières des prolétaires sont beaucoup
« plus favorables à l'exercice philosophique que celles des
« classes moyennes, parce qu'elles n'absorbent point assez
« pour empêcher des contemplations suivies, même pen-
« dant le travail pratique. Ce loisir mental est moralement
« facilité par l'absence naturelle de responsabilité ulté-
« rieure.... » (*Politique positive*. Discours préliminaire, 3e partie).

A plusieurs reprises, notre grand philosophe a exalté les impulsions généreuses qui sont entretenues parmi les por-

létaires « par d'actives sympathies involontairement résul-
« tées d'une expérience personnelle des maux inhérents à
« l'humanité » (*Id. ibid.*).

Il n'a négligé aucune occasion de préciser sa pensée sur leur « aptitude naturelle à devenir les auxiliaires indispen-
« sables du pouvoir spirituel pour son triple office d'ap-
« préciation, de conseil et même de préparation. » (*Id. ibid.*).

Cette aptitude est intellectuelle, car « sauf la classe philo-
« sophique, principal organe de l'esprit d'ensemble, aucune
« autre partie de la société moderne ne saurait être aussi
« disposée que les prolétaires à se tenir convenablement
« au point de vue général » (*Id. ibid.*). Elle est aussi sentimentale, car « leur supériorité est encore plus évidente
« quant au sentiment social, pour lequel ils doivent, d'or-
« dinaire, l'emporter même sur les vrais philosophes, dont
« les tendances trop abstraites gagneront beaucoup au con-
« tact journalier d'une noble spontanéité populaire » (*Id. ibid.*).

Cependant le pouvoir spirituel est aussi nécessaire au prolétariat que le prolétariat au pouvoir spirituel.

Les services qu'un pouvoir spirituel scientifique est appelé à rendre aux « travailleurs »[1] sont multiples.

L'enseignement est le premier de tous. Nous entendons, on le sait, l'initiation graduée et synthétique à l'ensemble du savoir positif, depuis l'arithmétique jusqu'à la morale, exempte de pédantisme comme de surmenage, mais suffisante pour former des esprits émancipés, renseignés et organiques, des volontés préparées pour le service conscient, sympathique et réglé de la société. Enseignement général, mieux adapté à faire des plus modestes « enfants du peuple » de vrais hommes et de bons citoyens que l'instruction actuelle des fils du « monde ». On n'a pas oublié comment il devra se combiner avec l'éducation des sentiments dans la famille, avec une indispensable culture esthé-

---

1. Le mot « travailleurs » est pris ici dans le sens spécial de la langue courante, mais les prolétaires savent à merveille qu'ils ne sont pas les seuls qui *travaillent*.

tique, et se concilier avec l'enseignement pratique ou l'apprentissage professionnel.

La détermination des buts positifs que se doivent proposer les prolétaires n'est pas un service de moindre importance. Ces buts sont assez difficiles à atteindre et réclament déjà un trop grand concours de patients efforts pour qu'on ne sache pas gré à ceux qui mettront les travailleurs en garde contre le gaspillage de temps et la déperdition de force qu'entraîne la poursuite des chimères.

Le sacerdoce philosophique appuiera de son autorité ascendante les justes revendications des prolétaires, envers qui il se montrera constamment sympathique et fraternel. Il sera le médiateur. Il ne marchandera jamais ses bons offices. Interprète d'une morale sociale qui proportionne les obligations et les responsabilités aux facultés, aux possessions et à tous les genres de force, il sera toujours prêt pour le rappel au devoir. Son intervention sera d'autant plus utile que, sans laisser douter de son indépendance et de sa fermeté, il ne se départira pas de l'équité, de la prudence et de la modération dont il aura besoin pour faire accepter des riches et des puissants son ministère éducateur, ses avis et, quand il le faudra, son arbitrage.

Ami des prolétaires, il ne sera jamais leur flatteur. C'est la vérité que l'on doit avant tout à ceux qu'on aime. Quand notre pouvoir spirituel estimera que les vues des ouvriers sont erronées, qu'ils font fausse route, que leurs prétentions sont illégitimes ou que leurs demandes, fondées en principe, sont socialement inopportunes, il le dira. Sans se lasser de proclamer et sanctionner les plus grands devoirs du capital, il ne se fera pas faute de répéter que le travail a lui aussi des devoirs certains envers la patrie et l'humanité.

Sans chercher à énerver l'action concertée des prolétaires pour la réalisation de la justice et de plus de bonheur, il les détournera résolument de la violence comme immorale et stérile. En outre, il n'encouragera point d'ordinaire dans leurs rangs les ambitions spéciales de l'ordre temporel, propres à compromettre ou diminuer leur aptitude et leur disponibilité d'esprit pour l'office commun d'appréciation morale, de contrôle civique et de propulsion sociale qu'Auguste Comte leur attribue essentiellement, — les nécessités transitoires et les exceptions étant réservées comme toujours.

L'alliance des philosophes et des prolétaires, « cette asso-
« ciation régénératrice, dit Auguste Comte, est surtout
« destinée à constituer enfin l'empire de l'opinion publique,
« que tous les pressentiments, instinctifs ou systématiques,
« s'accordent, depuis la fin du moyen âge, à concevoir
« comme le principal caractère du régime final de l'huma-
« nité. — Ce salutaire ascendant doit devenir le principal
« appui de la morale, non seulement sociale, mais aussi
« privée et même personnelle, parmi des populations où
« chacun sera de plus en plus poussé à vivre au grand
« jour, de manière à permettre au public le contrôle efficace
« de toute existence quelconque. » (*Auguste Comte*. Discours préliminaire. 3me partie).

Voilà qui suppose un prolétariat organisé. Son organisation professionnelle n'est pas en cause. Elle se développe chaque jour. Le pouvoir spirituel l'utilisera en la réglant moralement, afin qu'elle n'engendre pas d'immenses égoïsmes corporatifs en face d'autres égoïsmes formidables résultés de l'extension des *cartels* et des *trusts* capitalistes. Mais il favorisera parallèlement l'organisation de sociétés populaires *non professionnelles* qui seront un point d'appui indispensable à son action régulatrice. Ces sociétés, où se grouperont librement des hommes de tous les métiers sous l'impulsion du sentiment social et des besoins moraux, auront divers objets : la propagande, l'instruction mutuelle, la poursuite des réformes sociales, l'exercice des devoirs et du contrôle politiques, l'action proprement morale, soit intérieure soit extérieure, ou tout autre objet analogue. Dans leur sein, grâce au mode même de leur formation, prévaudront sans mélange les vues générales comme les aspirations largement civiques et humaines en harmonie avec les pensées et les directions des philosophes.

Elles seront ainsi le complément et le contrepoids nécessaires des groupements professionnels dans une organisation populaire capable d'assurer cette « réaction permanente de tous sur chacun » dont parle notre philosophe et sans laquelle il n'est pas de discipline morale.

Cette réaction sera susceptible des formes et des degrés les plus divers. Elle consistera dans tous les cas à associer les manifestations discrètes ou retentissantes de la conscience commune, plus avertie et plus puissante que jamais, à toutes les modalités du conseil et du jugement, de l'éloge et du blâme émanés du pouvoir spirituel accepté. On prévoit quels pourront être ses effets pratiques quand elle ira jusqu'au « refus de concours ». Ce refus de concours pourra varier de nature et d'étendue. Il sera, par exemple, économique ou politique, sans compter la suspension ou du moins la restriction de relations d'un autre ordre. S'il est économique, il impliquera aussi bien le refus de clientèle que le refus de travail. S'il est politique, le refus de suffrages n'est pas la seule forme pacifique et régulière qu'on en puisse entrevoir.

Le pouvoir spirituel aura le souci de convaincre le peuple que pour le bien public et dans son propre intérêt il ne doit user de cette sanction redoutable que comme dernier recours. L'usage en sera d'autant plus ennobli et rendu plus efficace qu'il sera plus rare et plus socialement motivé. Les graves manquements au devoir social pourront le provoquer dans les mœurs nouvelles avec une grande puissance d'extension et d'effet chez ceux-là même dont les intérêts particuliers ou corporatifs n'auront pas été lésés. Ce sera un progrès considérable. —

La ligue des philosophes et des femmes est un autre élément non moins indispensable de l'action morale dans le présent, de la société religieuse dans l'avenir.

Sans leur accord et leur collaboration nous n'entrevoyons ni le terme de la crise actuelle, ni l'épanouissement de l'ordre futur. C'est à leur conspiration libératrice et féconde que la religion de l'Humanité devra son avènement d'abord, plus tard sa pleine et durable efficacité.

L'attitude gardée jusqu'à ce jour par la masse des

femmes envers la simple *libre pensée* voltairienne n'est faite ni pour nous surprendre, ni pour nous décourager. Expliquée, elle nous est un enseignement et nous donne des motifs d'espérer.

La femme n'abandonne pas à l'homme le monopole de la pensée; mais elle est plus que lui un être de sentiment. Ses tendances intellectuelles sont conservatrices et empiriques. Les nouveautés la trouvent en général méfiante ou très circonspecte. Quand son goût, sa culture et ses loisirs la portent à la méditation, il est rare qu'elle ne subordonne pas l'abstrait au concret, la considération des idées à celle des êtres. Les besoins moraux dominent à ses yeux les besoins exclusivement logiques; et ce sont les conséquences morales ou les buts moraux qui lui servent de pierre de touche pour juger les doctrines nouvelles et les novateurs. Ces dispositions, innées en partie, en partie acquises, s'expliquent par l'organisation, l'histoire et la condition des femmes.

Ne soyez donc pas surpris si la pure *libre pensée* a rencontré chez la plupart d'entre elles des réfractaires. L'insuffisance de leur éducation et de leur instruction n'en est pas la seule cause.

Les priver au nom de la seule raison abstraite et par une critique même irréfutable des objets traditionnels de leur vénération et de leur culte, auxquels elles rattachent leurs affections, leur sécurité et leurs espérances, sans leur en proposer d'autres, n'est pas le moyen de toucher leur cœur. Or c'est d'ordinaire par le cœur que passe le chemin qui conduit à l'esprit quand on veut convertir les femmes. Au moins faut-il qu'on se soit assuré de la neutralité bienveillante du cœur.

La femme tient beaucoup à ses habitudes d'esprit comme à toutes ses habitudes. Elle ne nous pardonne de les déranger qui si nous lui permettons de les remplacer par des habitudes nouvelles et de substituer à la stabilité perdue une stabilité supérieure. L'émancipation pour elle-même ne suffit pas à la séduire; et la destruction, même justifiée, des anciennes croyances lui répugne, si elle ne doit pas aboutir à la construction d'un abri plus solide pour sa mentalité rebelle au vagabondage théorique.

Au surplus ce ne sont point des raisons dogmatiques qui retiennent la foule féminine dans le giron des antiques disciplines. Au fond les dogmes théologiques intéressent beaucoup moins les femmes qu'elles ne se l'imaginent de bonne foi. Le plus souvent elles n'en ont qu'une connaissance vague ou une conception hérétique à leur insu. Parmi les femmes catholiques, pour beaucoup d'entre elles le surnaturel chrétien prend la forme d'une sorte de polythéisme où domine la Mariolatrie et qui leur suffit comme cadre concret de leur sentimentalité et de leurs accoutumances religieuses, tandis que d'autres, plus nombreuses qu'on ne croit, en usent familièrement et sans malice avec l'orthodoxie, en prennent et en laissent et glissent vers un demi-protestantisme inconscient, qu'une approximative subordination à la hiérarchie ecclésiastique, la richesse des cérémonies et la régularité de quelques pratiques distinguent du protestantisme proprement dit en dehors des différences d'ordre social. Parmi les protestantes, combien nous en connaissons pour qui le christianisme n'est plus qu'un spiritualisme diffus, flottant autour d'une légende poétique, de plus en plus subtilisée, une formule historique de ralliement, une *raison sociale* pour leurs aspirations morales.

Mais la résistance des unes et des autres contre les assauts de la *libre pensée* négative est surtout motivée par la conviction qu'elle n'est pas apte à fonder assez les mœurs et à proposer un idéal assez haut à l'amour et à l'effort des hommes. En plus, les femmes, principalement les catholiques, la rendent responsable de l'affaiblissement des liens, des institutions, des freins, des disciplines qu'elles jugent tutélaires, nécessaires à la moralité commune, mais avant tout indispensables à leur propre sécurité et à leur bonheur. Elles lui font enfin grief de leur enlever sans compensation des satisfactions du cœur et de l'imagination dont elles ne peuvent pas se passer.

Or voici une doctrine qui, au nom même de la science

positive, restitue au sentiment sa place et son rôle. Observatrice de la réalité, elle nous montre l'activité humaine dépendante avant tout des affections et réduit en dernière analyse le problème humain à la subordination de l'égoïsme à l'altruisme, condition de tout perfectionnement et de tout bonheur véritable. Elle *affranchit* l'esprit plus radicalement que ne l'a fait aucune autre philosophie. Mais elle ne l'affranchit que pour le mieux *organiser*, et elle ne le veut mieux organisé que pour en faire le « ministre » clairvoyant et sûr du cœur. En un mot, la raison, entièrement libérée par elle, aura désormais pour destination suprême de travailler sous l'inspiration de l'amour au triomphe de l'amour.

Du plus haut objet de la connaissance scientifique la religion de l'Humanité fait un objet réel pour la piété des hommes.

Tel est le gage essentiel que le positivisme apporte aux femmes. Il leur en donne un autre en affichant et motivant, croyons-nous, la prétention de n'être le plus souvent que la systématisation et le développement du bon sens. En plus d'un cas ses solutions explicites se rapprochent plus de celles que le sens pratique et concret de la vie leur suggère implicitement que des vues systématiques des docteurs.

C'est dans l'ordre des devoirs et des liens sociaux, des institutions fondamentales, de celles surtout qui touchent à la famille, au mariage, à l'enfant, au sort des femmes elles-mêmes que celles-ci peuvent constater l'heureuse concordance entre leurs dispositions instinctivement conservatrices ou leur idéal spontané et les opinions positivistes en ce qu'elles maintiennent comme en ce qu'elles réforment. Leur sagesse empirique, leur besoin de stabilité, leur délicatesse et leur souci d'un meilleur avenir ne peuvent qu'y trouver à la fois les satisfactions légitimes et les rectifications acceptables.

La grande affaire est de leur faire comprendre que les règles et les disciplines auxquelles elles ont raison de tenir sont compromises chaque jour un peu plus par une fausse solidarité avec des croyances battues en brèche de toutes parts et des églises dont le crédit moral décline rapidement. Il en est plus d'une qui en ont le sentiment. Ce qu'il faut, c'est leur donner en sens inverse le sentiment que notre doctrine consolide et fortifie ce que le théologisme défend mal ou met en péril.

C'est déjà fait pour un certain nombre. Ce nombre grandira sous peu à mesure qu'on parlera mieux aux femmes le langage qu'elles ont le droit d'attendre. Nous en connaissons déjà plusieurs qui ont été frappées de ce que la morale positiviste présente de réalité, de solidité et de pureté supérieures. Elles ont été touchées en même temps par son aptitude à consacrer d'antiques devoirs et par tout ce qu'elle y ajoute de nouvelles exigences de sincérité, de justice, de bonté, par les responsabilités insoupçonnées qu'elle formule et par les délicatesses inédites qu'elle introduit dans la conscience, tandis qu'elle la purifie des calculs usuraires et des basses terreurs.

La femme est religieuse même quand elle est révolutionnaire. Elle a besoin d'aimer et de vénérer, de se lier à quelqu'un ou à quelque chose, de trouver la paix intérieure dans la pleine adhérence de son être à un plus grand être qui la puisse soutenir en toutes circonstances et qui lui demeure même quand elle a perdu tout le reste. Comment ne répondrait-elle pas à l'appel de celui qui a trouvé en partie dans les inspirations les plus profondes de son génie et de son propre cœur, en partie dans la pure tendresse d'une noble femme le nouveau trésor religieux qu'il apporte aux hommes en instituant le culte de l'Humanité, dont, à vrai dire, la conception était en germe dans ses premières pensées de jeunesse ? Comment les femmes, toujours mieux renseignées, n'en viendraient-elles pas à préférer ceux qui lui proposent une religion sans Dieu à ceux qui ne peuvent plus lui offrir en réalité qu'un Dieu sans religion ?

Quelle religion, quelle philosophie réclame pour la femme autant que le positivisme justice, respect, dévouement et confiance ? Laquelle fait d'elle plus exactement une *personne,* s'il est vrai qu'on est une personne dans la mesure où l'on oblige les autres et où l'on s'oblige soi-même, en proportion des responsabilités acceptées ?

La conscience positiviste se soulève à la pensée que trop souvent encore la femme est traitée comme un être exploitable, corvéable à merci ou comme un instrument de plaisir. Nous rêvons aussi mieux pour elle que l'assimilation dissimulée sous des formes élégantes à un animal doux et charmant, mais inférieur, à qui l'on prodigue des hommages sans conséquence ou une tendre et souriante indulgence comme à un grand enfant qu'elle ne cesserait jamais d'être. Nous ne sommes pas non plus de l'école qui la destine uniquement à orner notre vie et pas davantage de celle qui croirait avoir assez fait pour elle parce qu'elle aurait fait d'elle une idole complaisante envers qui les génuflexions dispenseraient des devoirs.

En revanche le bon sens des femmes nous saura gré de ne pas songer, sous prétexte d'égalité, à faire d'elles des contre-façons de l'homme, à tourner leur ambition vers le partage de toutes les corvées masculines, vers la conquête des dominations matérielles et les satisfactions de l'orgueil, de ne pas les égarer dans la confusion des devoirs et des responsabilités, de ne pas leur proposer comme idéal une transcendante indépendance aussi contraire à la nature féminine qu'aux possibilités sociales. Elles se rendent compte que les plus grandes exigences de pureté, les scrupules particuliers qui leur sont propres, la fixité des liens dans lesquels elles s'engagent et engagent l'homme, sont pour elles autant de défenses et autant d'éléments de force. Elles doivent nous approuver de n'en pas poursuivre l'affaiblissement qui n'affranchirait que les passions masculines.

Ouvrière irremplaçable des tâches familiales, modestes et hautes, qui exigent toutes les ressources de l'organisation et de l'âme féminines, providence morale de la société, la femme a besoin de voir consacrer mieux que par le passé l'ensemble des devoirs de chacun et de tous envers elle Le positivisme y pourvoit.

Au premier rang de ces devoirs les positivistes placent une éducation qui mette la femme à la hauteur de toutes ses fonctions. Du même coup ils poursuivent, par la similitude de culture philosophique et morale, la fin du divorce mental entre les deux sexes.

Quant au précepte « *l'homme doit nourrir la femme* », nos compagnes ne s'y méprendront pas. Elles n'y verront ni une menace pour leur liberté, ni l'ignorance de nécessités pratiques que le progrès social doit réduire graduellement, mais la formule du devoir masculin trop méconnu et la promesse de leur véritable affranchissement.

Sur ce sujet Auguste Comte est intarissable. Il s'y révèle d'une tendresse exquise comme lorsqu'il écrit à son cher disciple M. Audiffrent : « Je ne vois jamais une pauvre ou-
« vrière chargée d'un ignoble fardeau sans être tenté de
« lui enlever une corvée qui ne convient pas à son sexe... »
(*Lettre à M. Audiffrent* du 9 mars 1851).

Comment s'étonner du mot de Mme Austin, cette Anglaise de grande distinction qui disait à Auguste Comte en parlant de la question féminine : « Sur ce sujet il n'y a que vous » ?

Aussi les positivistes sont-ils en droit de compter beaucoup sur les femmes pour recevoir et propager la nouvelle foi et attendent beaucoup d'elles comme collaboratrices du futur pouvoir spirituel.

Cette collaboration sera générale ou spéciale.

Toutes les femmes seront appelées à être plus ou moins éducatrices, même celles que leur destinée exceptionnelle priverait durant toute la vie d'une famille propre. Comme telles, elles prêteront une assistance indispensable au sacerdoce philosophique. On sait que certaines parties de l'œuvre éducatrice leur seront exclusivement attribuées en ce qui concerne l'enfance. Mais pour tous les âges et dans toutes les situations elles seront les éducatrices par excellence des sentiments. Mère ou épouse sans enfants, fille, sœur, fiancée, amie, maîtresse de maison, la maison fût-elle réduite au plus humble logis de prolétaire, préposée hors de la famille à des tâches sociales en harmonie avec ses aptitudes, partout et toujours elle aura le moyen et le devoir d'agir sur le cœur des hommes pour y faire pénétrer quelque chose de sa propre tendresse et de sa propre pureté.

Ce serait tomber en d'inutiles redites que de répéter ce que nous avons dit précédemment, d'après Auguste Comte, du ministère généralisé de communicative sympathie, de contrôle modérateur, de perfectionnement moral qui incombe à la femme dans l'humanité nouvelle. Son rôle social a été caractérisé comme consistant surtout à corriger la force par l'amour dans toutes les relations humaines, depuis les rapports entre le père et les enfants au foyer domestique jusqu'à ceux qui peuvent se changer en conflits entre la richesse et le travail, entre toutes les puissances et toutes les faiblesses, entre les nations elles-mêmes.

Mais ce ministère de l'amour, pour être en même temps un ministère de justice et pour assister utilement le pouvoir spirituel aura besoin d'être assez renseigné, éclairé, guidé par les leçons de la sagesse humaine, du savoir positif. C'est donc une étroite réciprocité et une mutuelle dépendance de services qui fonderont et scelleront l'alliance des femmes et des philosophes pour les fins spirituelles qui leur seront communes. Mais les femmes laisseront volontairement au sacerdoce philosophique, sans renoncer au contrôle du sentiment, le *gouvernement* spirituel et les responsabilités qui lui appartiennent.

Pour le conseil et pour le jugement, elles lui seront d'incomparables auxiliaires. Souvent leur action intime, discrète et sûre, devançant la sienne, lui épargnera la nécessité d'intervenir. Souvent aussi elles fourniront à ses avis et à ses sentences le secours des armes morales dont elles ont le précieux privilège.

Pour l'action directe sur les hommes, elles tireront de leur cœur non pas « les raisons que la raison ne connaît pas », mais des ressources de persuasion, une force de suggestion altruiste, des secrets pour communiquer l'heureuse contagion de la bonté que le savant ne possède pas ou qu'il est moins habile à manier. A mesure que l'intelligence féminine sera mieux cultivée, elle introduira davantage dans les inspirations et les répugnances du sentiment comme dans celles d'une sagesse pratique qui se montra jusqu'ici plus d'une fois étroite une compréhension des choses et des hommes, une notion de la règle et de l'ordre général, un souci d'humanité et une préoccupation de beauté morale qui feront de plus en plus de la conscience active des femmes un instrument de discipline aussi puissant que délicat.

Sa force sera considérable dans l'action indirecte. On sait que nous entendons par là l'utilisation du milieu social pour modifier l'homme par les réactions et pressions morales de l'ambiance. Ces pressions et ces réactions ont prise sur nous non plus exclusivement par nos penchants altruistes et par notre raison, mais par d'autres éléments de notre nature et, avant tout, par le besoin que nous avons de la sympathie, de l'approbation, de l'estime des autres. C'est ainsi que l'amour-propre, le respect humain, le souci de la réputation, la crainte de déplaire aux personnes dont la mésestime est pour nous une souffrance quelquefois très vive, la peur d'encourir leur mépris ou l'impossibilité de le supporter longtemps sont des facteurs psychologiques dont le pouvoir spirituel doit tirer un très grand parti pour la discipline et la juridiction dont il a la charge.

La diversité des liens ou des relations que la vie établit entre l'homme et la femme offre à celle-ci une infinité d'occasions et de moyens d'appuyer ou de sanctionner le devoir. Très peu d'hommes sont assez disgraciés pour ne pas connaître au moins une femme dont la désapprobation et la désaffection leur sont particulièrement pénibles. Ce n'est pas seulement de l'estime des femmes, c'est aussi des différentes modalités de leur tendresse que nous avons besoin. L'éducation rendra ce double besoin de plus en plus profond et pur. Elle préparera de mieux en mieux les femmes à y répondre par de plus grandes exigences morales. Une plus grande liberté dans les rapports honnêtes entre les deux sexes, des mœurs plus sincères et plus sérieuses à la fois les disposeront et les armeront de telle façon pour l'exercice de leur magistrature morale qu'il deviendra périlleux d'en risquer les sévérités.

La famille d'abord, puis le salon, les relations sociales de tout ordre, la vie populaire, les camaraderies de la jeunesse comme les amitiés de l'âge mûr multiplieront les cas où la tendre louange, l'affectueuse approbation, les doux encouragements, voire l'applaudissement enthousiaste des femmes seront les récompenses enviées entre toutes, où leur blâme et leur éloignement seront la punition justement redoutée. Que serait-ce quand il faudrait mériter leur *amour* lui-même par des actions bonnes et courageuses, fussent-elles obscures, par de belles œuvres sociales, par des services rendus à la patrie, à la science, à l'humanité, et quand on tremblerait avec raison soit de le perdre par une conduite égoïste ou basse soit de ne l'obtenir jamais !

Le sacerdoce philosophique n'aurait pas dans son arsenal d'armes plus irrésistibles.

Outre la collaboration générale que toutes les femmes pourront lui fournir à des degrés divers et sous des formes variées, un certain nombre d'entre elles le seconderont utilement par l'accomplissement de tâches spéciales. On peut ainsi prévoir, comment, sous l'influence d'une éducation rationnelle et de conseils donnés avec autorité, celles qui, pour un temps ou durant toute la vie, assumeront l'exercice extérieur et régulier de fonctions pédagogiques ou médicales, d'offices déterminés d'assistance matérielle et morale mettront au service de l'action spirituelle, de la discipline et de l'amélioration morales leur labeur quotidien transfiguré en application particulière de leur *providence* générale.

Là sera, aux yeux du pouvoir spirituel, la meilleure utilisation sociale de la disponibilité qu'un célibat temporaire ou définitif laissera toujours, même quand d'autres mœurs auront prévalu, à un certain nombre de femmes majeures. La religion de l'Humanité se devra de résoudre mieux que par le couvent, — qui fut cependant une solution relative, en son temps, — le problème d'une destination particulière, d'un but précis et noble à offrir aux femmes dont le mariage est différé ou qui ne se marieront pas, ou que le mariage aura douloureusement déçues sans leur donner les consolations de la maternité, aux veuves sans enfants. Il faudra bien qu'en dehors des exigences pratiques de la vie matérielle que nous n'oublions pas, mais dont il a été parlé ailleurs, et sans porter atteinte à aucun des devoirs de famille qui peuvent subsister dans des cas semblables, on réussisse à mieux remplir la vie morale de ces femmes.

Les offices, depuis les plus modestes jusqu'aux plus élevés, qui permettent à la femme de se dépenser pour les petits, pour les souffrants et pour les misérables, pour les faibles et pour les abandonnés, pour les incapables et pour les déchus, les « maternités sociales », suivant une heureuse expression de M. Ferdinand Dreyfus, conviennent merveilleusement à sa nature. Son aptitude à y faire œuvre non seulement de charité, mais de culture morale, d'éducation, de consolation, d'amendement, de relèvement, et à provoquer, médiatrice écoutée, la fraternelle assistance des heureux de ce monde, sera systématiquement mise en valeur par notre pouvoir spirituel. Ces fonctions, qui peuvent se diversifier beaucoup, répondront autant que possible à la vocation morale des femmes dont nous venons de rappeler la situation spéciale.

Il est un autre genre de secours que les femmes prêteront aux philosophes à mesure que, grâce à leur instruction généralisée, elles entreront plus nombreuses et mieux préparées dans le public appelé à goûter les travaux de l'esprit. Leur tendance à mettre le savoir au service du perfectionnement humain sera un frein pour les débauches cérébrales et la mésusance du talent que le pouvoir spirituel jugera sévèrement.

Dans les lettres et dans l'art, la recherche croissante de leur suffrage nous apparaît comme une source d'ennoblissement et de progrès. Sans changer les poètes et les artistes en prédicateurs ou en pédagogues, sans leur imposer une sotte pruderie, elle avivera en eux le sentiment de la vertu éducative des productions esthétiques et de la responsabilité qui en dérive. Elle leur commandera un souci plus exigeant de propreté et de délicatesse nullement attentatoire à la vérité, ni exclusif de la fantaisie, et tout à fait profitable aux œuvres, qu'elle animera de cette grâce supérieure qui est le sourire de la bonté.

Donc les femmes aideront puissamment les philosophes comme agents de discipline morale. Elles ne pourront ni les remplacer, ni se passer d'eux. L'action féminine, en général plus spontanée que systématique et plus sentimentale qu'intellectuelle, dispersive par la force des choses, susceptible de défaillir et d'errer comme toute action humaine, aura toujours besoin de hautes directions scientifiques, de conseillers qui l'éclairent et la redressent, d'un gouvernement spirituel qui, ne cessant pas de rappeler l'ordre général et les fins communes, coordonne les efforts. C'est encore à cette autorité morale que les femmes auront recours pour être défendues contre l'impatience des forts dont elles irriteront l'égoïsme ou l'orgueil.

Les philosophes et les femmes sont nécessaires les uns aux autres.

C'est d'ailleurs par leur coopération et avec le concours des prolétaires que la foi scientifique s'épanouira en un culte nouveau.

VII

Pourquoi un culte?

La peur des mots est un terrible obstacle à a propagation des idées.

Les mots *religion* et *culte* inquiètent, troublent ou étonnent beaucoup d'émancipés, cependant sortis de la phase négative ou purement révolutionnaire. Ils accordent que, pour mettre fin à l'anarchie morale, une théorie morale ne suffit pas, qu'il y faut en outre une *organisation morale*. Il n'est point trop malaisé de leur faire admettre que cette organisation morale ne va pas sans un organe de coordination. Il est déjà plus difficile de leur faire accepter pour désigner un tel organe le terme de *pouvoir spirituel*. Quant à la nature même de l'organisation morale, on les amène à reconnaître qu'elle doit consister à régler et à rallier sans contrainte, à mettre le plus d'unité possible dans la vie intérieure et le plus d'union dans la vie sociale, à lier ces deux harmonies l'une à l'autre. Mais si l'on ajoute que ces harmonies solidaires, qui, pour être réelles, doivent comprendre les pensées, les sentiments et les volontés rattachés ensemble à un objet suprême et commun de savoir, d'amour et d'actif dévouement, constituent le *double lien* qu'il faut appeler *religion*, on se heurte à des préventions invétérées.

L'état religieux a été défini par Auguste Comte « l'état de
« complète unité qui distingue notre existence, à la fois
« personnelle et sociale, quand toutes ses parties, tant mo-
« rales que physiques, convergent habituellement vers une
« destination commune ». (*Catéchisme positiviste*. Premier entretien). Donc la religion implique nécessairement des convictions communes, la convergence des affections et la synergie des activités. Elle prend l'homme tout entier et surtout exige l'intime coopération de l'esprit et du cœur.
« Afin de constituer une harmonie durable, il faut, en effet,
« *lier* le dedans par l'amour et le *relier* au dehors par la
« foi... L'unité suppose, avant tout, un sentiment auquel
« nos divers penchants puissent se subordonner... Mais
« cette condition intérieure de l'unité ne suffirait pas si
« l'intelligence ne nous faisait reconnaître au dehors une
« puissance supérieure, à laquelle notre existence doive
« toujours se soumettre, même en la modifiant. » (Auguste Comte. — *Id. ibid.*).

Vainement toute l'œuvre d'Auguste Comte explique et démontre que cette « puissance supérieure » dont la connaissance, l'amour et le service nous doivent unir est l'Humanité, que l'objet de notre « foi » commune doit rester réel, relatif, vérifiable, que la « destination » commune qui nous est assignée est exclusivement terrestre et humaine et enfin que le mot *religion* est adéquat à cet ensemble de conceptions ; les hésitations subsistent même parmi des esprits éminemment sympathiques au positivisme. Elles auront un terme.

Il en sera de même des résistances que rencontre l'idée d'un « culte » positif.

De même que la religion, fait humain et social qui répond à un besoin permanent de l'espèce, est en soi distincte et indépendante des croyances longtemps bienfaisantes, désormais caduques, qui, après lui avoir servi d'appuis provisoires, rendent aujourd'hui son nom suspect aux libres esprits, il est permis de concevoir un culte dégagé de toute idolâtrie, de tout mysticisme, de toute pratique irrationnelle ou intéressée.

— Mais, nous dit-on, à quoi bon un culte? Qu'est-ce que votre culte? Quelles mômeries nouvelles, inédites ou plagiées, nous proposez-vous? Pourquoi un culte?

— Parce que le culte est éternel.

Chacun de nous fait à son heure et nous faisons souvent ensemble du culte, comme M. Jourdain de la prose, sans le savoir.

Vous saluez le drapeau qui passe; vous faites acte de culte. Vous vous levez et vous tenez debout pour écouter l'hymne national de votre pays; ce mouvement et cette attitude sont des formes de culte. Vous vous découvrez devant un cercueil; ce geste est cultuel. Vous portez régulièrement des fleurs sur une tombe; c'est du culte. Vous parez, haranguez, entourez, suivant vos moyens, d'un peu de poésie et d'art ces mariés que ne bénit aucun ministre du ciel; c'est du culte. Dans le logis exceptionnellement décoré vous revêtez des habits de fête pour souhaiter la bienvenue à l'enfant qui est né, pour célébrer un anniversaire de famille, pour honorer un aïeul chargé d'ans; c'est du culte. Seul devant l'image d'un être cher que la mort a ravi, devant les menus objets qu'il aimait, reliques du cœur, vous vous attardez dans l'évocation du souvenir; c'est du culte.

Dans l'ordre public, ces érections multipliées de bustes et de statues destinés à perpétuer l'image et à matérialiser l'enseignement d'un bienfaiteur local, d'un citoyen utile, d'un homme d'Etat, d'un philosophe, d'un savant, d'un artiste, d'un héros, d'un grand serviteur de l'Humanité, c'est encore du culte. Ces inaugurations motivées et solennelles de monuments élevés à la mémoire de soldats morts pour la patrie, de travailleurs victimes du devoir, ou en souvenir de quelque événement historique, ces consécrations d'édifices publics et d'œuvres d'utilité générale avec les rassemblements d'hommes et les manifestations esthétiques qui les accompagnent, c'est toujours du culte.

Voici une preuve entre autres que le besoin de culte est indépendant de toute croyance théologique, de tout théisme. Il n'est pas de peuple plus émancipé que le peuple de Paris, et il n'en est pas qui soit plus attaché au culte des morts et à la religion des cimetières.

« Qui nous donnera des fêtes? » — s'écriait Michelet. N'a-t-il pas lui-même marqué le caractère religieux, au sens purement humain du mot, de cette sublime *Fédération* du 14 juillet 1790? Il y voyait comme l'ébauche d'un culte nouveau, du culte combiné, sans contradiction, de la patrie et de la fraternité humaine.

La Révolution française, fille du XVIIIe siècle, a eu, au plus fort de la tourmente, le pressentiment que son œuvre ne serait achevée que par l'avènement d'une religion nouvelle. Ce n'est pas, on s'en doute, à l'entreprise rétrograde d'un culte de l'Être suprême, avec le bourreau comme premier ministre, que nous pensons. Mais cet essai d'un « culte de la Raison », malgré ses inévitables erreurs et les excès qui l'accompagnèrent, malgré la confusion du spirituel et du temporel dont il ne pouvait se dégager, ces fêtes décadaires, ces cérémonies civiques nous offrent plus d'un trait auxquels se reconnaît une tentative intéressante et suggestive.

La réalité nous montre le besoin de culte persistant, des pratiques anciennes qui subsistent, des pratiques nouvelles qui se répandent sans que le surnaturel ni la métaphysique y soient pour rien. Ici encore c'est de développer et de perfectionner la réalité qu'il s'agit.

Rappelons quelques notions élémentaires.

L'être humain n'est pas seulement raison pure. Il est cerveau et corps, sensation et mouvement, intelligence et affection, entendement et imagination, émotion, énergie et, de mille manières, joie et douleur. En cet organisme, la vie végétative, la vie de relation et l'activité interne des centres nerveux supérieurs se conditionnent ou se modifient mutuellement. A leur tour, les parties élémentaires de la vie cérébrale agissent et réagissent constamment les unes sur les autres et s'associent pour de multiples et toujours plus complexes combinaisons.

C'est pourquoi l'art moral doit, après s'être incorporé l'hygiène, se compléter par le culte.

Consentira-t-on à ne pas oublier que les moteurs essentiels de notre conduite sont nos affections? Ce sont elles qui, en dernière analyse, donnent l'impulsion à toute notre activité, y compris l'activité mentale. Le rôle de l'esprit est considérable : il renseigne, imagine et coordonne; il est l'instrument de la délibération sans laquelle le désir n'aboutit pas à la volonté; par lui enfin l'ordre extérieur exerce son indispensable action régulatrice sur le dedans. Mais il ne suffit pas, sans l'assistance des penchants, à déterminer un effort et des mouvements appréciables, et il ne fournit lui-même un labeur suivi que sous un stimulant affectif, comme il apparaît dans les deux phénomènes bien connus et corrélatifs de l'*attention* et de la *distraction*.

Donc pas de discipline morale sans une discipline directe des affections qui développe les altruistes et subordonne les égoïstes, sans une éducation des sentiments.

Il en est des affections comme de toutes les fonctions de la vie animale. On fortifie un penchant comme on développe un muscle ou comme on cultive un sens : par l'*exercice* régulier et progressif, sans surmenage. Si l'on appliquait à exercer la sympathie et la vénération la moitié de ce qui se dépense aujourd'hui inconsciemment d'ingéniosité pour surexciter la vanité humaine, le résultat serait déjà beau.

Or tout penchant peut être exercé soit par les *actes* mêmes qu'il tend à accomplir, s'ils sont assez répétés, soit par l'*expression* assez renouvelée du sentiment correspondant. Dès que le penchant parvient à la conscience, même confusément, avec aperception, fût-elle vague, de son objet, il devient, à proprement parler, sentiment. Nous considérons le sentiment comme toujours actif et non comme un état passif de l'âme. Le besoin de se traduire soit en acte, soit en manifestation, fût-elle secrète, lui est inhérent.

Mais les actes les plus propres à réaliser les fins d'un penchant altruiste ne sont pas toujours à notre disposition; ils dépendent de plus d'une condition extérieure. En outre ce penchant lui-même peut défaillir devant l'occasion favorable sous le choc des penchants contraires, parce qu'il n'aura pas été assez fortifié à l'avance par une culture appropriée. C'est à remplir les intervalles de l'action et à corriger par un entraînement préalable la faiblesse native des affections altruistes que doit pourvoir la culture des sentiments par leur expression même.

Il est d'observation courante que les mouvements, les gestes, les attitudes, les jeux de physionomie, les paroles, l'accent qui servent de *signes* spontanés à nos affections, s'ils remplissent les conditions de durée ou de fréquence convenables, réagissent sur ces affections elles-mêmes en augmentant leur force et leur consistance. La loi de l'*habitude* s'applique ici. La chose va de soi pour les signes de sentiments réels. Mais l'expérience nous enseigne même qu'en reproduisant artificiellement les signes de sentiments, de passions que nous n'éprouvons pas, nous pouvons ébaucher en nous pour un instant, quoique sans objet, des impulsions subjectives analogues. Froncez fortement vos sourcils, serrez les dents, crispez vos poings, et vous vous surprendrez presque en colère. Mettez de la douceur dans votre regard, souriez, prenez une attitude penchée d'une certaine façon et vous sentirez comme un souffle de vague tendresse traverser votre être. Cette constatation n'est nullement pour justifier l'hypocrisie, mais elle est instructive.

Les signes de nos sentiments sont infiniment variés. Il y en a de directs et d'indirects. Ce ne sont pas ces derniers qui agissent le moins. Telles sont les *images,* visuelles ou auditives, des objets qui ont éveillé en nous certaines émotions ou qui sont susceptibles de les provoquer. Telle est toute la menue monnaie des souvenirs qui nous rattachent à ces objets et qui s'extériorisent en toutes ces choses insignifiantes par elles-mêmes dont nos regrets ou nos espérances font autant de reliques. La contemplation ou la reproduction de ces images, le maniement de ces reliques entretiennent et exercent notre sensibilité.

Celle-ci est grandement influencée par les signes de la sensibilité d'autrui. Les gestes et les figures, les paroles et les chants, les rythmes et les arrangements qui expriment la sympathie et la vénération des autres, même avec le caractère impersonnel des œuvres d'art, nous disposent à être plus sympathiques et plus vénérants. C'est là une forme des phénomènes, qui sont loin d'être simples, de la *suggestion* et de l'*imitation*.

Certes, comme l'*action* altruiste est le mode d'exercice le plus efficace et le plus méritoire de notre propre sociabilité, de même l'*exemple* altruiste est le mode supérieur de transmission pour la sociabilité d'autrui. Disons-le bien haut : aucune pratique cultuelle n'égale une bonne action, ni un bon exemple. La culture des sentiments par l'expression ne dispense jamais des actes; seulement elle nous y prépare et nous les rend plus faciles.

C'est une vérité expérimentale que la force des émotions se multiplie en chacun par leurs mutuelles *communications*. Partout où se produisent des rassemblements d'hommes, dans une fête publique, dans une réunion populaire, dans un théâtre comme dans un temple, le fait se peut observer. Il prend un caractère religieux dès que les hommes sont réunis pour goûter des satisfactions supérieures et désintéressées, éminemment communicables. On sait quelles proportions peut prendre en pareil cas la contagion de l'attendrissement, de l'enthousiasme, de la générosité, de la piété humaine sous le charme subi en commun d'un spectacle, d'un poème, d'une symphonie ou seulement d'une parole grave et simple, mais jaillissant du cœur. L'impression sera plus forte encore pour peu que le cadre architectural et la decoration du lieu soient en harmonie avec les émotions communiquées.

On n'entre pas en communication avec les présents seuls, mais aussi avec les absents, avec les morts et avec les futurs. Rien n'accroît la valeur morale d'un spectacle, d'une audition, d'une cérémonie, d'un symbole comme le sentiment que bien d'autres groupes humains sur plusieurs points de la planète et des générations d'hommes avant et après nous sont, ont été et seront émus d'une manière analogue par le même spectacle, par la même audition, par la même cérémonie, par le même symbole.

Mais il faut, pour que leur vertu éducative soit complète, qu'en communiquant des émotions ils évoquent des pensées et que par des voies diverses ils unissent le cœur et l'esprit dans le sentiment de la solidarité, de la continuité, de la dignité humaines. Le culte doit toujours être un enseignement pour l'esprit en même temps qu'une gymnastique raisonnable du cœur.

En résumé, associer les émotions, les images et les signes aux idées pour perfectionner chacun de nous au profit des autres, utiliser également pour la culture morale et pour le ralliement des hommes ce qu'il y a d'indestructible dans le fétichisme du cœur et toutes les ressources de l'art, mettre à tous les degrés de la vie la poésie et la beauté au service du bien, voilà toute la philosophie du culte positiviste.

Quant aux formes, il faut laisser beaucoup à faire à l'inspiration des artistes, à la spontanéité populaire, à l'ingéniosité féminine et au temps. L'idéal n'est pas dans l'uniformité immobile et stricte, mais dans l'harmonie progressive des variétés. Le pouvoir spirituel de l'avenir n'en aura pas moins une tâche importante à remplir pour tracer des règles générales, maintenir des dispositions essentielles, remettre sans cesse en lumière l'esprit et la destination des différentes parties du culte et assurer par son autorité morale ainsi que par sa participation active les similitudes fondamentales et nécessaires. Le culte est une éducation, et il n'y a pas d'éducation sans habitudes.

Le rôle du sacerdoce philosophique sera d'ailleurs autant de modérer le zèle cultuel que de le stimuler. Deux écueils seront à éviter. Le premier est l'exagération, la trop grande fréquence et multiplicité, l'abus des pratiques et des cérémonies. Ici comme ailleurs il est un point au delà duquel l'exercice se change en surmenage et engendre la fatigue, à moins qu'il ne dégénère en automatisme inconscient. Or les sentiments s'affaiblissent par l'excès de fatigue comme toute autre fonction vitale et l'automatisme devient vite exclusif de toute émotion comme de toute pensée L'autre danger, c'est la tendance des caractères faibles à remplacer par les satisfactions plus faciles du culte celles que doit procurer l'action plus difficile et plus méritoire. Pour parer à celui-ci comme à celui-là il faut compter d'abord sur l'éducation positive, puis sur les nécessités de la vie dans une société de plus en plus laborieuse, sur le bon sens public, sur la sagesse toujours en éveil du pouvoir spirituel, qui saura, par exemple, trouver dans l'organisation même du culte des sanctions contre les défaillances de la volonté et l'inaccomplissement des devoirs pratiques.

Le pouvoir spirituel et le public ne perdront jamais de vue le but ultime de toute culture morale et de la religion positive, tel que l'a si nettement caractérisé Auguste Comte, quand il nous a invités à adorer l'Humanité « non pas « comme l'ancien Dieu, pour la complimenter..., mais afin « de la mieux servir en nous améliorant. Il importe, « ajoute-t-il, de rappeler ici cette destination normale du « culte positif, afin d'y prévenir ou corriger la dégénération « mystique à laquelle expose toujours une attention trop « exclusive aux sentiments, en disposant à négliger ou « même oublier les actes qu'ils doivent régir. » (*Catéchisme positiviste,* 5me *entretien.*)

Auguste Comte a distingué le culte personnel, le culte domestique et le culte public. Le premier s'exerce dans l'intimité du recueillement personnel. Le second comprend des manifestations très diverses depuis celles qui réunissent simplement les proches au foyer « sous le sacerdoce spontané du chef de famille » (*Catéchisme positiviste*, 6me entretien) jusqu'aux rites qui ont pour objet de lier les événements de la vie domestique à la vie sociale et qui nécessitent l'intervention d'un représentant du pouvoir spirituel. Le troisième se compose de toutes les cérémonies qui se rattachent directement à l'existence des cités, des nations et de l'Humanité elle-même. Entre les trois pas de frontières absolues, mais au contraire des transitions souvent insensibles.

Un des caractères essentiels du culte positif doit être la sincérité. Aussi le culte public n'acquerra-t-il toute sa valeur et ne sera-t-il bien défendu contre tout risque d'hypocrisie, de déclamation ou de formalisme artificiel que lorsqu'il aura été préparé par le culte personnel et par le culte domestique, qui assurent de bonne heure pour chacun, dans des conditions de spontanéité suffisante, l'éducation des sentiments. Toutefois, dans la période de transition, l'ordre historique ne sera pas toujours conforme à l'ordre normal; et, sur plus d'un point, notamment en France pour diverses raisons, beaucoup d'hommes accepteront certaines formes du culte public avant d'avoir assez pratiqué le culte privé. Il faudra se résigner, en l'utilisant, à cette inversion pour un temps partiellement inévitable, dont il appartiendra surtout à l'influence féminine de procurer le redressement graduel.

Si l'on considère la nature des manifestations cultuelles on peut discerner des *effusions*, des *commémorations*, des *consécrations*.

L'effusion est la *prière* positiviste. Elle ne sera jamais la supplique adressée à des puissances imaginaires pour obtenir d'elles une grâce ou pour fléchir leur courroux. Hommage désintéressé, tribut de respect, de reconnaissance et d'amour, élan gratuit du cœur, témoignage de foi, promesse de dévouement, elle nous mettra en communication de pensée, de sentiment et de volonté avec des êtres réels et ne leur demandera d'autre grâce que les nobles inspirations et la force de bien agir. Ces existences adorables ce sont les êtres collectifs toujours actuels, dont la vie nous dépasse dans le présent, dans le passé et dans le futur ; ce sont aussi des personnes chères et vénérées, lorsque, par la pureté du lien d'affection et de gratitude qui nous unit à elles ou par l'idéalisation que leur a procurée la mort en ne laissant subsister d'elles d'autre réalité connue que la réalité subjective du souvenir, des bienfaits et de l'exemple, elles nous apparaissent comme les meilleurs représentants individuels de l'Humanité.

C'est vers de tels objets de culte qu'ira la prière régénérée des hommes. Solitaire, familiale ou publique, muette ou parlée, avec ou sans gestes, effusion silencieuse déterminée par la contemplation secrète d'un modeste portrait de mère ou de femme, de père ou d'aïeul, ou par l'évocation d'une image intérieure devant quelques humbles reliques pieusement conservées, poème intime ou hymne solennel chanté par les mille voix de la foule au milieu de toutes les splendeurs symboliques de l'art, la prière positiviste, tout en honorant, en exaltant les êtres chers, les nobles existences et nos providences terrestres, aura pour effet de nous rendre meilleurs et plus heureux, de nous disposer à vivre pour autrui.

La commémoration est le culte du passé. Elle fait revivre par la parole, par l'image ou par l'action figurée, l'histoire de chacun, de chaque maison, de chaque village, de chaque cité. Elle célèbre les anniversaires caractéristiques de la famille, de la patrie, de la civilisation humaine, les grands faits et les grands hommes d'autrefois.

Toute la piété envers les morts nouveaux et tout le culte des anciens morts rentrent dans la commémoration. Mais il faudra toujours que ce culte des morts soit une source d'édification pour les vivants et que l'hommage rendu au passé se traduise en enseignement pour le présent et en préparation de l'avenir.

L'institution du calendrier historique se rattache à la commémoration.

La part faite par Comte à la femme dans le culte est considérable. Objet ou ministre du culte privé, elle sera dans les autres ordres de cérémonies la bonne inspiratrice non seulement d'idées gracieuses mais de généreuses résolutions, car elle pourra beaucoup pour faire doucement dériver vers les fins de bonté pratique et d'action fraternelle la force des élans sympathiques et de l'exaltation morale nés des manifestations religieuses.

Cela n'empêchera pas d'utiliser pour les formes mêmes du culte la sensibilité féminine et le goût féminin. Nous pensons qu'il y aura aussi grand profit à tirer de l'aptitude de bien des femmes, que la culture développera dans l'avenir, pour les productions de poésie et d'art. Ce sera pour elles un moyen entre autres de rendre la vie meilleure en la rendant plus belle.

Le rôle du pouvoir spirituel sera restreint, discret et purement consultatif en ce qui concerne les effusions et les commémorations privées. Son intervention sera plus marquée dans les effusions et surtout dans les commémorations publiques. Ces dernières réclament une action régulatrice qui manque trop aujourd'hui.

Mais c'est dans les consécrations que le ministère du pouvoir spirituel doit être capital.

Consacrer une action individuelle ou collective, une œuvre, un monument, une institution, c'est marquer avec force et symboliser leur *destination sociale*, non seulement civique mais humaine, par un enseignement, une cérémonie, des signes propres à faire une égale impression sur la raison, sur l'imagination et sur le cœur.

Comte a particulièrement insisté sur la nécessité de consacrer ainsi les principales phases et les actes graves de la vie personnelle et domestique pour les lier à la vie même de la société et souligner les responsabilités qu'ils font naître. De telles consécrations exigent l'intervention librement acceptée, jamais imposée, d'une autorité morale qui stipule au nom de la communauté humaine.

Un enfant est né. Il sera *présenté* par les parents au représentant du pouvoir spirituel devant des témoins et avec l'assistance de cautions morales. La promesse sera faite et reçue d'élever cet enfant pour en faire un digne serviteur de la famille, de la patrie et de l'Humanité.

Le voici au seuil de l'adolescence. Il va gravir le premier degré de l'échelle encyclopédique. Ce sera le moment de l'*initier* non sans quelque solennité au but moral, social, donc religieux de tout savoir.

Le temps de la préparation théorique et de l'apprentissage est écoulé. L'adolescent ou la jeune fille atteignent leur majorité. Ce sont désormais un homme ou une femme. Ils seront *admis* dans les rangs des serviteurs actifs et pleinement responsables de la société. Tout sera mis en œuvre pour leur donner le sentiment très vif de la gratitude qu'ils doivent à leurs éducateurs et à tout le passé humain, de l'espérance qu'on met en eux d'un toujours meilleur avenir.

Rien m'importera plus que d'idéaliser le choix définitif d'une carrière ou d'une vocation. L'Église catholique s'est bornée à sacrer les rois et à ordonner les prêtres. Les positivistes jugent que, toute profession étant une fonction sociale, le plus obscur des métiers manuels mérite autant que le plus haut ministère d'être consacré avec tous les devoirs qui en découlent à sa *destination* civique et humaine par une cérémonie qui frappe l'esprit et donne une impulsion durable à la volonté.

On sait quelles sont les nobles fins du *mariage* dans la doctrine d'Auguste Comte, quels graves engagements et quelles responsabilités il comporte. On ne pourra jamais trop solennellement rattacher la formation de l'union la plus modeste à l'ensemble de la destinée humaine.

Franchissons, pour abréger, les judicieuses consécrations que Comte prévoit pour ennoblir les charges de la *maturité* et les devoirs spéciaux qu'assume la vieillesse au moment de la *retraite*. Indiquons tout de suite la cérémonie qui remplacera celle « où le catholicisme, livré sans contrôle « à son caractère anti-social, arrachait ouvertement le « mourant à toutes les affections humaines pour le trans- « porter isolément au céleste tribunal. » (*Catéchisme*, 6me *entretien*). Comte l'appelle la *transformation*, pour marquer que la mort est le passage de la vie objective à la vie subjective, à celle qui consiste uniquement à vivre dans la

pensée et dans l'affection d'autrui, dans les œuvres accomplies. Le ministre de l'Humanité « *après avoir obtenu les réparations possibles* »... « mêlant les regrets de la société
« aux larmes de la famille, apprécie dignement l'ensemble
« de l'existence qui s'achève. » (*Id., ibid.*)

Sept ans après la mort, comme dans l'antique Égypte, le sacerdoce philosophique, « quand toutes les passions perturbatrices sont assez éteintes » jugera solennellement si le mort a mérité la suprême récompense qui est l'*incorporation* à l'Humanité et l'*immortalité subjective*[1]. A défaut, la mémoire du défunt sera simplement privée de cette consécration. « Dans les cas exceptionnels d'indignité » elle pourra être l'objet d'une flétrissure motivée.

Auguste Comte a donné à ces consécrations le nom de *sacrements sociaux* : ce n'est qu'un synonyme.

Point essentiel : ces sacrements « doivent toujours rester
« facultatifs sans jamais imposer au delà d'un simple
« devoir moral. » (*Id., ibid.*) Comte ajoute qu'afin de mieux conserver « ce caractère purement spirituel », nos consécrations, pour les actes et les liens qui nécessitent une intervention sociale indépendante de toute doctrine particulière, de tout culte, indépendante aussi des exigences que la morale justifie mais que la loi ne peut sanctionner, doivent être doublées d'institutions temporelles accessibles à tous et « seules exigibles en chaque cas ». Tel est le mariage civil.

En revanche, le pouvoir spirituel pourra ajourner quelques-unes de ses consécrations pour préparation insuffisante ou les refuser pour indignité. Et l'on sent quelle force cette « arme spirituelle » ajoutera, quand l'éducation et les mœurs positivistes seront généralisées, à son action disciplinaire et à l'efficacité de ses *jugements*.

La consécration pourra s'appliquer d'autre part à toutes les manifestations de la vie collective, aux œuvres d'utilité publique, aux monuments d'art, aux entreprises sociales

---

1. Faut-il rappeler que mériter « l'immortalité *subjective* », cela veut dire simplement qu'ayant *vécu pour autrui* on a mérité de *survivre en autrui*?

de tout ordre, aux institutions, etc., toujours sous la condition d'une entière liberté de demander ou ne point demander, d'accorder ou de refuser de telles consécrations.

Comte a doublé son calendrier historique d'un calendrier dit « abstrait » qui aura pour objet de célébrer directement tous les aspects de l'existence sociale, tous les liens fondamentaux, tous les groupements humains, toutes les providences terrestres, la vie, l'évolution et les espérances de l'Humanité.

— Vous rêvez éveillé — nous dira-t-on. C'est possible. Mais le rêve d'aujourd'hui a des chances sérieuses de devenir la réalité de l'avenir s'il répond à un besoin profond de notre espèce, s'il est conforme aux lois de la nature humaine et de l'histoire, si, inspiré par le cœur, il peut être approuvé par la raison.

FIN.

TABLE DES MATIÈRES

Avant-propos. . . . . III à VII

PREMIÈRE PARTIE
Qu'est-ce que la crise morale ?

I. Ni optimisme ni pessimisme 1
II. Rupture d'équilibre. 4
III. Déclin des anciennes disciplines. — Anarchie des idées morales. 9
IV. Conséquences. 15

DEUXIÈME PARTIE
Des bases et des principes directeurs d'une morale positive.

I. Le mal et le remède 21
II. Objet de la morale. Le problème moral 21
III. Conditions affectives de la moralité 26
IV. Facteurs intellectuels de la moralité. — Le besoin d'ordre 29
V. La conception positive de l'ordre physique, vital et social 34
VI. Les êtres collectifs et l'individu. — L'homme et l'Humanité. — Le concours et l'indépendance 40
VII. Les conditions de l'harmonie morale. 45
VIII. Propositions fondamentales 48
IX. Caractères distinctifs de la morale positiviste. 50
X. Le devoir et la conscience 57
XI. Le devoir, dette et fonction. 63
XII. Une objection. 72
XIII. La notion de droit 75
XIV. La justice. 80

XV. La responsabilité. 86
XVI. Les conditions psychiques de la responsabilité morale. 91
XVII. L'effort sur soi, la liberté et le déterminisme 102
XVIII. L'altruisme, le bonheur et l'idéal moral 110

TROISIÈME PARTIE

De quelques applications.

I. Anciens et nouveaux devoirs. 123
II. La question féminine 128
III. Ni inférieure, ni supérieure. — Semblable et différente 139
IV. Dualisme général des tâches masculines et des tâches féminines dans l'humanité. 142
V. La femme dans la famille 147
VI. La crise du mariage 156
VII. Encore la question féminine. — Le rôle social des femmes et nos devoirs envers elles. — Le *féminisme*. 181
VIII. L'enfant et la continuité humaine. 202
IX. Dans quel sens la *question sociale* est-elle une question morale? 213
X. Source et destination sociales de la richesse. 234
XI. La propriété individuelle, fonction sociale. 247
XII. Devoirs de la richesse et du travail 257

QUATRIÈME PARTIE

Des conditions d'une nouvelle discipline morale.

I. La religion de l'Humanité et le patriotisme. 277
II. Des forces morales et de leur organisation 294
III. Du *pouvoir spirituel*. 308
IV. Le pouvoir spirituel dans le passé et dans l'avenir. . . 328
V. D'un *sacerdoce philosophique* 351
VI. Alliance des philosophes, des prolétaires et des femmes. 366
VII. Pourquoi un *culte*? 382

Paris. — E. KAPP, imprimeur, 83, rue du Bac.

et Guizot, par M. Valat. = 1880 (janv.) *Plan général d'un grand temple de l'Humanité par A. Comte.* — (mars) *Une lettre d'A. Comte à de Blainville;* — (juillet) *Un erratum d'A. Comte à la Synthèse subjective; Lettre à Sabatier;* — (sept. et janv.) *Relations d'A. Comte avec l'abbé de La Mennais;* — (nov.) *Candidature d'A. Comte au poste d'Inspecteur du commerce.* = 1881 (janv.) *Deux lettres d'A. Comte et une lettre de P. Laffitte sur l'Enseignement populaire supérieur.* = 1882 (mars) *Relations d'A. Comte avec l'Allemagne et avec la Hollande* — *Une lettre d'A. Comte à Alexandre Erdan ; Lettre d'Alexandre Erdan à A. Comte.* = 1882 (mai et juill.) *Série nouvelle de documents (période de 1816 à 1822).* — (sept. 1882 et sept. 1883) *Un Opuscule inédit d'A. Comte ; observations sur cet opuscule.* = 1883 (mars) *A. Comte professeur de mathématiques;* — (mars et mai) *Relations d'A. Comte avec Armand Marrast.* — (mai) *Quelques remarques de François Arago sur A. Comte ;* — (juill.) *Série d'articles d'A. Comte publiés dans le « Nouveau journal de Paris » en 1828 ;* — (sep) *Un mémoire d'A. Comte publié en 1848 dans le « Politique », journal de Saint-Simon ;* —.(nov.) *Deux articles d'A. Comte en 1819 « Du Budget » avec une lettre servant d'introduction à un autre article sur « La Liberté de la presse » signé B..., ancien élève de l'Ecole polytechnique.* — (Janv. mars, mai, sept. 1884 et janv. 1885) *Relations d'A. Comte avec Saint-Simon. Travaux publiés dans l' « Industrie » en 1818.* — 1884 (juill.) *Correspondance d'A. Comte avec F. Magnin ;* — (nov.) *Correspondance d'A. Comte avec A. Hadery.* = 1885 (mars) *Article du « Censeur Européen » 1819 ; La navigation intérieure de la France et de l'Angleterre ;* — (mai) *Relations d'A. Comte avec Charles Fournerat ;* — (sept.) *D'un Rapport à la Société positiviste sur la nature et le plan d'une Ecole positive en 1849 ;* — 1886 (mars) *Relations d'A. Comte avec L. Poinsot ;* — (juillet) *Relations d'A. Comte avec la Société de Jésus, par l'entremise de Sabatier ;* — (sept.) *Confessions annuelles d'A. Comte. Vue d'ensemble de sa vie. Relations d'A. Comte avec M. Pierre Laffitte. De l'Enseignement populaire supérieur.* = 1887 (mars) *De la publication du Cours de philosophie positive ;* — (nov.) *Carrière polytechnique d'A. Comte. Candidature à la chaire d'analyse et de mécanique rationnelle.* = 1888 (janv.) *Publication de la « Politique positive » ; A. Comte et A. Mellet.* — (mai) *Des éditions successives de la « Bibliothèque positiviste » ;* — (juill.) *Marche du travail intellectuel d'A. Comte. Du mode de composition.* — (juill.) *Première édition inédite du « Calendrier positiviste » d'A. Comte.* = 1889 (janv.) *L'Athénée.* — *Candidature d'A. Comte à la chaire d'analyse et de mécanique à l'Ecole polytechnique.* = 1890 (janv.) *Histoire des vues politiques d'A. Comte* (2ᵉ document). *Organisation du gouvernement transitoire. Lettres d'A. Comte à M. R. Congrève ;* — (mai) *A. Comte, répétiteur d'analyse et de mécanique à l'Ecole polytechnique,* = 1891 (mars) *Auguste Comte, répétiteur d'analyse et de mécanique, etc.* (suite) ; — (novembre) *Mode général de composition, d'A. Comte. De la logique du sentiment. Algèbre universelle.* = 1892 (juill.) *A. Comte et le Centenaire de l'Ecole polytechnique. A. Comte et l'Association des élèves de l'Ecole polytechnique* (avril 1816). *Relations d'A. Comte avec de La Mennais.* — (sept.) *Création de la chaire d'histoire des sciences ;* — (nov.) *Du temps dans le travail intellectuel.* = 1893 (mars) *A. Comte et la célébration du Centenaire de l'Ecole polytechnique ;* — (janv.) *Acte de mariage d'A. Comte. De la circulation des ouvrages d'A. Comte ;* — (sept.) *L'Opuscule fondamental (1822-1824).* = 1894 (sept.) *Documents sur l'Athénée.* = 1895 (janv.) *L'Opuscule fondamental d'A. Comte, publié en mai 1822 (texte complet).* — (mai) *A. Comte, Examinateur d'Admission à l'Ecole polytechnique. De quelques formules d'A. Comte relatives à la morale. Documents relatifs à la crise cérébrale d'A. Comte.* — (juill.) *Relations d'A. Comte avec Tabarié.* — (sept. et nov.) *Procès des Exécuteurs testamentaires d'A. Comte contre Mᵐᵉ Comte.* = 1896 (mars, mai). *Correspondance entre A. Comte et Gustave d'Eichthal ;* — (juill.) *Louis Comte, père d'Auguste Comte.* = 1897 (janv.) *La Bibliothèque d'A. Comte* (catalogue); — (sept.) *Thalès Bernard.* = 1898 (janv.) *Des logements divers d'A. Comte à Paris (1814-1857);* — (juillet) *Lettres d'A. Comte à de Constant-Rebecque.* — *Correspondance entre A. Comte et Mᵐᵉ John Austin* (nov. 98 ; janv., mai, juillet. 99 ; mars, mai, juill. 1900).

PIERRE LAFFITTE

Cours philosophique sur l'Histoire générale de l'Humanité : — *Discours d'ouverture*, 1 vol. in-8°, Paris, 1859, 2 fr. 50. — * *Considérations générales sur l'ensemble de la Civilisation chinoise et sur les relations de l'Occident avec la Chine*, 2ᵉ édition (Paris, 1900), 1 vol. in-8°, 1 fr. 50. — *La Révolution française*, 2ᵉ édit., 1 vol., 1 fr. — *Cours sur l'Histoire générale des sciences*, professé au Collège de France (*Discours d'ouverture*), br. in-8°, 0 fr. 50.

*Les grands Types de l'Humanité, appréciation philosophique des principaux agents de l'évolution humaine : — I. *La Théocratie* (Théorie générale du Calendrier ; Moïse ; Bouddha ; Mahomet). Leçons rédigées par le Dʳ P. Dubuisson. Paris, 1875, 1 vol. de 415 pages, 7 fr. 50. — II. *L'Antiquité Gréco-Romaine* (Homère, Thalès, Aristote, Socrate et Platon, Archimède, Scipion, César). Leçons rédigées par P. Dubuisson, 1876, 1 vol. de 520 pages, 7 fr. 50. — III. *Les grands types du Catholicisme* (1897), 1 vol. in-8° de 700 pages, 7 fr. 50. — *Toussaint-Louverture*, broch. in-8°, 1 fr. — *Centenaire de Diderot*, broch. in-8°, 0 fr. 75.

Le Faust de Gœthe. — 1 vol. in-8 cavalier, 4 fr. 50 Paris 1899. (E. Pelletan, éditeur, 125, boulevard St-Germain).

* **Cours de Philosophie première** : — 1er vol. *Théories générales de l'Entendement*, 7 fr. 50; — 2e vol. *Lois universelles du monde*, 6 fr.

* **Le Positivisme et l'Economie politique**. 1 vol. in-32, 3e édit., 0 fr. 50

* **Considérations générales à propos des Cimetières de Paris**, 1 fr.

* **Inauguration de la Statue de Gambetta à Cahors** (Discours). Extr. de la *R. O.* 1 broch. 0 fr. 25.

* **Jules Ferry**, 1 broch. ext. de la *R. O.*, 0 fr. 75.

Articles in Revue Occidentale. — *Nécessité de l'intervention du Positivisme dans l'ensemble des affaires humaines* (mai 1878). — *Vue d'ensemble sur l'état de la religion positive, ses progrès, ses besoins* (nov. 78). — *De la division des deux pouvoirs, et spécialement du rôle de la femme dans l'état normal* (mars 79). — *De la fonction électorale* (sept. 79). — *Des devoirs professionnels* (nov. 79). — *Considérations générales sur l'ensemble de la politique républicaine* (janv. 80). — *Discours pour l'incorporation de M. Piéton* (mars 80). — *Considérations générales à propos d'un incident au Conseil municipal de Paris* (mars 80). — *De l'Union communale* (mai 80). — *L'Etat et la Commune* (juill. 80). — *La question sociale et les travaux de Paris* (janv. 81). — *Considérations générales sur l'ensemble de la politique extérieure de la France* (janv. 89). — *Le Sacrement de la Destination* (mai 81). — *A propos du discours prononcé par Gambetta à la Sorbonne* (janv. 81). — *Question chinoise* (mai 81). — *De l'Union nationale* (sept. 81). — *La diplomatie française* (sept. 81). — *Considérations sur la question islamique et la politique de la France à cet égard* (sept. 81). — *Discours pour conférer le sacrement de la destination à M. Krause* (janv. 82). — *Spinoza et la Hollande* (mars 82). — *Louis XI* (janv. 84).

BIBLIOTHÈQUE POSITIVISTE

Volumes déjà parus dans la même Collection

BICHAT (Xavier) : **Anatomie générale appliquée à la Physiologie et à la Médecine** (Nouvelle édition, conforme à celle de 1801, soigneusement imprimée sur caractères neufs). — *Première partie* : un beau volume in-8º, de 525 pages, édité à 3 fr. 50 (tirage sur bon papier ordinaire) et à 5 francs (tirage sur papier de luxe). — *Deuxième partie* : un beau volume in-8º, de 606 pages, édité à 4 francs (tirage sur bon papier ordinaire) et à 6 francs (tirage sur papier de luxe). Paris, 1901, Librairie G. Steinheil, rue Casimir-Delavigne, 2.

CONDORCET : **Tableau historique des Progrès de l'Esprit humain** (1re partie : *Esquisse d'un Tableau historique*. 2e partie : *Fragments d'un Tableau historique*). un beau volume in-8º, de 480 pages, édité à 5 francs. Paris, 1900. Librairie G. Steinheil, rue Casimir-Delavigne, 2.

P. LAFFITTE : **Considérations générales sur l'Ensemble de la Civilisation chinoise et sur les Relations de l'Occident avec la Chine**, 2e édition (1900). 1 vol. in-8º de 150 pages (aux Bureaux de la *Revue Occidentale*, 10, rue Monsieur-le-Prince, Paris), 1 fr. 50.

DENIS (Hector) : **L'Œuvre d'Auguste Comte et son influence sur la pensée contemporaine**, broché, in-8º, de 40 pages (*Revue Occidentale*), 0 fr. 50.

CANORA (Jean) : **Molière moraliste**, broché, in-8º de 32 pages. Paris, 1901 (*Revue Occidentale*), 0 fr. 50.

En préparation :

BICHAT (Xavier) : **Recherches sur la Vie et la Mort**, un volume in-8º (Steinheil).

www.ingramcontent.com/pod-product-compliance
Lightning Source LLC
Chambersburg PA
CBHW052131230426
43671CB00009B/1197